証言 沖縄スパイ戦史

三上智

a pilot of wisdom

はじめに

軍隊が来れば必ず情報機関が入り込み、住民を巻き込んだ「秘密戦[*1]」が始まる。

これは沖縄戦と陸軍中野学校、少年護郷隊（ごきょうたい）を平成二一（二〇〇九）年から取材してきた中で、私が確信した法則だった。しかしまさか今、それが自分の目の前で再現されるような時代に入っていくとは思いもよらなかった。平成二七（二〇一五）年から与那国島・宮古島・石垣島などに新たな陸上自衛隊基地が作られる一連の流れの中で、あたかもこの黒い法則のピースがあちらこちらでよみがえり、繋（つな）がりはじめているように感じている。例えば住民投票運動が始まり、島が賛成と反対に分断されると、誰が基地建設に反対し、誰が賛成しているのか、地域の情報が自衛隊の情報機関によって集められる。夜の飲み屋街で、誰が何党支持で、その親戚は誰かまで喋（しゃべ）ってしまう人がいれば、その情報はすべて国に筒抜けになる。それではまるで七五年前の「スパイリスト[*2]」の再来ではないか。私は愕然（がくぜん）としたのだが、その焦りを報道関係の仲間や沖縄戦に詳しい友人たちに訴えても反応は薄かった。沖縄戦当時、本島北部や離島で展開された陰惨な秘密戦の様相はあまりにも知られていないのだ。だが、それは無理からぬことでもある。閉じた地域の中で起きたそれらの出来事は、身内の中に密告したり加害側に立ってしまった人がいるだけに、主に被害だけを訴える種類の沖縄戦の証言と異なり、封印されてきたからだ。

しかし、戦後七十数年という時の流れが、地域に禍根を残すというリスクを小さくしてくれたと信じたい。そうでなければこの沖縄戦の暗部を記録し、検証することが不可能になってしまう。陸軍中野学校出身の工作員たちは何の目的で四二人も沖縄の島々に張り付けられたのか。彼らはなぜ一五、一六歳の少年を集めてゲリラ部隊を作ったのか。なぜ住民たちがここまでスパイ視され、虐殺されねばならなかったのか。住民はどう巻き込まれ、また加担していったのか。激戦地となった南部の様相のみで沖縄戦を理解するのではなく、こうした裏の戦争を多くの人に知ってもらうことで、今、南西諸島が直面している、私が戦慄する危機を初めて理解してもらえるのではないか。そう信じて、平成二九（二〇一七）年、私は猛然と一つのドキュメンタリー映画の制作に向けて取材を再開した。

本書は平成三〇（二〇一八）年夏に公開したドキュメンタリー映画で、二〇一九年度文化庁映画賞文化記録映画部門優秀賞や第九二回キネマ旬報文化映画部門ベストワンほかに選ばれた「沖縄スパイ戦史」（三上智恵／大矢英代共同監督作品）の取材をもとに、映画の中には登場していない方々を含む元少年兵二〇人あまりの証言に始まり、「秘密戦」を遂行した陸軍中野学校出身の隊長らの生涯や、日本軍によるスパイ虐殺の被害者側、加害者側双方の証言や資料調査などを、映画が完成してからさらに取材を重ね、一年半かけてまとめたものである。

ここで語る「スパイ」という言葉の意味は、陸軍中野学校の工作員たちが敵を欺いて情報を取るというだけでも、少年や住民を使ってスパイ戦やゲリラ戦を展開したことだけでもない。軍が住民を欺き「始末のつく」状態にすること、また軍がスパイ容疑で住民を手にかけたり、住民同士がスパイの疑いをかけあうなど、秘密戦の枠の中で「スパイ」という概念は、相互に悲劇を生む多義的な忌まわしい言葉であることも理解してもらえればと思う。

まずは第一章で、知られざる少年ゲリラ兵の証言から、読者のみなさんに、国内で唯一のゲリラ戦となった現場に身を置いてもらい、生活圏で遊撃戦をするということはどういうことなのかを、かつての少年たちの目を通して体感していただきたい。そして彼らが憧れた隊長たち青年将校が負った過酷な任務や加害性についても第二章で考察する。続いて「住民を使った遊撃戦」は全国で準備されていたことを最新取材によって第三章で明らかにする。第四章では彼らが戦った山の中に同じように身を潜めていた沖縄の避難民たちが、また軍隊に協力し地上戦を迎えた沖縄の人々が、いったいどんな恐怖を抱えてしまったのか、証言でつづる。さらに、その恐怖を地域に与えた日本軍の「虐殺者たち」の肖像に第五章で迫る。最後に、これら一連の悲劇の根底にあった日本軍の方針を防衛研究所や国立公文書館などに残る膨大な資料の中から手繰り寄せ、第六章で考察する。旧日本軍の戦争マニュアル群を積み重ねていくと、そこにできた地層には、秘密戦が必然的に住民を犠牲にしてしまう悲劇の構造が見事なまでに浮かび上がってきた。その連続した地平の上に、今の私たちの社会があることも――。

近年日本では「スパイ天国の汚名返上」という号令の下で特定秘密保護法や、いわゆる共謀罪（テロ等準備罪）の制定など監視国家化が進んでいるが、「スパイ」という言葉が強調され、その恐怖に支配されるようになっていけば、その社会はすでに黄色から赤信号に移行したと見るべきだろう。諜報（ちょうほう）・防諜網を国民の間に徹底させていった結果、何が起きたのか、それを沖縄戦が具体的な事実をもって示してくれている。今こそ、長い間沖縄北部の村々に封印されていた証言に耳を傾けて欲しい。そして私たちはそれを、再び戦争ができる「強い国」を指向しつつある日本国民の目を覚ます良薬に昇華させなければならない。時を逸して、犠牲者たちの声が呪いに変わる前に。

なお、八重山の戦争マラリアについては映画「沖縄スパイ戦史」共同監督の大矢英代さんの著書『沖縄「戦争マラリア」—強制疎開死3600人の真相に迫る』（あけび書房、二〇二〇年）をご参照ください。

＊1　諜報、防諜、宣伝、謀略を指す。つまりスパイを使って情報を入手したり、身内から情報が漏れる＝スパイが出るのを防いだり、わざとデマを流したり、テロやゲリラ作戦を含む、一般に正規軍がやらない裏の戦争全般を指す。

＊2　後で詳述するが、沖縄戦で日本軍が作成した、スパイと疑う住民の名を記したリストのこと。このリストをもとに、住民虐殺が行われていった。

目次

秘密戦ニ関スル書類

VERY SECRET

cincpoa

第二章　陸軍中野学校卒の護郷隊隊長たち

第三章　国土防衛隊――陸軍中野学校宇治分校

第五章　虐殺者たちの肖像

図版作成／MOTHER
写真協力／平田守・桃原英樹・大矢英代・比嘉真人・中島和也・大賀由貴子
特別協力／橋本佳子・木下繁貴

＊引用に際し適宜、漢字の旧字体を新字体にあらため、難読の部分にはルビを施し、一部の片仮名表記を平仮名に置き換え、明らかな誤植は修正しました。また、引用文中の傍線および［　］内の註釈は、筆者によるものです。
＊引用文中および沖縄戦等に関する証言において、今日の人権意識に照らして不適切と思われる表現がありますが、時代背景と史料的意義に鑑み、修正・削除を行わずに掲載しております。

第一章　少年ゲリラ兵たちの証言

◆第一護郷隊

第一護郷隊は秘匿名で、正式名は第三遊撃隊。すでに大本営は昭和一九（一九四四）年初頭、ニューギニア、フィリピンなどに第一遊撃隊、同年夏、インドネシア（モロタイ島）に第二遊撃隊を配置していた。両隊とも中野学校出身者が現地住民や台湾の原住民を指揮し、遊撃戦を展開していた。続く第三、第四遊撃隊を沖縄に編成するために同年九月一三日、第一護郷隊長村上治夫、第二護郷隊長岩波壽が沖縄に着任、少数の在郷軍人と徴兵前の少年を主力とした一〇〇〇人規模の遊撃隊配置計画を一週間で作り上げた。主な目的は、陸軍第三二軍が南部を主戦場に持久戦に専念する一方で、北部で遊撃戦を展開しながら南進する米軍の後方から攻撃し、第三二軍の玉砕後も米軍の拠点を攪乱しつつ、情報を大本営に送り続けるというものだった。第一護郷隊は主な陣地を多野岳・名護岳・乙羽岳に置いた。総勢六一〇人、戦死者は九一人。今帰仁村・本部町・羽地村・名護町・久志村・金武村・恩納村・宜野座村から一五歳〜一七歳の少年たちが集められた。名護の沖縄県立第三中学校の生徒たちで構成する鉄血勤皇隊の一部が護郷隊に編入されたので、一四歳の少年も含まれている。

戦友は靖国神社にいる

前原信栄さん

第一護郷隊　第三中隊　本部町豊原出身
昭和四（一九二九）年生まれ　一五歳で入隊

平成二一（二〇〇九）年、沖縄靖国訴訟の番組を作っていた頃に、慰霊祭でたまたま前原さんにインタビューをした。戦友は靖国に行っていると思いますか？という質問に「行っていますよ。靖国で会いましょう、が合言葉だったんだからね。そうでないと、かわいそうさあ」と答えた。軍国少年がそのまま大人になったような、強い印象を受けた。真部山、三〇二高地など本部半島の激戦地にいた第三中隊は、最も生存率が低い部隊だった。上間兼和君の手首を遺骨として持ち歩いていた宮城君の話や、うちの息子のことを知らないかと近所のお母さんに訊かれて何も言えなかった話などは、幼馴染みと共に生まれ育った地域の近くの山で戦うという特殊な状況がもたらした悲劇を如実に表している。那覇の「わかさ酒販」の創業者で那覇でも顔が広く、オリオンビールのかりゆしウェアでインタ

ビューに応じてくださった。

君らは闘鶏と一緒だよ

昭和一九(一九四四)年三月に学校を卒業して、卒業と同時に伊江島(いえじま)に飛行場造りに行った。(数え年で)一六歳さあね。家族と防空壕(ぼうくうごう)に入る暇もなかったよ。親父(おやじ)は五一歳でマラリアで亡くなっている。大浦崎収容所から伊豆味(いずみ)に戻って来てからマラリアでやられた。

――戦中戦後は北部でも大勢マラリアで亡くなってますよね。信栄さんは罹患しなかった?

かかりましたよ、ガタガタして。我々はまだ若いから力があるから助かったけど。

召集の知らせが来たのは昭和二〇(一九四五)年一月の二二、二三日だったと思うよ。うちは本部(もとぶ)から伊江島に仕事に行ってて、その時に伊江島に護郷隊から岸本さんという方が来て。飛行場造り頑張っている本部(もとぶ)のメンバーに、夕方集合をかけた。二列横隊に並べてさ。そして、ひょっとしたら護郷隊に召集されるかもわからんから家に帰って待っておきなさいと言って。

二月の一二、一三日だったかな? 赤紙が来た。赤かったかどうか、記憶にはない。普通、郵便は郵便配達が持って来るでしょう。でも徴兵だから郵便屋も持って来ないよ。あまりいいことじゃないでしょう。区長さんが持って来たけど、その区長さんも一人では来れないで、夜の一〇時くらいになってから僕の親父の長兄を起こして、その伯父さんと一緒に僕の所に来ていた。旧正月終わって間もなくだった。

——家族全員眠っている時間に起こされたんですね？

そうそう。夜、起こされて、翌日の朝六時に役所に集合。夜あれから寝ないよ。準備するといっても準備する物、何もないけどさあ。覚悟はいつでもしているから。いつでも来るなら来なさいというような教育しかされてないから。びっくりもしないよ。ああ来たかという感じ。本部の役所は一〇・一〇空襲[*1]で全部焼けて、役所も仮小屋だったよ。仮小屋に集合させられて、着の身着のままですよ。着替えるパンツ一つもないくらい。役所に行って、トラックか何かで迎えが来るのかと思ったら、行軍。そこから歩いて行きなさいと。羽地の国民学校まで、伊豆味を通って歩いて……。

——軍服はもう着ていたんですか？

いや私服さ、普通の青年学校の学生服。向こう行ったら軍服が置いてあったわけ。人を歩かせて来させて、「貴様が遅いから入隊も遅くなる」と怒られた。本当は二時三時に入隊式やるつもりであったみたいけど、恩納方面。金武、宜野座、あの辺からも来るでしょう。みんな遅れて来るでしょう。入隊式は五時くらいにやったんじゃないかな。歩いて行って、止まれ！と言われ、止まった所に軍服が置いてあって。それを着けて入隊式をやった。我々は大きい方だったから良かったけど、小さい人なんか袖から手が出ない。

――前原さんはどんな少年だったんですか?

もう、軍国少年さ。昭和一八(一九四三)年には海軍にも志願して。成績は悪くなかったけど、お家(うち)が貧しくて中学校も本当は行けなかった。本部から中学に行くといったら名護の三中(県立第三中学校)に行くしかないから、三中行くと下宿とか何かと金がかかるからさ、それよりは、どうせ軍隊に行くんだったら早くに海軍に志願して、後から友達が来るまでに偉くなっておこうと思って。親父は泣いていたよ。合格しないと思ってたのに合格したと。うちの地域では八人合格したけど、採用になったのは二人。一つ上の昭和三(一九二八)年生まれの人たちだったけど、すぐに船に乗せられて沈められた。僕は運が良かった、採用にならなくて。でぃきやー(頭のいい子)はみんな学校から戦場に行って「健児之塔」[*2]とかに葬られているさあね。この程度で良かったんだ。護郷隊で良かったんだよ。

――じゃあ、召集された時はうれしかったんですか?

うれしくないよ。もう戦争は目の前に来てるさ。その時に、うちの親父がね。戦争という意味知っているかと言ってね。五〇歳にもなるお父がさあ、息子に言うわけ。タウチーって知ってる? 闘鶏。君らは闘鶏と一緒だよと。鶏同士喧嘩(けんか)して、誰かは勝って誰かは負けるでしょう。褒美は誰がもらうかと。これ、勝った鶏がもらうかと。君らはそうだよ。勝っても負けても褒美は天皇陛下のものと言ってね。だから闘鶏と一緒で行く必要ない。戦争に行く必要ないと言ってね。その時親父は涙を流していた。今でも見えるような感じだよ。

――お父さんはすごく聡明な方だったんですね。

護郷隊にも、両親二人とも反対だった。「行くな。親が病気だと言え」と言われていたけど。その年に長男の兄貴をうちは亡くしているからね。母親はもう大変だった。どこにも行かさないと。今考えたら、あの時の両親の気持ちは大変だったと思うよ。

――それで、お父さん、お母さんに見送られて行ったんですね。

二月の朝六時といえばまだ暗いよ。また裸足ですよね。

――学生服に裸足で？

そうよ、何もないさあ。荷物は、少し着替え持ってるぐらいでしょう、風呂敷で。で、学校に着いて翌日は早朝からすぐ訓練。僕はまじめな方だったけど、そうでない者には厳しかったよ。でも、ほかの人たちは知らないが、僕らは言うほど厳しいことはなかったと私は思う。


友達が（戦友の）手を切ってよ、手だけ持って歩いてるわけ。遺骨と言ってさ

真部山の下にタナンガという所があって、僕らは教育が終わってからタナンガにいたわけ。そこに木下隊の四つの小隊がいた。宇土部隊（独立混成第四四旅団第二歩兵隊）も合わせて全部で三〇〇人くらい。米軍は四月七日に名護湾から上陸しているよね。そして真部山が陥落する前に、僕らはタナンガから今帰仁の三〇二高地に行った。呉我山の上のタキンチヂという部落（集落）があるけど、それが一回目の戦闘だった。これは四月の一〇日くらいじゃないかなと思うけどね。乙羽岳の隣が三〇二高地なんだよな。敵は今帰仁の親泊あたりから上陸してくるという予測で僕はそこの歩哨をしていて、朝九時くらいかな。そしたら敵兵は呉我山の方から上がって来てね、反対側から。僕たちはここに守備してるのに、アメリカは頭がいいのかね、木の上の見張りが撃ち落とされて、反対から上がって来たぞ！と自分も呼ばれてね。そこで一〇人は戦死したよ。

　機関銃もあるし擲弾筒も、鉄砲も、手榴弾もあるけれど、私たちはまだ幼いから弾運ぶだけ。機関銃も撃ちきれないし。その時に、伊江島に僕らを召集しに来た岸本伍長はここで戦死したけどね。名護の方でした。アメリカが来たらすぐ刀を抜いて向かって行った。みんな何やってるんだ、行け！と言うので、金城兵長だったかな、久志の。前に出て行ったけど米軍に三発くらいやられて、後で真部山まで担いで行ったが、あの後どうなったかな。上司です。青年学校の先生で、みんな在郷軍人ですよ。兵役を終えて沖縄に戻って来た人たちも、遊ばさないよ。

　在郷軍人はおとなしいのもいるけど、同じ沖縄人なのに厳しいのもいた。仲村某というのはいつも、おい前原君！と目の敵にしてね。戦後は銀行の支店長になっていたけど、慰霊祭なんかで酒飲んだ時は、逃げて、いないわけ。僕らにまたやられるから。いじめた人は、仕返しされるんじゃないかと思うんでしょう。でもうちなーんちゅ（沖縄の人）は優しいから仕返しなんてしないよ。

「弾は人を探さんよ。人が弾を探す」と言われた。弾に当たる人はビクビクして、すぐ立ち上がったりして撃たれるわけ。動くなよー、と言われているのに立って行ってやられている。いざ戦争となると、弾はビュー、ビューーッと飛んでいるうちは大丈夫なわけ。頭の上から飛んでいるから。機関銃の弾なんか地面にプスプスして。あれはもう自分のすぐそばに来ているから。

――初めて仲間が戦死したのを見たのもその時ですよね？

戦争だから撃たれるのもあたりまえだから、何も考えないよ。戦友の上間兼和君が三〇二高地で殺られたら、その友達が手を切ってよ、手だけ持って歩いてるわけ。遺骨と言ってさ。遺体は三〇二高地に穴掘って埋めたんだよ。なんか変な臭いするけどどうしたかと。手を切って持って歩いてるわけよ、瀬底の宮城君が。宮城君は生き残ったけど、戦後会ってないなあ。

――家族に遺骨を届けたかった。なんかとてもかわいそうな話ですね。

だから、戦争はさ、やらん方がいい。どこかは負けるからさ。

しかし日本はよ……。何も、なーんにもわからんで戦争したかなあ

——久高良夫君も木下隊で、真部山で亡くなってるけど、知りませんか？

この方は知らない。はっきりはわからんけど、動けない人はみな手榴弾を渡したりやっているわけよ。私たちは初年兵だからあまりわからないが、弟さんが消息を探しているね。

僕の部落の一つ上の先輩で渡久地という方がいたけど、戦後僕が畑にいたらこのお母さんが隣に座ってね、うちの息子、政昭はどうしたかと言うから、返す言葉なくてね。部隊は別だったからわからんけど、噂では、けがして歩けないから手榴弾を渡したという。よそからは噂聞くけど、自分で見てないから言えないさ。もうわからんと言って。

三〇二高地の後、真部山に行って、宇土部隊の四中隊、これも少ししか生き残ってないはずよ。寺田少尉という読谷に下りた人が指揮をとってたけど、そこも四月一五日頃陥落して、僕らは多野岳に向かうんだけど、嘉津宇岳から下りて羽地の薬草園に行く所でまた攻撃されたわけ。僕は水路に飛び込んで助かったけど、そこでもたくさん倒れているよ。そこから這い上がって、米軍のいる所を突破しようという時に、運がいいのか悪いのかわからんけどね。上司から今曳光弾撃つからみんな隠れておきなさい、と言うから隠れていたら、僕はそのまま寝てしまってね。そこが運がいいのか悪いのか、生きてるから運が良かったわけよね。

どれくらい寝たかわからんけどハッと見たら部隊は誰もいない。暗いし、前に行っていいのか後ろに行っていいのか見当つかないが、「山」「川」と言って合図する人たちがいて、誰か？と言ったら「あい、信栄、あんた生きているんだね」と言われてね。この方も一〇年前に病気で亡くなったけど、この三名と僕と四名になった。この中で、戦争は勝つと思うか負けると思うか？という話になった。一人は二つ先輩、二人は一つ先輩で、僕が最年少であるわけよ。二人は備瀬の人でした。どうするか？となって、そこで阿波根さんという先輩が、南からと北からと僕ら挟み撃ちにされるといけないから、道中で全滅するよりはお家に帰ろうという結論出して。兵長が、斬り込むか、という話もしたけど何も持ってないのにどうやってやるかとなって、僕の戦争はここで終わったわけ。で、お家までは歩いて目の前、何時間ですぐ行けるけど、一週間かかったよ。昼は隠れて夜だけ進んで。

大堂（うふどう）という部落まで行ったらさ、「こんな姿でいたらすぐ殺されるよ。もう豊原はアメリカが全部入っているから」と言われた。僕らはみんな軍服着けていたからさ。軍服脱いでその辺で着物拾ってからそれ着けてお家に帰った。そしたら親父はいたわけ。その時まで手榴弾二つ持っていたよ、いざという時のためにね。お家に来たら「あい！　生きているんだね！」と言って。軍服は瓶に入れて親父が埋めた。うちの親友、これは農林学校生だったけどね、これが兵隊から戻ってアメリカに撃たれた。彼が「信栄、絶対外に出るなよ、あんたは兵隊だからアメリカにすぐ殺されるからどこにも出るな、隠れておきなさい」と言うから、僕はうち帰って来てからお墓の中に隠れたりあっちこっちに隠れて大変だった。それで豊原の人は全部いったん今帰仁に移動してそこから今の大浦崎に連れられて行ったんだよ。今の辺野古にあった大浦崎収容所、あっちに何カ月かいて、戻ったのは一〇月くらいだったかな。

しかし日本はよ……。何も、なーんにもわからんで戦争したかなあと思うよ。石油もガスもないから、隣の国を取らないとよ。欲張りではあったわけよ。沖縄に上陸される時点で万歳（降伏）すれば良かったが、東条英機だけが悪いとは言えんさ。絞首刑になってるでしょう。ぜーんぶが悪いよ。誰か一人指名はできないさ。軍が強くなるとまずいさ。今の総理大臣も何を考えてるんだろうと思ってね。

戦争中は「死んだらみんな靖国行って会おうね」という話をした。集まったらね、「靖国で会いましょう」と言う。それはもう合言葉だったよ。誰かが言うとなく。

——それは、護郷隊に入る前からそう思ってましたか？

いや、入ってから。誰がそう教えたか……はわからないけど、とにかく死んだら靖国で会いましょうという合言葉だったよ。誰が言うたかわからないけど。僕も靖国には何回か行ってるから、手を合わせに。みんなこっちに集まっているから。

隊長の訓示「今日只今(こんにちただいま)の事に死力を尽くせ」

隊長の村上さんは大変だったとか言うけどさ、あんないい人はいなかったよ。護郷隊の碑というのが作ってあるでしょう。これは村上さんが作った。あの人は偉かったよ。家族ぐるみで、奥さんも来るし、息子も来るし、娘も来るし、みんなで部下のことを思って一生懸命にね。慰霊碑の石も大阪から持って来てあるんだよ。

入隊式する時に初めて村上隊長に会ったけど、訓示は良かったよ。「今日只今の事に死力を尽くせ」という。私は書道の先生にこの言葉を書かせて、戦後、額に入れて店（酒店経営）に飾っていたらさ、お客さんが来て「これ何か？」と訊くから、「うちの隊長の精神訓話だよ」と言ったら、軍人とか嫌いな人だったのかね、「只今の事に死力を尽くせるか！」と怒ってね。あれからその人は一回も来なかったよ。お店に貼るのはやめて後で外したけどさ。

村上さんは、軍刀も下げたら下を引きずるくらい小柄ではあるけど、声は素晴らしいしね。とにかくいい先輩だったよ。戦後、慰霊祭に来る時は僕の車で名護へ行ったり来たりしてね。家にも家族ぐるみで来てね。来たらすぐ飲んでいましたよ。お酒は強くてね。

沖縄の貝殻の商売もやって、沖縄に通って来たんだけど、貝は、生け花の器にするとかそういう商売だった。僕たちも貝を運んだり、手伝った。アルバイト料？　いや、奉仕した。部下を失ったことを非常に嘆いているわけよ。部下を大事にしていたよ、とにかく。手は上げなかったよ。口は酷かったけど、我々も手を上げられたことはなかったもん。

——陸軍中野学校の人だということは戦後知ったんですか？

そう。あの時分なんか全然わからんよ。この慰霊碑作った後から聞いた。それで、名護からの帰り道、僕が運転してくる時に隊長に訊いたわけ。「村上さん、あんた方は戦争負けるとわかりながら戦ったんですか」という話になった。じゃあ何のために戦争したの？と訊いたら、村上さん曰く「前原君。我々は東洋平和のために戦ったんじゃないのか？　東洋は今平和でしょう」と。ものは言い方があるなと思った。

♪東洋平和のためならば　なんで命が惜しかろう、と。

——その歌は何の歌ですか？

「東洋平和の歌」（正式名称は「露営の歌」）さあ。多分負けることはわかっていたけど、あの時は言わなかっただけなんだと思う。なのに僕らは天皇陛下のため、天皇陛下のためと頑張った。そういう教育だったさ。だから、小学生からの教育というのは、よく、子や孫に教えないとさ、また第二の戦争が始まったら大変だからさ。戦争は、やらん方がいい。

生まれた時期から教わっているからさ。何も死ぬのも怖くない。兵隊に行くのも。心配も何もないわけ。何も考えなかったよ。死ぬということは考えなくなるよ。友達の遺体を見てもね、戦争だから、何も悲しいとかもない。僕は孫たちに戦争の話はしないよ。

——なんでですか？

孫がいっぺん電話で訊いてきたよ。学校で戦争の話をおじいさんに訊いておいでと言われたのでしょ。「おじいさん、戦争やったらしいね」と言うからさ。「やったよ」。「どこと？」言うから「アメリカと」と言うと「なぜ？　アメリカは悪いことしたのか？」と孫が言ったから、それからもう戦争の話はやらない。

虐殺部隊と山に潜伏していた

第一護郷隊　第二中隊　今帰仁村諸志出身
昭和二（一九二七）年一一月生まれ　一七歳で入隊

宮城康二さん

平成三〇（二〇一八）年の取材時には九〇歳になられていた宮城さんはまだ畑仕事に精を出していた。取材を申し込むと今帰仁村名物の甘いスイカを用意して待っていてくれた。妻の春子さんや娘さんもインタビューにつきあってくださり、みんなでおじいちゃんを大事にしている温かいご家庭だった。しかし一七歳で召集された宮城さんは、護郷隊が解散した後に残酷な経験をしていた。住民を虐殺した部隊として悪名高い海軍の渡辺隊に気に入られ、共に山で長い潜伏生活を送ったのだ。護郷隊から解放されても簡単に普通の少年に戻ることはできなかった、彼らが抱え込んだ闇の深さを実感する貴重な証言だった。

（米軍が）上陸した時にもう日本は負けるねえとすぐ感じた

赤紙をもらった時、うちは畑にいたが、うちの親父はもう喜んで大変だった。赤紙来たと。親父も明治の人だから、海軍の兵隊であったわけ。子供の時から軍国主義を仕込まれた。国のために死ぬということで。自分から天皇のために死ぬと。厳しい親父だった。親父が喜んでいたから、私もああ、そうかと。喜ぶしかなかったよ。

隊長の村上さんは背は高くないで、日本刀は手で持って。下にくっついてしまうから。日本で二番で学校を卒業したから。天皇陛下から一番と二番は日本刀、五番までは金の腕輪もらったと。村上治夫さんは二番だから日本刀を天皇陛下からもらったと、有名だったよ。村上隊長は「君らは歳が若い。アメリカに捕虜にされても暇見て（隙を見て）逃げて来い、絶対に死ぬな」と言われた。斥候（本隊を離れて少人数で敵陣近くまで偵察に行くこと）行っても死ぬなと。捕まったら暇見て逃げて来いと。隊長はいつでもそう言った。今は二等兵の星がついていても、生きていれば出世するからと。

うちの小隊の隊長は、ものすごい、もう人をいじめて（暴力を）やりよったから。戦闘の時、前に行かないわけ。自分は後ろにいて部下に前へ前へと指示するから。自分が前に行ったら後ろから部下に殺られるからと思ってるはず。相当いじめたからね。宮城義雄（小隊長／伍長）

といってね。羽地で教育を受けた時もこの人だった。前に行ったら後ろから殺されるから、ずっと後ろから「前へ前へ！」と部下に命令しても誰も前に行く人いないよ。源河出身の兵長がやって来て、こんなんじゃだめだと軽機関銃を持ってバラバラとやりはじめたら、それからみんな前に進みはじめて。でも山の中腹に行ったらアメリカがいて、隊はまた下がりはじめて……。

僕らの食べ物はね、一日にお椀にこれだけの（少しだけの）飯、それに味噌汁。砲弾の破片はビュン！ビュン！って音がする。パラパラするのは土か石。飛んできて落ちてくる。破片はものすごい音で、耳のそばをビュン！ビュン！って。

日本の場合は、弾はパンパンする。向こうはデレレレレレ……。米軍の薬莢殻が山のように積んであるんだから。これが上陸した時にもう日本は負けるねえとすぐ感じた。こっちが一日かかっても切れない木の枝を米軍はババッと一瞬で切り倒す。これは日本軍勝てるわけないねえとすぐに感じた。上陸した日に、そう思った。

「日本軍が殺しに来る」

——海軍の渡辺大尉との出会いは？

うちらは、護郷隊は解散しなさいと言われて家に帰って来てみたものの、うちには年頃の四姉妹がいるわけ。姉たちが。アメリカの支配下にあるから、アメリカの憲兵が毎日のように家に来て、豆腐のカスの料理食べさせたり、仲良くなっていた。あの当時家は壊されて、家族は残った馬小屋に住んでいた。米兵の出入りする家になっていた。その屋根につくようなぐらい背の高い、バービーという憲兵が毎日のように来ていたから。父が私に「君はもう家に来るな」と言った。少年兵がうちにいて、見つかったら大変でしょう。だから「君はもうどこで死んでも名誉の戦死になるけど、家にいたら家族が危険になるから家に帰って来るな」と言われたもんだから、山に隠れている渡辺大尉の所へ戻って、向こうで使われた。兄弟が死んだら大変だから、自分一人死んでもどうということはないと自分でも思ったから山へ引き返した。

運天出身の仲村渠喜久という同じ護郷隊の仲間が、渡辺大尉を知っていたわけ。運天港の海軍部隊だから。羽地の山から護郷隊解散後に引き上げてきた時に源河山で会った。喜久があの渡辺大尉のことをわかるわけ。だからちょっと話して、向こうで山羊殺して食べさせてあげたりして。もうずっと肉なんて食べてもみないのに、肉こうやって焼いてあげたから、美味しい美味しいと食べて。海軍の兵隊連中は食べるが、翌日下痢していた。もう残っているのは全部自分らが食べた。そうやって部下みたいにさせられたわけだ。

――渡辺さんは沖縄の人をスパイだと言って殺した人ですよね？ そのことは知っていた？

うん。その後のことだよ。五名殺すと言って、二人は殺された。渡喜仁の小那覇安敬のおじさん、謝花喜睦（じゃはなきぼく）さんも殺された、あの時安敬が「自分の親父だ」と言っていたら、助けられたかもしれないと今になって思うよ。

謝花喜睦さんは、夕ご飯食べている時に「用事あるから来なさい」と兵隊に言われて畑に行ってすぐ日本刀で斬られた。血が全部はねて、手にもついていた。腕に。殺して帰って来たところを見た。

もう一人は郵便局長だったが、弟が「日本軍が殺しに来る」と知らせに来たから、すぐ家の裏から逃がしたから無事だった。

――日本軍はスパイ容疑で殺すための住民リストを持ってましたよね。それに載っていた長田郵便局長さんですね。

そう。五名のうちの一人だった。（リストに載っていたのは）村の中の優秀な人物ばかり。区長なんかはみんな載っていたらしいよ。長田郵便局長も渡辺大尉の部下が殺しに行った。渡辺に教える人がいる。とにかく何か女の人が教えたみたい。嘉津宇岳の下に飛行機が墜落して、操縦士が山にいるよとアメリカに告げたのも女の人。誰かはわからんが、アメリカと話をする女の人がいた。


「女性スパイがいる」という噂は、軍人・民間人を問わず沖縄戦の証言の中によく出てくる。米軍の女スパイが入り込んでいて、白いハンカチを振って合図をするとか、煙草（たばこ）の煙で米軍に友軍の居場所を教えるなど、北部でも南部でも、米軍の上陸前からこの手の噂は広まっていたようだ。スパイに関するさまざまな流言飛語の類いが軍隊内にも住民の間にも蔓延（まんえん）していたことがわかる。

宮城さんの言う嘉津宇岳の話というのはこうだ。

宮城さんが渡辺隊と共に嘉津宇岳のふもとにいた頃、満州（現中国東北部）から飛んできた友軍の航空機が山に突っ込んできた。乗っていた航空兵は助かって四、五日一緒にご飯も食べた。兵曹長で、やがて少尉になるはずの背が高くて優しい人だった。しかし誰かが彼の隠れ家を米軍に教えたのか、狙い撃ちで殺されたという。そんなことがある度に、敗残兵の中では「米軍に加担して友軍の動向を告げ口する住民がいる」という恐怖と憎しみが増幅していったようだ。

――渡辺隊の兵隊が同じ郷里の人を殺すのを見てどう思いましたか？

戦だから……。結局、スパイだと。アメリカに加勢するスパイだと言って、誰が言ったのかわからんがこの情報を聞いて殺すようになった。アメリカの援助をしたということで、村の偉い人を五名殺すということになった。うち二名？　三名は逃れて二人は殺された。喜睦さんともう一人誰だったか。うちらは殺された人はわからん。畑の隅に行って日本刀で斬ったたって。やったのは部下だよ、渡辺さんは何もしないよ。

人殺すのは山羊殺すより軽いくらいに考えている

あと、渡辺は戦闘に行くと言ったらね、もう前行ったらすぐ戦闘であるという時に「腹が痛い」とか何とか言って（笑）。渡辺は二人の部下に担がれてすぐ帰りよった。渡辺大尉よ？　向こう攻撃すると言って行く直前にお腹(なか)が痛いと言って理由つけて。実戦は弱かった。二五歳で大尉だからものすごい出世してる。軍隊というのは階級がものをいうんだよ。命令だけしてれば自分は戦闘前に担がれていくのに。強いとか弱いとかいう問題じゃない。

——この殺された人は本当にスパイだったと思いますか？

ううん。結局村の優秀な人だから、村のことよく考えてやる人ばかりで。戦で何もかもおかしくなった。誰が情報を渡辺さんに聞かせたのかわからんが、アメリカを援助したとかいう噂があって、この噂が殺した。喜睦さんが夕ご飯食べている時に、「自分は海軍の○○だ」と名前も言って奥さんや子供も全部いる所から連れて来てる。畑に行って殺ったと。こう斬った人が話しよった。殺した人が話しよったよ。

——直後に宮城さんはそれを聞いてショックでした？

（首を振る）あの当時は人殺すのは山羊殺すより何とも思わない。もう、戦というのは教育がこの教育だから。だから人殺すのは何とも思わない。山羊殺すより軽い。この渡辺とは二、三カ月一緒にいたよ。戦闘にはビクビクして出ないのに、こんなことやるのは良くないと思ったんだ。でも上の隊長だから、誰も何とも言い切れない。日本の教育がだめだ。軍隊ではもう星一つ多かったら絶対服従。

宮城さんは、渡辺大尉が部下に対しても刀を抜いたことがあると話す。部下だった沖縄出身の兵長が山羊を食べたことがきっかけで、渡辺大尉の怒りをかい、宮城さんの目の前で殺されそうになった。その時、宮城さんに止めなくてはという気持ちはなかったという。

ある兵隊が山羊の飼い主に、この金額で売らないか、売らなきゃ没収だとうまいことを言って大きな山羊奪って、焼いて源河で食べたんだ。軍隊歴が長くてシナ事変（日中戦争）で七カ年もやってきたという兵長のおじさんだった。渡辺大尉に見つかって、「君はこっちへ来い、もう殺してやるから。勝手に食べて何か？　日本刀で斬る」と言って小屋の後ろに連れて行ったが、この山羊の持ち主のおじいさんが渡辺大尉の所でひざまずいて、山羊はいいから兵長を殺さないでくれとお詫び（わ）をして頼み込んでくれたから彼は逃れたもんで。うちらはあのおじさん（兵長）にはさんざん怒られているから、殺されてもいいと思っていた。山羊の持ち主のおじいさんが謝ったから逃れたんだよ。すぐ殺しよったよ。人殺すのは山羊殺すより軽いくらいに考えている。

——なぜ殺していいと思った？

うちはさんざんこの人にいじめられているから、殺されてもいいさとしか思わない。山羊の持ち主のおじいさんがひざまずいて詫びたから逃れたもんで、そうでなければ斬られてたよ。渡辺さんは隊長だからね。煙草もちょいちょい、うちが持って行きよったんだ。持って行って一個は隊長に、二、三個持って二、三本ずつ配給して部下にやりよった。だから渡辺さんは自分を家に行って来るよう仕向けた。帰ったら何か砂糖でも煙草でも米でも持って来ることができたから。米は隣にお願いしたらうちに持たせてくれたよ。だからこれを持って行ってみんなにやった。

——少年兵は便利だから、かわいがられていたんですね。

そう。やはり少年だから、いろんな物を取って来てあげるから。

宮城さんは、実家に戻って来るなと言われたものの、渡辺らに仕向けられて食糧などをもらいに米軍の目を盗んで実家に通った。何度も家の周りに出没するため、やがて米兵に顔を覚えられてしまった。着物を着ていたが少年兵だとばれているので、米兵に拳銃を持って追いかけられることも度々あったという。しかしすばしっこくてなかなか捕まらない。「アメリカの拳銃に当たるわけがない」といつも逃げ切ったことを自慢げに語ってくれた。

インタビューに同席してくださった宮城さんの妻、春子さんは、夫の声は素晴らしいからと、カメラの前で「護郷隊の歌」を歌うよう促してくれた。宮城さんは毎日夕方の四時になると晩酌を始めるそうだが、「少し飲まないと歌えない」とおどけてみせ、まだ三時台だけど、と言いつつウイスキーを口に含んでから、歌いはじめた。映画「沖縄スパイ戦史」には宮城さんの「護郷隊の歌」が収録されている。

宮城さんと玉城貞二さんのインタビューにはご家族も参加してくださった。右から二人目が宮城さんの妻春子さん

春子さん「『護郷隊の歌』はうちの人はよく歌うんですよ。♪いらぬは手柄浮雲の如く(ごと)　意気に感ぜし人生こそは　神よ与えよ万難われに……この歌詞には涙が出ます。まさに当時の私たちの気持ちを歌っているんですよね。もう、二人の子供が生まれてからも、うちの人は、なんで死ななかったのだろうとずっ

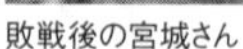
敗戦後の宮城さん

宮城さんと今帰仁村の少年たち。一〇代で戦争を生き抜いた逞しさが感じられる

と言ってました。『自分は生きているより、あれ（仲間）たちと死んだ方がいい。今でも死んだ方がいいと思う』と末の子が生まれるまで言ってました。防衛隊で死んだ私の兄とも仲が良くて。二人の子が生まれて私もいるのに、いつも死ぬ話をしていました」

戦後、宮城さんが地域の若者たちと船の前に並んだ写真が居間に飾ってあった。二〇歳前後と思われる宮城さんや友人たちの風貌は、どこか「愚連隊」風で、世の中を斜に構えて見ているような鋭いまなざしをしている。このあたりの家はほとんど焼けて、生き残った者で一から生活基盤を作り上げていくしかなかった。働き盛りの男性の多くが戦死しているため、まだ一〇代だった彼らが土木建築も畑もやった。またアメリカ軍から「戦果（米軍物資の略奪）」を挙げてくるのもお手のものだったという。逞しくて、どこか寂しげな少年たちの表情に私はくぎ付けになった。そんな宮城さんのことを結婚する前から気にかけていた様子の春子さん。隣で並んで証言してくれた同じ隊員の玉城貞二さんに向かって、「夫はほかの人より残酷な体験をしたのでは?」と切り出した。

春子さん「玉城さんはそんなにまで苦しい思いをしてないよね? 夫は戦争が終わってからも友軍と一緒にいて。運天の海軍。そして悪いものもたくさん見てきている。康二さんは戦後もMP(米軍の憲兵)に追いかけられていたから、みんなで逃がして。渡辺隊と一緒にいたからということかどうかわからないけど。トーニーという目つきの悪いMPがいて、大浦崎収容所から戻って来てからも狙われていた。パービーというMPは優しかったけど、トーニーは怖かった。康二さんはまだ護郷隊の連中や敗残兵と一緒になっていて、家に戻って来たりしたものですから怖かった」

同じ一〇代の少女だった春子さんにしてみれば、村の同年代の少年たちが米軍と戦闘していることも心配だったであろうが、米軍に占領されてからは村に戻れば殺されるということで気が気ではなかっただろう。康二さんは護郷隊で鍛えられ怖いもの知らずだったのか、生に対する執着が薄くなっていたのか、米兵に追われても飄々(ひょうひょう)とかわして逃げてい

たという。そんなチューバー（豪傑）だった宮城少年は写真の中では冷めた目をしている
が、心はやはり壊れかけていたのだろう。子を持つ父親になっても死にたいという言葉を
口にしていた。幸い、今、宮城さんは朗らかに長生きをされているように見える。しかし
元護郷隊の息子を持つ母や、元隊員を夫に持った女性たちの中には、彼らの抱え込んだ心
の闇に気づき、戦後も長く胸を痛めた方も多くいたのだろうと思う。最後に、「郷里の人
間を殺した渡辺大尉に対する怒りはありますか？」という質問に対して、宮城さんはしば
らく考えてからこう言われた。

「多分生きて帰ってはいないと思うから、戦のことだし、もういい。護郷隊のことは思い出したくない」

前線に酒を運んで「これで死にやすい」と仲間に感謝された

玉城貞二さん

第一護郷隊　第一中隊　今帰仁村諸志出身
昭和二（一九二七）年四月生まれ　一七歳で入隊

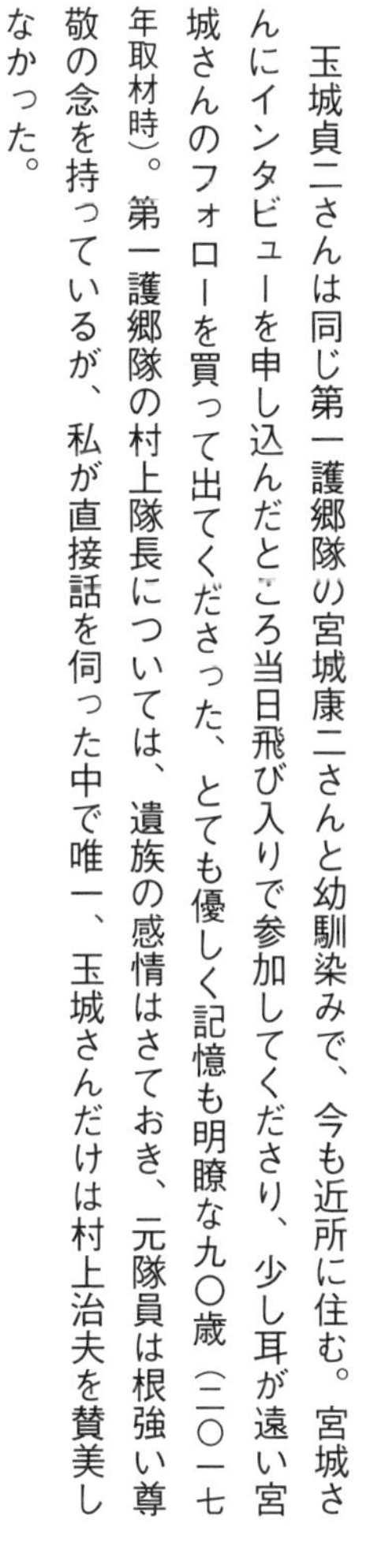

玉城貞二さんは同じ第一護郷隊の宮城康二さんと幼馴染みで、今も近所に住む。宮城さんにインタビューを申し込んだところ当日飛び入りで参加してくださり、少し耳が遠い宮城さんのフォローを買って出てくださった、とても優しく記憶も明瞭な九〇歳（二〇一七年取材時）。第一護郷隊の村上隊長については、遺族の感情はさておき、元隊員は根強い尊敬の念を持っているが、私が直接話を伺った中で唯一、玉城さんだけは村上治夫を賛美しなかった。

その人は死んだかもしれない

召集されたのは昭和二〇（一九四五）年の一月。うちは田んぼにいた。田んぼにいる時に誰かが赤紙持って来て。気持ちは、といっても「来たな」とだけ思って。あまり怖くはなかったから。でも母やおばあさんは、女の人はあまり喜ばなかったな。訓練を受けて、いったんは家に帰って来たんだが一〇日も待たずにすぐ召集された。昼のうちに（今帰仁の）役場に集まって、日が暮れてから連れて行かれたもんだから、歩いて。そこは羽地なんだか、多野岳なんだか、どこに来たのか全然わからなかったな。

――貞二さんの役割は？

うちは一人で食糧準備、食糧番させられてね。山の中で一人。食糧庫じゃないですよ。山の木の中。カバーを下に敷いて、米そこに積んで。分厚いカバーだったからそれ敷いて、米全部そこに積んだ。これは名護岳のふもとだった。そこに監視がいないものだから、その時に監視をさせられたからそこに留(とど)まった。うちの中隊はその米持って、その晩に攻撃しに行って。そこでみんなは解散したみたいだが、うちは二カ月以上も食糧番でそこに一人でいたから。

――作戦には参加しなかったのですか？

いっぺんは戦闘行きましたよ、四月一四日にね。ああもう、今考えたら行かんでもいい所行って。その時は戦死二人、傷を負ったのが四、五名いたから。みんなで一二名で行ったんですよ。米兵が四〇～五〇名ぐらい来る所に、伏撃といって待ち構えているんですよね、名護の東(あがり)江原(えばる)の道の所に。私は命令通りに行って構えていたんですよね。敵が来たら、どんな武器持っているかまず調べに行きなさいということで、すぐ一人が見に行って。で、報告を待ちかねてるのに、こいつがしくじって。調べてる間に敵がこっちに来たものだから、あわてて手榴弾投げたらしい。だから向こうも散らかったわけよ。それで大変になって。

玉城さんの所属していた第一中隊は、村上隊長以下本部のあった多野岳よりも東、名護湾の上陸地点に近い名護岳の前線基地に展開していた。この日は東江原の民家付近に米兵七〇〜八〇人が連日姿を見せるというので伏撃態勢で待って攻撃する作戦だった。四月一四日の戦闘については村上治夫が手記の中で報告の詳細を記録している。

時を置く間もなく約六七十名の敵は我が配備を知って攻撃を加えて来た。〝射て〟岸本伍長の命令一下、今迄（いままで）、静かだった渓に彼我の火蓋は切られた。（中略）斃（たお）れる敵兵に勇気百倍した青年兵は青年兵とは思われない射撃度胸である。〝あッ当った。野郎のびやがった〟等々、飛び上って喜んでいる。士気正に旺盛、約三十名の敵が斃れた時、不幸に軽機一が故障になった。（中略）丁度その時屋部兵長が両股に一弾、腹部に一弾を受けて転倒。次いで岸本伍長下腹部に盲貫一発を受け、また転倒したが、青年兵を叱咤（しった）して攻撃続行、遂に敵は屍体四十四を遺（のこ）して潰走した。攻撃班は、屋部、岸本を応急担架によって拠点に運搬した。屋部兵長は途中「苦しい、殺してくれ」「仇はきっと取ってくれ、奴等の弾丸で死ぬのはいやだ」と最後に陛下の万才を唱えて永眠す。彼の戦死は実に立派なものでした。臨終に際して「俺は死なぬ、じいっと此所からお前達の後を見守ってやる」と遥か東天を拝し、陛下の万才を三唱して静かに眠るように入寂して行った。「最後まで隊長に対して済まぬといっておりました。中隊は中堅幹部を一挙に失い一時は士気極めて沈滞致しましたが、必ず仇を取ろうじゃないか、岸本班長や屋部兵長に続こうじゃないかと悲壮なる決意のもとに立上りました云々」と（中略）報告を読む自分の手も震えた。聞く者一同は感激した。よくやってくれた。流石に岸本だ。誰の眼にも涙がにじんでいる。拳で無雑作に涙を拭いた。一青年兵が「もう班長等は一人十殺の配給量を達成した。早くやらんと班長（岸本）殿に叱られる」と。

（護郷隊編纂委員会編『護郷隊』）

こちらに戦死者が出たものの、一度に四四人を倒したというのは護郷隊の本格的な戦闘が始まって以来、かなりの戦果を挙げた一戦だった。そこで玉城さんも敵を倒したという実感を持っている。

一軒家があったんですよ。そこで二時頃になったから、お昼の時間過ぎてるから食事だといって馬の汁飲んで。一杯飲み終わったくらいの時間にアメリカが来たんですよ、大勢で。その時はもう、そこで撃ち合いして。その場で伏して撃ちはじめたものだから、お椀が弾で割れるくらいでね。九九式の銃を一つ持っていた。いっぺんは当たった。その人は死んだかもしれない。みんなで撃ったから。最初に相手を寄せて寄せて、引き寄せてということで。もう前に来た奴はみんなが狙う奴だから。

あの時分は天皇をかざせば何でもできた

私は前線だったから、もう明日明後日上陸するという時に、斬り込みに行くための爆薬の箱をもらいに本部に行ったんですよ。一〇名くらい部下連れて。常置員（小隊の上官）から水筒預かって、村上さんから酒もらってきなさいと言われてね、これもたくさん持たされたわけよ。その時までうち酒飲まないから、もったいないも何もわからんわけ。大きな瓶に酒を入れて、口も大きいし、流しながら帰り、艦砲射撃を撃ってくるもんだから、この水筒開けてみんな歩きながら少し飲んで。向こう行くまでだいぶ減っていたんだが、酔っている方から褒められて。みんな喜んで、死にやすいと言って。これで死にやすいと言って。

戦死した人の葬式の前には一晩衛兵を立ててね。着物替えたり靴下替えたりパンツ替えたり、みんなでお母さん役やったんですよ。その人はうちの分隊長だったから、靴下なんか全部持って行ってから立派な葬式して送りました。

まだ酒の価値もわからない少年たちが、爆薬をもらいに行くついでに酒を持って来いと古参兵に命令され、米軍の目を盗みつつ重い爆薬と共に酒を派手にこぼしながら陣地に引き返していく姿を想像する。すると艦砲射撃が始まったのだろう。恐怖に襲われてもなす術(すべ)もなく、水筒の酒を口にした。そして陣地で待つ仲間からも感謝された。「これで死にやすい」と。なんという酒の覚え方だろう。死にやすいとみんなが喜んだと話す時の玉城さんの笑顔と、そのまなざしの先に再現されている光景を思うこのシーンは、残酷な話以上に私の脳裏に焼き付いている。

護郷隊の隊員たちの証言を収録する時に強く感じたのは、これまでほとんど人に語ってこなかった戦争のエピソードというものは、いざ語りはじめると、話者は話す内容とは不釣り合いな笑顔になるということだった。戦争体験者が残酷な話をそれなりに理解してもらおうと意図し、順序立てて話す場合には、普通は話者も沈痛な面持ちになる。体験者は人に話すことを繰り返すうちに、自分の中でその記憶を咀嚼(そしゃく)したり、戦争という大きな負の歴史の中に位置づけたり、人から意味づけをされて再認識したり、そうやって個人の記憶の断片に過ぎなかったエピソードは「戦争証言」として物語化されていく。しかし、護郷隊の方々は語る機会が極度に少なかったために、「言われてみたらこんな記憶だったな、今考えたら信じられないな」というためらいの方が先に来るのだろう。こちらがのけぞるような話も笑顔で話されることが多く面食らった。

同じ少年兵でも、南部に投入されたため被害が甚大だった鉄血勤皇隊の場合は、記念館もあり平和教育で体験者が話す機会も多く、また当時の師範学校や中学などエリートの若者たちであったこともあって出版物も豊富にある。それに比べると護郷隊はその存在を知らない県民が圧倒的に多いことからわかるように、戦争体験談を子や孫にさえ話すことなくこの世を去った人の方が多いのではないかと思う。玉城さんも、護郷隊員には軍人恩給のような手当てなど一切なく、認知度も低いことには疑問を持っていた。一方で、一八歳だった玉城さんは同級生が防衛隊として南部戦線で戦死していることからも、自分はラッキーだった。北部の山の戦いなんて良い方だったのだ。文句を言えば罰が当たると謙虚に考えてもいる。

鉄血勤皇隊は知られているけど護郷隊は知られてない。やはり護郷隊は青年学校出なんですよね。鉄血勤皇隊は（戦後）高校も出て大学も出て、頭のいい人たちでしょう。やはりアピールする力があるんですよ。青年学校の奴らは、アピールしないし欲もない。生き残っただけでいいと。死んだ仲間がかわいそうだということもあるから、強いて大きな声で言わないわけよ。同級生は防衛隊でたくさん亡くなってる。護郷隊はこんな山の中の戦争だから南部よりは良かったわけだ。

軍隊というのは、自分もいたが、あまり感心もしないがね。あの時分は天皇をかざせば何でもできた。上の人が一番悪いよ。使うだけ使って給料もあげない。うちなんか給料あると思った。隊長が給料は保証すると話したし、先輩の分隊長、小隊長たちは「あんたたちはすぐ戦地だから、私の倍、上等兵くらいあるよ」と言ってすかされていたから。本当は戦地だから手当てはあって当然なんですよね。でも何もない。まあ生きていたからいいさ、とその時分はそう思ったんだが、今九〇過ぎて、もし食えなくなった時には、少しくらいないかなと思うな。

自分（村上隊長）は生きているから詫びる言葉もないさ

村上さんは立派な人ではあったんだが、あまりやり過ぎて。強過ぎて。今考えたらやり過ぎだったなと思うくらい。戦場では普通ではあるんだが、天皇のために死ぬということを徹底的に教育されたから。村上隊長は、戦後見たらあまり大きい人じゃなかったな。ハンサムではなかったけど、中野学校卒業だから貫禄はあったですよ。部下みんなに、決死の覚悟で、みんな死んだつもりでやりなさいと言って訓示していたのに自分は生きているから。詫びる言葉もないさ。よく腹斬らなかったもんだなあと思う。

「今日只今の事に死力を尽くせ」

これが隊員らが今日まで、すべて暗記するほどに徹底された村上隊長の訓示だった。死ぬ気でやれ、と言ってはいるが村上隊長は少年兵らに繰り返し「絶対に死ぬな」とも言っている。それは宮城康二さんや前原信栄さんの証言にも登場する。兵士の命など鴻毛より軽いと叩き込まれた当時の軍隊教育と、中野式の教育はこの点でかなり異なっていた。スパイも、生きて帰らなければ任務は達成できない。捕虜になっても敵情を視察して戻って来いというのが大前提であり、決して「死んで来い」という部隊ではなかった。しかし場面によっては戦車爆破隊など自爆も辞さないテロ作戦もあったのは事実である。

玉城さんが「天皇のために死ね」と叩き込まれたと感じているのは、帝国陸軍の初年兵教育を受けている在郷軍人らが分隊長や小隊長として少年兵の教育にあたったので、認識の中に古参兵たちの哲学が混ざっているのかもしれない。しかしまた、真喜屋集落の掃討作戦や稲嶺国民学校を少年兵らの手で焼いてしまったことについては、玉城さんの評価は低い。

護郷隊の仲間が、自分の村を焼いたというのも聞いた。護郷隊の隊長からの命令でやったらしいが、戦後聞いたな。部隊も違うから、自分らもそんなこともあったのかと思ったね。それ聞いたら……隊長の名もだいぶ下がるよ。

点呼をごまかして戦友を逃がしてやった

第一護郷隊　第二中隊　第一小隊　名護市羽地出身
昭和三（一九二八）年六月生まれ　一六歳で入隊

玉里勝三さん

平成二一（二〇〇九）年頃から護郷隊の慰霊祭に通うようになったが、慰霊碑の前では必ずこの方が司会をし、全体を仕切っていた。平成一〇（一九九八）年まで長い間名護市議会議員を務めた玉里さんは、戦争中、第一護郷隊本部の村上治夫隊長の近くにいたため、戦後も村上が訪れる度に名護での世話役になってきた。第一護郷隊の戦友会の会計を務めてきたが、村上隊長逝去の際に香典などを納めた後は、残った会費はすべて、護郷隊の碑のある名護小学校と、永代供養を請け負う寺に寄付して、会は解散した。しかし今なお取りまとめ役として元隊員から頼りにされている。

「玉里、大本営の発表はみんな嘘だよ」

軍人名簿では大本営直轄の護郷隊、村上隊だよ。第二中隊、第一小隊の玉里勝三。戦闘の時は私の中隊がいつも先頭だった。第一護郷隊の本部が攻撃に行く時はいつも「玉里を呼べ！」と言われてね。村上大隊長とはだいたい一緒に行った。よく呼ばれたものだけど、この村上さんは士官学校の出身。優等生は天皇陛下から軍刀、優秀だから軍刀もらって、中野学校出て、大本営から来てるわけ。

昭和一九（一九四四）年一〇月一五日に、護郷隊に入れという知らせが来た。召集令状？うれしいとか何もない。羽地からは白い握り飯をたくさん食べさせてもらって送り出された。「一〇月二五日に入隊せよ」と召集令状にあって、名護国民学校、今でいう名護小学校の記念碑の所にほか五人で一〇月二五日に入った。歳は一六、数えの一七歳。

僕は当時一六八㎝あって背も大きいから、最初に靴も軍服も選んだ。だから小さいのは、服もここ（胸までズボンが来る動作）に着ける。鉄砲も三八式、新しい鉄砲はないんだよ。（銃剣を含めて）一m七〇㎝くらいの銃で、背が小さい子にも三八式を渡されるからかわいそうでたまらないわけ。訓練の時に落伍したらほったらかしていくのよ。

――訓練は厳しかったですか？

軍隊手帳というのがあったでしょう。軍人勅諭、これ三日で覚えなさいと。覚えないと叩くんだから。僕らは最初に覚えていたわけ、小学校も優等生だったから。貧乏して上の学校行かなかったけど。入隊したら、三六kgの背嚢と一六kgの軽機（軽機関銃）を渡されて、村上隊は今の名護小学校で教育訓練四〇日間やった。村上さんはいつも「今日只今の事に死力を尽くせ」と言った。

村上隊長はいつも自ら先頭になっていった。僕もいつも一緒だったから前にいた。第一中隊は名護岳、第二中隊は多野岳、三中隊は真部山で、あっちは一番酷かったんだ。

米軍がいよいよ上陸してきた時に、隊長は何を言うかと思ったら「今日から戦争が始まった。命あっての国へのご奉公だから、自分の命は自分で大切にして戦いなさい。終わり」。

隊長はすごいよ。八重岳にいた陸軍の宇土部隊が多野岳に逃げ込んで来た時も、「なんであんたらがここに来るんだ。あんたらのせいでおれたちが全滅するわけにはいかない。こっちは大本営直轄なんだ」と追い払ったくらいだ。相手は大佐なのに。

護郷隊は昼間は戦争に行かない。夜だけ。名護岳の裏に行って待機している時に、「玉里、大本営の発表はみんな嘘だよ。信じたら大変だよ。アメリカの戦艦は三隻しかないのに、毎日『戦艦いくつ沈めた』とか、みんな嘘だよ。これなんかまじめに聞いていたらみんな死ぬよ」と村上さんが教えてくれた。

——戦争中に大本営は嘘を言うと教えてくれたんですか？

うん、戦争の時に。戦争で軍隊が国を守ると言うけど、今、平時だからわからないでしょうけど、戦場なったらこれも守らない。国民も守らない。自分守る。自分守らなければ死ぬもん。

「もう絶対戻って来るなよ。君が来たら僕らまで死ぬ」

——でも護郷隊に入った時は、玉里さんも自分が故郷を守ろうと思ったんですよね？

こういった余裕ないよ。みんな一人残らずただ夢中になってね、上官の言うこと聞かなければ殴るし叩くんだから。眠いし、ひもじいしね。六月になると、この、戦争でやられる人の臭い、人の腐れる臭いを思い出す。それが未だに残っている。それをいつも思い出す。

それで、多野岳の裏から名護攻撃に行く時に、鉄砲も何も持たないで、弾だけ四〇〇〇発持って行くからね。一攻撃四〇〇〇発、一〇日分の食糧、重たいわけ。ある少年が、大浦湾の見える所の久志大川の上で、もう歩き切れないで泣くわけ。身体も小さいし。しばらく彼の背嚢も弾もみんな分け合って、僕がおんぶして一時間くらいは歩いた。川上の人だから「君、親のいる所わかるか？」と言ったら「わかる」って。「ここから探せるか？」と言ったら「探せる」って。「じゃあいいよ、ここにみんな捨てなさい」。護郷隊は着物はみな一枚ずつ持ってるから、その着物だけ持って毛布もここに捨てなさい。米と油味噌と乾燥醤油を持って、と。

大本営直轄だから食べる物は十分持ってるわけ。山に避難している仲尾次（なかおし）や真喜屋、川上あたりの人は、護郷隊の倉庫から分けてもらって、山の避難生活で命を長らえているんだよ。

――玉里さんがその少年に、逃げていいよと言って逃がしたんですか？

逃げていいよとは言わない。どうにもならないから親元に帰した。今でも本土にいるけども、命の恩人と言って訪ねて来るよ。お父さんとお母さんが、大川のダムがある、ハンジャナ又（また）という所にいることとわかるわけ。峰を越えればすぐそこなんだ。「もう絶対戻って来るなよ。君が来たら僕らまで死ぬ」。僕らは一五名で一分隊で、夜は点呼するから、「一四、一五」と声がしたら大丈夫だろうと。僕らは一期生で一番上だから、君は一三と言ったらすぐ君が一四、一五と言えと指示して。（点呼のごまかしを）三日間はやったわけ。分隊長はわかってるわけ。分隊長もシナ事変を経験してきた人なんで、この分隊は一人も失わないようにしていた。分隊長は、彼が泣いてどうにもならなかったから、荷物を分けておんぶしても四名もろとも死ぬからと言って、両親の元に返したよと。いいことしたよと。

――名前は？

「上原源敏」。身体も小さいんだよ。今は背伸びてるけど、いつも兄さんと言って来るよ。

殺された少年　殺された小隊長

何かまた、変な話もあるけど。同じ中隊でも、別の小隊、三小隊の一人が殺されたという話は、戦後にしか聞いていていない。僕は一小隊だから。現場は多野岳の裏だったから、多分六月になってから殺されていると思うよ。僕らの小隊じゃないからわからんわけ。二小隊の話も三小隊の話も僕らがわからんから、本当は（話を）しない方がいい。終戦なって落ち着いてからこの話聞いて、なんで？　逃がさないで殺したの？　僕だったら逃がした。でも命令だからね、小隊長の命令でやってるから。その話したら大騒動になるからやらなかったかもしれないが、あの時までは下士官といったら怖いんだからね。これ聞いたのは一カ年後だったかな、戦後。そして……。この小隊長ではないんだよ。別の小隊長が同じ護郷隊に殺されている。伍長だったかな。小隊長、分隊長、みんな島の人よ。同じ小隊、同じ分隊。殺した人も島の人。殺された人も島の人。

――本当に殺されたんですか？　そんなのどこにも書いてないですよね？

これは書かない。これはもう戦死。戦死者になる。第二中隊の第二小隊。

憎まれた下士官たち

もう一人、本当に邪魔くさい小隊長がいたわけ、第三小隊に。部下たちは、戦争本番になったら、彼を殺してから死のうなと話していたらしい。それである時、一斉に攻撃行って名護岳の裏を帰って来る時に、僕らが軽機関銃下ろしたら、方言で「お前みたいな奴殺してから自分も死ぬよ」という声が聞こえた。そして軽機関銃で撃とうとしたらその小隊長はイノシシみたいに逃げて。これ殺すつもりだから、小隊長も本気で逃げて探し切れないわけ。僕らは軽機を持ってるからね。

——どうしてそんなに憎まれてたんですか？

飯は、僕ら腹いっぱい食べられないのに、この小隊長は飯盒いっぱい飯入れないとみんなを叩くわけ。僕らの小隊じゃないからあまりわからないけど。だから、戦後に記念碑を作る時にこういう怨まれてる人から電話来ていたけど、僕らはただでは許さないよ、と言ったらそれから来なくなった。僕らの小隊長は瀬良垣さん（一三七〜一四八頁）で、おとなしくてみんなに慕われてるわけ。

——怨みはわかりますが、やった方とやられた方が同じ土地で暮らすのはきついですね。

小隊長の一人は戦後はずっと那覇行ってるよ。その人は元気だよ。子供たちもみな元気だよ。人の罰というのはないよ、考えてみると。

もう一つは、僕らの同級生で、障害がある者は護郷隊には召集されなかったけど、みんな後から中南部に防衛隊として召集されていた。それらは一人も帰って来ないよ。だから弱い者いじめなんだよ、戦争は。

――玉里さんはアメリカ兵を殺すとか、実際戦いました？

殺したか殺さないかはわからんけども、弾はうんと撃ったよ。軽機四丁あるわけよ。アメリカに向けて配備する時にはいつも中心にするのは僕。分隊長は僕の後にちゃんといるわけ。弾がヒューヒューなるうちは盛んに撃てよ、と。ホクホクしたら軽機故障と言って、隠れようと言って。隠れる場所をちゃんと確認してから射撃をしろと言われている。どこにでも伏せて弾を撃つもんではないと、シナ事変も経験している分隊長にちゃんと教えられているから。

まだ六月二三日までは、うちの家族も山に避難していた。それから二、三日して山から下りた。僕は兵隊だったからアメリカのジープに乗せられて一晩は田井等の収容所に泊まったよ。翌日「いくつになるか」と言うから「一四歳」と答えたら、お前は親元に帰れと帰された。

――歳、ごまかしたんですか？

ははは……。一四歳と言った。そう言えって教えてくれた人がいたわけ。だから普通の子供としか見てないわけ。

――でも本当はゲリラ教育も受けて、立派な兵隊だったんですよね？

ははは。昭和一九（一九四四）年の一〇月二五日に最初に与えられたふんどし。ふんどしわかるか？　ふんどし一枚、軍服一枚。これだけ洗濯もしないで六月二三日まで着けていたわけさ。

——ずっと同じ物を？

うん。川で浴びる時には、ふんどしだけは洗った。軍服は洗わない。虫も出て、こんなして殺しよったわけ。本当に戦争は惨めよ。父は僕の帰りを待ちかねていた。母と兄二人を亡くしているから。戦後は馬を搔き集めて馬車持ちをした。母親がわりに食べ物も集めて、妹たちにはひもじい思いはさせなかった。牛馬の扱いができたから、田んぼも馬でやった。だから三食お米をお腹いっぱい食べて育ったよ。今も僕の後を継いで、息子がお茶とサトウキビをやってるよ。これは僕らが作ったお茶。

国民も守りませんよ。国も守りませんよ。軍隊は自分は守る

最後にね。戦争は絶対やってはいけない。いかなる軍隊もいらない。戦争は基地に向かってやるんだから、　切反対。基地がなければ攻撃もこっちには来ないわけ。どうして余計な経費を使って敵がここに来る？　民間人だけならこれを殺すバカはいないでしょう？　わざわざ物資を浪費して。国際法上も許されないでしょう。今、非常に危機を感じている。この国は右寄りになって今にも戦争をやりそうな気配。一番世の中でやってはいけないのは戦争だよ。だか

ら一生懸命平和運動してきた。子や孫にも言ってる。基地は反対だよ。おじいの教訓だ。弱い者には手を出すなよ。逃げる者は追うな。逃げる金を追おうとして人はパチンコに行ってもっと失う。逃げる女も追うなよと。これ教訓。

今、北朝鮮や中国がどうのと言って、世の中はちょうど、僕らの幼年時代に戻っているよ。日本では盛んに自衛隊が威張ってるだろう。これをもっとやると、テロが出てくるよ。安倍（晋三）総理は憲法も改正すると言う。どうして平和憲法で国民は幸せに暮らしているのに、憲法というのは簡単に変えてはいけないんだからさ。

軍隊というのは、国を守ると盛んに今言っているが、平時の時はあれだけれども、有事になったら、戦場行ったら国民も守りませんよ。国も守りませんよ。軍隊は自分は守る。自衛隊も解散して銘々各地で社会のために尽くしなさいと言いたい。軍隊は何も生産はしないよ、消費消費するだけ。一度慰霊祭に自衛隊が来ていた。なぜここに来るのか。うちらは自衛隊反対だよ、と僕が帰した。こんな童顔の少年たちが亡くなってるんだ。彼らに申し訳がない。

映画を作るんだったらね、覚えてて。戦争で何の得もないよ。戦争が近くなったらよ、自衛隊も逃げて徴兵制になるよ。マイナンバー？　あれも兵隊から逃がさないためだよ。国会議員は自分は戦争行かないで、口で言うばっかりだ。共謀罪が成立したら、こんなこと言ってるとおじいも捕まるさ。あんたたちマスコミが、しっかり頑張ってよ。国会議員はあんたたちのことが一番怖いはずよ。またマスコミも一方に偏ったことしたら国民からも受け入れられないからね。しっかり、元気で頑張ってよ、ね！

護郷隊唯一の衛生兵

比嘉久権さん

第一護郷隊　第一中隊　名護市大兼久出身
昭和三（一九二八）年九月生まれ　一六歳で入隊

「僕は戦闘にも出ていないし、何も話すことがないですよ」。開口一番にこう言った久権さんは衛生兵だった。それも名ばかりで、薬品の名前一つ勉強できないまま実戦になってしまい、衛生兵だから何かしてくれるだろうと頼られることが苦しかったという。それでも宇土部隊で衛生兵の訓練を受けている時期は楽しかったそうだ。「宇土隊長はいろいろ悪く言われているけど、あの人が早く降伏したから多くの人が助かっているよ。どうせ負けるなら宇土さんで正解」。走るのも遅く、体力にも自信がなかった久権さんは、お会いした中で一番、軍国少年から遠い、最も戦場が似合わない冷静な元兵士だった。

「三八式歩兵銃どの！　すみませんでした！」

伊江島には八回も徴用で行きました。その後読谷、そして真部山にも無期限徴用。真部山では竪穴（たてあな）を掘っていたから、これはもう落盤があったら命がないなとひやひやしていた。立坑を掘って、その後横にという計画でした。そんな時に伊豆味でたまたま会った人から、君に赤紙が来ているよと聞いて徴兵されたことを知りました。本部から名護の家までその赤紙を取りに行ったんだが、僕が脱走したと本部では大騒動になっていたらしい。そうではなく赤紙を取りに行ったたと、ああそうかとなったんだけども、僕は危険な作業より召集の方がましだと思った。喜んで護郷隊に行くと。一〇・一〇空襲の前のことです。

――どんな訓練でしたか？

名護国民学校に集合して二、三カ月は訓練を受けました。最初に講堂に集まって説明を聞いた時に護郷隊なんだとわかりました。給料も最初の一、二回は出たみたい。一八円くらいだったかな。支給された軍服はダボダボ、長袖でした。軍靴も革のものと足袋の二種類、これは斥候用ね。パンツはだめで、ふんどしが二枚支給されました。帽子は鉄帽もあった。大きさが合わなくても「帽子にあてて、頭を作れ」と言われた。「軍服に身体を合わせろ」とね。それでも大きい人と小さい人が交換していって、四、五日したらだいたいみんなの身体に収まるようになっていたから不思議だね。歯ブラシと石鹸も、最初だけ支給がありました。

三八式の銃は重くてね。昔の物でしょ。靴も重いし、銃を地面につけたりすると、汚れがついて点検の時にものすごく怒られる。「三八式歩兵銃どの！　すみませんでした！」と何度も大声で言わされました。誰かがミスをしたり、集合に遅れたりすると連帯責任で「相討ち」をさせられた。少年同士お互いに向かい合って殴るんだけど、だんだん本気になって殴るようになってね、手加減すると「こうやるんだ！」って手本を見せられるからね。幸地の川原に毎朝顔を洗いに行くんだけど、顔が腫れ上がっていて、それを見た人が「兵隊になって太ってるな」、なんて言われたりして。一〇人一組で伝達の訓練もやった。場所、時間、そこで何をやる、とか伝言を一人ずつ申し送りをするんだけど、最後の人は何を言ってるのかチンプンカンプン。

宇土部隊に行って衛生兵の訓練を受けてこいと言われた

——上官は厳しい人でしたか？

屋部憲用という兵長[*3]、これは酷かったね。木銃が折れるまで殴りよった。お尻に受けるんだけど、間違って座ってしまうと脊髄に木銃が当たって大変なことになるんだよね。小橋川寿清さん、ああ、あの人は走るのが速くてね。僕は不得意だったから何度も走らされた。最初五〇人で走って、遅い方から二〇人がもう一回走らされて、まだ遅いの一〇人は三回走らされる。訓練の最後に筆記試験があった。それで九八点だったから、比嘉、お前は衛生兵の訓練を受けろ、とかね。

——頭が良かったから衛生兵に選ばれたんですね?

いや、身体が弱かったからだと思う。僕の隊からは一人だけ、宇土部隊に行って衛生兵の訓練を受けてこいと言われた。各隊から二人ずつ来ていて、伊豆味の学校の衛生兵教育に集まったのは一八人だった。知らない人ばかり。宇土部隊の伍長と上等兵が僕らの世話役だった。でもすぐに戦になってしまって、僕が学んだのは三角巾の巻き方程度、人体のこととか、もっとこれから学べると思ったのに時間切れで残念だった。だから僕は形だけ、何もできない衛生兵だった。でも後から思うと、宇土部隊で研修していた期間は楽しかったです。殴る人もいなくて、笑顔があった。ただもっと習いたかった。一中隊に戻るつもりだったのが、大隊本部付きの二人が繰り上げ召集されて抜けてしまったから、僕が大隊付きになった。

——第一護郷隊の大隊本部ということは、村上隊長のいる所ですね?

そうです。あの人はホントの軍人、生粋の。歩き方から違う。帽子を目深にかぶってこう顎をあげてね。でも気さくな人だった。軍服のシラミを取ってると「大変だな」と声をかけてきたりね。とにかく頭のいい人だった、話し方も違っていた。それに比べて油井中隊長は男爵の家系の生まれだということだけど、大きいことは言うが戦になると全然前に出てこない。シカブー（臆病者）だったんじゃない？　訓練の時や、朝礼では学校中に通る大声だったが、戦争本番では籠もって出てこなかった。その頃は大隊本部の炊事班と一緒にいたから、彼らの仕事手伝ったり、隊長たちが入る風呂を焚く仕事もやった。医薬品の運搬も、僕一人でやるんですよ。馬車を借りて宇土部隊の物資があった三中まで取りに行く。包帯とか消毒薬とか、中身はわかりません。ただ大きな箱五、六個馬車に積んで本部まで一人で運んで。

「我達は、女性も知らんで逝くのかな」

名護岳にいた時に米軍の上陸を見ました。名護湾、全部船。あれだけの船というのは、見たことないです。上陸用舟艇といって、海からそのまま上がって来るんですよ。これはもう勝てんなと思った。それからは逃げるのに精いっぱい。実際にけが人が出て、一度だけ幸地病院の先生と一緒に対処したことがあったけど、僕には処置なんて何もできません。看護師さんの方がずっとわかる。あっという間に亡くなっていく人の手当て、少し手伝った程度です。

恩納村の前田正幸という人が「比嘉さん、比嘉さん」と来るから、僕は知らない人だけど、そうやって衛生兵なら何かわかるかねと頼られることも多かった。何もできないのにね。それでなにか？と訊いたら、その前田がね、「我達は、女性も知らんで逝くのかな」と。結婚もしないで死んでいくのかね、つまり、女性も知らないまま終わるのかなということだろうね。これ思い出すんですよ。彼は機関銃手だった。機関銃は連射すると銃口が真っ赤になるから、それで相手に気づかれて集中砲火を浴びるんです。それで前田君は死んでいった。名護岳で。

――どこで終戦になったのですか？

結局、追い詰められて北に北に移動して安波(あは)までたどり着いた。またここから石川まで南下する話も出ていたようです。でも次の召集までいったん解散ということになった。そこからは同じ地域の人とそれぞれ別行動になったんです。軍服は置いて、最後まで持っていた三八式銃は木に括(くく)り付けて、ぼろきれを着て山を下りた。途中で銃を構えてる米兵が何か言ってて、オキナワ?と訊いてくるからそうだと言うと、じゃあ下りなさいと。解散した安波から羽地の収容所までたった一人だった。でも収容所に行ってびっくりしましたよ。みんな銀メシ、加州米食べて太っていた。ずっと日本の玄米、硬いのしか食べてないのに、そこで初めて美味しい米を食べた。毎日軍作業に出て、食べ物をもらって、これはもう再召集なんてないなと思った。

僕らは最後に下りたから、もういい仕事はみんな取られてしまって、残ってるのは精神科の病院の掃除の仕事だった。田井等の収容所だったと思う。そこには軍人ではなくて民間の発狂した人がいて、どんどん死んでいった。殺したのかなあ？　あれは。その死体を埋める仕事をした。友達なんかもみんな先に帰っていました。何月になっていたのか、僕ら解散した頃には山の避難小屋にはもう誰もいなくて、住民たちもとっくに山を下りていた。僕たちがその小屋に入るとバチバチッと音がして、なにかと思ったらノミ。あっという間に足が真っ黒になるくらいノミにたかられた。寄生する人がいなくなったんだろうね、全部寄ってきた。あれも忘れられない。

村上隊長の馬番

我如古喜将さん

第一護郷隊　本部付き　名護市屋部出身
昭和元（一九二六）年六月五日生まれ　一八歳で入隊

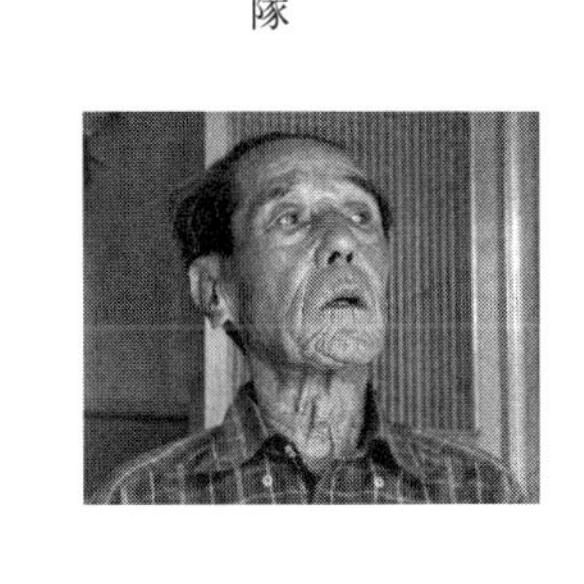

我如古さんは、昭和一九（一九四四）年一〇月の一期生が召集された時から、村上隊長の馬番としてぴったり寄り添ってきた。少年兵の中では年齢が高く、村上からの信頼も厚かったようで、戦後再び沖縄を訪ねるようになってからも、慰霊碑の建立や遺族の家の訪問などを積極的に支えてきた。そのため「村上隊長は生き神様だよ」が我如古さんの口癖で、戦後もずっと強い敬愛の念を持っている。しかし一方では、発言はおろか思考することも許されない軍人の非人間性にも何度も言及し、「騙（だま）された、今思うと悔しい」とも言う。隊長の教育は素晴らしかったと言いながら、同時に軍国主義を憎み、上司にも誰にもものが言える世の中は素晴らしいとするのは、一見相反する価値観のようであるが、村上隊長が生涯を通した恩師であることと、当時の軍国主義の悪習は、我如古さんの中では全

く別のものであるようだ。

日本は神の国だもん、また私は歳は若いし、気持ちがワクワクしてね

——村上さんはこの家（我如古さんの家）に、よくいらっしゃってたんですよね？

村上隊長は慰霊碑の建立のために、昭和三一（一九五六）年に沖縄入りした。戦後ね。そして、三二年に護郷隊の慰霊碑はできました。わざわざ石を大阪から持って来てるんですよ、村上さんが。こんな石材、沖縄にないのに。

村上さんの長男は、沖縄来たら必ず来ます。娘さんと、お子さんは二人おりますがね。二人は親父がどんな風に言ってるのかわからんが、沖縄行ったら必ず我如古の家を回れよと言ってるはず。確か僕の家だけには回ってくる。その後ね、毎年慰霊祭は慰霊碑の前で午後三時半から始まるから、それまではみんな必ず我如古の家に来て全部、上官の連中、もう賑(にぎ)やか。慰霊祭は、僕の家で時間待ちして。今年も、これは毎年やりますよ。でしたがね、寂しいです、村上さんが平成一八（二〇〇六）年五月七日に亡くなったからね。

——我如古さんの所には赤紙が来たんですか？　赤い紙でした？

もうこれは忘れかけてるね、黄色だったかな、召集令状だからね、白で来ないわけ。これも強制ですよ、当時の召集は。一九歳だから、数えで。うちら名護青年はちょうど一〇月一〇日

の空襲の時はね、伊江島に飛行場の工事に行っておった。そして一〇月二二日家に戻って、二三日すぐ名護国民学校に召集。強制みたいに氏名あげられて、すぐ名護国民学校に。

——それが来た時は、どんな気持ちでした?

日本は神の国だから、いろいろ戦争しても負けない、世界に誇る日本国だからね、そういう教えをされてるから。意気旺盛で、みんな喜んで行ってますよ、その時は。いやという気持ちある人おりません、その当時はね。

日本は神の国だもん、また私は歳は若いし、気持ちがワクワクしてね、軍人というのわからんから、喜んでみんな召集行ってますよ。

——どんな格好で行ったんですか?

私服。普通の青年服で出て、向こうで軍服に着替えた。そして、その当時まだパンツも着けてない。みんなふんどし。ふんどしで恥ずかしくてね。一期生です、私たちは。一期は何百名おりましたかな、もう忘れかけてるなー、二〇〇名はくだらんと思いますね。教育が始まった時には。

私は村上さんが乗る馬「北風号」の飼育係

——そこで村上さんに会うんですね?

はい。村上さんたちは昭和一九（一九四四）年の九月から沖縄にいらしてるからね。三二軍司令部に。私らはとにかくもう子供で、なんでも言う通り「はい」、「上官の命令は朕（ちん）が命令、天皇陛下の命令」という風な、軍隊式はそういう教育されてるからね。もう「はい」だけしかわかりません、私たちは、正直なところ。意見もないし、ただ命令で「はい」、肉弾三勇士と同じ。爆薬を持って攻撃する、そういう時代でした。

――どういうことを自分たちがやるのか、集められた時にはわからなかったんですよね？

そりゃわかるはずがない。ことに我々の戦法は遊撃戦だから、火薬はこう作るんだよと、火薬の作り方ね。これと精神教育は護郷隊歌。「赤き心で断じてなせば　骨も砕けよ肉また散れよ」。この精神で、戦争が始まったら「今日只今の事に死力を尽くせ」。これが隊長の訓示。以上です、教育は。その当時は「どこどこに夜襲攻撃するんだよ」ということで。火薬の取り扱い、爆薬、ダイナマイト、信管。これを自分でコード作って、すぐ装塡できるよう。これを持って出よった。その戦闘行く前に斥候というものがあった。必ず現場に誰か行って調べてこないと、全部が犠牲になったらいかんでしょう。必ず、今日はどこに戦争しに行くといったら、必ず斥候が先に行って、はい、この道は大丈夫、と案内する。

――訓練は辛（つら）かったですか？

私は前もって申し上げたいが、なぜ私が村上さんと教育中からずっと一緒で家にも戻らなかったかというと、実は私は村上さんが乗る馬「北風号」の飼育係であったわけ。ほかの隊員みたいに銃を持つ訓練は、一週間くらいはしたかな。僕は戦争中も銃を持たん、手榴弾だけ。あまり辛い経験はしていないです。いつも隊長が先頭で軍刀を抜いて指揮執る場合は、私は後方をただ監視する役目でした。名護での訓練は五〇日か六〇日以内だった。だから戦争のことについては、一般に攻撃に行ってる人の方がよくわかるがね、私はみんなみたいには戦争に出た数は少ないからね、いわゆる陣地の番さー（留守番する人）してるから。

それは、上官によってはね、厳しい方もいろいろいたから個々の隊員は苦労もあったかしれないが、何百名だからね。僕は恵まれていた。村上さんの側近だからね。僕は伝令要員だから、あんたがたは本当は僕じゃなくて、本当に銃を持って戦争に行った人に話を聞いた方がいいね。

村上隊長はあんた、生き神様だよ

――じゃあ本当に村上さんとぴったりくっついていたんですね。

寝ても起きてもいつも一緒だったからね。だから戦後も私はどれだけかわいがられたか。僕は一般の青年兵みたいに何も教育はされてない。ただ伝令要員。だから行く場合は、僕は銃はないから下士官たちに「おい君、軍刀持ってどこ行ってこい」と言われたら、行く。ある時、滝壺（たきつぼ）に軍刀落として、潜り専門の友達を連れて取ったエピソードもあるよ。怒られてね、大事な武器だからね。潜り上手の親友がいて、彼が泳いで取ってきたんだ。今でも集まったらいつも笑われるよ、この話で。この戦友はもう亡くなったキヨマサ君。「君に使われて、僕が潜らされて」って言ってよ。場所はね、久志大川、名護岳の後ろに陣地があったからね、向こうに。

――村上さんというのは、この護郷隊中で一番偉いんですよね？

は？　隊長？　村上隊長はあんた、生き神様だよ、その当時。なんでも命令は「はい」。もうこれ以外ない。みんな近寄れない。ただ私はいつも側近にいて飯あげたり、長靴を磨いたり。僕は陣地当番が多かった。

三つ四つ年下の幼い兵隊もいました。（昭和）二〇年の三月にやった第三教育、最後の羽地での教育。あれには一五歳の後輩たちも入ってるはず。各青年学校の教諭、先生方も入隊しているから、心やすくいられたんだと思います。何か家にいるみたいな気持ちで、「ハイ、先生！」と。これが一番、護郷隊の信頼の強さになった。自分の先生がいるもんだからみんな喜んで。不安も乗り越えられたんじゃないかなあと今になって思うよ。

「赤き心」＝真っ赤に染まった純粋な真心

――戦争の終わりはいつ知ったんですか？

六月二五日頃かな、数日後だったと思う。もう、日本は負けたのか……ていう感じがしましたね、この一瞬は。みな切腹したいほどの断腸な思いだった。これだけは一生残るね。牛島満閣下が最期を遂げたということ聞いてね、その時は涙が出た。命令されて一応、六月二五日の後、各幹部が集まって協議の上で分散して遊撃戦をすることになった。連絡先は本部の村上隊長の所にして、名護岳、今帰仁、乙羽岳、多野岳、と分かれて。

――三二軍の幹部が自決してからも遊撃戦を続けるつもりなんですね。

その後の話ですよ。牛島閣下が亡くなってから後も遊撃戦の形はとっていた。村上さんとずっと一緒にいたのは大隊副官の照屋さん、宮城幸栄さんという方。僕は村上さんとお別れして九月二四、二五日だったと思う。名護岳に村上さん残して下山してきた。最後。

――我如古さんは九月末に村に戻ったんですね。

こっそり自分の家に下りてきた。今の羽地の部落(集落)、仲尾という部落に家族でおったから。照屋さんは名護で、避難して家族があったから別れて、僕はこれからまた屋部に下りた。

――どうして村上さんは山に残ったんですか?

は? 戦争犯罪者にあたるのに、あの方はその当時。僕らも村上の親父は戦争犯罪者になると心配してたのに、ようやく生き残って里戻りして、もう三〇年以上も毎年会えて、私たちも幸せだなと思ってる。確か、アメリカ軍の担当者が何度も下山の交渉に来てますよ。村上さんは、慰霊のために島に残る、そう言い張ったけど、収容所に入ってしまったら、強制でみんな本土に送還さ。隊長であろうが兵隊であろうがね。素晴らしい方だったな、村上さんは。

――村上さんが陸軍中野学校出身というのはご存知でしたか？

はー？　上官みんな陸軍中野学校の出身です、全部知ってます。知ってるが、わしらの教育が「ゲリラ隊」だったという表現は一切なし。言ってはいけない。秘密というのでもないが、でも部外者にはこれは言ってもわからん。軍人は上官から言われることを受け身で受けるだけ。軍人は自分が発想して行動することは許されない、軍人は。なんでも上官の命令を守るだけ。

――村上さんは、若い人たちをたくさん犠牲にしてしまったことに責任を感じていた？

はい。これだけはどんな隊長でもできませんよ。はっきり言いますよ。ただ村上さんを僕は親しいから褒めるという意味じゃなくして。陸軍大尉以上の方はたくさんいる。村上さんみたいに、自分で（慰霊碑の石を）持って来て、ずっと戦後まで部下思ってる方はいますか。毎年その行為を続けるというのはね、生き神様だよ。これがわからない隊員はゼロ。僕だけが褒めてるんじゃない。人間が違うよ。考え方が違う。一般の人が犠牲になることについても、ずっと心を痛ませていた。でも兵隊と住民と、分けることはできないんだな、戦争になったら。軍人と間違えて一般の人たちも殺されるんだから。そのことを言っていた。村上さんは上官として人思いだったなあと今さらながら思うよ。

――我如古さんにとっては、護郷隊の経験というのは悪い思い出ではないわけですね？

私、心を育て上げたような、感謝の、修行の場所であったと今でも感じている。村上の親父はこっちが(頭が)違いよったな。悪い気持ちは私には全くない。僕は寝ても起きてもいつも一緒におったから。村上隊長は、こうだと断言したら退く方じゃない。絶対退かない性格。今考えるとね、陸軍中野学校という教育は、本当の日本軍人の、職業軍人の愛国心に燃えた天皇崇拝のお集まりだなと思う。それとね、護郷隊の歌も中野学校の「三三壮途の歌」から取られているけど、その歌詞が慰霊碑の裏の碑文に、私たちの精神教育である「赤き心で断じてなせば　骨も砕けよ肉又散れよ」と明記されている。

——「赤き心」とはどういうことですか?

赤き心とは、真心さー。真の濁りのない、真っ赤に染まった本当の気持ち。そういうことを表しているんでしょう。

——この歌はまだ歌えますか?

はい。

♪運命かけたる沖縄島に
我等召されて護郷の戦士
驕れる米英撃ちてし止まん

お召を受けて感激の日に
死所を求めてああ死所得たり
郷土を護(まも)るはこの俺達よ

赤き心で断じてなせば
骨も砕けよ肉又散れよ
君に捧(ささ)げて微笑(ほほえ)む男児

いらぬは手柄浮雲の如く
意気に感ぜし人生こそは
神よ与えよ万難われに

あんたが「赤き心」は何かと言ったが、真っ赤に染まった純粋な真心。あれは、陸軍中野学校の学生に染み込んでいるわけです。護郷隊の精神教育はこれでした。

僕は女兄弟の中の男一人だから、フンデー、甘えん坊だったと思う。でも村上隊長に鍛えられて、教えられて。軍隊の言葉、これは簡潔。精神教育、軍人らしい行動、教わったことは宝ですね。本当に神様のような人だった。めったにこんな機会はない。一般の何かの集まりとは全然違うからね、教育の内容は。

――でもみんな軍国少年だったんですよね？

「上官の命令は朕が命令」、天皇陛下の命令と解釈だからね、実際に肉弾三勇士ですよ、武器持って出る意味はそこなんですよ。

「反対」という言葉を使うことはできなかったんだ

――死ぬのも怖くなかったですか？

死ということは、笑顔で。何も怖いという気持ちはありませんよ。死を恐れては行動できない。そういうことは全然ない。突撃一心でやりますよ。喜んで戦う教育を受けてるんですね、みんな。

――でも村上さんは「死ぬな」と言ったんですよね？

村上さんはね。戦闘要領がね、犠牲を出さないことだけ、その方法だけ考える方だったね。「今日は誰が亡くなった。これは残念だなー」ということの悔しさね、こんなに温情のある方はいないだろうな。自分が死んだ方がいいというくらいの想いでした。やはりそれだけの、隊長を務める資格のある軍人さんというのは腹が違う、今考えるとね。こういう人だった。

——我如古さんは、自分は被害者だと思いますか？

被害とかそういう気持ちはない。上官の命令でこういう運命になったんだから。でも武器持って戦争したということは、一般からしたら加害者。これはまずい。だから戦争はもう絶対しないこと。人と人が敵になること、武器を持ってというのはね、歓迎しませんよ、わしらは。今の安倍さんの行動もね、おかしい。ちっぽけな私の肩書きでは、あんた方にただ気楽に喋(しゃべ)ってるだけですけどね、戦争、もう字を見るだけでもいやです。戦争という言葉も耳障り、聞きたくない。

少年時代の我如古さん（左から三人目）

——今でいう高校生の少年に遊撃戦をやれというのは、酷い話だと思いますが。

その通りですよ。それはでも当時の教育だからね、もう昭和一八（一九四三）年、一九年のことはみなさんには想像もできない。顧みるとよ、そんなに人不足、軍隊の軍人不足で私たちまで使われたんだなー。騙されて。遊撃隊、遊撃戦の教育されたなーと思う。これは非常に、悔しい。今自分で考えて。そういうものに「反対」という言葉を使うことはできなかったんだ。何でも「はい」。「突撃せい」と言ったら「はい」。もうこういう教育しかされてないからね。

今反省してこう思うけども、その当時の日本の軍人の精神というのは毛頭表現できない。言いたくないけどね、あんまり軍国主義というのは良くないですね。今からもね。

顧みて今、世の中落ち着いてね。うわあー……。言論の自由、法律、世の中変わって。今の若い者はね、勇気を持って言論の自由に向かって、大いにやって欲しい。いろいろの人物、上司の方と戦って意見を述べる素晴らしい世の中になりましたよ。もう後世はね。みなさん方にお任せ。ごめんでした、戦争の話。

——軍人は自由もないし意見も言えない……。

歌にも歌われてるしょ、「神よ与えよ万難われに」。難儀はなんでも僕に持って来いということの歌だからね。質素を旨とすべし。これが軍人の教育だから。

我々の時代は共通語も使えない戦友もいたしね。他府県に比べて劣っていたと思う。思うことが言えないさ。我々も一般の人々に対しては、負けて恥ずかしいという想いはあるが、また負けた方が後世のためには良かったということもある。あんな軍人教育ばかり続いたら苦しい世の中だったと思うよ。軍人はね、自由がないんですよ。私たち軍人には自由がない。これでは生きられない。日本の軍国主義は消して、きれいさっぱり！

それでみなさんはね、きっといい世の中を作ってください。

負傷した戦友を守り続けた

第一護郷隊　第四中隊　今帰仁村謝名（じゃな）出身
昭和二（一九二七）年一一月三日生まれ　一七歳で入隊

大城和正さん

大城和正さんは一七歳で召集された。いわゆる「古参」ともいわれる第一次召集ではない第三次召集組だが、一五、一六歳の子供たちよりだいぶ大人だった。そのせいか、自身が破傷風で出陣のチャンスを逃した後は、歩けなくなったイワオ君という少年兵の面倒を見ることを任務とされ、後半はずっとこの少年をかばって過ごすことになった。上官による厳し過ぎる指導と、怨みをかって少年兵に殺されたと噂される上官の話など、第一護郷隊の「影」の部分も証言してくださった。なお、大城和正さん、大城哲夫さん、金城重行さんは映画公開後のインタビューなので、「沖縄スパイ戦史」には登場しない。

赤紙が来てうれしかった

兼次(かねし)尋常高等小学校を出た後は週に一回くらい今帰仁村の青年学校、今の今帰仁小学校の校舎を間借りしていたと思います。青年学校では普通の兵隊としての基礎をやってましたね。兵隊は厳しいですよ。基礎訓練、匍匐(ほふく)前進とか。木銃はありましたよ。また訓練だけじゃなくて、当時は食糧難でしょ。みんなであちこち行って開墾したり、芋作ったり、渡喜仁の今の自動車教習所(仲宗根)のあたり、そこに芋を作りに行きましたよ。

——護郷隊に召集されたのはいつですか?

召集は昭和二〇(一九四五)年の多分一月ではなかったかと思います。赤い紙が来てました。家にあったのを見たんですが、兵事係というのがいましたから、その人が持って来たと思います。これを見て、来たなーって感じ。うれしかったですよ。洗脳されていますから。集合した場所は今の田井等。羽地小学校のある所ですね。

——護郷隊に選ばれることは名誉なことだったんですか?

そうだったですね。今から考えるとおかしいけどね。うれしい面もあるけど、おかしいと思うんですよね。悪く言えば、死にに行くんだろうから。友達は選に漏れて、残念がってました。

——そうですか。行かない方がいいに決まってると今は思いますが。

比嘉万吉郎っていう、僕の無二の親友がいて、一人っ子だった。赤紙来たって伝えると、彼は漏れたということで、悔しがっていた。でも、結局彼は防衛隊に引っ張られて、あの当時の防衛隊はほとんど亡くなってます。島尻（南部）に行ってますから。

――その方も戦死したんですね。護郷隊に入ってたら助かっていたかもしれないと。

遊撃隊ですから、助かる率は高いですよ。あの、一回か二回は総攻撃はしたんだけど、そのほかはもう中隊、小隊とか、小分けして攻撃に出るから。うちなんかは第四中隊。竹中中隊長。

――最初の集合場所は羽地国民学校ですよね。何を持って行ったんですか？

赤紙が来てから二、三日であわてて出たからね。着の身着のままでね。下着とか洋服とか風呂敷に包んで。おかしいのが、どっか行く時に持って行くのに、大事なのが「油味噌」。どこにあったのか、六斤缶に入れて持って行ったんです。伊江島徴用の時も。

――これはお母さんが準備してくれたんですか？

そう。油味噌はほかのみんなもそれぞれ持って来ましたよ。戦争まではないですよ。教育期間で全部食べてしまいましたよ。

青年学校の先生。戦争になって多分味方に殺られたんじゃないか

羽地国民学校に着いてすぐ翌日から訓練です。うちなんかの隊は厳しかったですね。九〇名

の教育隊で一番厳しいのはうちらの中隊。一番叩かれるのはうちの中隊だったです。この人の名前は言いませんが、昔、青年学校の先生していた小隊長、男前でね、ものすごい。中国の戦地も経験して頭も良かったです。これが厳しかったですね。中隊の幹部で伍長だったと思うけど。金武の人、いい先生だったとは思いますよ、スポーツ万能で。二七、二八歳くらい。

——どんな感じで厳しかったですか？

いや、言いたくないくらいですよ。九〇名の中で、誰か間違ったことをすると、やるんですよ。毎日、全体責任ということで、全員叩かれるんですよ。だから一回でも叩かれたら、もう今日はないでしょう、と思って安心しました。叩かれないと不安になったりしました。どうやって叩くか？　一番怖かったのは対抗ビンタ。本気でやらないと、分隊長なんかが見本見せて、本気でやるんです。痛いですよ。

——少年同士で？　友達は殴れないですよね。

そうですよ。上官が叩く時は、素手の時もあるけど木銃でも叩く。ほとんどお尻です。うちの中隊が一番厳しかったです。今帰仁が一つの分隊で一三名かな。この一三名はほとんど一七歳だったから、ほかの七十何名はかなわない。一七歳と、一五、一六歳は違いますからね。分隊で競っても今帰仁が何でも一番できた。きつくされたのは妬みもあったと思うんですよね。

——どんなことを咎（とが）めて叩くんですか？

どんなこと、というか、わからないんですよ。自分で悪いことをすればわかるけど、九〇名のうち誰か一人がやってはいけないことをやると、文句なしに叩かれるわけです。何のために叩かれてるのかわからないです。だから怖いんです。それで一回叩かれると、今日はないだろうと安心していたわけです。

――叩くのはみんな在郷軍人たちですよね。

そうそう。でもやっぱりいらいらしますよ、あんた。一七、一八歳の青年たちに一カ月で戦争できるように教えるということは厳しいことですから。あの人たちも一生懸命ですから、いらいらして、叩いたんじゃないかなと思います。今考えるとね。

――地域の人たちだから、怨みが戦後も残るということはなかったですか？

それはなかったですね。ただ……。これはあまり言いたくはないけど、うちの中隊のさっき話した、青年学校の先生。この方も中国行って戦争した方だから、戦争は慣れているんでしょうね。あまり厳しいもんだから、戦争になって多分味方に殺られたんじゃないか、という話を聞いたことがありますよ。こんなこと言ったらだめだと思うけど、そういう噂が流れていたんです。いち早く戦死したというから、この方。味方に撃たれたんじゃないかと。後ろから撃たれたというから。後ろからということは味方ですよ。敵は前ですからね。

――でも、その話は私も聞いたことがあります。名前ははっきりはしないですけど。

だから、私も名前は言わないわけよ。そんな話をして向こうの子や孫たちが訴えたら、負けますからね。今だったら訴えられますよ。プライバシーの問題で。これ気をつけないと。

——「戦死扱い」になってるけど、怨まれて少年から撃たれたという話は第一護郷隊で複数聞いています。

これは事実あったかもしれない。見てないから証言はできないけど、なかったとは言えない。私だって相当、上の人にいやなこともされましたよ。ほんっとね、悪く言えば意地悪をしよったのに、私もうんと叩かれた方だから。

村上隊長は素晴らしい訓示をしよったですよ

——じゃあ、赤紙もらった時のうれしい気持ちはすぐに消えてしまったんじゃないですか。

そうですよ。しかし、軍隊に来て悪かったとは思わなかったですね。洗脳されてるから。これはあたりまえだから。男はみんな健康な人であれば兵隊になりたいということだったと思うから。頭の中ではそうじゃないと思っても。

——どんな訓練をしましたか?

訓練ね、あの歩哨の場合はね、「歩哨の一般守則」とかいろいろ教えられるんです。これ数日で暗記しないといけないんですよ。あの時は燃料もないもんだから、多分オイルじゃなかったかな？　オイルに芯をつけてこれに火をともして、それで貼ってある「守則」とか覚えるのが大変だったですよ。電気があればいいけど、九〇名もいるんだから遠くにいれば見えないでしょ。暗記は強制です。だいたい三日から五日で覚えろと。覚え切れる人は叩かれないです。それから一日遅れるごとに一回、二日遅れるごとに二回と叩かれるんですよ。ちょっと発達障害の人もいるわけですよ。もう兵隊のすることだからなんとも言えないけど、この人はかわいそうでしたよ。動作が鈍いもんだからうんと叩かれて。かわいそうでした、同じ隊員として。

――村上隊長に会ったことはありますか？

ありますよ。訓示しょっちゅうやるんだから。あんな偉い人は人を殴るわけではないし、かえって下っ端の方が怖かった。素晴らしい訓示をしよったですよ。あれは教育期間に一、二回、始めと終わりの日だったと思います。

――隊長たちが陸軍中野学校で特殊な訓練を受けた人たちというのは当時知ってました？

いや、中野学校の卒業生が編成したということは、当時からわかりますよ。秘密なんですけど、青年兵の士気を鼓舞するためには、こんな偉い方々が来て教えるんだよ、ということをかえって宣伝した方が良かったと思いますよ、あの当時。優秀な方ですから。

――村上隊長はどんな人柄でしたか？

そうですね。あまり男前じゃなかったですね。しかし今考えると、温厚な方ではなかったかと思いますね。亡くなるまで何回も、しょっちゅう沖縄にいらしていますからね。この隣に来ていました。ここに隊員がおったんですよ。通信兵、諸喜田さんという方で当時二五、二六歳かな、もう亡くなったけど、同じ中学でね。彼の家によく来ていたからここ（今帰仁村謝名）でお会いしたことがあります。護郷隊の総会がありましたけど、その度にいらしていましたね。

歩けない青年兵を預けられた

――和正さんはどこの部隊に所属しましたか？

うちなんかは竹中中隊の四小隊の四分隊ね。戦闘には行く機会は少なかったと思います。しょっちゅう歩哨、監視。私はちょうど、教育隊の時に破傷風にかかってしまってね。多野岳に行ってから、分隊と一緒に行動したいと言ったけど「お前は行くな」って言われて。

――どこをけがして破傷風になったんですか？

いや、靴擦れなんですよ。こんな小さな身体で一二文（約二八・八㎝）の靴を履くわけだから、あの当時一二文というのは一番大きいんですよ。今でも二三・五㎝の靴でも履ける足なんだから。靴下五枚くらい履かないと。そんなにないでしょ。一枚か二枚しか持ってないから。うちから靴下は持って行った覚えはあるけどね。あの時は大変でしたよ、酷い靴擦れで薬もないし。五、六名で押さえられて、切開するのは痛くない、まあ痛いといっても知れてるけど、ガーゼ換える時は痛い。毎日ですよ、五、六名で押さえられて、痛かったですよ。

それで僕は、歩けない青年兵を預けられたんですよ。「お前、仲間君を預れ」と。この子は自分たちの分隊で、金武の屋嘉の方だけど、この方が大腿部を骨見えるところまでやられておったんですよ。彼は歩けないからね。軍隊というのは分隊長、小隊長の命令が一番ですから、いいえとは言えないんです。それで良かったと思うんだけどね、命は助かってありがたいと思うんだけどね。それで、ちょうどタニュー（多野岳）が総攻撃でやられて、いや、これ、おそらく、タニューは落ちるんじゃないかと思って、すぐにうちの分隊長に言ったんです。「どうしますか分隊長、仲間君をどうしますか、ほうって逃げることはできますが、ほうっておきますか」って訊いたら、「お前、兵隊を五名指名して一緒に避難しなさい」というわけ。「いやーこれはできません、指名までは分隊長がしてください」と言ったんだけど。それで近くの方五名、私と六名で、一ツ岳という所まで仲間君を担いで連れて行ったんです。歩きも何もできないから、担架もないから、六名で毛布で工夫して、木で担架作って、連れて行ったんです。あの時、避難して来なければおそらく向こうで戦死したと思いますよ。

――その子は生き残ったんですか？

はい、生き残って、もう奥さんも迎えて、子供もいっぱいおって立派なお家も作って成功したんだけど、酒が好きでよ。一〇年前に亡くなって。それでワジワジーして（頭にきて）よ、これを助けるためにどれだけ苦労したと思うかと。

——せっかく助けたのに……。と、戦後六〇年も経ってても、そう思うんですね。

いや、これね、あの当時は薬も何もないんですよ。私は身体は小さいけど、ものおじしないんですよ。自分のことは遠慮してあまり言えないんだけど、人のことなら前面に出て、前に出てお願いもできる方なんですよ。だから、一ッ岳に移動する日に野戦病院まで行って、お薬くださいと言ったら、薬がないと言うんですよ。「いや、じゃあどうしますか。少しでも分けてください。薬がないとこの人は死にますよ」って。うんとねだって、やっともらった。軍隊でもね、お願いしてすがるといやとは言わないですよ。それは知っていましたから。お願いしたら、じゃ分けて持って行けって言われて。たくさんはくれないわけよ、彼一人じゃないから。一ッ岳行ってから薬がなくなりそうで、これは困ったな、このままだったら、これ破傷風なんかになったらこの命は守れないと思って、名護のね、幸地病院というのがあったんですよ。そこの方が三原で住民の面倒を見ているというのを噂で聞いたわけよ。行ったこともなくて、地形もわからないけど、あっちこっちで聞いたりして、探して行った。

そしたらこのお医者さん、今帰仁の方なんですよ。それで、実はこんなことになって、薬もなくなりそうでほっておけないので、お薬分けてもらえませんかと言ったら、じゃ持って行けって。包帯とか、ガーゼとか、あの当時は薬といってもヨーチン（ヨードチンキ）とリバノールの二つしかないわけですよ。これでよく傷が治ったなと思いますよ。あの当時の人は強かったのかね。リバノールというのは多分、化膿（かのう）を防ぐ粉、ガーゼにつける物だったと思います。

——六人で必死で担いで一ツ岳に行ったんですね。一ツ岳には通信部隊がいたはずですが。

向こうは住民の避難地だったんです。幸いに、この仲間イワオ君のおばさんがこの避難民の中にいたんですよ。うちなんかは食べ物がなくて、クサギナというすごい臭い葉っぱがあるんですよ。これを食べよったんですけど。米をちょっと入れて、米が入ってるというくらいにしてクサギナ入れて。それでイワオ君を知っている人が、あんたたち、クサギナはそのまま食べられないよ、油入れたら、ラード入れたら美味しいから食べなさいと。布団とか毛布ももらって、あっちは寒いんですよ。山の上は。それでものすごく助かったんですよ。うちなんかはあっちに四カ月くらいいたからね。

軍隊は正常じゃないから。正常だったら人を殺したりはしないよ

——でも七月七日くらいには第一護郷隊は解散していますよね。

そう、解散した後もいました。情報も流れているんですよ、もう今帰仁は心配もないし、食糧もある程度あるし、農業もしているし、砂糖も作ってると。だからもう早く帰りたいけど、イワオが歩けないから、歩けるまで、辛抱して。最後は足を引きずってね、下りてきたんです

けど。一、二……。向こうから三日かかりました、今帰仁まで。

——息子が帰って来たのを見て、お母さんはびっくりしたんじゃないですか？

喜んでましたね。うれしいけど、でも二人の食糧という問題があるでしょ。今考えると、私の家族と長男おじの家族、一〇人超えるから食糧の確保が大変だったんですよ。物はないしね。

——戻ってからは普通に暮らせたんですか？

普通どころじゃないですよ。このイワオはうちの裏座[*4]に隠して、アメリカはこんなけが人でも連れて行くから。僕は毎日山に避難した。それにも飽きて、少しは仕事しようとほったらかしている芋畑に行ったら、もう、ちょっとすると疲れて作業ができない。まだ栄養失調で。で、うちに帰ろうとしたら、今の国道の少し向こうで米軍に捕まってね、カンパン（compcund：米軍の管轄する収容施設）に入れられた。小さい収容所があるんですよ、二〇～三〇名入る所。金網がある所に入れられてね。

——全体的には、死ぬような思いはされずに済んだんですね。

多野岳に行ってからはイワオ君の世話だけ。そうですね。でも死ぬのは怖くなかったですよ。一番辛かったのは、眠たい、ひもじい、この二つですよ。一六、一七歳の成長ざかりでしょ、今だったら別でしょうけど、あの時は　六から身体は大きくなるんですよ。

——多野岳の裏の方に、少年兵がいる野戦病院があったんですね？

病院なんていっても掘っ立て小屋で。山羊小屋ですよ。悪く言えば。少年兵というより、一番多かったのは、運天の魚雷艇、あの方々がたくさんいた。もうあの当時は海軍は身体も大きくて、男前がいっぱいいるんですよ。枕元で二、三人亡くなりました。かわいそうだったね。私たちはまだ子供だったから、一人くらいは死ぬ前に「天皇陛下万歳」ってすると思っていたわけ。一人もいなかったですね。最後は「お母さん」です。

――これは白石部隊ですよね。大人ですよね。

そうです。二五、二六。

――みんな「お母さん」と言うんですね?

そうです。

――彼らのけがは多野岳でゲリラ戦をした時のけがですか?

それはわからないですね。別の部隊だからね。ここまで上がって来るのは大変だから、多分どこかでやってきたんじゃないかな。遊撃戦やったんじゃないかな。

――運天の白石部隊も第一護郷隊、村上配下に入ったんですよね。

そうでしょうね。しかし名前だけであって、別々です。統制とれないです。白石隊全部いましたよ。

――じゃ、イワオさんには命の恩人ということで、大事にしてもらいましたか?

そうですね。向こうの親戚もお礼に来たし、また何か、裏のブロック塀なんかも、向こうから兄弟連れてきて作ってもらいました。ずっと交流はありましたよ。

――辛い話ばっかり聞くんですが、楽しかったことはありましたか？

楽しかったことは、教育隊で、何回あったかは知らんけど、演芸会は楽しかったね。上手な人も滑稽な人もいたし、楽しかったね、あの時は。とんちのきく人がいて、普通の兵隊は歌を歌ったけど、ほとんどとんち、笑わして。

――「護郷隊の歌」はよく歌った？

毎日ですよ。行進しながら歌いました。大きな声出さないと叩かれるから。一番思い出すのは、風呂がないもんだから、風呂に入りに羽地の仲尾次まで行くんですよ。その行き帰りは軍歌を歌って。でも疲れるから、大きな声を出しているつもりでも、小隊長、分隊長が気にいらない時にはいじわるするから、叩かれたり。一番思い出すのは、肘をついて道路を匍匐前進させるわけですよ。半袖の上着しかないもんだから、痛いですから、辛かったですね。第四匍匐といって、こんなして肘つけて、一番痛い。

――血出ますよね。これはお風呂に行く時の話ですよね。

いや、帰る時。

――え、さっぱりした後に匍匐前進で帰る？

そう。また汚れますよ。それが軍隊なんですよ。軍隊は正常じゃないから。あたりまえだったら、正常だったら人を殺したりはしないよ。私は今でもそう思いますよ。

——どうやって兵隊を「あたりまえじゃないように」するんですか？

教育でしょ。長い教育で、ああだこうだ考える余地もないんですよ。寝ても起きても。自分で考えることができなくなるんだと思いますよ。今の人みたいに教育受けていたら違うけど、そうじゃないから。殺すか、殺されるか、二つに一つしかないから、と思いますよ。

——スパイ虐殺の事件を聞いたり、見たりしたことはありますか？

見たことはないけど、聞いたことはあります。謝花喜睦さんの事件。[*5] 喜睦さんの長男と友達なんですよ。亡くなったんだけど。奥さんもよく知ってて、今でもおつきあいしていますが、後になって喜睦さんの息子さんということがわかったんです。

——喜睦さんの弟さんも殺されていますよね。

そうです。今の謝花（喜一郎）副知事のご家族。子供六名くらいいるんじゃないかね、そのうちの半分くらいは私はわかりますよ。やったのは海軍ですよ、多分。でも見てはいないから。渡喜仁のアダン林の中で殺られたということをね。その話も友達同士でやってた。

——それにしても大城さんの今帰仁村の分隊がみな生きて帰って来たのは、珍しいですね。

みんな帰って来ました。みんなしっかりしてたから。仲間が殺られたとか、苦しい思いをしたとか、そういうことがなかったからまだ話しやすい。うちなんか本隊は金武、本部の方もいっぱいいいて、自分たち今帰仁は一三名だったから、なんかある時には、会合なんかは本部に行ってやりよったんです。この方々みんな成功してエーキンチュ（裕福）になってますよ。

護郷隊内部の虐殺について語った

大城哲夫さん

第一護郷隊　第二中隊　第二小隊　今帰仁村兼次出身
昭和三（一九二八）年二月一日生まれ　一六歳で入隊

令和元（二〇一九）年末時点で、哲夫さんは九一歳、奥さんは九二歳、二人とも免許を更新したそうだ。運転もグラウンドゴルフもまだ現役、「若い時にうんと鍛えたからね」と夫婦並んで仲良く笑う。

「自分の故郷は自分で守る。歌にあるように、護郷隊にいたことは誇りだった」と語る哲夫さん。だが少年同士の処刑の話なども、「聞いた話」と断った上で証言してくださった。

農業と大工で子供六人を育て、今は孫一五人と曽孫二〇人の大家族に恵まれている。

機関銃を目隠しして分解して、組み立て

兼次国民学校を昭和一八（一九四三）年に卒業して、農業やりながら青年学校に行きました。

伊江島徴用も七回、八回くらい行ったかな。飛行場造りで。一〇日行って、帰って来てすぐまた行くという感じ。召集令状が来たのは一九年の寒くなってから。

——令状をもらった時はどんな気持ちでしたか？

もう非常に名誉だったから喜んで行ったんですよ。うちの同級生もなんでか知らんけど、身体の大きな連中でも選ばれなかった奴もいたんです。僕の同級生で一人っ子がいてね。彼のお母さんが兵事係に「息子を取らないでください」とお願いしたという噂があった。召集を免れたって。身体が大きな奴だったよ。僕は一六五㎝、同級生で大きい方だった。

うちは親父違いの兄貴二人が現役兵で取られてるから、当時は日本の旗を家に立てたの。うちは二本立ってた。生活が貧しくてね、母親が日雇いの仕事をしていました。自分も薪を売って正月の物をようやく買った。貧しかったです。そういう世の中だから、軍国主義だから。喜んで行くという気持ちでした。それから一カ月、謝花校（国民学校）で護郷隊の教育受けて、一度は苗床を作る時期、一月頃かな、家に戻ってひと月くらいいたけど、植え付けをする前に多野岳に引っ張られた。

——名護校が第一次召集、謝花校が一次、羽地校が三次。哲夫さんは第二次召集ですね。

村上大隊の第二中隊、菅江隊です。菅江少尉は非常に優しい人、身体は小さかったけど、度胸がある人だったね。文学的で、護郷隊の歌の歌詞も作ったと聞きました。[*6]

――菅江さんや村上隊長が陸軍中野学校ということはご存知だったんですか？

わかってましたよ。中野学校卒業した人たちが護郷隊を編成してることは。菅江少尉は敵に囲まれても、非常に勇気のある人だったよ。あの人が殺られたのは多野岳に登る頂上の手前、斥候に行った時に、カムフラージュで日本の軍服を着けているアメリカ兵を、菅江少尉が友軍と間違って、それで殺られた、銃でよ。もう中野学校の卒業生だったからかな、菅江少尉は相当インテリで、小さいけど顔はいい男だったよ。

――謝花国民学校ではどんな訓練をしましたか？

普通の軍隊でやるような訓練さ。向こうの敵陣にどうやって向かっていくか。学校の前に森があったけど、そこに敵がいるということで匍匐前進でずっと登って行く。これは辛かった。そう、敵に見られないようにするためだから。立って移動したらすぐ殺られるさ。まあ匍匐前進は青年学校の時からやってたからね。ひもじくて、正月の前で畑に大根があったからそれをかじったりしてね。自分は身体が大きかったから、軽機関銃の隊。軽機関銃部隊はこれを一人で担がないとできない。旧式で相当重い、一〇kgくらいあったんじゃないか。これを担いでタナンガ、真部山に行って訓練した。目隠しして分解して、組み立てて、これが訓練。部品バラバラにしたら相当あるからね。暗闇で部品外してまた組み立てる。

――夜の攻撃に備えるためですね。

ゲリラだからもちろん夜さ。分解した部品は多くてよ。一番苦しかったのは、誰かが銃の部品をどこかに落としたら、怒られて、全員で探す。これが大変だった。

――見つかったんですか？

いや、見つからない。山の中で見つからんさ。射撃訓練といっても弾も限られているから撃たせない。実際に撃ったのは多野岳から。当たらんわけよ。バンバン撃つと当たるけど。

――哲夫さんは実際に暗闇で組み立てるのはできたんですか？

訓練受けているからできるさ。暗くても手で触って。でも多野岳の実戦に、これ使わなかったけどね。バンバン撃ったら銃身が焼けて、役に立たなかった。旧式だから。

――じゃあ実際に機関銃で米兵を撃ったことはなかったんですか？

うーん、なかった。僕らは三八式小銃を持って行った。小隊にいくつか小銃が配置されて、ほかは竹槍（たけやり）。鍛冶屋で先を作って、棒にくっつけて。竹槍よりかは鉄だから強い。

――配属された場所は多野岳の、村上隊長のいる本部の近くですか？

そう、第一護郷隊は最初フクガー（普久川（ふんがー））にいたわけ。そこで炊事もして、そこから壕を掘りに行ったりね。山の一番頂上の木の上に監視哨を作ってあったから、空襲バンバンやっている時、監視哨で、運天港が攻撃されるのを見ていましたよ。

ゲリラ戦はみんな着物

――食糧などはどこから運んだんですか?

僕は二、三カ月は炊事班にいたからね。米は民間から買ったか知らないけど、真喜屋で精米して、夜担いで、糧秣収集したんですよ。主食は米だったから。野菜は供出。いろんな野菜。真喜屋の上流に馬車で運んで。

――隊員の食事を毎日作っていたんですね。

その時は薪も焚けないし、木炭。羽地では木炭を作っていたから、煙を出さないように羽地の連中は炭を作ってた。野菜中心。菜っ葉入れたり、缶詰の支給もあったかな。汁は別に作る。こんな大きな鍋に。飯上げといって、飯を取りに来る連中が醤油樽を持って来るんだけど、みんな途中で食って、少なくなるんだよね(笑)。

――最初は毎日食べてはいたんですね。

いやー、でも食べ盛りでしょ、どうしても足らなかった。僕の分隊は小さい掘っ立て小屋にいて、羽地の分隊長だったけど、今帰仁の人も一緒だったんですよ。この連中があまりにひもじいもんだから、点呼を終えてから一晩で多野岳から本部の崎山まで行って、砂糖取って晩のうちに戻って、朝の点呼に間に合わせてきていたんですよ。僕も食べたけど。それだけひもじかったんですよ。食い盛りでね。

——そんな中でも分け合って食べて、友情も強かったんですね。

そう。特に多野岳は川もあって寒いからね。毛布一枚しかなくて二人でかぶって寝たけどね。それでも寒くて、両方に分けて寝床作って、中の方は土間。そこに火を焚いて、もうしょっちゅう火を焚かないと我慢できない。冬でしょ。

ゲリラ戦になってからはみんな着物よ。僕らなんかは壕から着物探して、これ着けて、帰るまでずっとこの着物。軍の靴は音がするから、ゲリラ戦になってから地下足袋。爆薬持って行くのは小さい者で、子供の着物を着けて。僕ら身体の大きい連中は銃を持たされてね。

護郷隊なんかが、ゲリラ戦やるから、みんな家に火を点けられた

——隊長の村上さんはどんな人でしたか？

村上さんは豪快な人でね。度胸もあるし、血気盛んでしょ、年齢が若かったし。菅江さんは相当年齢もいってて、だから優しかったと思うよ。村上さんは、僕についてこいという風な元気なあれだったよ。いつも真っ先に、攻撃する時も。あれは軍刀と、拳銃しか持ってないからね。いつも一番前にいたよ。多野岳にはあちこちから現役の兵隊たちがどんどん逃げて来て集まっていたんですよ。中南部からも。手に負えなくて、村上隊長は「敗残兵お断り」という立て札立てていたんですよ。紙でさ、それを木にくっつけてね。

――その字は誰が書いたんですかね?

わからない。村上大尉じゃないか。多野岳で一番怖かったのは、自分の小隊がどこかでやられるでしょ、死体を収容しないといけないのが怖かった。死体を見たこともなかったから。引き取りに行くのは、同じ分隊の同郷の人。七、八人だから、みんな顔もわかるということで。アメリカは五時までしか攻撃やらないから、その後で埋めに行くわけ。

――Y分隊長という方は厳しかったと聞いていますが。

その話はあまりやりたくないけど……。僕らは、現場は見ていないけど、同じ兵隊が銃殺された話でしょう。ちょっと上の年頃の人だけど、あのー、恋人がいたらしい。その恋人が山に避難している所に行って、帰って来なかったということで、あの、もう、これは噂だけど、Y分隊長は直接手を下さなかったけど、兵隊にさせたって聞いた。銃殺。

――B君のことですよね。少年同士で同時に撃って処刑させられたB君の……。

ああ……。それはみんな資料に出てるのかな?

――名護市史編纂係の川満彰さんが書いています(名護市編さん委員会・名護市史『戦争』編専門部会編『名護市史本編3 名護・やんばるの沖縄戦』)。遅刻してスパイだと決めつけられたと。点呼に間に合わなかったみたいね。恋人の所に行って。噂で聞いたけど。

——処刑に加わっていた人は複数でしたよね。

戦後こんな話を聞いたんで、かかわった人からは直接は聞いてない。噂。でもこれはハッキリ、そうだったはず。それでYさんは北部に住めなくなって、戦後すぐ、那覇の方に行って仕事を始めたからね。

——このことはB君のご両親はご存知なのでしょうか？

それはわからない。でもおそらくわかるでしょ。羽地の連中がいつも言っていたの。護郷隊の人たちが。

——哲夫さんの分隊はあまり犠牲は出なかった？

そうね、でも今帰仁の人はたくさん亡くなってるよ。真喜屋の攻撃の時には僕は後方にいた。向こうの上の方に松並木があるんですよ。そこから攻撃したわけ。それで、アメリカはあぜ道から重機関銃持って、一人で重機関銃担いでくる。今帰仁の連中、あれが、木のそばで銃構えて撃ったらアメリカに当たったわけ。それでアメリカから一斉射撃されて、頭に当たって、亡くなったと聞いた。一言も出せず、頭に直接当たって、今帰仁の人。

——真喜屋の集落は米軍の拠点に使われていたから、家を焼いたり攻撃したわけですけど、住民も何人か残っていたということも聞いているんですが。

残っていたんじゃないかな。避難民は羽地の、多野岳の下の方に避難していた。それであの、護郷隊なんかが、ゲリラ戦やるから、みんな家に火を点けられたわけ。米軍に。

――住民からしてみたらショックですよね。

うん、そうだね。

――斥候にはよく行ったんですか？

僕らの仲間には羽地の連中が二人いたから、近くにある彼らの避難小屋行って、情報聞いて、どこどこに何があるとか報告しよったさ。あの時は避難民は牛も馬もつぶして食べてたから、それもごちそうになって。うーまくー（腕白な）少年たちがいたからね、地元・羽地の。

――地元の人たちは、地域の少年兵たちが頑張って戦ってるからこそ協力的だったんですね。

そう。だから、やりやすかったよ。その二人は僕らの後輩だったわけ。軍隊としてはね。僕は謝花校で教育受けたから、古参。護郷隊は宇土部隊の配下さ。真部山に陣地があった。

――宇土さんを見ましたか？

うん。教育終わって、宇土部隊長が検閲するということで。その時、僕に「あんた痩せてるから、出征するまでにご飯食べて肥えてきなさいよ」って言われた。

――へぇー、優しかったんですね？

宇土部隊長はずっと源河山にいたんじゃないかな。女連れていて、噂は悪かったよね。護郷隊の中でもそんな話してたよ。鉄血勤皇隊（県立三中の学徒）は多野岳にも配属されていた。彼らは戦争しないで斥候だけ。私服着けて。足袋はあったかな。みんな斥候。情報収集。彼らはあまり戦闘には加担しなかったと思うよ。うちの隣の学校の連中は、向こうで一人戦死したけどね。多野岳のカーブで敵にぱったり会って、槍を持っていたから、殺られたみたい。

米軍も、山から下りて来る兵士を狙ってた

——思い出したくない場面ってありますか？

僕ら戦争の時には三人組を作っていた。なんでも行動は三人組。斥候行こうが、いつも三人組。ある時、僕の組の二人が羽地の避難小屋から戻って来ないから迎えに行った。一番記憶があるのは、多野岳の中腹で別の三人組がたこつぼ（塹壕）に入っていて、アメリカに発見されたわけ。彼らは重機関銃で至近距離で殺られたわけ。それがさ、周りの木が一本も残ってないの、重機関銃で。薬莢がたくさん。それで頭出していたのかな、全部頭から殺られて、一人は首からなかった。収容もできず、そこにそのまま埋めたはず。

——こんなことなら兵隊になるんじゃなかったとか、思ったことはありましたか？

いやー、そんなことは思わなかった、生きてるだけで良かったと思ったよ。僕は学校を卒業して海軍を志願した。かっこいいからね。それで合格したけど、採用されはしなかった。しかし、海軍に行った連中や防衛隊より、護郷隊で良かったんじゃないかな。防衛隊で中南部に引っ張られたのは、帰って来ないのがたくさんいるさ。

——哲夫さん、全然けがもなく戻って来たんですね。運が強いですね。

うん。でも痩せてたよ。シラミもいっぱい。もう着たきりだから。何カ月も。パンツも一緒だったんじゃないかな。

——えっ、ふんどしではなかったんですか？

はかなかったよ。パンツだったよ。四角いパンツ。それで、帰って来てからは、アメリカの捨てたパンツ拾って（笑）。だって、ないのに。青年の洋服もない。配給もない。母が、布団カバー染めて、それで青年の服作ったけど、大変だったよ。

——それで最後まで村上隊長と一緒だったんですか？

最後はもう村上大尉が中飛行場、読谷飛行場、向こう行ってゲリラ戦をやるって言った。僕らもまだ少しは残っていたから、名護の東江原に集結して行こうとしたが、アメリカがもういっぱいでどうしても通れないということで。それで羽地の青年兵が東江原から名護にある米軍の燃料、ドラム缶集積所に爆弾を仕掛けると言ったけど、地雷にひっかかって尻の肉が全部吹きとばされた。それで化膿して口も開かない。破傷風で。僕ら木で担架作って交代で羽地の山まで担いで行ったがすぐに亡くなったはず。

——村上隊は七月七日頃に解散しますよね。解散と聞いて、どんなお気持ちでしたか？

あーもう、良かったなと思ったよ。命拾いしたなあと。悔しいとかはなかったよ。みんな帰る時も着物姿。着物着て、裸足。こっち、今帰仁村謝名を過ぎて行く時、着物姿で山から出て帰ろうとしたけど、下からアメリカー（沖縄では米兵を指す言葉）にまた銃撃されたわけ。鉄砲で撃ってきて。やがて殺られるところだった。僕の頭の上をバラバラして、かろうじて頭に当たらなくて。

——米軍も、山から下りて来る兵士を狙ってたんですね。

そう。だから帰って来てからずっと、家の隅っこに隠れていたわけ。周りはいっぱいアメリカーがいた、女を探すために。うちの親戚の家も、娘を天井に隠していたよ。きれいな姉さんだったから。でも隠れていると色が白くなって沖縄の住民ではなく日本軍だとばれるから、海に行って身体を焼いた。足の裏も見られたということも聞いたことがある。

——住民の足の裏と、兵隊の足の裏は違う？

うん、兵隊はずっと靴を履いているから、柔らかいから。けど、僕らは久志の収容所に行ってからは、捕虜のカードもらったわけ。これを下げてたら芋を掘りに家に戻って来ても、ああいいよって通してくれたから。これは便利だった。もう疑われなかった。アメリカの兵隊の中でも性根が悪いのがいた。うちのおじいなんかもやられて、殴られて、死んだふりしてたら、アメリカーがトタンかぶせて帰った。

――武器を持っていない住民にも米兵はそんなことを？

そう。その当時はマリン（海兵隊）でしょ。マリンは監獄あがりという噂があったけど、だから第一線に駆り出されたんではないかな。トーニーっていうたちの悪い兵隊がいたんだよ。諸志の宮城康二、あれがクバ笠をかぶって歩くから、松並木から鉄砲で撃たれたんだ。クバ笠は顔が見えないから米軍はこれをいやがった。当たりはしなかったけど、あれは度胸あったよ。弾がビュンビュン飛んでてもビクともしない。あれは白石部隊[*7]とゲリラ戦やったよ。

――運天港には潜水艦の部隊と魚雷艇の白石隊と二つあったんですが、康二さんはどっちにいたんでしょうか？

白石隊だと思うよ。こっちでは魚雷艇の白石部隊としか記憶がない。潜水艦は見たことはないよ。魚雷艇はこっちも通りよったよ、音が大きくて。

――村上さんは七月以降も山に籠もっていましたよね。

あれは相当山籠もりしていたよ。うちの部落（集落）には諸喜田上等兵がいて、彼は通信だった。彼がいたから、村上隊長は山から出てきてこっちで会ったんですよ。諸喜田上等兵はあれですよ。クリ舟挺身隊を組んで本部（もとぶ）の漁業の連中を連れて、首里まで往復してきた。あれはよく行ったよ。大変だったと思うよ。非常に度胸の据わっていた人でしたよ。三〇歳くらいかな、現役も行って帰ってきてから護郷隊に召集されたから。彼の所に何度か来ていましたよ、村上隊長は。捕虜になる時も武装して、刀も持って堂々と出たからね。みんな軍服だったと思うよ。着物なんか着けずに。その時は二三歳ですからね。

——瀬良垣（繁春）軍曹は上官でしたよね？

もちろん！　副官（第二中隊の指揮班長）だよ。瀬良垣さんが副官になったのは沖縄出身だったからかな。地形もわかるし。階級としては軍曹だから副官になる資格はないさ。身体の大きな人で、堂々としていてね、ヒゲも生やして目立つ人、あれは源河出身かな。

戦後は、うちは一〇名家族で、最低の貧乏でね。そうめん汁にもありつけなくてね。それ考えると今は天国だよ。何すれば儲かるかいろいろやってみた、煙草栽培、パイン、一番はパインかな。豚も育てて。夜も寝ないで豚の子供産ませてそのまま畑に行って農業、大工、なんでもやったよ。

——今の楽しみは？

カラオケ、ボウリング、グラウンドゴルフ、パークゴルフ。近くにあるからね。子供は六人、孫が一五人、曽孫が一九人、やがて二〇人になる。盆、正月はいっぱいいよ。部落でも一番多い。

——おじいちゃんが護郷隊ということを知っていますか？

いやー、わからんよ。話聞いてもわからんよ。「何の話？　バカじゃないか」って言われるよ。

中隊長が臆病だったから誰も戦死していないよ

第一護郷隊　第一中隊　名護市数久田(すくた)出身
昭和三（一九二八）年生まれ　一七歳で入隊

金城重行さん

令和元（二〇一九）年の第一護郷隊の慰霊祭に参列した元隊員は三人、過去最も少ない。一〇年前は二〇人は下らなかったが、当時の一六、一七歳が九〇、九一歳になっているのだから仕方がない。そのうちの一人が常連の金城重行さん。慰霊祭の度に、年金で最中(もなか)を約八〇個買って、参拝者にふるまう。「父はいつも『亡くなった戦友の数だけ持って行く』と話しているんです」と娘さんは言う。重行さんは必ず慰霊碑の前に正座し、頭を地面にすりつけるように拝む。

「慰霊祭の時期が来るとよ、眠れない場合がある。死んだ人の顔がこんなして浮かんでくる。これが一番怖い」――重行さんはため息をついた。数カ月間、お菓子など口にすることもなく死んでいった戦友たちを思う心の痛みは、全く過去のものになってはいないのだ。

上官は自分で叩かない。隊員同士で向き合ってビンタさせる

うちは、父を小さい時に亡くしていて、兄貴が二人、兵隊に取られていたよ。国民学校六年生の後は青年学校に入った。伊江島の飛行場の手伝いにも行った。徴用は、各地域から二〇名出ていたね。一五日働いて、終わったら帰って来て交代。うちのおじさんは木炭焼いていて行く暇がないから、かわりに行ったこともあった。一〇・一〇空襲の時は、今の名護市数久田に戻っていた。演習やってるよ、とお母さんたちが言うから見てみると、飛行機が違っていた。伊江島の飛行場用の宿舎などはみんなその時焼けたから、一月二二日の空襲の時はみんな墓の中に逃げた。

召集令状はある日、朝早く従兄(いとこ)の金城ヨシトミさんが持って来た。このヨシトミさんは一期生で護郷隊にいたから、村上隊長と照屋軍曹と相談して、「お前の従弟なら護郷隊に召集しなさい」という話になったって。けど、後から球部隊(たまぶたい)*8に取られて島尻に行って戦死してる。護郷隊は一期、二期、三期とあるが、先輩たちはもう訓練も終わって一人前の兵隊になってるけど、うちは三期生だから二月終わりか、三月頭に行ったかな。一番の新入りだよ。

——召集令状が来た時はどんな気持ちでしたか?

今の名護警察署の前の山があるでしょう、いつもあそこで兵隊ごっこしてから下りて学校に

行った。兵隊になるということしか考えてなかった。風呂敷かぶって、棒なんか持って三、四名でチャンバラみたいにやって。もう、一人前の兵隊になるということだから、喜ぶしかないよね。お母さんにも、「従兄の兄さんが護郷隊に入る段取りをしてくれたから行ってこようね」と言って羽地の振慶名（ぶりきな）にある小学校に行って入隊した。持ち物？　軍服から靴から、従兄の兄さんが召集令状と一緒に用意してくれていたから、それを着けて歩いて行った。数久田からはうちと玉城と豊里の三名。

――どんな訓練をしたのですか？

もう、攻撃の訓練ばかり。銃を持って走ってみたり、「直行進」、これがきつかった。これは二〇名の隊員が数ｍおきに、横一列になって、とにかく山があろうが川があろうが真（ま）っ直（す）ぐに進む。お家があっても、それを乗り越えていく。ロープをみんな持ってね、例えばお家なら、台を作って、みんなで小さい人を上にあげて、上にロープをくくる。それを下ろしてみんな順番に乗り越えるとか。一番苦しかったのは夜の直行進。川に落ちたりもした。今の羽地中学校の前に川があるでしょう。川を越えて赤土の壁があって、それを登って山を越えて。何も見えないし、怖かったよ。アメリカが上陸するまでこんな訓練ばっかり。

――上官は厳しかったですか？

上官は自分で叩かない。悪いことをしたら、隊員同士で向き合ってビンタさせる。一人でも柔らかく打ったら、こんなやり方があるか！　歯を食いしばれ！ともっとやらされる。相打ち、あれは一番きつかった。顔も腫れますよ。週に一回はあった。気を付けしてる時に目を動かしただけで、飛んできて怒られよったよ。ベルトで叩かれるのが辛かった。伍長が、金具がない方をもって叩くからどこに当てるかわからないわけ。

教育期間に風呂に入ったのはたったの一回。仲尾次の部落（集落）に風呂屋があった。皆一緒に行って五分で風呂に入って上がった。四〇人一緒だからもうめちゃくちゃ。それ以外の日は近くの川に入って水浴びするだけ。寒くてもそこで洗う。

三週間の訓練の後に山に上がって油井少尉の所に配置された。分隊は二〇名くらいで分隊長は比嘉さんという上等兵でした。その時は、名護の町はもう焼けているから、三高女（第三高等女学校）の学校の畳も、専売局の煙草も、みんな山の上に持って上がった。その畳をあげる時にね、僕ら一人、ちょっと休んでいたんだ。そしたら上等兵が竹槍を持って飛んできてね、竹が割れるまでお尻を叩かれた。翌日は座ることもできなかったよ。

僕ら三期生の卒業式、山に上がる前の、その時の村上隊長の挨拶は見事でしたね。軍曹や曹長なんか村上さんより年上の人たちがいるでしょう。村上さんは当時二二、二三歳だからね。そんな若いけど、軍服を取って階級章も取ってそばにおいて、大尉ではない、という形にして、挨拶をした。もう内容は覚えてないけど、すごく良かった。「これで君たちの教育は終わった、同じ兵隊同士だ」ということだったのかな、さすがだと思ったよね。そして照屋軍曹も挨拶して、お茶で乾杯してから山に上がったんだけどね。村上さんは、着物を着けて歩く時も、僕らから見てもおぼっちゃんのようだったよ。

女の人でも腰に一つ二つ手榴弾持ってたからびっくりした

――村上さんも着物を着けたんですか？

そうさあ。アメリカ軍が上陸してからは避難民の着物を着けて。いっぱいどの家にもあるさね。それを着けて、手榴弾も持って名護市内の米兵がいっぱいいる所に行った人もいたよ。命令だからね、米兵に近寄って行ってから投げなさいという。そして捕まってね、これは何だ？と手榴弾が見つかっても、わかっているけど、知らないふりするしかないよね。でも子供だと思って、これは危ないからと取り上げられて、缶詰なんかもらって帰って来た人もいるんですよ。スパイ容疑というのはこれであるわけよ。護郷隊の人が住民のふりをして米軍に出入りしてスパイをしたからね、一般の住民がスパイしていると言われたのはこれが原因じゃないかと思う。

アメリカ軍の上陸の時はよ、うちらは許田(きょだ)の山の上で見ていた。第二分屯地にいたからね。許田の橋は護郷隊が壊してあったけど、ものの数時間でアメリカーは鉄の橋を架けてね。松の木も、こーんな大きいのがいくつもあったんだよ。全部倒して道をふさいでいたのに、ブルドーザーできれいに海岸に片付けよった。これはだめだ、と僕ら三人は名護岳に戻った。

——アメリカ軍の機動力は想像以上でしたか?

そうね。アメリカーのやり方はきれいなー(見事だな)と思いよったね。だいたい武器が違うでしょう。カービン銃はバラバラーっと弾が出るでしょう。こっちは機関銃はバラバラと撃てるけど、銃は一発ずつ。向こうは銃がバラバラーっと撃てるんだから。うちらの銃は、三八式と九九式の二つがあったよ。三八式は三発だけ、九九式は五発弾を入れることができた。でも三人一組で、銃は三人で一つだけ。手榴弾は一個も持っていなかった。ホントだよ。後で、宇土部隊の炊事係の女の人でも腰に一つ二つ手榴弾持ってたからびっくりした。うちらは兵隊だけど手榴弾を見たこともなかった。宇土部隊は女だけでも三〇名くらい連れて歩きよったよ。ぞろぞろと。なんかあったら自決しなさい、と手榴弾を渡されてたわけ。

失敗続きのゲリラ戦

——宇土部隊は護郷隊の陣地に来たんですよね?

宇土部隊が八重岳から引っ越してくる時に、迷ってるというので迎えに行った。うちらの小隊は全員で、油井隊長も。宇土隊長が歩けないって言ってるから迎えてこいと言われて。名護高校から羽地に向かう道があるでしょう。その谷間に宇土さんたちがいた。本人の顔は見てない。多野岳に来た後もどこに行ったかわからない。二見のホテルがあった所あるでしょう、ずっと後で、金城曹長と、あの辺を通った時に谷から兵隊が出てきて、「煙草ありませんか!?」って。暗かったからびっくりして、曹長は煙草をあげてすぐに立ち去ったんだけど、そこの谷に、見たら兵隊がいーっぱいいたよ。あれは宇土さんたちだったのか……。

――重行さんはどんな戦闘を体験したんですか?

うちらの中隊は七、八回は攻撃に行ったけどみんな失敗した。一回はね、名護の港に停泊している大きなＬＣＴ（上陸用舟艇）を爆破してこいというのがあった。ダイナマイトをね、板で作ったイカダに載せて引っ張って泳いで行って、船に貼り付けて爆破させる計画なんだけども、もう夜でもライトがバーバーと光ってるものだから。日本は魚雷艇が多いでしょう、だからあっちも警戒してるわけ。波も荒いしライトもものすごくて、怖くて近づけなくて、一〇〇ｍ行って、ただ捨ててきた。三人で交代で泳いで引っ張ってね、一人は点火するマッチを濡れないように帽子の中に隠して。でも、捨ててきた。その後はもうどうなったかわからん。上官には不発弾でしたと言った。怒られはしなかったよ。

轟の滝に斥候にも行ったね。自分のシマ（地元の数久田）だから斥候に行きなさいと言われて行ったが、滝の上に敵がいてね。この時は僕一人だよ。本隊は一〇〇ｍくらい離れている。

バラバラーっと撃って来たけど、僕は運よく土手に倒れて当たらなかった。僕が戻る時には、中隊はみんな逃げていなかった。うちの油井隊はほとんど戦死してないんじゃないかな。人も殺してないよ、逃げて歩くんだのに。

羽地の真喜屋には米兵がたくさんいたわけ。その攻撃に行く時も射撃するつもりで、反対側から行ったけど、まだ自分たちの隊はずいぶん遠くから弾を撃ってるわけ、それで失敗して。

――なんでそんなに失敗が多かったのでしょうね？

油井さんが……隊長自身が怖かったんじゃない？　あの人は弾の音を聞いたらもう逃げていないのに。うちは擲弾筒の部隊にも入っていた。弾はあれ何kgあるかな。八発を持ったら腰が抜けるくらい重たいわけよ、走れない。これも名護岳で二、三発撃った。日本の擲弾筒は、まわり二、三m枝を切り落とさないといけないわけ。あれは髪の毛にでも触ったらそこで爆発するから、木の葉っぱに当たっても自分が爆破される。許田から名護までこの擲弾筒を埋めましたよ。上を戦車が通ったら爆発するように。でもこれもだめ。アメリカは先を歩いて、穴を掘ってる所、みんなわかるから。

――歯が立たないですね……。

食糧が足りなくてね。国頭(くにがみ)村の山の中には敗残兵がいて、米が入れてある大きな倉庫が三つ、山奥にあったよ。その番をしている曹長がいて、この人はほかの兵隊が米をくれと言っても、絶対にくれなかったよ。日本軍は勝つんだと言って。勝つまで戦う覚悟でね。この米は、まだ橋が落とされる前に、読谷飛行場と小禄（おろく）飛行場からちゃんと運び込んであったみたい。

――それは、紫雲隊の人ではなかったですか。井澤曹長という人がいたんですけど。

井澤？　そうね。そんな名前だったと思う。井澤曹長、その名前はよく覚えている。

僕は金城曹長と、金城さんの出身の国頭村浜集落まで食糧を取りに行ったんです。国場組（浜出身者が立ち上げた土建業者）から米ももらって戻ろうとしたんだが、東村あたりにはもう米軍がいっぱいいて南に渡れなかった。農林学校の生徒たちも六名くらい、先生と一緒にいたんだけれども、東村は渡れないということで帰って来た。五月二七日の海軍記念日[*9]までに本隊に帰ろうねという話だった。少尉たちも全部集まるからということだったけど大宜味（おおぎみ）村からは渡れなかったからね。だから金城さんが、もう無理だったら浜の避難小屋に戻ろうということになって、仕方なく向こうの家族と一緒に過ごすことになって。

「みんなスパイの教育を受けたんだよ」

――どうやって重行さんの戦争は終わったんですか？

浜の集落に下りたのは、八月一五日よりも前だった。浜集落の人たちと一緒に下りて来た。そこで、アメリカの二世の兵隊たちが、軍人と住民とを区別つけるわけ。それは足でやる。兵隊は靴を履いているから足の裏が柔らかいでしょう。沖縄人は靴を履いてないから硬いでしょ。でも、国場幸昌さん（国場組創始者）たちがうちの曹長をかばって、これはうちの従業員で仕事で靴を履いて裸足になったことがないから、と説明したから、金城さんはPW（捕虜）に取られなかった。うちも、浜の人と一緒に民間人の所にいることができたわけ。

――すぐにご家族に会えたんですか？

数久田に戻ってみると、家族は宜野座の長屋に収容されていた。僕はもう戦死したことになってたらしくて、母親はマラリアにかかってもう顔も上げられないほど弱っていたんだけれども、僕が会いに行って、生きているとわかったら、もういっぺんでマラリアも治ってしまった。いっぺんで元気になって、僕の方に走って来てるわけさ。とても喜んでいた。母が心配していたのは、長男も防衛隊で亡くなったし、次男は台湾に行ってて、男の子が三人もいなくなるというのがあったんじゃないか。

護郷隊の歌？　当時はあんまりみんなで歌ったことはなかったよ。でも、今は、たまには自分一人で思い出して歌いますよ。

♪東黒潮　波のは続く～
続く波間に陽は昇る

赤い花なすこの島こそは
我等故郷の沖縄島

（菅江敬三さんが作った「沖縄島の歌」）

いつも歌ってますよ。この歌も思い出さなくなれば戦死者の影も薄らぐんだけど……。なんかわからないけど、浮かんでくるわけさ、慰霊祭の前になると。三時過ぎても眠れない場合がありますよ、僕。自分でもよ、目を閉じてると浮かんでくる。誰がどこで亡くなったかというのもわかりますよ。慰霊碑に刻まれている名前、あれをね、毎年見るのも嫌いなんですよ。何か一人一人浮かんで見える気がしてね。

——慰霊祭には欠かさず行ってらっしゃいますよね？

慰霊祭はよ、前原（信栄）さんたち、那覇から来るのももう一人になってしまって、玉里（勝三）さんも頑張ってるけど、もう来る人がいないさ。心配してますよ。慰霊碑の掃除とか、甥御さんやお孫さん、曽孫さんたちの世代が見てくれればいいがなあ、と。

戦後、村上大尉と再会した時には涙を流すくらいだったよ。最初の時はバスでみんなで多野岳まで登ったからね。ご家族も遠い所からいらしてね。村上さんはいい人だったよ。慰霊祭でお会いしても、挨拶程度しかできないけど。家庭も円満だったと思うよ。

——油井隊長は？

油井さんは元気で帰ってるけど、一度も来なかったね。（自分の隊の隊員が）誰も死んでないから慰霊する必要ないということじゃないかね。スパイ学校（陸軍中野学校）の出身というのは後から聞いたよ。「君たちもみんなスパイの教育を受けたんだよ」と聞いて、ああそうかねと思った。手榴弾を隠し持ってて米軍の所まで行くんだから。村上さんは油井さんとは気も合わなかったんじゃないかな。出身が大阪と東京でしょ。油井隊長は偉いところの出身だし、村上さんとは戦後会ってないかもしれない。

――戦後のお仕事は？

名護高校の用務員の仕事をしばらくやってから軍作業に行った。キャンプ桑江で働いた。セキュリティの仕事だけど、送迎や掃除とか色々やった。一番初めは、やっぱり一年は、アメリカ兵は憎らしかったよ。兄さんも亡くしてるし。日本軍が逆転しに来る、来るという話も信じていたし。でも三、四年したら諦めた。僕がいた所は、当時は六〇〇人も雇われていた部署だったけど、最後までいたのは僕一人だけ。英語もわからんのに。昭和六三（一九八八）年だったかな、僕が六〇歳になる時、友人のカーノー（Colonel、大佐）がいてね、彼は五〇歳で定年する時はスリースター（中将）

軍雇用員だった頃の重行さん

になっていた。長い付き合いで、一緒に定年したよ。「キンジョウ、長い間ありがとうね」って。一緒に定年だねと話したのが思い出。

——その大佐は、重行さんが元兵士だって知ってたんですか？　少年兵だったこと。

いや、知らないはずよ。そんな話はやらないよ。僕は米兵を一人も殺してないしね。うちの生き残った兄弟はみんなカジマヤー（数え九七歳の長寿のお祝い）までやってる。人にもね、あなた長生きしますねと言われるよ。この耳、長いでしょう。福耳だからね。

沖縄出身の幹部として唯一中隊長まで務めた

第一護郷隊　第二中隊　第一小隊隊長（幹部）菅江隊指揮班長
名護市源河出身　大正九（一九二〇）年生まれ　二四歳で入隊

瀬良垣繁春さん

瀬良垣さんはお会いした平成二二（二〇一〇）年で九〇歳。体格も良くスポーツマンで、名刺にはボウリングや卓球など高齢者スポーツ団体の役職がびっしり書かれていた。そのシニア選手としての活躍はテレビにも度々登場していたほどだった。少年兵たちの証言を聞いていると、軍隊経験のある沖縄出身の分隊長や小隊長に厳しくしごかれた話はよく登場する。中には相当少年らの怨みをかった者もいるようだが、瀬良垣小隊長の話になると、みな口をそろえて人格者だった、優しかったと述懐する。名護市街地の自宅の前では、度々、通りすがりで瀬良垣さんの家に向かって敬礼をする人の姿が目撃されている。ご近所によれば偉い軍人さんだったようです、とのことだった。戦後も部下たちから敬愛されていた人柄が偲（しの）ばれる。

少年ゲリラ兵を育成

――護郷隊の幹部は青年たちに先駆けて在郷軍人の中から選ばれたそうですが、最初はどういう軍隊を作るという話だったんですか？

自分の郷里は地元の人で守るんだというのが護郷隊の大きな柱でしたね。そして正規の兵隊だったら二〇歳にならんと徴兵できないけど、青年学校の上級生とかの「子供たち」を育てるんだということだったですね。それを秘密遊撃隊と言っておったです。青年たちには、最初はやっぱり軍隊としての基本を鍛えて、それをやりながら学科もやる。夜遅くまで。普通の軍隊よりきつかったんじゃないかな。

――ゲリラ隊ですから普通の兵隊と違う訓練があるんですか？

ありますよ、そりゃ。例えば夜間ですね、潜行して行くとか。それから沖縄は狭くて山が多いですよね、その山で道のない所を登ったり。私服を着けさせて、なるべく軍人だと相手にさとられないように変装するとか。そして、芋を掘ったり草刈ったり、そういうこともやっとったですね。子供たちは、昼間は敵に見られても、兵隊だとわからんわけですよ。その人たちが、敵の配置とか、どこにどういった施設があるとか、情報を集めて戻る。そしてまた夜間は爆撃するとか。後で少年ゲリラ兵の存在が米軍にばれて、それからは青年でも片っ端から引っ張られていきよったです。

――瀬良垣さんは小隊長だから教える側だったんですよね？

教える立場になってるわけですけど、私は現役兵の経験はあっても遊撃戦の知識はないですから、教え方もまた習うわけです。青年たちに潜伏の仕方、敵情の採り方を教えるという方法をまた習う。昼間堂々と行くわけですよね、敵陣に。向こうは護郷隊員を見ても七、八歳くらいの子供にしか見えないわけですから。親の方がヒヤヒヤしたでしょうね、自分の子供たちが昼間敵陣うろうろすること。あの頃、親からよく言われよったですよ、自分たちは隠れておって、なんで子供たちには危険なことをさせているかと。これを説明するのは難儀だったですよ。

今考えたらこれ、やはり普通の兵隊ができることではなかったなと。結局遊撃戦というのは、地元のことをよく知ってる自分たちでないとできない。沖縄を守るためにはね、やはり秘密遊撃戦というのは地元の人を中心にした方がいいんだなという感じがしよったですね。

――訓練は大変でしたか？

まだ小学校（国民学校）、高等科二年卒業してまだ一、二年の、青年学校行ってたような人たちだから。自分たちの知り合いの子供とかそんなのが多いわけですよね。だけど顔見知りの人だろうが親戚だろうが、上からは軍隊としての厳しさというのはちゃんと教育をやらんといかんと言われているから。やっぱり心の中では泣きながらでも、軍隊として、軍人としての教育をやっぱりやっています。夜になるとこっちが泣きたくなる場合もあったですね。

――どうしてですか？

親は顔見知りの人が多いわけですよね。ほかの部隊に行くよりは安心と、最初親は喜んでいたはずですね。でも軍人として一人前の気持ちを植え付ける必要があるから、怒る時は怒るし。後で、怒った側が夜になってから、やはり悪かったかなーと涙が出るわけですよ。いよいよ自分の故郷に米軍が来たんだから、自分の郷土を守ろう。子供たちもそういった責任感みたいなものはみんな持ってます。その点は良かった。そういう気持ちを植え付けるということが幹部、僕らの気持ちだから。親もね、同じ部落（集落）の先輩が上官で、こっちでやっているんだと、全然知らん所に召集されるよりはいい。護郷隊でかえって安心だと、ほかの部隊行くよりはね。しかし、やはり地元でやるということはものすごい辛いですね。毎日、自分の部下を戦死させないということ、そういう想いでいっぱいでした。自分の知り合いの子供が多かったですからね、夜には自分の家族と同じでしょう。

うちの中隊が一番多い、戦死者は

――ご家族もとても近い所に住んでいるんですよね？　そこで戦争するのは怖いですよね？

本当はいやだったですね、怖いというよりも。顔見知りの人がいるしですね。知ってる人だろうが家族だろうが、どこで見ているかわからんし言葉も交わしません。こっちはもう、私服着けてたんです、戦争中は。だからちょっと見ただけでは避難民にしか見えないですよね。

——この部隊を指揮するのが陸軍中野学校の将校たちだというのは、最初から幹部のみなさんにはわかっていたんですよね？

もちろんです。偉い人たちの部下になったなーと思って。あの人たちは普通の訓練はちゃんと受けて、さらに遊撃戦の教育も受けてるわけですからね。大変だったですよ。菅江隊、うちの中隊長は、一番元気があったですね。

——元気ってどういう感じですか？

菅江さんは動作も機敏だし、それから言うことが全然、ほかの人と違うわけですよね。部下にやる気を起こさせるような教育がうまかった。この人、中学の先生だったわけですね。

面白いと思ったのは、彼らは戦死というのは名誉だ、というようなものの考え方、そういったものをさせなかったです。だいたい自分の知り合いだとか親戚だとか、そういった人たちの子供だから、この子たちを戦死させたら犬死にみたいな格好になる。これ簡単に死なせてはいけないという気持ちはあったですね。

——瀬良垣さんの部下でも亡くなった方はいますか？

いますよ。自分の部落の方、何名くらいいたかな、だいぶいますよ。うちの中隊が一番多い、戦死者は。それだけ口が悪かったかなと思ったりして。どんな気持ちかって？　仇討ちせにゃいかんと気持ちは持っても、そう簡単に動けなかったですよね。護郷隊の存在というものがある程度アメリカにわかるようになってるもんですからね。

「お父さん殺られたけど、来るな」

——一番辛かったことは？

やはり親父が米軍に殺られたことですよね。最初うちの家族は安全だと思う所に避難してたのに、もっと奥の方に移ることになったんです。荷物を運ぶ時に母が僕の現役兵時代のアルバムを載せていたんですよ。軍隊が来たもんだから、あわてて隠そうとしてそれを落としてしまった。この家の子供は兵隊だということがわかって、残りの荷物を取りに家族が戻って来るところを狙って待っていたようです。そこに親父と弟が来て、親父だけ殺られたと。鹿児島の部隊に行った時の写真、母が避難小屋まで持って行ってるわけですよ。持って行ったのが悪かったんですよね、あんな物。それが原因になって。

——息子の写真は大事ですよ。お父さんは米軍に何を訊かれた？

息子は兵隊か？　どこにいるのか？と。でも、教えなかった。潜伏してる場所なんて父は実際、山の名前くらいしかわからなかったんだと思いますよ。でもそこに向かって歩け、と言われて歩きはじめたところ後ろから撃たれたそうです。その場には弟もいて、それを見ていた。後から聞きました。自分も殺られるかなと思って怖かったと。でも米兵は、お前は行け、と。子供までは殺らなかった。小学校六年くらいだったと思いますよ、弟は。五月一日あたりです。

——護郷隊にさえ行かなければお父さんは殺されなかったのでしょうか？

そう言えると思いますね。結局お尋ね者みたいになってるわけです、護郷隊は。爆薬を持ってあちこちに仕掛けたりゲリラ戦やってるわけで、青年を使ってるということまで米軍にわかられてからは、彼らは「護郷隊」を探してましたから。その後母から伝言で「お父さん殺られたけど、来るな」というのが届きました。僕がうっかり家に来やしないかと思ったんでしょうね、母が。来るなと言われて、結局ずっと家には行かなかったですね、終戦まで。もしも軍人が家に戻ったということがばれたりすると、また家族とか部落の人が殺られると。だから近寄るなということを母から言われたんですね。

——家族や村を守るために戦っているのに、帰って来るなと言われたら寂しいですよね？

まあ、それはわかってますから。自分たちが行ってまた部落の人たちが殺られたんじゃいかんという気持ちはあるわけですよね。米軍に対しては、父の仇討ちやらんといかんというのはありましたけどね。

父の仇討ち

――息子が兵隊になっている家は沖縄中にあったはずですが、瀬良垣さんの家はなぜそこまでマークされたんでしょうか?

護郷隊の場合、例えば相手の幕舎がありますよね。夜行って忍び込んで行って爆薬仕掛けて、ボーンと爆発させたりする。そういうことは結局普通の一般の兵隊はやらないんですね。秘密遊撃隊のようなものがこのあたりにいるというのは、米軍もいつの間にかわかってるわけですね。正規の兵隊は真正面からボンボンやるわけですけど、こっちは秘密遊撃隊だから夜とかに潜行して、爆破したり。だからすぐばれたんですよね。そういったのやるのは普通の兵隊じゃなくて子供たちだとわかったもんだから、アメリカは。だから遊撃隊潰しにかかったんでしょうね。

――仇は討てたんですか?

はい、源河の山の中でね。米軍の斥候が来る道筋というのは決まってるわけですよ。それをチェックして待ち受けておって。林道の、米軍のこっちの人とあっちの情報を交わす場所が決まってたんですよね。その場所をわかっているから、山の上の方から殺ったことあるんですよ。機関銃で。もう銃では間に合わんから、機関銃持った兵隊を連れて五、六名で殺った。彼らが落ち合う場所突き止めて、先に山の上に行って、情報交換するところを殺ったんですね。
またこんな作戦も考えたんですよ。デリスという毒薬があるんですよね。戦前から武田製薬ですか、源河のオーシッタイという所で栽培してたんですよ。それがあるということは前から知っていたんです。同じ源河の部落の奥だから。それで今の羽地小学校、向こうにアメリカの主力部隊が住んでいたものだから、川上部落の入口に入る手前にある、水をためる大きな水槽にデリスを入れて。毒素をバケツに入れて、もう出発しようというところまでいっとった。六月一〇日頃です。けど、考えてみると兵隊だけじゃなくてね、部落の人とか働いている人がすでに同じ場所にいてその水を使っていたわけですよね。それがわかって、アメリカだけでなくて自分の部落の人も毒殺することになってはいかんからと取り止めて、それを持って元の所に置いたことがある。後で良かったなと思ったですね。当時は、父の仇でなんとか敵をやっつけなくてはいかんという気持ちがあるもんだから、直前までは考えなかったですね。ところがいざやるとなってから部落の人がみんな徴用されて働いているのに、もしその人たちが水を飲んだら部落の人も殺すことになるからと止めたことあるんですよ。

セラカキを指さして教えろ

――瀬良垣さんの終戦はどういう感じだったんですか？

七月中頃だったか、多くの避難民に紛れて住民の格好をして山を下りた。アメリカ軍はその中に兵隊がいないか調べるため、男たちを並ばせたんですよ。そしたら、「セラカキはいないか?」と名指しでね、探してるもんだから、これはまずいと。当時の区長さんと通訳の兵隊が、セラカキか?と首実検して回るわけです。区長さんは、違う、と目を伏せてくれた。ところが米軍も考えたもんで、今度は子供たちに飴やチョコレートをあげてね。セラカキを指さして教えろと言うんですよ。その中の一人の子供に指さされてしまってね。屋嘉の捕虜収容所送りになりました。中に入ってからも、護郷隊の仲間と米軍将校の幕舎に奇襲攻撃をかけようかと画策したりもしたが、結局行動には移さなかったです。

——最終的に源河の家族の所に戻った時はうれしかった?

いろいろもの考えばかりして、うれしいということはなかった。ほっとしたのは事実だがね。村上さんはずっと遅くしか山から出て来なかったですよ。出て来ても殺られるとか、そういうことはもう大丈夫だという思いもあったんでしょうな。最後は堂々と出て来たわけですよ、山から。

——日本が負けるということはいつ頃から考えていましたか?

現役時代に(当時あった)ソ連と満州の国境まで行ったことがあって、その時にもう、日本は危ないんだろうなと思ってはいました。しかしそんな話は口にすることはできなかった。だから沖縄に遊撃隊を作ると聞いても、これはいよいよ危ないなというのはあった。しかし部下を犬死にさせたくないというのも強く思った。少年たちの親も、みんなこっちは知っているわけですからね。

やはり自分の郷土で戦争をするということはものすごく大きな負担ですね。結局自分たちは戦う兵隊としているからいいんだけれども、兵隊より先に地元の住民の誰が死んだとか、そういう情報が入ってくるわけですよね。あれが辛かったですね、住民が先に殺られるというのは。うちの父が米軍に殺されたというのもその一つですが。

正規兵の年齢でもない子供たちが米軍とぶつかった

——それでも、護郷隊の一員として戦ったことは名誉だと思いますか？

名誉というよりも、結局自分たちの地域でそういう部隊が編成されるのであれば、よその人が僕の立場になっていたよりは良かったですよ。部落の人のことも全然わからない人が内地から来てやるよりは、自分が幹部になって地域の子供たちを少しでも守ることができたのかなと思ってはいます。よく知ってる地形の中で、こっちよりあっちが安全だろうと、そうやって身を守りながらね。でも時にはかえって裏目に出てね。部落の人たち、親戚なんかを危ない目にあわせたりね。自分の地域で戦争をやるのは厳しいです。地元で戦をするもんではない。

――でもこんな一〇代の子供たちが本物の戦をしたというのは国内で例がないですよね？　よその県では事例がないんじゃないですか。「秘密遊撃隊」といったら、名前はかっこいいけど。護郷隊に行っていたんだという一つの誇りというのはありますね。入隊した時は何もないけど、半年経つと星が一つもらえるんですよ。二等兵は星一つ。一等兵は星二つね。僕は軍曹。最初は小隊長だったけれども、菅江中隊長が戦死したのでその後はかわりに中隊長もやったということです。多野岳では、あんまり激しくやり過ぎて、菅江中隊長が亡くなって。

――地元の人にとって、護郷隊はどんな存在なんでしょう？

「護郷隊」といったらやっぱり地域に親しみを持たれていましたね。戦後も、ああ、ご苦労さんでしたね、という尊敬の気持ちも受けましたね。まだ正規兵の年齢でもない子供たちが、こうして堂々と米軍とぶつかったというのはね。まあ、今の若い人はあまり知らないだろうけど、お年寄りなんかに聞いたらね、よくわかっていると思いますよ、護郷隊のことは。

――同じ少年兵でも「鉄血勤皇隊」とは違う？

ああ、全然違いますよ。鉄血勤皇隊っていうのは学校での組織だから。こっちはちゃんと一期の検閲を受けて一つ星をもらうわけだから。勤皇隊、あれは軍隊ではない。こちらはれっきとした軍隊ですから。星をもらってますからね。

◆第二護郷隊

第二護郷隊（正式には第四遊撃隊）は主に国頭村・東村（ひがしそん）・大宜味村の少年ら三八八人で構成され、本来は彼らのホームグラウンドである名護より北の地域を本拠地とした遊撃戦を想定していたが、大本営の方針転換を受けて大幅な配置換えを余儀なくされ、少年たちは地名もよく知らない沖縄本島中央部にある最も高い山・恩納岳に陣地を置くことになった。隊長は陸軍中野学校で村上治夫と同期だった岩波壽。戦死者六九人。北飛行場（読谷）、中飛行場（嘉手納（かでな））の設営部隊など、米軍の上陸地点に取り残された兵隊たちが大量に恩納岳に敗走してきたので、岩波隊長は彼らも指揮下に置いて戦った。少年兵も、いわゆる正規兵と共に戦闘配置についたため、激しい攻防が展開され犠牲者も多くなった。二カ月の戦闘を経て昭和二〇（一九四五）年六月二日、恩納岳を離脱、多くの傷病兵を残して、合流してきた他部隊を含む一〇〇〇人あまりが夜陰に乗じて北に向かった。七月中旬、東村の有銘（あるめ）に到達し、その山中に軍服や武器を埋めて事実上の解散となった。

戦争PTSDに苦しめられた

第二護郷隊　第二中隊　第二小隊　大宜味村上原出身
昭和四（一九二九）年生まれ　一六歳で入隊

瑞慶山良光さん

映画「沖縄スパイ戦史」の主人公、リョーコー二等兵こと瑞慶山良光さん。三〇人ほどお会いした元少年兵の中でも、最も沖縄戦を引きずり、今もあの空間に生き続けている方だった。頬に手榴弾の破片を受け大けがをした後遺症なのか、少し喋りにくそうにゆっくりと話す。電話ではうまく話がかみ合わず、九〇歳というお歳を感じることもあるのだが、戦争の話になった途端、当時の出来事、時間、地名、人名など、記憶力はずば抜けていて圧倒される。今の世界情勢、政治情勢への指摘も鋭い。

戦争PTSD（Post Traumatic Stress Disorder：心的外傷後ストレス障害）を発症して長い間苦しみ、家の中で監禁されるいわゆる「座敷牢」を経験した少年兵。その心がどうやって蝕まれていったのか。その半生を追体験していただくために、少し長くなるがリョーコーさんの言い回しや言葉の選び方に極力忠実に六回分のインタビューを再構成した。五〇歳を超えてキリスト教の洗礼を受け、信仰に助けられPTSDを克服したということで、神や奇跡という言葉もよく使われている。

　戦後は大工、本土への出稼ぎ、警備員として働き二人の子を育て上げたリョーコーさんは現在、大宜味村上原の、桜の山がある一軒家に一人で住んでいる。彼の家の居間には戸板が斜めに置かれている。なんだろう？と思っていたが、その上で眠るそうだ。山の斜面で寝ていた時の癖だと聞いて、本当に護郷隊の世界にまだいらっしゃるのだと驚いた。夕方、ラジオを聞きながら一人で夕飯を食べ、暗くなると三線（さんしん）を爪弾いて歌う。琴が得意な妹と二人、あちこちで演奏したが、妹ももういないから一人で歌っているよ、と笑った。

ゲリラ兵は医療の器具は持ってないですからね

　僕は良光（よしみつ）だけど、軍隊ではね、「リョーコー」と呼ばれた。「リョーコー二等兵」。呼びやすいからね。戦争を知らない人が多くてね。いつもこの公民館で話すんです。辛いお話ではあるんですけど、やらないとね。生まれも育ちも上原です。この公民館のすぐ隣が私たちの親のお家。そこで僕は生まれました。

　沖縄戦だけがこんなに激しかったのかなというと、大東亜戦争（太平洋戦争の戦時中の呼称）

ではほかにも玉砕戦というのがあるんですよ、サイパンとかテニアンとかグアムとかペリリューとかね。そこも激しい戦争だったんですよ。こういうの（持参した資料）読むとね、沖縄戦だけが悲劇じゃなかったんだなーと思うわけですね。私は何べんも死んだり生きたり、死んだり生きたりして、今生きてるわけですけどね。不思議な、奇跡があったんですよ。聞いても認めない人が多いですけどね。

――認めないというのはどういうことですか？

信じないわけですね。夢で見たこと言ってるんじゃないかお前は、と。しかし本物ですよ。だから僕生きてるんですよ、と言うんです。だってこっち、唾液腺が切られてるのに、消化液が胃に入らないのに、生きてますから。戦時中は手術したり、繋（つな）いだりする手当てができないんですよ。野戦病院といっても、ゲリラ兵は医療の器具は持ってないですからね。

勝ち戦を夢見ていた軍国少年

――ゲリラ戦で大けがを負ったんですね。まずは、どんな風に召集されたんですか？

昭和二〇（一九四五）年三月一日。役場の忠魂碑の前に集まりなさいと三四名が集まった。そこには中国の関東軍に行って満期になった在郷軍人らがいました。いつも青年学校で軍事訓練してますから、その日も訓練に行くのかと思った。兵隊になるとは思ってなかった。そこから行軍して、行先もわかりませんけど、着いたら恩納村熱田原。安富祖の国民学校には、先に行った護郷隊の先輩たちもいました。前年に名護の国民学校で訓練した一期生たちは「古兵」というんです。この上原から行った青年学校生は五名です。

——五人はみな生きて帰って来ましたか？

いやいやいや、帰って来ないです。五名のうち、戦死一人だな。帰って来て戦病死したのが一人。二人は死んだ。三名は健在で社会人になって家族持っている。

——リョーコーさんも軍国少年でしたか？

日本軍は勇ましいとは聞いていましたからね。勝ち戦を見られるものと期待はしてましたよ。大東亜戦争が昭和一六（一九四二）年からでしょ、四カ年になるでしょ、やはり勝つ戦は見物したいな、応援したいなとは思っていたですね。勝つことに憧れていたんですよ。でも訓練ではろくに鉄砲も撃たせなかった。突けと。闇に紛れて銃剣で突けと。もう武器が違っている。日本の銃は弾が出るのが遅いですよ。一回一発しか出ない、ただ一つしか。アメリカのものはこっち、脇に挟むんだもん。機関銃をこうしてばら撒くんだもん。豆まきみたいに。日本の銃は肩につけないと命中できないですよ。軍服？　ああ、ありましたが、大人用で身体に合わないんですよ、大き過ぎる。長袖なんか着けられない。半袖もこの辺（手首の近く）までできますからね、だぶついてもう大変。

——その時は身長はどのくらいだったんですか？

一四〇㎝くらいですかな。

——そんなに小さいんだったら銃の方が大きいですね。

銃が高い。身長より銃が高いですよ。重たくて持てないくらい。僕は小さい方だった。大きい人は機関銃を持たされたり、役目が違っていました。背嚢はね、古兵にはあったかもしらん。僕たちには当たらなかったよ。銃を持って匍匐前進する練習をした。こうやって両手で銃を上げて肘を地面につけて、肘で歩く。だからこっち（肘）の皮もはげて肉も飛び出るわけ。

♪さだめかけた～る　沖縄島に～　我ら～召され～て　護郷の戦士～

この歌ね、護郷隊の歌。鉄砲担がせて、行軍の時にはみんなこの歌を歌わせよった。熱田原の国民学校から、安富祖の今の慰霊塔のある所まで歌いながら歩いた。そこの田んぼで訓練をした。熱田原には護郷隊だけではなく、防衛隊のおじさんたちもいっぱい訓練に来ていた。シマ（同郷）の人たち。それで許田橋を爆破する時に、同じシマの根路銘アンフクさんの声が聞こえたから「あい、アンフク兄さん！」って部隊長のそばで言ったら、岩波部隊長に怒られてよ。「貴様、戦争中に名前で呼ぶ奴があるかー！」と。

――良光さんは許田の橋の爆破に加わったんですか？

そうそう。爆破の前に避難民を止めるわけ。ここは爆破するから通っていかんよって、鉄砲構えて。爆破した時にはね、ババーンと音立てて、いっぺんで真ん中の方が沈没したからね。

――住民が避難するのに困る、と苦情はなかったですか？

住民はみな無口。もう喋る元気もないよ。かわいそう、といえばこの爆破でグラマン（米軍の戦闘機）の標的になってしまって、機銃掃射を受けた。低空飛行で、住民たちも殺られて。死体も放ってみんな逃げて行った。橋壊す時の爆発で、魚がよ。みんな死んでしまった。部落（集落）の人がたくさん集まって魚を捕ってから公民館に持って行ったよ。

――少年たちもおじさんたちも、三月からの訓練ならにわか兵隊もいいところですよね。

そうですよ。召集は男という男はみんな。僕たち小さい者だけでない。お父さんも子供もみんなというわけ。親子で死んでる人もいますよ。長男は二〇歳で戦死、お父さんは防衛隊。

――良光さんは一六で、志願じゃないと入隊できない歳ですけど、志願したんですか？

ははは。しないよ。ただ志願しなさいよという言葉はありよったね。早く志願すれば二一歳になるまでには下士官、伍長になるからね、楽するよって。威張って生活できるよって。そう言っていたんだがね、負けてしまったからね……。上官たちは、志願した形にしたかったんでしょうね、自発的に。僕は青年学校でも一番優秀だったからね、軍人勅諭も全部言えたし、だから松崎中隊長にもかわいがられた。こいつは兵隊に向いてると。

陸軍登戸研究所[*10]の特殊兵器「ハハリユ[*11]」と「ホイキモ」

——軍人勅諭、今も言えますか？

ははは！　すぐ言えるよ。「一つ、軍人は忠節を尽くすを本分とすべし、一つ、軍人は礼儀を正しくすべし……」目をつぶってても言えるよ。熱田原の国民学校ではひと月訓練受けた。爆薬の作り方とかね。ハハリユ、というのがあった。ハハリユが粉だったかな。ホイキモが液体だったか？　紫の液体で瓶に入っていた。二つを混ぜるわけ。混ぜ合わせると火災が起こってね。爆薬とかの上に混ぜて置いたら、時間が来たら爆発する。時限火災薬、二つはセットだな。チョコレート色の粉の塊だったかな、ハハリユは。畑友迪（はたともみち）中隊長（陸軍中野学校出身）が教えていた。僕は見たけど、直接触ったことはなかった。薬剤を作る担当ではなくて、第一次攻撃隊だったから。

——第二護郷隊の陣地はどこにあったんですか？

今の慰霊碑のある所の前に田んぼがありますね。その水の来る方をたどって行くと山に入り、滝壺がある。そこから登って行くと、中腹に陣地があります。陣地といっても、ちょうど避難小屋と考えたらいいです。兵舎は、柱は丸太、壁はみんな竹、屋根は茅葺（かやぶ）き。

――良光さんの役目は何だったんですか？

見張り、斥候もやりますけどね、僕の場合はですね、斬り込み隊、戦車爆破隊です。これは爆薬を持つ人が一人、爆薬に点火する人が一人、あの時はマッチで点けよったんです。それからもう一人は銃に着剣して警戒。警戒兵ですね。それで命令する人が「突撃！」、「爆破！」と言ったら火点けて三名吹っ飛ぶというわけです。もう逃げる時間がないですから。三名も戦車と一緒に吹っ飛びますよ。そういう作戦だったが、アメリカに気づかれて中止になったこともあった。僕たちの場合ゲリラですから、隠れながら隙を見てやろうとするんだけど、あまりに住民が早く米軍に捕まったわけですよ。そのために陣地から何から暴露されたんでしょ。

沖縄の住民はスパイになりやすいと見られていた

――住民が何を暴露したんですか？

日本兵がどこにいるとか、そういうことみんなアメリカ兵に知られていたわけですよ。私はそう思います。もう、すぐに情報が入ってきましたから。一般の人たちがアメリカに捕まった、捕まった、とみんな聞こえますから。上陸した地点の読谷村の人、捕まって、アメリカに情報が筒抜けになって「今はだめだ」と作戦の機を逸してしまった。読谷と嘉手納の飛行場にいた約三〇〇〇名の飛行場部隊・青柳隊（特設第一連隊。嘉手納と読谷の飛行場に配置された部隊で、三月末に再編された）も、みんなバラバラになってしまったから、住民たちももう、日本は負けたんだと思って捕虜になったんだと思います。もともと日本の軍隊はね、前から沖縄の人はスパイだと見てたらしいですね。というのは非常に懐きやすいわけ、米軍に。戦前から移民が多い県民だった。南洋、ペルー、メキシコ……ああいう所に渡った人は多かったわけよ。沖縄の住民に二世が混ざっているから二世たちにみんな慣れっこになってね。沖縄の人はアメリカに引っ付く恐れがあると。そう日本軍が見ている。戦が始まる前、沖縄の人で、戦争はいやだと酒を飲んで暴れるような人がたくさんいたから、彼らが米軍とすぐ引っ付いて、日本軍の陣地をばらすとかね、そういう話を軍隊はしていたんですよ、警戒していた。

——いつまで日本が勝つと思っていましたか？

最初から、米軍が上陸する時から。私は直接読谷に視察に行きましたから。僕らは三月三一日に行きましたからね。仲泊（なかどまり）～長浜～高志保通って座喜味にあった高射砲陣地のそばを通る時、前夜、日本軍はわっしょいわっしょいと弾を運んでました。青柳隊がおったんだな。読谷山の二二〇高地から望遠鏡で、あの上陸を中隊長も一緒に見ておりますから。でも日本軍は弾一発も撃たないからね。

米軍上陸

――日本軍が反撃もしないからこれは負けるかもと？

私は松崎中隊長にそう聞いたんですよ。「日本軍は勝つんですかね、負けるんですかね、隊長殿？」と言ったら「慶良間にいる米軍を追い返せなければ、勝つ見込みはないよ」と言っていた。あれ追い返しきれたら、勝つわけさ。追い返しきれなかったでしょう。だから秘密部隊の中野学校の人たちはわかっていたんじゃないか。本島に上陸したんだから。

上陸の時は沖からは艦砲がヒューッと飛んできて、もう煙だらけで何も見えない。僕らも飛行機も何も見えない。破裂が多過ぎて。日本軍が一発も撃たなかったのは、撃ったら陣地がみんな暴露されるでしょ。隠してある砲台もばれるでしょ。最後の攻撃に備えて保存する作戦。でも、黙っていて戦に勝つはずがないと。あの時初めて、日本は負けるかもしらんと思った。

第一次攻撃隊に選ばれる

僕らは最初から、遺骨箱みたいな箱に髪と爪を入れときなさい、と。お前らが斬り込み行って成功したら故郷の親元に送るから準備しておきなさいって。これみんなが攻撃隊というわけではないですよ。何人かの中に僕も入っていたわけですよ。部隊でも最初に死ぬ任務に。

――真っ先に死ぬのはいやですよね？

これはいやでもね、もし逃亡したら、家族全体が「重営倉」（陸軍の懲罰の一つで、営倉に拘禁されること）に入れられると。家族全部、親兄妹全部に罰があると言われているから。やはり子供ですから脅すわけですよ。子供は信じ込んでいるから、もう泣くにも泣けないわけですよ。いやとも言えない。生まれてこなかった方が良かったと。戦車と吹っ飛ぶなら、こういう生まれ方したのは親不孝。かえって生まれてこなければ、親に対して心配かけなかった。死んだら必ず親は悲しみますからね、そのことをずっと思ってるわけですよ。親のこと、家族のこと。家族といっても妻子はいないから、やはり親ですよ、兄妹のことはあまり思わなかったですね。生まれなかったと思ったらいい。これで諦めもつくというわけですよ。これは自分を納得させる意味です。

私たちは軍隊に憧れてはいたんです。だが、死にたくはない。死ぬ覚悟があってこそ軍隊、でしょうけど、少年としては軍隊に行って階級も上がって人々に敬われたい、やはり下士官とか将校とかに上がったら、いい奥さん探せるからね。いい結婚に恵まれると、あの当時はそうだったんですよ。軍人になって金鵄（きんし）勲章もらったら、ちゃんと年金もあるでしょう。

――護郷隊も年金はあるんですか？

いいえ、もらえないです。ただの飾りの軍隊ですから。決死隊みたいなもん。魚のエサみたいなもんです。本当の軍隊じゃないですもん。本当ならもらえるだろうけど、秘密部隊ですから護郷隊というのは。軍隊として統計されてないんですよ。追い詰められて仕方なく召集された仮初めの軍隊ですよ、仮の軍隊。家族の利益にならない。軍隊が僕たちを連れて歩いたのは、まず地域の人が土地もわかるし伝令役が上手ということはわかっていて、軍用犬みたいにね。お使い役、戦させるつもりじゃなくて彼らの連絡係。着物着けて民間の人に化けるわけですよ。それで斥候、様子探ってまた報告するわけ。こんな仕事をさせたいわけよ、地元の人雇って。

たった一人で米兵の小隊と遭遇

――上陸されてからはどんな作戦に移ったんですか?

四月四日、まず最初は、恩納岳の陣地から東側通って石川岳に行って、屋良（やら）の飛行場（今の嘉手納飛行場）を、隙を見て狙う作戦。山田にも僕らの斬り込み隊の陣地がありました。読谷の隊員がいた。それと別に多幸山（たこうやま）陣地に武器や食糧と、テロで使うような武器も隠してあって、そこに行くための僕たちは斥候に行かされたんですね。楯岡軍曹という人は伊芸（いげい）から仲泊に、平良上等兵と真栄田一等兵と僕は前兼久（まえがねく）に斥候に、二つに分かれて焼け野原を行った。偵察機が回っていて危険を感じながらこわごわ前兼久に着いて、まだ米軍は来ていないと確認。そして平良上等兵と真栄田一等兵は小さな防空壕の中に入ったんですよ。僕は入りきれないで子供だから外に立っていたら「ちょっと来い」と。「お前は伝令として恩納岳の陣地に戻って、前兼久に敵は来ておりませんと言って来い」と。「私は道わかりません」と言うと「貴様、戦に道があるかバカ野郎！　行け！」と力いっぱい平良上等兵にぶん殴られて。痛いもんだから涙も流れて。道も全然わかりませんから。三名でいても敵の飛行機が旋回していて怖いのに、これは大変だ、と仕方なく川づたいに上流に向かって、屋嘉の避難小屋を目指そうと歩き出した。そこから一五〇mくらいで曲がっていくと、今度は向こうから声が聞こえるんですよね。黒人兵が英語で喋ってるんですよ。喋りながら武装した三〇名くらいが、見たら、こっち向かって登って来る。隠れる場所がないんです。木もない、草もない、石もない、穴もない、ただ川がちょろちょろ流れているだけ。どうしようかなとガタガタ震えて。だいたい一〇名くらい見えた時に僕は持っていた九九式の銃を水たまりに落としたわけ。手が震えて感覚がなくなって鉄砲が落ちたんですよ。よし、こっちに座ろうと思ってこの水の中に沈んだんだ。だいぶ深いですよ。幸い頭だけ出て鼻のところまで水があるわけ。手榴弾を出して口にくわえて、信管くわえて、あっちからパラパラ撃ちはじめたら、これ引っ張ったら信管抜けるから。そのまま土手の方にぶつけたら爆発するから。

――敵に投げつけるためですか？

いや自殺。自殺用の手榴弾だから。これ引き抜いたらすぐ爆発しますから。彼らまでの距離はだいたい二五mで、僕はあの時二五m投げきれない。子供だから。だから自殺するため。それで手榴弾を持って水の中で彼らが通り過ぎるのを待って、一〇名までは数えていましたけど、結局はびっくりし過ぎて目の前が黒くなって、自然と意識がなくなっている。通り過ぎてから気づいたんですよ。ああもういなくなったな、今のうちに逃げねばと飛び出して行った。

それで鉄砲だけ持って逃げて行くと、木の切り株の所でおじいさんが震えてた。黒人兵を見たと。その人に屋嘉の避難小屋の場所を教えてもらって谷を下りて行ったんです。すると避難民がいっぱいいて「このびしょ濡れの子供は何か？　こっちに来い、鉄砲を埋めてやるから。芭蕉（ばしょう）（布地の一種）の着物に着替えなさい」と言われたけどね、こっちは斥候兵だからそんなことをしたら首を斬られますから、と言ったら、そうか、と黒砂糖なんかもらって。あっちに石部隊（第六二師団）の陣地があるからそこで訊きなさいと。その石部隊の人に護郷隊の陣地はすぐ下だよと教えられた。それでようやく見つけて行ったら、みんなが背嚢を背負って、一列で出発すると「山」と言ったら「川」と答えが返ってきた。山を進んで行ったら歩哨がいて、ころだった。今アメリカー（米兵）に包囲されて、焼き払われてる。焼け死ぬ前に恩納岳に引き上げると。そうしたら小隊長が、あれ？　お前は戦死したと報告を受けているぞ、って。二人の上官は、ああ、リョーコーは黒人兵に殺られたはずと思ったんでしょうね。僕は戦死したと本部に報告されていた。

楯岡軍曹は戻らなかった。アメリカは一人殺すのに三〇発くらい撃ちますよ。だから音を聞いたらどっちが殺ったのかわかります。一発だけバーンという音が聞こえたから、楯岡軍曹は自殺したんだと僕は思うわけです。アメリカの小銃と日本の小銃の音、全然違うから軍隊ならわかります。手榴弾の音も違う。

この第一次攻撃隊五五名の指揮を執ったのは岩波壽。僕は吉浜軍曹に指揮されて五名。最後は伊芸あたりでアメリカーに包囲されて突破できないんだ。持っている弾薬は全部置いて、強行突破するからついてきなさいと言って、「突撃ー!!　ウワー!!」って。アメリカーはちょっと下がったけど後ろから手榴弾を投げられて七人が戦死した。照屋林秀、大宜味朝一たち。屋嘉のトンネルあたりね。稜線(りょうせん)はみんなアメリカに取られた。石川岳は四月三日までにみんなアメリカに取られている。四日には伊芸まで来た。夕方には前兼久にも来て、もう仲泊にも一切入れない。もう取り巻かれている。四日間で普通の兵隊はもう身動き取れなくなって、動けるのは僕ら護郷隊だけ。飛行場部隊が石川岳から恩納岳に逃げ込んできて、アメリカがあれたちを追いかけるように石川岳に入ってきた。

護郷隊のかわりに犠牲になった老夫婦

吉浜正定、照屋林輝、山城貞利、金城文信、そして僕の五名は命拾いをしたんだ。伊芸から下りてきた所に田んぼがある。そのあぜ道に、天秤棒(てんびんぼう)で家財道具を担いだおじいさんとおばあさんがいて僕らに手を合わせてよ、「兵隊さん助けてください、助けてください、一緒に連れて行ってください」と言うんだけど、いや、僕たちは戦争に行くのだから連れて行くわけにはいかない、一般の人は北部の山に向かいなさいと言った。班長が、近くに米兵が死んでいて、そのそばに毛布が敷かれた上に武器とか煙草とか置かれてシートかぶせてあった。アメリカの陣地があったんだな。それをみんなで手分けして持って行こうとしていたら、カチャカチャ音がする。あのおじいさんたちが食器とか道具をカチャカチャさせて追ってきたんだ。そこにアメリカの弾がパラパラ……。火の玉が飛んできておじいさんたちはひっくり返った。僕たちはとっさに崖を転がり落ちて、気づかれはしなかった。僕ら五名は命拾いしたなあと。じっとしていたら、なんか臭いんだよ、夜が明けて見たらたくさんのちり紙があって、そこはアメリカのトイレになってた場所だった。それにしてもあのおじいさんおばあさんは、なんだか身がわりになってしまったようでさ。かわりの犠牲。

恩納岳の陣地に帰ったら、三小隊の隊長、宮城武雄軍曹がね、隊長だけでも助けに行こうじゃないかと、こっちから戦を仕掛ける作戦を立ててたけど、吉浜曹長が「止めなさい、ますます戦が激しくなって皆殺しになるよ。岩波部隊長が指揮してるんだから。お前の考えで動くなよ」と諫めていた。

——次に万座毛の攻撃に行くんですね？

恩納村の當山村長が岩波部隊長に「万座毛に三〇台くらいの戦車が駐屯している」と報告し

た。あの時は四月七日でした。僕たちの部隊が夜中に爆破してくるという作戦だったんです。あそこに松林があって、僕らは戦車爆破するために脇道にじっと伏せていてもう動かないんですよ、二時間くらいは。ところが最初、発電所の方から爆破したから、電気はみな消えてしまって真っ暗闇になったわけ。次に弾薬倉庫爆破したら弾薬がみんな飛び散ってしまってもう身動き取れなくなって、攻撃は中止、すぐ引き上げることになったわけです。

頬に手榴弾の破片を受けて傷病兵に

——その後、頬に大けがしたのは四月一二日ですね。

金武の小学校にアメリカ軍の司令部が置かれてあるから、そこを攻撃する目的で四月一二日に恩納岳の陣地を出発した。一三日の未明だな、けがしたのはね。斬り込み隊は一列縦隊に並んで行きますからね。一番先頭はうちの中隊長の松崎正行、二番目が山城伍長だな、三番目が私、瑞慶山二等兵ね。四番目、五番目が飛行場部隊の内地の将校だ。ベルトにタオルをひっかけて前の人のそれをつかみながら匍匐前進で静かに進んで、今のキャンプハンセン、当時は金武開墾と呼んだ竹藪(たけやぶ)があった。そこにさしかかった時に先頭を歩いていた松崎中隊長が、手でマテの指示をしたんだ。イノシシがいびきをかいていて、これを仕留めようと日本刀を振りかざしたら枝に当たってイノシシが飛び出して、それで米軍の照明弾がパッと上がったわけだ。

照明弾が上がって僕たちは伏せたが、五mくらい前の方に手榴弾が落ちてバーンと爆発して、弾がこうして破裂してくるからね。地べたに伏せていたら、当たらなかったんだけど、不幸にして傾斜のある土手に倒れたから、こっち、頬に当たったわけだ、右のほっぺたにね。これは酷いと思って触ったら、グニャグニャしてるわけですよ。もう骨が全部折れてしまったと思ったんだけど。後ろから吉浜曹長が「やられたか？」と言うから「瑞慶山二等兵やられました！」と。早く下水溝の中に入れ！と言われ水の中入って、「口開けてごらん、どこやられたか」と。「顎がありません！」と。そしたら、「お前顎あるよ。口開けてごらん」と言って、指突っ込んで開けたら、手榴弾の破片とか歯が四つ。それを取り出して。

顔に大けがを負った少年兵（良光さんとは別人）

――破片も入っていたんですか？

破片が入っていた。歯で食い止めているわけ、幸い上顎でもない下顎でもないちょうど真ん中通って。でも熱も出たし、何も食べれないでしょう、おまけにここから唾液が出るでしょ。唾が身体に入らんからうまく消化ができなくてどんどん痩せるわけ。生きる見込みはなかった。だから僕は、大きな奇跡を何べんも体験したんです。五、六回くらい死ぬ運命を生き延びた。

野戦病院で遺体処理

——けがして野戦病院のような場所に行ったのですね。

軍医もいないし薬もないよ。顔に包帯が巻かれているから、お前が陣地に行くと白く目立って目標にされるから行くなと言われた。僕はよだれは出ても元気に走り回って歩きよったですよ。だから、監視とか、倉庫の番とか、仕事やっていました。場所は恩納岳の中腹、第一陣地より下。野戦病院では赤痢とか伝染病が流行っていた。軍医は青柳部隊が合流してからはいた。でも傷病兵にも容赦なく出陣令状というのが来るんですよ。元気がなくても痩せっぽっちでも。殺されに行くのと同じですよ。動けないんだのに。それに食事も一日二食でしょう。

——どんな物を食べていたんですか？

玄米のおにぎり、粉味噌とか入っている。これが一日二食ですからね、痩せ細りますよ。ヘゴの枝を噛んでいた。生のまま、サトウキビみたいにね。少しは甘いですよ、キュウリみたいに。澱粉があると信じてね、かじってね。

——良光さんは傷病兵の埋葬もしていたんですね？

負傷兵を運んだり、埋葬したり、生きてる人を運んでみたり。三日三晩寝ずにやりました。

うちらの陣地もやられてしまって、埋葬するといっても陣地の近くにしか埋められないんですよ。読谷や屋良から来た青柳隊の、あの落ち武者たちの衛生兵と僕の二人で埋葬した。迫撃砲が飛んできて怖いですからね。私たちも逃げながらの埋葬です。準備でいくつか穴は掘られていましたから。深くても六〇㎝くらい、人を寝かせたら頭が隠れるくらい。土をかぶせる暇もなくて、木の枝でカムフラージュしてそのまま逃げるような状態。

――後で取りに来るための印はつけなかった？

そんな余裕はないです。密林、太陽の光も入って来ない、恩納岳の中腹北側。埋めた人たちの面影というのはね、あまりたくさんの人だから頭に残らないですよ。ただ普天間直清伍長は親戚だから、遺言も聞いてますからね。あの人は熱田原で、教育隊にいる時も内務下士官とかやっていて。僕にも「お前、沖縄の戦闘が落ち着いたら下士官学校に志願しろよ、二一歳くらいになる時は楽するよ」と教えてくれた。ずいぶんかわいがられた。普天間伍長は親戚だから、戦争中は僕の世話をするつもりだったのに、本人が早く死んでしまって。奥さんが身ごもっていてね。もう生まれたかな？と最後は話していた。

――その普天間伍長はおいくつくらいだったんですか？

二八くらいですよ。根路銘の人でね。あの人は満州で戦っているけど、沖縄にゲリラ部隊作ってその指導させるために満州から戻されている。護郷隊が組織され教育係になった。陣地に入ってから作戦に出る時には、緑色の出陣令状っていうのがあるんですよ。普天間伍長はこれをもらった時、僕の所へ来た。三角山に出陣すると。僕はメチルアルコールを管理する役割だったんだけど、少し飲ませてくれと。ただのアルコールだし、あんまり痩せてるから飲まない方がと言ったけど、これは飲まないとやってられないと言って、自分で竹の筒をストローにしてカメに入れて飲んでいた。多分、赤痢だったと思うんですよ、痩せていたからね。それでも三角山に出陣して翌日やられて、担ぎ込まれる時は追いかけるようにアメリカの迫撃砲を受けながらなだれ込んできた。だからこっちも余裕はなくて、土かぶせたら、遺体の足が曲がっているると足が飛び出す場合があるんですよ。だからこういう風に（絵を描く）。丁寧にする暇はないんです。普天間伍長を埋めたのは五月二六日かな。あちこち穴が掘られてて墓場になってたんです。その衛生兵と一緒に手を合わせて。安らかに眠っていてくださいよ、と言って。

――普天間さんの時は涙が出ました？

いやー、涙なんか出たらもう動けないですよ。無我夢中で夢みたいな、もう悲しいとか何も考えない。ただ、何かオモチャでも埋めたような感じであって。親戚であっても、もう情けとか悲しいとかいう気持ちがなくなってしまうんですよ。この人は死んだんだとは感じてないんです。

――死体は気持ち悪いとか、怖いとかもない？

ふくれて臭ければ「臭いなー」と言って鼻をつまむんだけど、あの時は食べ物がないですからね。死んだ人が持っているカバンに黒砂糖とか食べ物入ってるから、鼻をおさえて盗んでくるんですよ。死んだ人の所から。それから後で食べていた。腐って悪臭がしている遺体からも奪っている。だから戦争終わったらこんなこと思い出すから、戦争後遺症といって幻覚が起きて、頭の中がおかしくなるんですよ。

――第二護郷隊の本部は恩納岳の中腹ですが、第二小隊の陣地は三角山だったんですね？

戦をする陣地はほとんど三角山と眼鏡山。戦やる時は本陣からあっちに移動する。アメリカ兵は三角山に登って来るわけ。だから陣地は秘密のまま、陣地には来させないようになってる。それを暴露した犯人が、軍用犬であるわけ。こっちにあるよと教えている。もうその後は陣地に迫撃砲やるわけだ。僕は監視役だから全部見えるわけだよ。青柳隊の日本の兵隊たちもたくさん一緒に戦って死んでいるよ。もう、戦意喪失してる兵隊もいて、下士官たちが、貴様ら！とぶんなぐって戦わせようとしてたけど、動けないのも多かった。彼らが飯盒を並べて飯を炊こうとして煙を出すもんだから、迫撃砲がど真ん中に飛んできて、バーンと、三〇人全員吹っ飛んで、一瞬で手や足が木の枝にぶら下がってるわけ。もう地獄の光景。肉も骨も、恩納岳は木が生い茂ってて深いから外に飛び散らないでみんな木に引っかかるわけ。見たくなくても見てしまう。人間は首絞められて死んだ方がずっとまし。恩納岳の神様も、あれは……さつかったと思うよ。あんなの見た人はやっぱりおかしくなるよ。

幸喜義雄は三角山で、木に抱きついたまま「天皇陛下ばんざーい」と言って焼かれた。こうして、手が木から外れないわけ。木と一緒に焼かれて硬直してる。読谷の青年で、幸喜義雄、いい青年だった。あれが最後の戦いだったはずよ。その後、三日後くらいに撤退になった。

――六月二日の恩納岳撤退の時、傷病兵は処置され、隊長らが死亡確認をしていたとか。

部隊長も責任感じていたんじゃないかと思いますよ。というのは、作戦が思うようにできなかったからね。青柳隊が護郷隊に合流したもんだから、岩波隊長の命令だけで全体を動かせない。あの人たちに邪魔されているわけ。食糧から何からあの人たちが食いつぶしてしまったから持久戦ができなくなって。わずか二カ月間で食糧なくなっている。だから処置については、隊長たちの考え方では、生き残らせてひもじい思いさせて、餓死させて意識がなくなり幽霊になるまでにしてはいけないから、潔く死んだ方が楽ではないかなと。沖縄の人だったらなんとか帰れるけど、内地出身の人なら、苦しめるよりは潔く死んだ方がいいと思ったのかもしれない。

しかし自分たちは生きているのにね。隊長たちは捕虜になっているでしょう。何べんも、慰霊祭に来てましたよ、岩波部隊長も畑友迪中隊長も。僕たちの中隊長は九州の人で松崎正行といったんですけど、来てました。彼は優しい人でした。二五くらい。畑中隊長は号令なんかかけたらとても勇ましい勇敢な人だった。体格が大きいから。顔も大きくて声が厳しいわけ。みんなから怖がられていたんじゃないか。僕も怖かった。部隊長はかっこいいよ、岩波さんは。丸刈りにはなってないよ。アメリカの二世みたいに全部ポマードつけてよ。ハイカラなわけ。戦の前からこんなだよ。髪長くして、捕虜になったら二世のふりもできるというわけだろ?

髙江洲義英君のこと

――軍医に射殺されたという、髙江洲義英君のことはわかりますか?

名前はよく覚えてますよ。髙江洲義英は長いこと病院にいたんじゃないか。僕は四月一三日から野戦病院にいますから。一緒にいたからわかるんですよ。

――義英君も同じ頃から病院にいたんですか?

あの人はずっと前からではないかな。けがじゃない、内部の病気です。赤痢とかの病気が流行っていたんですよ。痩せ過ぎて、骸骨みたいになってるから。野戦病院では歩ける人、歩けない人、みなごちゃまぜになっているから。そこで退却する時には髙江洲義英とか、拳銃で殺られたと聞くけど、髙江洲義英だけじゃないと僕は思うね。銃声は何発も聞こえたから。

――銃声を? どこで聞いたんですか?

僕たちはここで負傷兵や病人を、担架でもって運搬していましたから。そこで聞いたわけです。どうして友軍の陣地の中で拳銃の音が聞こえるのか。自殺するのかね?と言ったら仲泊栄吉が「いやそうでない。軍医が拳銃で殺して処分して、ここで埋葬して。陣地からみんな一人残らず逃げるから、そこに息のある人は残さない規則になっているんだ」と言うんですよ。沖縄の人は重症でも、親友たちがいるから連れて行った。銘々の村ごとに、この人は私が責任持つと言って、おんぶしたり肩を貸したり。でも大人の兵隊たちは連れて行く人がいない。

恩納岳から撤退

――リョーコーさんもみんなと歩いて北に向かったんですね?

恩納岳を出て、喜瀬武原(きせんばる)にアメリカ軍の陣地があるから、あれたちが引き上げるの待っていた。で、彼らがいなくなるのを待ってから後を追って名護の喜瀬岳へ。喜瀬岳から久志岳、辺野古岳、そこから東へ大浦湾、天仁屋(てにや)、魚泊(いゆどうまい)、最後は有銘。恩納岳から北上していく時は、もうこちらから攻撃はしない。向こうが仕掛けてこない限りはね。みんな固まって。撤退した晩に、喜瀬武原の田んぼの中で攻撃をかけられたな。七、八名戦死、担架で担いでいた仲間がね。車が走る道を渡る時は命がけ。アメリカのジープとか走ってますからね。東海岸には車が通れる道があまりなかったから、喜瀬岳から東に抜けて行った。

塩屋の人が担いでいた傷病兵がいてね、名前忘れたけど。彼は心臓のところ、弾の破片で乳房のところ削ぎ取られて、中見えよったんですよ、心臓が。プカプカ動くのが目で見えた。この人の叫び方が「隊長殿！　隊長殿！　隊長殿！」。夜も昼もしょっちゅう「隊長殿！」と呼ぶ。隊長がこれを聞いたら大変でしょう。あなたの責任ですよと言わんばかりだから。命令したのは隊長だろう、私がこんなに苦しんでいるのがわかってるかーという。でもこの人は戦後、ここに肉が生えてね、生き残った。養鶏場の経営者になった。

宮城行平はね、道のそばに倒れていたけど、誰がも、もう連れて行くことができなかったわけ。栄養失調で、手も足も動かない。意識はまだあるよ。銀バエがたかるけどさ、手で払う力がない。もうだめであるわけ。喜瀬武原あたりかな、ものすごく雨が降りよったよ。辺野古に行くまだ手前だったね。指揮班長は平良仲興。在郷軍人。彼も置いて行けと命令をした。僕たちは見捨てて、大浦湾あたりまで歩いて行った。だからこの話、島の人にも一回も言ったことない。あそこで見捨てたよ、ということは一回も言ったことはない。言えない。お前たち人間だったかと言われるからさ。僕もそうなったように、すぐに見捨てていかれるわけさ。

第二護郷隊解散

――ひと月以上かかって有銘に移動して、七月一六日に解散したんですね。

宇出那覇から有銘に入って、有銘は段々畑が多くて芋がまだたくさんあったから、ここに二週間くらいいてアメリカ軍の様子を眺めていたんだ。もう七月一日頃にはPW（捕虜）が屋嘉の収容所からハワイに送還されているという情報も入っていたと思う。仲間が収容所に入って情報も取っていたからね。有銘の解散式で、岩波さんは「まだ日本負けてないよ。あんた方は解散するんじゃない、アメリカ軍が日本本土に上陸したら、我々は後ろの方からゲリラ戦をやるから、まだ本土決戦というのがあるから。その時はまた集まらないといかんよ。村に帰ってお父さんお母さんと生活しながらご飯も食べて体力つけておけ」と言った。

その後武器はみんなで隠した。機関銃もみんな。日本軍が逆上陸した時にはまた一緒に戦うんだと言って有銘の穴に埋めてね。いつか必ず戦艦大和が来るだろうと信じてましたからね。後になって四月七日に大和は沈んでいたと知って、僕たちはバカげたことを信じさせられたのだなと思った。大和が残波岬に乗り上げて、そこから三〇〇〇名の日本軍が上陸してくると聞かされていた。すぐに飛行場も取り返して、そこから日本の戦闘機が攻撃を始めると。

仲間に置き去りにされて

――解散式をした後は、すぐに故郷の上原に向かったんですね？

部隊の命令は「同じ部落の人は一緒になって部落まで帰りなさいよ」だった。またみな集まるから、だから帰りも一緒に行動しなさいと。でも仲間たちは、七月一九日、塩屋湾を渡る時

に、アメリカがいっぱいいる海を夜中に泳いで渡る時に、僕一人は連れて行かないと言ってい
た。痩せ過ぎていたから。お前連れて行ったら必ずアメリカに見つかって、一斉射撃くってみ
んな死んでしまうから、お前は行動、別にしなさいと言う人が出てきた。ここの屋敷（公民館
から指さす）に良照（よしてる）といって、僕と又従弟（またいとこ）になるんですよ。この人がそう言うんですよ。「僕は
大丈夫。泳げるから、泳いでいくよ」と言ったら、「だめだ。お前がついて来たらみんなで海
に突っ込んで溺れさせて殺すよ」と。これやったら殺人になるから、殺されるよりは僕は泳が
ない。僕が言ったんです。「部隊長の命令に背いてあんた方が僕を殺したら死刑にされるよ。
殺したらいけない」と言ったが、必ず殺すと言うから。

——足手まといだから？

暴露されると言って。アメリカ人に見つけられて一斉射撃されてみんな死ぬよりは、お前一
人は海に沈めてから僕たちは泳いでいくと言ったわけ。僕は……草の中に入って泣いて、涙も
ボロボロ落ちて、泣く元気もなくなったら、後は水が欲しくなってきてね。水探して。水飲ま
ないとすぐ死んでしまうかもしれないと思って探して歩いていたら、何となく水の音が聞こえ
る所があるわけ。行ってみたらチョロチョロ水の音がする。うつむいてごんごん水を飲んだら
意識がだんだん戻ってきて、この水どこから流れているだろうと水の流れをたどって行ったら、
そこに家みたいなのがあった。ここは避難小屋かな？　民家かな？と下りて行ったらセメント

瓦葺きの家だった。ひょっとして軽い物でもあったら、それをイカダにして海を渡れるかもしれない、そう思って探しに行ったけど家は暗くて、いろいろ探したが床も取られてなくなっているし、イカダになる物はないなと思った途端に、パッと明るくなったんですよ。古い家に電気が点いたようになった。あれ？　音もしないから照明弾じゃないよな、どこからこの明かり来るかと思って上向いたら、上に四mくらいの竹があるんですよ。屋根の紫微鑾駕と書かれた所に括られてさがっていた。あ、竹があると喜んで上っていったら……。

——紫微鑾駕？　棟上げの時に天井裏の梁に付ける護符ですよね。

そうそう、この言葉を必ず書くんだよ。僕は大工してたからわかるんですよ。あれ、ここ紫微鑾駕が書かれているなと思ったんですよ。そしてその竹には紐がついているんです。後で聞いたんだけど、紐付きの竹はクリ舟の横揺れを防ぐために使うらしいんですよ。僕はこの竹に出会ったわけ。それでこの竹降ろしてお腹に縛って波打ち際に出た。波打ち際から二〇mの所にこの家は建っていたから。僕は服は何も着けてないわけ、全然。真っ裸。それで潮の流れに従って、風は南風だから風が押して行って、お月様は、あの時は七月の末だから三時頃、お月様出ているから、お月様眺めてこっちの岸まで乗り上げて行った。

——泳いではいないわけですか？　足バタバタしたり。

もう足動かないですよ。手も動かないでしょう、ただこうして抱きついたまま。体力がなくて。今考えるとね、渡り切っても段々畑をどうやって上がったか、歩ける力があるはずないですよ。今でもあの段々畑は登り切れないです。霊の力でここを登らせているんですね。山の上まで。風に乗ってね、足は地面についていないんですよ。空中を飛んでいるんですよ。みなさん信じないけどね。そうやって三時間くらい遅れてみんなと同じ場所に着いているわけです。

――三時間しか遅れないで追いついたんですね？　探せたんですね？

だって目標は生まれた場所なんだから同じでしょう。山の上に塩屋原（しおやばる）という所があって、そこに彼らは避難してた。避難民が僕をそこまで連れて行ってくれた。

――死んでるはずの良光さんが来て、仲間はなんて言ったんですか？

よく来た、もないよ。もう知らんふりですよ。カヨ姉さんという二七、二八くらいの人がいてね、あの痩せてる子は裸だから、私の着物着けなさいと言って芭蕉布を着けさせたんです。見るに忍びないから。それで早く両親に知らせようとしたけど、「まだ生きているから、死んでから知らせた方がいいよ」と言う人が多かったみたい。

――そんなこと、誰が言うんですか？

うちの親も、上原の部落の人はみんな、喜如嘉（きじょか）に収容されていたんですよ。だから警防団が知らせた方がいいんじゃないかと言ったけど、ある人は「明日くらいに死ぬはずだから、死んでから葬式に来させた方が楽だよ」と。二度手間になるよという意味です。この晩さ、知念のおじいさんが山羊を殺して、その孫のミエ姉さんが山羊のお汁を盗んで来てからお椀で僕に飲ませた。そしたらさっさと全部飲んでしまって、目がパチパチ瞬(まばた)きして。姉さんは、これは生きるかもしれないと言ったみたい。おじいさんは、こんな弱っている人に急に栄養あげたらお腹を下してすぐ死んでしまうかもしれないから飲ませるなと言ってね。でもこのミエ姉さんが、警防団に言ってるわけよ。「飲んだんだから死ぬはずないよ、生きるからね。だから早く親たちに連絡してきなさい」と。

警防団たちは急いで喜如嘉に行って息子さんがいると知らせたら、朝八時半頃だったかな。親たちは食べる物も持たないで手ぶらで身体だけ、急いで来ているわけ。僕が幽霊みたいになっているから、お母さんは駆け足で来て僕の首を抱いて「どうしてこんな姿になったの」ともう泣いているわけ。お父さんは前まで来れないで、縮こまっていた。

——どうしてですか?

驚き過ぎて。ビックリし過ぎて神経が麻痺(まひ)しているわけよ。足が動かないわけ、麻痺して近寄れないわけ、お父さんは。もう意地が弱い。お母さんは意地が強い。戦前も面会禁止されてるけど、熱田原までごちそうを持って僕に面会しに来たくらい、意地が強いわけよ。だから近寄ってきて抱きしめたわけだ。首を抱きしめてこうやって、もう身動きもできない。泣くのが仕事になってるわけだよ。でも僕はもうだいたい意識がなくなっているけど、ただ一つ、言葉を言ったらしいんだ。「やーさぬ」と言ったわけだ。やーさぬという沖縄言葉は「ひもじいよ」という意味。

あれー、ひもじいということわかるのかと。ひもじいという意識があるなら大丈夫だと思ったんでしょうね。それからお母さんがここにおんぶして連れて来て。一六歳だけど、骨と皮だけだから体重は軽いわけ。赤ちゃんみたいにおんぶして連れて来たんです。お父さんは喜如嘉に行って山羊の肉を乾燥させた物持って来たり、背負って喜如嘉の収容所に連れて行ったり看病してくれた。でも医者も何もいないでしょう。病院もないでしょう。薬もないでしょう。食べる物も何もない。

――お母さんが来たということはわかったんですか？

そうです。でも首を上げることもできなくて、お母さんが支えてやっと真っ直ぐなるくらいだから、首の筋肉がないわけです。筋と骨だけだから自分では上がらないです。だから首を抱いて「どうしてこんな姿になったか」と母は泣いて。僕だっていくらかもらい泣きはしたと思うんですけど、涙も涸れ果ててしまって。元気だったら僕も泣いていたけど、死んだような形で、霊だけが、魂だけが生きていたんじゃないかと思います。今こうして奇跡的に元気で、体重も一番増えてます。

――今が一番太っている？

今が最高です。今が一番。今ならあそこを泳ぐこともできると思うんですよ。今ならもっと泳げますよ、（当時渡った）塩屋湾の幅は二五〇mくらいありましたからね。

「兵隊幽霊」と呼ばれて

でも護郷隊の話はね、これは人にしない。この部落の人たちは信用しないんですよね、僕が言うことを。沖縄戦の話したら、二等兵で、星一つもなかったじゃないの、とみんなで嘲（あざけ）るからさ。でも僕は沖縄戦の歴史は語る。生きている間はずっと語る、と言ったら、部落の人は物笑いするわけだよね。あの時僕がね、精神病みたいになってるからね。こんな病気の「兵隊幽霊」の歌は聞きたくないと言うんです。僕は兵隊幽霊と言われよったんですよ。

――人から「兵隊幽霊」と言われたんですか？

今でも言われますよ、兵隊幽霊だと。終戦直後にあんなに暴れて歩いてね、言葉もわからない、これ幽霊の言葉と言って。兵隊が乗り移ってるんだと。

――酷いな……。

だからずっと結婚もできなかったんですよ。本当はこっちの集落に候補者がいたんですけどね。その後、身体の小さい優しい姉妹がいて、父の病院代を借りていたんですけど、返せなくて、そのかわりにじゃあ妹の方を嫁にしようと。それでまだ返してないんです。三三歳になってました。父が亡くなり大宜味からコザに移って、建築の仕事を始めてから結婚しました。

——戦後一七年経って、落ちついてからようやく結婚できたわけですね。

こんなに精神病みたいになっているのも、「神の奇跡に気づかないからお前はいつも不幸にあうんだ」っていう、天からのしるしかもわからんと思ってね、僕は五二歳の時には教会に入信したんです。キリスト教にね。儀式を受けて、何回も東京の神殿に行って、儀式を受けたら今のように元気になっている。それからは発作もないけど、あの当時は暴れていたみたい。

「戦争恐怖症」の発症

戦争終わって一六歳、その後一八歳の春から、僕は村中、荒らしまわって歩くようになったんです。だから縛られて独房にぶち込まれて。僕は一週間くらい独房に入れられてた。戦争した年じゃないですよ、昭和二二（一九四七）年、二三年くらい。一応僕だって平静で、部落の人と一緒に復興の建物作ったり、道路工事をしたり頑張ってきたけど、二カ年後にこれが発症したんですよ。南洋から戻って来た親戚がどんどん家に入ってきて、みんな財産もなくして家に転がり込んでくるわけです。中には家を出て行ったはずの異母兄弟もいて、ごちゃまぜの共同生活になってこっちも苦しいわけ。僕は次男だけど、実兄は正規兵でまだハワイの収容所から戻ってなかったし、一番上が僕だから責任はあるし。精神的に落ち着かないわけですよ。沖縄戦でこんなに苦しんできたのに、帰って来てまでもこんなことになるのかと。

五月頃から二カ月くらいで治っていたけどね、彷徨(さまよ)って歩いていた時は海とか山とかに、このお家のあたりから走っていくんです。だからここで手を縛られて。昔は「牢屋」といったけど、刑務所みたいに丸太でもって、自宅に二畳の四角い部屋を作って。壁に五寸釘で打ち込んで壊されないようにして、そこに僕をぶち込んでいたんですよ。暴れるから。出ないように。

――その「牢屋」はこの家に作られていたんですか？

その屋敷に。敷地は一六坪あったんです。（間取り図を描きながら）ここが台所で、こっちが仏壇。こっちが一番座、二番座でしょう、こっちは三番座といったんですよ。こっちは床の間三畳、ここ、本当は廊下だけど、僕が暴れるからここが刑務所になってた。台所は土間で、薪でご飯を炊くんですよ。ここが牢屋。こっちも床の間だった。僕が気が狂ったもんだから。あの時の言葉では牢屋といった。ここは普通の壁だけど、僕が暴れるものだから、拳でみんな壊すから、また逃げるからといって、丸太を大きな釘でくっつけていたわけ、柱に。絶対に逃げられないようにやるわけ。それでも僕の場合は逃げていたと言いますからね。

――この部屋はどこから入るんですか、入口は？

入口はここから入れるようになっている。二番座から。かんぬきで外からしか開かないようにして。丸太は横にこうして打ち込んでいるわけ。僕もしょっちゅう気が狂っているわけじゃないから。落ち着く場合もあるわけよ。正気に戻る日もあるわけ。心が騒ぐ時はさっと暴れ出すわけ。しょっちゅう戦場（いくさば）の時の状態だから。匍匐前進やったり、うつ伏せになってもがいて何とかと言ってみたりやるわけでしょう。戦場ですよ。昼も夜も戦場なんですよ。だから山に逃げて行く時もある。海に逃げて行く時もある。ほとんどが山に行ってたんじゃないですかね。夜通し山歩いていたみたい。

――でも発作は、戦争のせいだと家族もわかってるわけですよね？

それはわかっていますよ。戦争のせいでこうなっているよねって。戦争恐怖症、戦争のためにこうなってるって、山に行ったり海に行ったり。あの時、アメリカの帽子とかかぶったりしてますからみんなわかるんですよ。これ戦場でのことやってるんだなと。

――地域の人たちも「護郷隊で辛い経験をしてかわいそうに」と同情してくれるでしょう？

そう思っている人いないですね。そう思わない。部落荒らして、この人はみんなでひっ捕まえて手を縛っとかないといけないと。荒らして部落の人困らせているから処罰してやるんだと、僕の継兄弟（ままきょうだい）がうちに牢屋を作ったわけ。この人は戸籍上は父の長男だけど、違う母親と暮らせないと家を飛び出して南洋にいる実の母親の所に逃げて行ったわけ。徴兵も免れて。この継兄弟が三四歳くらいで南洋から帰って来て僕を縛ってるわけ。兄弟なのに。この部屋利用して。彼が四歳の時に、この人の母親が協議離婚して連れて出たわけだからもう家族ではないんだ。

ずっとここに住んでいなくて、戻って来たら敵みたいになって僕を牢屋にぶち込んでるわけ。その後に精神科病院の独房に連れて行かれた。

——どこの精神科病院ですか？

宜野座高校の所に独房があったんですよ。軍隊帰りの人が戦争恐怖症で暴れて、自殺したりいろんなことがあるから。戦争の時のこと思い出しているから誰を殺すかわからない。そういう人のために戦後、沖縄諮詢会（しじゅんかい）*12が作った収容施設があった。そんなに大きくはない、民間の木造瓦葺きの家でしたよ。僕が入っていた独房は二階でした。下にも独房があって、ほかには静かにしていられる人たちが隣の大きな建物にいた。兵隊だけじゃない、民間人も多かった。こっちは内地の人は一人もいない、みんな沖縄の人だけ。戦争終わって二カ年くらい後ですからね。そこで、麻酔から覚めたようにすぐ治りましたよ。そういう注射がある。

戦後の良光さん

——今でいうＰＴＳＤですよね。暴れている間は自分ではわからないんですか？

わかりません。土踏んで歩いているのか何か、飛んで歩くみたいですよ。羽が生えて。空気の中から浮いて歩く感じですよ、ふわふわして。言葉もどこの言葉を喋ってるのかもわからないみたい。英語なのか何か。走っていたり、ぼさーっと立っていたり。何か言われても相手の言葉が通じない、心が通じないんですよ。前の家に住んでいたおじさんも、コンクリートの牢屋を作られて、押し込められていましたよ。中国戦線から帰って来て、「バクダン、バクダン」と騒いで、下半身裸で。牢屋に入れられとったですよ。軍歌だけ歌うんですよ。

——話を戻しますが、塩屋湾を渡った時は何人でしたか？

僕まで入れて四名だったと思います。最初に泳いだのがタツオ、ヨシテル、ヨシノブ……、三名。僕一人残っているから、僕が合流して四名になる。でも自分でも不思議に思ったんですよ。なんで斬り込み行かされたり、斥候行かされたり視察に行かされたり、うんと働いた僕をみんな嫌うのかなと。僕はね、上官からは利口者と言われてかわいがられたわけだけど、平時なら信用されたら楽な仕事与えられると思うけどね。いったん戦になったら、信用されたら逆に危ないです。でも彼らは銃も持たずに炊事係やっていてね、一回も陣地に出ないで、炊事係のくせに「海に突っ込んで殺してやる」とか。

貴様そんなこと言うかと。僕は言いたいけど言ってないわけ。言葉出ないわけよ、もう痩せ過ぎて。彼らは炊事ばかりやってるから、肥えてるでしょう、肉体が。歩くのもドンドン歩けるでしょう。僕は危ない所ばかり歩いて痩せてるから、歩くのもようやく、口もけがしてよだれが出て物がうまく食べられないから骸骨みたい。脳の方は元気だけど身体が動かなくて神経が麻痺して、助けてくれと言っても知らんふりして彼らは通り過ぎていくから。でもかえってかわいそうだな。心配だ。彼らに罰が当たりはしないかなと。戦後も彼らはこれを引きずったと思う。

——この三人のことを怨んでいますか？

僕は人を怨むことなんかない。かえってあんた方、先に渡って良かったんじゃないのと思ってるんです。後になって、彼らの方が僕を羨んでるんです。

——リョー「ーさんを羨む？　どういうことですか？

彼らは先に渡って来ているから、護郷隊でどんな手柄をやったとかなんとか、シマの人たちに自慢するじゃない。でも僕を苦しめて、自分たちだけ上陸して生きているから、そのあたりは恥ずかしくて口に出せないんですよ。だから護郷隊の話をやらない。やれなくなってる。でも僕は、しまいにはこうして記者たちに話した。ようやく。僕は教会に行って霊がよみがえって。瑞慶山良光は歳を取ってからよみがえって肉体も元に戻るという運命だったんです。

仲泊栄吉のように、七〇年も義英のことを兄弟に打ち明けられなかったというわけでしょう。七〇年も自分の心の中にしまっていて。実は僕にもそういう人がいるんですけどね。隣の部落の人に。この人はけがをしたわけでも殺されたわけでもないけど、身体が弱いために道のそばに倒れているままにされて。シマの人が連れて行かないわけですよ。足手まといになるから。自分でも歩き切れないくらいだから。こんな弱った人担いで歩けないから仕方がないわけだ。

こういう人はね、腐るわけ。草の中で眠ったまま意識がなくなってそのまま腐って、風葬、風の葬式になるわけよ。親戚にも僕の口から言えないわけ。わかっているけどまだ言ってない。

——その少年が見捨てられて風葬状態になってしまったことを誰にもまだ言ってない？

言えないわけ、人間としては。今の平和の時代になったら余計に言えない。だから遺骨もとってないわけよね、きっと。わからんからね、どこで倒れたか。

（戦後岩波隊長が来た時に撮った集合写真を見ながら）これは良照だね。顔つき見たらわかりますからね。良照はかわいい方だったからね、小さい時から身体も小さくてよ。家はすぐこっちだ。すぐ隣。もう、とうに亡くなりましたよ。癌で。煙草吸いよった。ヘビースモーカーだったよ。

——良照さんとはお友達だったんですか？

……戦時はよ。

——戦後は？

もう戦になってから止めた。戦争中は友達だったけどね。恩納岳の戦になってから今は友達ではなくなってしまっている。だいたい戦争中はよ、自分たちの部落の親戚の人でも親しく交際はできない。あまり砲撃が強いもんだからよ。みんな精神的に混乱してしまってもう交際する暇がないわけよ。集まって話したら古兵たちに殴られるから。お前たちはもう逃げる計画しているのかって、またビンタはられるわけよ。だから集まって話もできないわけ。

――結局戦後も仲直りはできなかったんですか？

僕の場合はね。教会の儀式でね、ちゃんと「仲直りのバプテスマ」っていうのがあるわけ。仲の悪かった友達のためにね、バプテスマという儀式があるわけ。

――じゃあ、そこで仲直りしたんですね。

あの世に行ったら仲直りできてる。そういうことになってる。この人たちとは行く道が違っている、あの世に行く道が。死んだらね、天の風になって行くんだけどね。自然と神様が連れて行く。風でね、引っ張って行くって。でも考えてみたら、僕たちが一般の人たちから憎まれるというか、軽蔑されるのが普通と僕も考えている。

護郷隊は故郷を壊す

――なんで護郷隊が軽蔑されるんですか？

僕がいつも兵隊の真似（まね）して部落を荒らして歩くから、「護郷隊は部落を荒らす」と言う人たちもいるわけ。第一護郷隊は名護の羽地村の真喜屋あたりに火点けた。僕たちは第二護郷隊で、あっちは第一だから別で、僕らは恩納岳にいたからやってないのに「多野岳にいた護郷隊は沖縄の民家に火放って焼いたんじゃないか」と文句を言う人も多いわけよね。戦にも負けて何の手柄もなしに、護郷隊は村を壊して歩くだけかと。故郷を壊すのはみんな護郷隊だと言うんですよ。名誉も何もない、戦も負けたんじゃないか、恥ずかしくないのかというくらいでしょ、生きて帰って来たのが。生きてるっちゅうのが。

――そんな。一〇代の少年がこんな苦しんだのに、そんな冷たくされるんですか……。

最初は苦しみましたよ。戦争恐怖症の幻覚は、何でも殺そうとするんですよ。目に見えるもの、人間であろうが何であろうがみんな。一、二年でほぼ治まりましたけどね。

――ところで、岩波隊長のことは覚えていますか？

第一護郷隊の村上さんは、話によると暴れん坊だったみたいだけど、岩波さんはおとなしかったよ。村上さんはほかの部隊は合流するなと言ったようだけど、岩波さんは青柳隊を引き受けて食糧もあげてね、寛大だった。そのために作戦がやりにくくなったけどね。恩納村の人たちにも食糧をちゃんと渡しているし、優しかった。無口でじっとしてる人だった。髪も長くして、ポマードつけて化粧（整髪）してね。男前でしたよ。二三で大尉だから相当勉強家でもあったかもしらんね。ヒゲがあって顔は丸顔で。戦後に慰霊祭に来ていた時に話したことはありますよ。安富祖の公民館で酒なんか飲みながらね。倉治（くらじ）も一緒に。

――大宜味村塩屋の宮城倉治さん、私が最初にお会いした第二護郷隊のおじいです。

ああ、よく知ってるよ。あれなんかは古兵で隊長にくっついて回っていたから。幹部とつきあってるのを誇りに思ってる。僕なんかにも「また隊長と飲んだよ」なんて威張るわけ。彼は鍛治屋だったんだ。僕より歳はずっと上でね。機関銃隊だったかな。亡くなったって？　ああそうか。僕が気が狂ってる時によく慰めに来よったんだ、この倉治が。「どうしてこうなったの」って。だからお前もこうなるかもしらんよと僕は言った。同じ戦やってるからね。お前もこうなるかもわからんと。

――実は、沖縄の遊撃戦を参考にして、全国でも本土での「決戦」に備えて少年兵部隊が準備されていたんですよ。つまりみなさん護郷隊の経験を成功例として、国民みんなにゲリラ戦をやらせる義勇兵役法が昭和二〇（一九四五）年六月にできて、国民義勇戦闘隊、国土防衛隊、霧島部隊、とかいろんな名前で。

え、組織されていたわけだ。日本本土への上陸に備えて法律でも決めていたわけだ？

――中野学校の人が同じように本土でも少年兵の訓練も始めてました（第三章参照）。だから護郷隊だけの、沖縄だけの話じゃないんです。だからこれは映画にする必要があるんです。

これは酷いな。この苦労は、本土の青年たちも、少年たちもやっていたんだ。知らなかったな。沖縄は前触れになっていたんだ。ここで先に実行されたというわけだね。原子爆弾が落ちていなければ、また護郷隊のような苦しみが本土でも出て来ていたわけだな。大本営の考え方は、米軍が沖縄を占領したら今度は日本に上陸戦仕掛けるだろうと。その時に我々ゲリラ隊は後ろからアメリカをやっつける機会があるよと思っていた。でも本土の少年たちもゲリラ戦やって犠牲になる運命だったんだ。

——被害はもっと何十倍にもなりますよね。でもその「住民を巻き込む戦争」は、今、国内戦闘を想定した宮古島、石垣島の自衛隊配備に繋がっていくわけです。

それなんです。やはり日本の軍隊は、悔い改めるという精神がない。日本の大本営にいた人たちが悔い改めなければ。まだ精神が変わっていないんだ。大和魂が変わっていないんだ。これ、魂入れ替えなきゃ大変ですよ。日本魂ではいけないと思いますよ。平和魂じゃないと。戦争魂を持ってきたらこれはだめだ。日本はもう謙遜であって欲しい。威張らないでね、謙遜して信頼されて欲しい。よそより偉い国にはならなくていい。

沖縄と基地のこと

——日本軍をね、怨んでいますか?

あいやー、僕は憧れるくらいだったんですよ。日本軍は勇気があってですね。羨ましいくらいで。しかしながら戦争する前、基地作ってる時に、なぜ民間の人とか気づきれなかったのかなと思った。基地作らせないように。止められなかったのかなと。基地がなければ戦は来ないですよ、と僕は言いたい。基地があるが故にそこに戦争が起こるんであって。なければ基地のない島に損害与えようとする人いないよと。テロが来るのはね、基地とか弾薬庫を作るから、それを爆破しようと思ってテロが来るのであって。だからテロ等準備罪法案というのもですね。そういう法律作るならね、弾薬倉庫を作らない方がいいですよと。そうすればテロなくなるよと。テロの対象物がない所でテロ起こす人いないですよ。

――今の共謀罪改めテロ等準備罪法案も反対ですか？

もうそれは反対。嘉手納には知花弾薬倉庫あるでしょう。屋良（朝苗）主席の時も毒ガス、こんな危険な物を撤去させたのに、また辺野古の弾薬倉庫を今作りなおしてるでしょう。何持って来るかわからんじゃないかな、今から後ね。辺野古に飛行場なんか、軍港なんか作ったりすると、ハワイの真珠湾みたいになってしまうぞと心配です。ここ大宜味も高江の訓練場の裏だから、すぐ近いですよ。辺野古というものはね。ハワイの真珠湾みたくテロの目標になるものだから、目標になるものは作らないでくださいと僕は言いたい。真珠湾攻撃もテロですよ。山本五十六が命令したのはテロの命令、テロ起こした後から宣戦布告はやったんですからね、天皇はね。法案反対って言っても僕には力がないけどね。

――でも今、隣の国が怖い、基地や軍隊は抑止力だから必要だという人が増えています。

人数増やせば抑止力が強くなったと言いますがね。抑止力というのは、軍隊経験のある人から見れば、威嚇なんですよ。人を脅しているんですよ。基地があると威張っているんですよ。軍人がいるよと、威嚇しているんですよ。憲法にありますよね、武力で威嚇してはいけないって。だから抑止力とは威嚇のことだから、抑止力も、基地作ることもやってはいけない。なぜ言い返しきれないのかなと思うんですよ、野党はね。抑止力＝威嚇だからだめですよって、はっきり、なぜ言えないのかってね。できるだけは、辺野古基地反対の座り込みに行きたいし、あの人たちの前でも喋りたい。僕はスケッチ描いてから看板にして、沖縄戦争忘れるなって。沖縄戦の歴史忘れないでくださいね、沖縄戦のこと忘れたら、また地獄が来ますよって。僕はもう、戦争忘れさせないためにこの土地にね、桜の木を七〇歳から植えはじめたんですよ。緋寒桜（ひかんざくら）七〇本あまり、全部成功してますよ。こっちの桜は英霊ですね、沖縄戦で亡くなった若い人たちの。僕の友達はみんな若かった。戦死した六九名の人たちが桜の木になるように。これを見てみんなに沖縄戦を思い出してもらって。僕もそのために長生きしているんだなあと。こうやってあんたがたと一緒に生きているよと。あなたは何を残したの？って訊かれた時に、桜を残しましたと。まだ宣伝はしてないですけどね、僕が死ぬ時には……。誰かが見るだろうと思うんです。なぜこんな熱心に桜を植えていたのかって。

緋寒桜は戦死した少年兵

――息子さんは自衛隊にお勤めですよね。この桜のことはなんとおっしゃってるんですか？

ははは。あれは全然、興味ないよ、護郷隊の話も、これはやった（話した）ことがない。酒飲んでいる時はやったんですけど。戦争の話をすると息子に怒られるからね、またかと。息子が一〇代の頃だったかな、僕はひねくれて酒ばっかり飲んで逃げていた頃に、バケツの水をぶっかけられたことがあった、息子に。目を覚ませと。今はもう長いこと飲んでいませんけどね。

——何にひねくれていたんでしょう？

補償金も何もないわけですよ、護郷隊は。ただ働きですよ。役場に手当ての話を聞きに行ったけどね。犠牲になってけがしてもですね、一銭もお金はないです。援護課に言ったら、「遊撃隊は補償はないですよ、正式の兵隊じゃないから、弁護士連れて来て証明でもしない限りは援護金は下がらんよ」と。手続きやっても弁護士費用くらいしかもらえないからあんたがたの手には渡らんよと言われた。ほんとに情けないと、僕は最初は怒って、酒浸りになって子供たちにまで嫌われてしまったんですけど、五二歳の時に教会に召されてからは一言も言わないです。その前は、毎日酒飲んでこのことばかり言って家内にも呆れられて、子供たちにも水かけられて。頭冷やせって。そのくらい酒飲みだったですよ。

大宜味村の対応が酷かった。正規の兵隊で、青柳隊の飛行場部隊から三月三一日に逃げて来た兵長がいる。根路銘某といってね。身体が大きくてね、これが長いこと区長もやって、地域では偉いわけ。逃げて来た兵隊だけど。僕を見て、そんな風に戦争恐怖症になる前に、逃げて来れば良かったのに、と笑うわけ。援護金ももらえないのに、まじめくさって損したね、とバカにして、手続き対応してくれないわけ。だから兵隊幽霊になってる。天皇に忠義を尽くそうとして、けがして帰って来た子供が、おかしくもなるさ。青柳隊の中の沖縄の兵隊はみんな上陸の前に家に逃げて帰ってる。本土出身の兵隊は行く場所がないから恩納岳になだれ込んできて、食糧目当てにね。でも僕らは子供だから逃げられないでしょう。こんな不公平はいっぱいあったよ。兵事係の息子や親戚は、召集されないとかね。僕らと同じ年なのにね。

——それを救ってくれたのが信仰だったんですね。

そうです。悔い改めたわけですね。僕が精神病にかかったまま死んだらね、あの世に行ってまでも苦しんで、戦争で死んだと同じことになってしまうんですよ。狂い死にしますからね。戦争のこと、頭に幻覚残りながら逝ったら狂い死ににになるから。僕は幸い教会に行って全部追っぱらってしまったんですよ。水のバプテスマといいますがね。これでもう今さわやかになってしまっている。今死んでも、決して戦争のことは思い出さない。

僕はここで一七カ年一人ぼっちですよ。炊事洗濯もうみんな一人。子供も誰も来ないですよ。来なくても僕は何とも言わない。妻にも文句も言わない。不平不満も言わない。前だったら酒飲んだら大変だったんですけど、今はもう決まってますから、神様が守ってくださると。だから何にも寂しくない。少しも寂しさは感じません。ただ三味線弾いて沖縄の歌を歌うだけ。桜を植えたのは僕が寂しくないためです。みんなの霊がね、ここにいますから。家は朽ちても桜の木は残ります。桜の花を咲かせて、桜の花の下で草むしりをして、虫たちと一緒にこの世を終わったらそれでいい。虫って？　小さなホタル。ここで見たんですよ。飛ばないホタル。ピカピカ光ってこうして歩くようなホタルがいたんですよ。

——黙って桜を植えて、虫とひっそりと生きていきたいということですね。

そして僕はこの世が終わってあの世に行っても、桜の木も虫も憐れんで生きてきたから、僕も神様から憐れみを受けて、永遠に桜の木となって伸びていく。その時にはみんながきれいだなと言うんじゃないかと思ったんですよ。だから今は桜の木を楽しんでるんだよ、と言っている。僕は生きてる間はずっと重荷を負ってるわけですよ。みなさまが来てくれて話を聞いてくれて、話をするとすっかり軽くなる。僕の味方もいらっしゃるんだと。これで僕は重荷が軽くなるから。打ち明けてみなさま方に荷物を分けたらですね、もう軽くなって。歩きやすくなるんですよ。

——みんなに見てもらいましょうよ、緋寒桜。そして荷物もみんなで分けましょうよ。

まあ、私が生きてるうちに見に来てくれたらなあ、と……。上原に来たら若桜がきれいだなあと、言ってくれたらいいなあ。そして戦死した人の名前をつけてください、と僕は言うんですよ。遺族の人たちにかわって僕が世話をしますから、スケッチもして。僕が恩納岳で埋めた人たちの所にはもう大きな木が生えていると思うけど、かわりにこの木を見て思い出してください、いつまでもここに少年たちがいると思ってくださいと。そうしてここから平和を発信する、できるだけ基地がなくなりますようにと。基地があったら心配があるんですよ。僕なんかあまり心配ないけど。逃げるのが上手だから。基地を作ってもね、抑止力にはならないと護郷隊にいたら思うわけ。かえって戦争を呼ぶ。あの戦争もう、南洋で終わるべきだった。負けているのにね、沖縄に基地があったから戦争が来た。もし基地がなければここに来る前に終わっていたでしょうね。こっちが強い、あっちが強いと競争してたら、今もそれをやってるけどね。これは戦争にしかならない。とにかく子供たちがかわいそう。不安があるんですよ。これ防ぎようがないんですよ、基地があったら。

——護郷隊の歌はたまに歌いますか？

よく歌います、今でも歌いますよ。これは愛唱歌ですもの、心の慰め。勝つと信じ込んで歌ってましたからね。勇ましくて歌詞もいいですよね。「♪さだめかけた〜る　沖縄島に〜」この歌には、「郷土を護るはこの俺たちよ」、というのがある。こっちは僕たちの郷土でしょう。だから沖縄は反戦平和の島にしなくてはならないと、桜の木が叫んでいるよと、みんなに宣伝したいわけよ。名護あたりも桜がいっぱいあるでしょう。みんな合わせてね、みんなを集めて、沖縄中に反戦遺族の会というのができ上がるわけ。知事選挙とかそういう時には遺族がみんなで固まるわけよ、子孫がね。必ず護郷隊じゃなくても、外国で死んだ人たちの遺族もみんなこの真似してね。そうすると、反戦平和組が勝つことになるわけよ。基地受け入れ派は少なくなって、基地反対が多くなるよ。桜の木で基地反対多くしようと思うわけ。子供たち、桜で喜ぶでしょう。凧あげも好きでしょう。ここで、一番高くあげた人にお年玉あげるわけよ？　稲嶺進たちと、名護の市長、この間（二〇一八年の名護市長選で）負けたけど、相談しようかなと思ってこういうことをね。相談して次でまたひっくり返そうと思ってるわけだ。反戦遺族会でね。

――反戦遺族の会かあ。みんな沖縄戦の遺族ばかりだから、団結できたらすごいのに。

（裏の桜の山に移動しながら）三上さんが話に来られたら、僕の重荷を分けてもらってるような感じだからね。三上さんの映画で表現してもらおうと思っているわけよ。瑞慶山と普天間が映画になって、この悩みを失くす方法を考えてくださるということだから。僕なんかはうんと苦労して、生まれてこなかった方が良かったと思ったわけだけれども、いや違う、やっぱり神様はね、桜でしるしを見せているよ。毎年毎年花を咲かせてね、あんたは生まれてきて良かったんだってね。この山の名前は、「若い桜の塔」と「若桜の城」とつけるのと、どっちがいいかな。塔がいいですね。

――どこにも塔ないのに？

塔はないけど、「健児之塔」とかあるじゃないですか。沖縄戦でつぼみのまま散った人たちの霊がみなこっちに集まってくださるように、いつも祈ろうと思っているんですよ。今は毎日シニアカーに乗ってね、少し下りた所、親川（おやかわ）の滝があるでしょう。その音を聞きに行って、心を洗い流しているの。沖縄戦の荷物はまだ降ろせないけどね。ずっとこれ、生き残った務め、やりなさいと神様に言われているから。

この広場でね、遺族の子供たちと凧あげ大会して、凧にはみんな戦友たちの名前をつけてね、高江洲義英、とかね。遺族の手紙もそこに貼ってもいいしね、空に届くように。戦友たちにも届くように。上から見たらみんな笑顔でしょう。桜と、凧あげと、下を向いて祈るのではなしに、神様から見てもみんながニコニコしている。それがいいんじゃない？　僕の夢であるわけ。遺族を喜ばせたいわけ。だから凧あげ大会とか料理会とか、いろいろ考えてる。わははは。

今でも僕は護郷隊、と思ってますよ。一人で生きていますけどね、規則正しく、護郷隊の規則全部覚えていますよ。教育も覚えて、礼儀正しく生きていますから。

――今も護郷隊員として生きているんですか？

僕はそう思っているよ。まだ護郷隊だと思っていますよ、僕は。だから「ぐっとにらんだ護郷隊」（第一護郷隊第二中隊長の菅江敬三さんが作った「沖縄島の歌」の一節）という歌詞のように毎朝海を眺めるのが楽しみで、八重岳とかね、運天港とか見ていますよ。そして近くの滝の音。サラサラ、サラサラ、恩納岳を思い出すんですよ。陣地の近くの、滝壺に流れる水の音と似ているのがある。

親川に　落ちる流れの　水の音　聞きて甲斐ある　命なりせば

目で見えない音の風景があるんですよ。音で心の傷が洗い流されていく。やがて川から海に流れて、日本本土に行く。僕の心の傷の汚れは、戦争の汚れは、波になって日本本土まで寄せてください、届けてくださいと。沖縄の苦しみをわかってくださいと、思うわけです。

一人で一〇〇人射殺した

第二護郷隊　第二中隊　第一小隊　大宜味村塩屋出身
昭和二（一九二七）年四月一四日生まれ　一七歳で入隊

宮城倉治（くらじ）さん

倉治さんは大宜味村塩屋の鍛冶屋の息子だった。刀の手入れができるので、隊長らから重宝がられたという。戦後も米軍に溶接を習い、軍の仕事で引っ張りだこだった。入隊当時一七歳で一〇月召集の「古参兵」だったため、後輩の指導にもあたった。倉治さんは身体が小さくすばしっこかったため、斥候や、赤いふんどしで少年のふりをして一人で米軍の陣地に入って暴れまわった。一人で一〇〇人の米兵を射殺したという。六月二日の撤退の時には、鍛冶屋は炭焼きで山に入るので山原（やんばる）の地形に詳しいからと、先導役を務めた。一期生は翌年に召集された少年たちから見るとずいぶん先輩格だった。戦後、良光さんが長くＰＴＳＤで苦しんでいる時にも、倉治さんだけはよく訪ねて来て心配してくれたという。古参兵は幹部との距離が近く、倉治さんは戦後も岩波隊長と交流が深かった。

なんで軍隊は叩くのかなー

塩屋からは護郷隊に二六人出ているよ。亡くなったのはそのうちの五人かな。僕らは、一〇・一〇空襲後すぐ召集を受けて、一カ月の訓練を受けた。一七歳、一八歳の僕らのほかは、幹部になる大人たち。塩屋からは幹部は四人。まずは名護国民学校で一カ月間訓練をした。

それから一度は名護岳に上がったけど、配置換えがあって恩納岳の方に移動した。安富祖に兵舎も全部自分らで作って。一カ月の訓練といっても、気持ちはもう軍人だからね。でも最初はね、訓練で小学校の宿舎に来た時には、消灯ラッパが鳴るとね、くすん、くすんと一人が泣くでしょう、四〇名あまりの一部屋の少年たちが全部泣いてね。幹部連中もそばに寝ているから、電気点けて「誰かー！　泣いてるのは！」と言うと、すぐまた止まって。だいたい二、三日は泣きよったね、晩に。

――どうして泣くんですか？

お家から離れたこともないでしょう。一人がくすん、くすんしたら、全部こう泣いてる。

――倉治さんも泣きました？

いやぁ、僕は泣かない。そばに分隊長が寝てるから泣かなかったけどね。僕は沖縄から離れて仕事した経験があったけど、みんなは全部家から離れたこともない。訓練ですぐ叩かれて、なんで軍隊は叩くのかなーと。厳しかったですよ。来てみたら大変なところだった、軍隊は。

――護郷隊がどんな任務か知って入隊したんですか？

そういうこと全然わからん。護郷隊というのはそれまで聞いたこともない。こんな子供を集めて、やっぱし兵隊が足りないのかなーとは思いました。訓練で習った歌にもある通り、自分の島は自分で守るという護郷隊の歌。「太平洋の雲低く～」とかいろんな歌がありますよ。前はね、酒飲むとこれだけ歌ってた。家内には、もうそればっかり、と小言を言われても歌ってた。今でも全部覚えてはいますよ。

♪太平洋の雲低く　神威の波の怒るとき　赤き血燃ゆる若人が
防人の任　身に負いて　集える我等　護郷隊

国防の基地沖縄に　とつ驕敵（きょうてき）の攻むあらば　鍛えし腕に銃とりて
墳墓の地をば守るべし　その名も我等　護郷隊
（「護郷隊の歌その二」、作詞は岩波壽隊長）

いくつも護郷隊の歌はあるんですよ。訓練の時は、今の名護小学校の所からオリオンビールの方まで洗面や洗濯行く時に、毎日この歌ばかり歌った。大きな川があったから。

――どんな訓練を覚えていますか？

実弾射撃の訓練は名護のダムの方でやりました。初めて弾を撃った。でも練習ではもったいないから一人五発だけ。戦の時は、一二〇発持ちますよ。前盒（ウエストポーチ）に三〇・三〇、後盒に六〇発で、一二〇発。それだけ撃つともうここ、肩が大変です。子供だから肩づけができない。「九九式」といって銃が短いから振動が強くて、でも一生懸命撃つから。

――それぞれの役割が決められるんですよね？

名護の訓練を終えて安富祖に移動してから各部署に分かれて、僕は爆破隊だったです。爆破隊はダイナマイト二kg、三kg、五kgといって、この火薬作る仕事だったわけです。もう最初に戦死するなーと考えてた。でも、そうではなくて、恩納岳から金武の米軍の陣地にも何回もガソリン爆発させに行ったんですよ。

僕ら一期生は、恩納村に行ってからは熱田の学校で後から来る隊員の訓練もしたんです。二〇日間くらいだけど。三月には島に残ってる連中を全部引っ張ってきてるから。僕らの場合はずいぶん叩かれたけど、後から来た連中はほとんど叩かれなかったです。僕らは手を出さなかったです。叩かれて直るもんでもないから。

だいたい死ぬのは機関銃手と弾薬手の二人と指揮者

――倉治さんはどのあたりで戦ったんですか？

僕はずっと読谷にいた。最初は恩納岳から山田の方に行かされてずっとそこにいたんですよ。当初、護郷隊は読谷の飛行場を米軍に使わせないための作戦で山田の方に陣地を置く計画だったんですよ。でもその手前の石川は平坦でしょう。そこで特設第一連隊がかなりやられてしまって、だいたい二〇〇〇名は殺されているから、山田に部隊を移動する作戦はできなくなった。読谷のゲリラ作戦のために、読谷の地形を知る読谷出身の隊員を取ったんだからね。部下はその読谷の奴らでね、彼らにいろいろ行かせた。

隊長は計画を見直さざるを得なくなったけど、もし山田に行ってたらみんな死んでいたと僕は思いますよ。僕ら大宜味の二中隊は金武・屋嘉方面で屋嘉の橋壊したりいろんなことしたんですよ。米軍が上陸する前に橋を壊したのは全部僕ら。橋脚に爆薬を撒いて火を点けて、導火線一cm一秒だから、泳いで逃げて行く時間を計算して。またこーんな大きな松を倒したり。

――それは何のためにですか？

道路ふさげばアメリカは絶対来れないと思って爆破したけど、一番びっくりしたのはブルドーザーね、あれ初めて見るから。伊芸の橋といったらこんな小さい橋でしょう。壊したらもうアメリカは通れんと思ったわけ。そしたら戦車砲とね、ブルドーザー持って来て浜から砂上げて、ものの一、二時間で道路作ってね。そのアメリカの戦車砲で僕らのいた山はメチャクチャされた。僕らあれを見とったわけよ。

――かなわないなあと思いましたか？

ああもう。あれから絶対だめだと思った。あんな道具もあるしね。海上から陸に上がって走る船もあるしね。部隊長に報告したら「バカ野郎、船が陸から歩くか！」って怒られて。名前もわからんでしょう。僕は偵察しに読谷まで行ってるから、上陸の時の事情は全部わかるわけですよ。一日おきに五名で行った。屋嘉まで歩いて、また晩までに帰って来る任務で。伍長と兵が四名、交代で屋嘉まで行って朝までに帰って来るわけ。山田から下りて今の恩納の駅の所からまた仲泊から石川、そこから屋嘉まで行って帰って来る。

――米兵に遭遇するのは怖くなかったですか？

守りたいという気持ちがあるから、その時は怖いということは何も考えてないですよ、全然。でも一回は腰抜かしたことがありますよ。四月一日にアメリカが上陸して、下から車の音がするわけよ。ちょうど山田から下りてホテルの前の曲がった所、ここにジープがこう来て、「おい、コウキ（真喜志幸喜）！　伏せなさい」と言って、すぐ道のそばに伏せたわけよ。だから僕ら殺られなかったわけよ、二人とも。向こうが電気点けていたら、四月一日に完全に向こうで殺されよったです。電気点けてないもんだから、そのまま通ってね。昔の道の幅では車はいっぱいいっぱいだからね。そばは海。腰を抜かしてしばらく動けなかった。

——上陸の日にもう山田まで米軍は来たんですね。それに対してどんなゲリラ戦を？

恩納岳の陣地には小隊ごとに兵舎があって、昼間はそこで休んでる。で、今日は誰と誰が出る、と上官から命令があって。ゲリラ戦というのは、山から下りて途中の中腹まで来て、ここは陣地はないけど下からアメリカが来るのを待っておってから、殺す。これは全部、銃を持ってる連中が行くわけ。擲弾筒、機関銃、それから小銃。僕は小銃を持っていた。

——じゃあ、アメリカ兵を撃ったりもしました？

はい。米軍はね、一人、二人、と間隔空けて歩いて来るけど、大丈夫だとわかると三人目からその後はぞろぞろ歩いて来るから面白いように撃てた。撃ち過ぎてね、肩づけがまだできなくて、若いから肩づけをうまくやってないから、この手、右手はもう全然使えなくなっていた。向こうからは撃てないんだ。安富祖の上の方に滝壺という所があって、川にはみんな竹が生えているからそれに守られて。本部半島にいた宇土部隊が最初にやられて、この宇土部隊から恩納岳にも相当逃げて来ていた。この連中にも護郷隊の飯食わせて戦をさせて。向こうの方がベテランだから。僕らはもう弾がないからね。

——そんなにたくさん撃った？

はい。機関銃三〇〇発撃ったら引き上げなさいと言われていた。ここでは四名死んだ。だいたい死ぬのは機関銃手と機関銃の弾薬手の二人と指揮者。必ず四名は戦行くでしょう。四名は死ぬわけ。アメリカも機関銃を目がけて撃つから。それから離れておけば命は助かるわけよ。ここで四名死んだうち、三人の遺体は運んできたけど、軍曹はもうわからなかった。遺体は夜取りに行く。後から探して死体は全部取っていますよ。護郷隊で取らんのは、石川の方でやった戦いの犠牲者は取っていない。あれはわからんからね。

住民の子供のふりをして米軍に捕虜にされて
——郷土の仲良しの友達が死んじゃうわけですよね、その日はどんな気持ちでしたか？

いやーもう、涙も全然落ちない。また次は僕らの番だなーと。涙は全然落ちない。晩は遺体を連れて来て宿舎のそばに全部並べて置いとって、戦が少し立て込んだらだいたい四、五日くらい置いとって、毎日朝は行くでしょう。全然、泣くとかそういうのはないですよ。自分ももう、死んだ気持ちで、死ぬのはあたりまえだから、いつ死ぬかわからんから。

戦闘の後、米軍は必ず現場に火を点けたわけ。後で見たら木に抱きついて死んでいる人がいた。読谷の人。まだ生きておったはず。歩けなくて木に上がろうとしたのか、晩になって遺体を取りに行ったら木に抱きついて焼けてるからね、もう木から外されん。その時は丁寧に担いでから山の自分の宿舎まで、担架は二つしか持ってないけど、四名だったもんだから、僕らは二人乗せて、衛生兵もいたから衛生兵のガーゼで死んだ人巻いてね。

だいたいね、山がこうあると、下から三つに分けるわけですよ。一、二、三と。下の連中は歳は上で、そしたら、妻子がいる人は泣いてよ、死にたくないって。だからあんたは上にいなさい、僕が下に行くから、と僕は言った。下が戦争するんであって二番、三番は戦争しないから、一番下に僕が行くからと。妻子いる人は泣きよったですよ。僕が行くからいいよ、と。

辛いことと言ったら、それよりもひもじいことだな。木の桃があるね、桃。これを木に登ってから落として、あれ種あるでしょう、種も絶対捨てんで、全部乾麵麭（かんめんぽう）の箱に採ってから入れて本部に持って行くわけですよ。植えようと思って。アメリカが陣地引っ越した後は、缶詰とか全部埋めていくから、これを取って本部に届けたりして。

――斥候で行く場合には何人で行くんですか？　一人？

一人よ。たくさん行くとすぐ向こうに気づかれるから、斥候の仕事は二中隊では僕一人ですよ、いつも行くのは。金武の米軍の所に行ったのは、上官から命令されたわけです。「山から下りて捕虜になって、向こうのドラム缶片付けてきなさい」と。ガソリンはドラム缶に入っているでしょう。あれを爆破する準備です。

それで一人で金武に行って、住民の子供のふりをして米軍に捕虜にされた。向こうには作業人がたくさんいますけどね、米軍が飛行場造るために展開してましたから。僕はドラム缶の中身入ってないのは足で蹴ってよけておくわけ。上官は僕が片付けるのを恩納岳の金武の近くの山から双眼鏡で見てるわけですよ。終わったらまた山に上がって、夜になったら三名一組で誰はどこって決めて斬り込みに行って。一人は銃持ってるわけ。二人は現場で爆破。その間に米軍が来たら殺すのが一人、時間も決めて。それを爆発したらばだいたい三日くらいは燃え続けた。炎は相当上まで上がりましたよ。ドラム缶は次々に爆発して、どんどん煙が上がって。

——それ、侵入するのは一人でやったんですか?

一人で。上から一人でやるように命令されてるから。

——それはスパイですよね。見つかったら殺されるんじゃ……。

そう簡単に米軍は殺さない。いや僕は軍服全然着けてないよ。ふんどしと着物着けて、兵隊の格好は全然しないで、村の少年という感じで。昔、子供は糸満(漁師町)に売られたでしょう。その糸満に僕は買われていった少年ということにして。捕まった場合には、今糸満からの帰りですよって言って。尋問するのは、全部金武の部落(集落)の人。向こうはハワイ帰りが多くて、通訳もできるから。僕が米軍の施設に行ったのは一回じゃないよ、五回くらい行ってる。斬り込みの準備でさ。夜は山の陣地に帰って来るわけよ。四月の末頃かなあ。怖いといっても別に命令だからしないといけないでしょう。

——誰にもばれなかったですか?

誰にもばれない。僕は全然ばれなかった。僕は小さいでしょう。小さいし赤いふんどしして。

昔は鮫(さめ)が怖がるからということで、糸満の海人(うみんちゅ)(漁師)はみんな赤いふんどしだった。それに着物を羽織ってるから。軍服とか身の回りの物はカメに入れて埋めてから行きよったですよ。捕虜になる時は、身支度して向こうの様子を窺(うかが)って、すぐ手上げてね、捕虜にされた。

――アメリカ軍から見たら、一七、一八歳には見えないと。

いやー、子供としか考えてないよ、小さいから何も警戒されない。

――でもアメリカはそんな少年兵に侵入されてさぞ悔しかったでしょうね。

ずいぶんガソリン燃やしたよ、たかーく炎が上がって三日三晩。やったなーと思いました。それでも、翌日また米軍の所に僕が行っても、向こうはわからんよ。飯も米軍が僕にくれるんだから。普通の沖縄の避難民と考えてるわけさ。

――また収容所に行って、アメリカからご飯ももらって、全然怪しまれないで、また山に帰って情報を上官に上げてたわけですか?

はいはい。

――すごいですね。

六月二日、山原に引き上げる命令が出た。晩にすべての部隊が一列に並んでから山の中を行くでしょう。僕は隊長から一番先頭になりなさいと言われて、真っ先になって行く。僕の後ろ二〇、三〇m離れてもう一人が行く。そこからまた三〇m離れて後は部隊がみんな一列で来る。

どうせ最初を歩く人が一番先に殺されるから。僕は一人で斥候行ったり伝令に行ったり、ずっとこういうのに慣れているから、岩波隊長は僕を真っ先に行かせた。

――岩波さんはどんな感じの人でした？

おとなしい方だったですよ。訓練中、僕は岩波隊長の隊長当番だった。岩波さんの刀、これに一番興味があった。鍛冶屋だから、この日本刀に憧れてよ。これ磨いて、靴も磨いたり、世話するのは全部訓練中は僕だったです、岩波隊長の。戦争になってからはあまり会わなかったけど、山田から戻った時に報告をしに一度隊長の所に行った。「宮城君、煙草なかったか？」と隊長に訊かれた。煙草は探して手に入れてはいるけど、小隊長、分隊長たちが煙草を先に取ってしまう。死んでいるアメリカの兵隊のポケットから、拳銃から何から全部取って持ってったって、隊長の所まで届かんわけ。ないと言って。

――岩波さんは陸軍中野学校の人だったんですよね？　ご存知ですよね？

いいえ、それはわからん。どこの学校ということとは。岩波さんは本当、偉い方ですよ、あれは。戦負けてから最初に沖縄に来られた時に、戦死されてる幹部の連中の子供をね、全部長野県に来れば就職の世話をすると。一中隊、二中隊、三中隊、就職させるために遺児は全部長野に連れてったです。希望者は諏訪(すわ)市の方にと。岩波さんは慰霊祭にも何度も来てましたよ。

国は僕たち護郷隊を全然兵隊として扱ってない
——倉治さんの終戦はいつだったんですか？

僕は金武に長いこと捕虜にされていたから、塩屋に帰ったのは最後だった。六月五日頃、捕虜になって約一〇日間は収容所におって、ハワイに連れて行かれそうになったからまた逃げて来た。だから僕が最後なんだけど、息子が戦死している人のお母さんたちが「我達（わったー）〇〇はまだ来ないのか？（私たちの息子の〇〇はまだ帰らないのか）」と訊いてくる。僕は「後から来ますよ」とだけ、みんなに言ったわけ。

——それは？

いやー、戦死したということ言い切れないわけさ。死んでいるとは父兄に言い切れないわけ。残ってるのは僕と真喜志と二人しかいないから本当は最後だったんだけど。だいぶ後から、誰々は戦死しましたよ、どこそこに埋葬して祀（まつ）ってありますから、戦争は終わったら取りに行きましょうと話した。

——でも倉治さんのご家族は喜んだでしょうね。

六月末には塩屋に着いて、最初はおじいさんと妹に会った。おじいが「あっちから小さなアメリカーが来るよ！」と、僕のこと米兵だと勘違いしてた。妹が「あい！　あれは兄さんよ！」と。家族がどこら辺にいるのか情報は聞いていたわけ。今の大宜味村の大保（たいほ）ダムという、ダム作ってる所の山の中に、炭を焼く場所があって。僕らは鍛冶屋だからこのあたりには詳しかった。母に会った時はうれしかった。すぐに隣の部落から山羊を買って、ごちそうしてくれた。でも、ほかの親に会うとすぐに「自分の子供見なかったか？」と言うわけさ。

――倉治さんは日本の兵隊の一人として戦って良かったと思いますか？

良かったですよ。負けはしたけど、良かったとしか言われん。だけど、国は僕たち護郷隊を全然兵隊として扱ってないからね。兵隊ならお金も下りるはずだけど、そういうのもない。部隊長もいながら兵隊として扱ってくれていない。年数が足りないとか何とか言ってね。みんなで集まった時に誰かが、軍人としての恩給もないのはおかしいと言ったんだけど、すると指揮班にいた幹部の一人が「君たちは命があるだけ上等だよ。死んだ人もいるのに」と言って、その場は終わってしまった。何の手続きもしていない。給料もない。亡くなった方には補償はある。大けがで仕事ができなかった隊員も傷病軍人と同じものがもらえたが、でも元気で戻ったら何もない。

若い時はね、酒を飲んだら護郷隊の歌ばっかり歌って。家内にも「うるさい！」と言われて

一七歳で護郷隊に入隊した倉治さん（右端）。
一〇〇人の米兵を撃ったという

ね。「何の手当てもないのにありがたくそんな歌歌って」と。でもこの歌だけは、忘れてはいかんと思う。もう、飲んだらこれだけ。自慢じゃなくて、この歌は絶対忘れてはいけないという。僕らは生きておっていいけれども、今となっては戦死した仲間はかわいそうに考えます。

——申し訳ない気持ちもあります?

はいはい、もう……。今考えるとね、あんなにモノがあるアメリカとなんでこんなことしたかなあと考えますよ。船も一隻もない、弾もない。戦いは勝つつもりで戦うんだけど。上陸したらもうだめだなということはだいたい……。あの時僕らは、召集の紙一枚一銭五厘(当時のはがきの郵便料金)でもう、どこまでも使われた。飛行場造る徴用、これも、何ももらってないですよ。

——戦後は鍛冶屋の技術でアメリカ軍に重宝されたんですよね?

戦後、米軍で働くようになってからね、僕は名前が倉治でしょう、向こうはクレイジー、クレイジーと言ってね。冗談でね。でも僕は二〇歳くらいで鍬(くわ)も一人前に作るでしょう。国頭、羽地あたりの米軍の仕事は全部僕がやったよ。米軍から溶接も学んで、この資格は全部僕が持っていた。それで、焼け野原になった那覇の復興のために、大宜味からは大工がたくさん那覇に呼ばれてね。大宜味大工は有名でしょう。みんな那覇の北の方(倉治さんは那覇市安謝(あじゃ))に移住してきた。住宅をたくさん作るためにね。僕も県の工務課に入り建設関連の仕事をした。

今でも山原に行き来する時は、恩納岳の所に来たら車の中からでも必ず、帽子を取って頭を下げますよ。忘れることはない。国道からでも、高速を使っても、恩納岳通る時にはこうして手を合わせる。今月も三回行きますけど、行き帰りは必ずやっていますよ。

ある家族の虐殺が頭から離れない

第二護郷隊　第二中隊　第一小隊　大宜味村謝名城出身
昭和三（一九二八）年二月生まれ　一七歳で入隊

前田孝昌さん

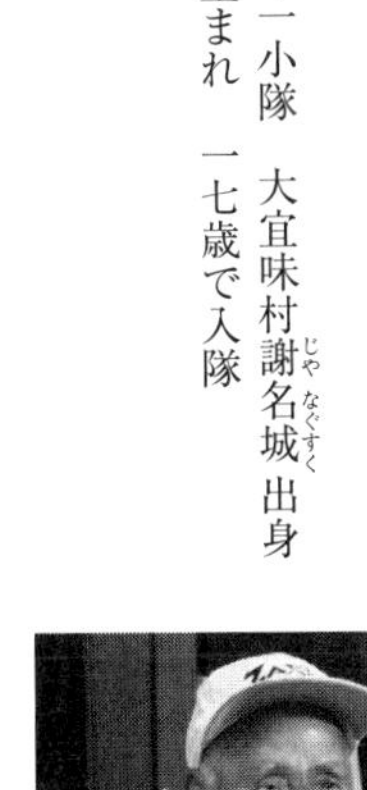

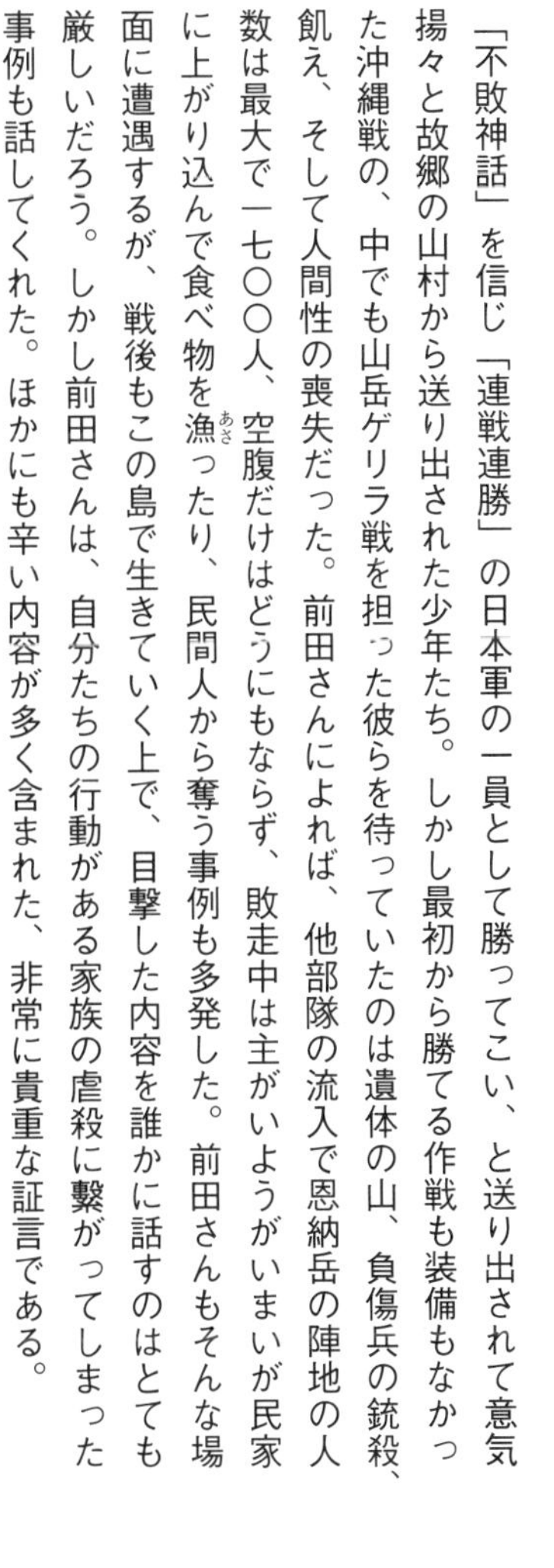

「不敗神話」を信じ「連戦連勝」の日本軍の一員として勝ってこい、と送り出されて意気揚々と故郷の山村から送り出された少年たち。しかし最初から勝てる作戦も装備もなかった沖縄戦の、中でも山岳ゲリラ戦を担った彼らを待っていたのは遺体の山、負傷兵の銃殺、飢え、そして人間性の喪失だった。前田さんによれば、他部隊の流入で恩納岳の陣地の人数は最大で一七〇〇人、空腹だけはどうにもならず、敗走中は主がいようがいまいが民家に上がり込んで食べ物を漁ったり、民間人から奪う事例も多発した。前田さんもそんな場面に遭遇するが、戦後もこの島で生きていく上で、目撃した内容を誰かに話すのはとても厳しいだろう。しかし前田さんは、自分たちの行動がある家族の虐殺に繋がってしまった事例も話してくれた。ほかにも辛い内容が多く含まれた、非常に貴重な証言である。

ハハリユ、ダイナマイト、サクラ、黄色薬

戦争の前の午（一九四四年）から、伊江島の徴用は九回行って。一〇回目は読谷飛行場にもひと月行った。でも、数えの一七、一八歳は護郷隊に取られるという噂は広がっていた。防衛隊に取られるよりは護郷隊がいいと。また農兵隊というのもあって、これは武器も持たないからいいとも思った。あの当時はどちらかというと戦に勝ちに行くんだからという気持ちだった。日本は勝つとしか思っていないから。こういった宣伝、教育があったですよ。

――じゃあ勝ちに行くんだから、参加したいと？

いや、これはもう義務というか。行かなかったら、これ（首に手を当てて斬る動作）だから。僕らは昭和二〇（一九四五）年の三月一日入隊なんですよ。今の謝名城公民館のあたりはもう那覇からの避難民でいっぱいだった。うちの部落（集落）からは六名一緒に行ったので、地域総動員で送別会がありました。護郷隊の送別会。向こうの売店のあたりまで送ってもらって、頑張って勝ってきなさいと言って。ごちそうといっても、酒とか刺身とかこんな物しかなかった。部落で「アメリカやっつけてきなさい」と言って送られているんですよ。とにかく勝つとしか思ってないから日本は。

三月一日の、一時役所集合になっていた。大宜味村の役場に行ったら向こうもみんなが見送りに来ていて、天気が良くてね。そしたら空にB29が来たんですよ。飛行機雲を初めて見たもんだから、これは毒ガスだ！という騒ぎになって、帰れー！と。こんなこともあった。

僕らの場合は安富祖の国民学校で、現役兵が半年かける教育を一五日でやるといって。戦車に体当たりする五キロ爆弾、一〇キロ爆弾とかの箱作って。あとハハリユといったかね。四角の秘密兵器。何か削ってそれを入れて、これを置いてすぐ逃げる教育した。

――ハハリユ？

ハハリユといったと思う。何かレンガみたいな物。これに液かけるんですよ。液体というか何か混ぜるんですよ、レンガみたいな物を銃剣で削ってこれをかけると一〇分か一五分くらいで爆発する。こういう教育やっていた。とにかく秘密兵器ということで。ハハリユというのは覚えている。その教育やってる時に敵機が来たから、途中で止めている。それが最後の教育。だから実際に使った人はいなかったんじゃないかな？

ダイナマイト、サクラ、黄色薬。導火線入れて、箱作って五キロ爆弾とか一〇キロ爆弾とか詰めて導火線に火を点けてこれを爆破する。黄色薬は黄色かったです。今のゴルフ場（美(ちゅ)らオーチャードゴルフ倶楽部）のあたり、向こうに松の木があったから、それに黄色薬を巻いて。五本巻いたり三本巻いたり、三本でこれくらいの松が倒れるとかね、こういう教育やった。火薬です。サクラは紙管に包まれているけど、黄色薬はそのまま。

——陸軍登戸研究所というのは知っていますか？

これはわからん。

——陸軍中野学校はわかりますよね？

これは岩波隊長たちの学校。特別な教育をしたという、戦後にしか聞いてないけどね。そんな厳しい学校をよく出てきたもんだなあと感心したけどね。

——岩波さんはどんな印象でした？

あの当時、そう、髪が長かった、それは覚えている。優しかったよ、あの人。もう僕らは優しい人としか思ってないけど。命令は中隊長とか班長とかがした。隊長はおとなしいなと思った。僕らには何も言わなかった。班長とか小隊長には厳しくやられたけどね、大宜味出身の。

——一週間で骨だけになって、頭がなくなっていた恩納岳ではどんな戦いになったんですか？

アメリカは伊芸に戦車二台置いて、もうボンボン恩納岳に撃ってくる。弾より音が速いから、今撃ったと思ったらすぐに木の根に隠れた。あの当時、こんな大きな木がいっぱいあったもんだから。ここでけがする連中も酷かったですよ。僕らは九九式の鉄砲。あの当時は九九式は新兵器といってね。三八式は大きいですよね。九九式はあの当時はいい小銃。ちょっと小さくて軽いわけ。だからあんたがたはこの新兵器にあたってるなと。運がいいと言われた。

——これ撃ったことあります?

三角山、聞いたことあるでしょう。恩納岳の頂上のそばにある。三角山に三中隊、少し下がった所に僕ら二中隊がいた。あの下に僕ら陣地あるんですよ。東の方から敵が上がって来るもんだから、そこに掩体壕(えんたいごう)掘ってアメリカ来るの待っているけど、僕らが鉄砲を置いて木を切りに行っていた時、パラパラと音がするもんだから、上がってみたらもうアメリカに陣地が占領されているんですよ。アメリカに手榴弾投げられて、逃げて。一緒にいた連中は手榴弾で殺られて。それから僕らはもう近寄れない。一週間くらいそこに来られなかった。

一週間くらいしてアメリカが引き上げたと思って遺体収容しに行った。あの当時掩体壕あっちこっちに掘っていたんですよ。一人は喜如嘉のヨシマサさんという上等兵、伍長だったかな。あの方殺られているんだよ。一週間で骨だけになって、頭がなくなっていた。下に転がっていったのか、急斜面だったから。後でずっと下がった所でチブル(頭)あったぞーっと見つけて掩体壕にまとめて埋めたけどね。後から骨は掘りに行ったかな? 各部落で、後でこうしようと相談しながらやってるもんだから。

攻撃といったら、今安富祖の第二護郷隊の碑、ご存知でしょう。あの近くの海岸、ホテルのあるあたりに最後に攻撃に行った。(現在の国道)五八号線の山側は全部田んぼなんですよ。海にアメリカいっぱいいるもんだから、夜、これ攻撃しに行ってね。擲弾筒はこの五八号を越えて部落のすぐそばに置いて、約二〇分撃つ。擲弾筒も速いわけさ、撃つの。四〇本。前に八本、後ろに八本だからこれを撃ってから四、五本残して終わりと言って引き上げて。鉄砲の弾は半分も撃たない。そして僕らが逃げた時分にアメリカは僕らの所に、恩納岳に撃ちよったけどね。あれが最後の攻撃だった。五月二五日だったかな。

——何人か敵兵を倒したんですか？

これはわからん。夜だから。どこまで逃げたかわからないけど、僕らが逃げて恩納岳の奥の方に走ってても一〇分くらいかかるから、逃げて行って追いかけてきたが、これが最後だった。

恩納岳の頂上がここにあるとね、こっち五八号線で、この約三〇mくらい下に緩やかな平地があった。負傷兵は全部こっちに置いていた。今、近くを通ってもこっちだったなとわかるけど。三〇名くらいいたんじゃないかな。護郷隊だけじゃなかった。嘉津宇岳にいた宇土部隊も、一週間か一〇日でこっちの恩納岳まで逃げて来てるもんだから。ほかの部隊も配下に入ってきて、護郷隊は三〇〇から四〇〇人しかいないで、食糧もそれでやってるのに、もう一七〇〇人くらいにまでなってた。どうしてそれがわかるかというと、炊事関係はみんなうちなんかの友達がやってるもんだから。僕らが米をみんな運んでるからわかるわけ。あと何日もつかね、と話していた。

解散する時は米を分けるんだが、地下足袋ね、今の靴下と違うが、これに入れて五合。それしかない。二、三日で食べ終わってしまう。その後はもう進みながら木の葉を食べたり。

歩けない連中は後で銃殺をやってる

——恩納岳の陣地を去る時は、負傷兵はどうなったんですか？

負傷兵でも身内というか、わかる方は引き取りなさいと言うんで、仲のいいのがいたら杖（つえ）でもついて歩ける連中は連れて行く。歩けない連中は後で銃殺をやってる。何名殺されたか、これはわからんね。

誰か、殺すのを見たと言うんだよ。僕らは約一〇m下におったもんだから、終わったなという話だけ聞いたけど。殺しが終わったと聞いた。歩ける連中は引き取りなさいと言うから、喜如嘉の僕らの同級生、サトシは引き取ったんですよ。だけど途中で亡くなった。動けないのが殺されるのもわかっていた。結局、アメリカに情報を、護郷隊の情報を知らせないために……。アメリカに情報を取られないように殺したという噂があった。

——銃殺をしたのは誰がやったんですか？

とにかく軍医が、という話は聞いている。その日に聞いている。でも、残酷だとか、こんなことあまり考えなかったなあ。終戦後しか考えない。もう歩けないからしょうがないなと。

謝名城の仲間は八名で、亡くなったのはいない。一人は有銘からはもう歩けなくて、みんなに担がれてここまで戻ったのがいたけどね。田嘉里（たかざと）の玉城美秀、あれは歩哨に立っていた時に迫撃砲が直撃で。肉も全部飛び散って。

海軍は「お父さんをすぐピストルで殺った」

——山づたいに這うようにして北部に行ったんですよね？

アメリカが監視している喜瀬武原線を突破してもね、もう食糧ないからちょっと僕ら駐屯したんですよ。また食糧探しに行かんといかんからね。当時はもうアメリカが強制的に住民を避難小屋から出しているから、そういう空き家を狙って僕ら喜瀬武原に探しに行ったら、そこに夫婦と五歳くらいの子供と赤ちゃんがいたんですよ。僕らはあまり気にしないもんだから、もう食糧しか目的がないから、家族がいても、何かないかなと、ちょっとでもあればこれは食べれるかもしれないと持って来て食べたりしたけどね。

——その家にはお父さんとお母さんと子供がいたけど、上がって食糧探してた？

そうそう。なぜあんた方は山を下りなかったかと言ったら、赤ちゃんが生まれそうだから家にいたと。四名いた。当時五歳くらいだった子供の名前、何だったかな、わかっていたけど。僕らはこれ見ないで食糧あっちこっちから集めて帰ったんですよ。一個班はだいたい一四名だからね。僕と三名ぐらいだったかな。食べ物取って戻ったら、別の二、三名の海軍がいて「どこにあったか」と訊くもんだから、向こうにこういう家があるから向こうに行きなさいと教えて、翌日行ったらしいんだ。

後で聞いたら喜瀬武原にいる海軍というんだよ。この連中はね、その家ではお父さんが砂糖を太陽に干していた。僕もその光景は見たよ。その砂糖をあの連中が、くださいと言ったらしい。これは生まれた子供のために置いてあるからそれはできないと言ったら、お父さんをすぐピストルで殺ったらしいんだよ。これを後から行った僕らの班の連中が話すんだよ。お母さんが、うちの夫がこんな風に殺られて、それからあの連中は逃げて行ったとエンエン泣いていたらしい。その方は後で死んだのか？　この五歳の子どうなったのか、今でも頭にあるね。*13

——お母さんは？

お母さんもやってるらしいんだよ。あれはもう、あんまり言いたくないことをやられているらしいんだよ。まだすぐには死なないで元気だったらしいんだよ。生きてるとしたら、あの五歳の子供。生きているならどうなったかなと、今でも思う。

——孝昌さんが食べ物を取りに行った時は、持って行っていいと言ってくれたんですか？

そんなことは言わない。あの方たち、お父さんもみんなその時は元気だから、この子供もこっちで水遊びしとったよ。僕らは食糧取ってすぐ部隊に帰ってね。こうこうやって、食べ物は明日まで大丈夫だと言ったら、じゃあまだあるんじゃないかと言うもんだから。探せばあるだろうと言って、翌日三名ぐらいが行ったらしいんだよ。あの連中が話するんだよ。こういった状況、もうお父さん死んでると言うわけ。お母さんがこういった話をしたと。砂糖くれと言われて、あげなかったから殺られたって。お母さんもやがて亡くなったんじゃないかなと。

——海軍の人たちは名前もわからないですか?

全然わからん。これは敗残兵なっているんでしょう。あの喜瀬武原の港にいたという話は後から聞いてね。

——日本軍の一員ではあるけど、地元の少年としてはこういうことをどう思いますか?

あの当時、仲間とはこういった話しとったよ。敗残兵が暴れているから、叩こうなとね。やらんといかんなという感じがした。民間を荒らしているというのがあったから。

「明日我々はアメリカに投降するんだ」

——最終的にはどこで解散になったんですか?

有銘なんですよ。武器も軍服もみんな有銘の山に穴掘って一カ所か二カ所に埋めてあるんですよ。各部隊ごと、一中隊、二中隊別々に。それで解散、自由に。当時ね、情報が入ったものだから、「大和」が来るからと。あんた方は家帰って食糧集めて、もしあれが上陸したらすぐ来なさいと言うんだよ。協力できる準備しておきなさいと。中城湾に入って日本軍が上陸するからあれが来たらまた集まるようにと。

——戦艦大和のことですね？

戦艦大和よ。大和が来るとはわかっておったらしいです。だが途中でやられてしまったから。

——本当に大和が来たらもう一回岩波さんの所に結集するつもりで別れたんですか？

一時解散と言われた。

——解散と言われた時どんな気持ちだったか覚えています？

これは逃げるしかないなと。各集落で固まっておった。もう僕らこっちから行こう、あっちから行こうと言って全部分散。もう食糧はないから。避難小屋に着物があるからこれを着て、軍服は脱いで着物を着けて家に帰ったんですよ。

——同じ大宜味村の瑞慶山良光さんとは一緒ですよね？

一緒だけど、あの人には帰ってから会ったことない。有銘で解散になったのは七月何日だったかな、これ覚えてないけど。武器弾薬もその時全部埋めて、そして軍服全部替えて、それから各部落の連中ひとまとめになって散ったんですよ。喜如嘉の部隊は喜如嘉、僕ら謝名城は田嘉里と一緒に行動して。僕らは津波の上の避難小屋のそばに二つの部落の一五、一六名くらいいたんですよ。今現在大保ダムがあるね。向こうの線は通れないわけです。アメリカの歩哨線張られて。僕ら泳ぎが得意だから塩屋湾の西側を泳ごうなと四人で決めて行ったんですよ。泳げないのは残ったのもいたけど。とにかくアメリカがいっぱいいて、塩屋のコンクリートの学校がある所はもう、たくさんいて、時折パラパラパラパラ……と撃っていた。

あの当時は今と違って海岸通りは全部アダン林になっているんですよ。アダンに隠れてゆっくりゆっくり歩いて。瑞慶山さん、あの人も一緒。あれは上原。僕ら四名は泳ぎの専門だったから。あれはあまり泳げないわけですよね。ちょうど僕らが海から上がって、今現在県道になっている所の手前で彼を待っていたんです、あの人待たないと僕らも道わからんから。見るとまだまだ半分しか来ていないんだよね。僕らが塩屋湾上がる前まで、半分来ていなかったですよ。言いにくいけど、丸裸で来てた。僕らは着物持って来たけど、あれは真っ裸で来た。ちょうど夜明け前になっている。太陽はもうぎらぎらして、アメリカはまた向こうから来るみたいだから、あれに捕まったら大変だなと思って。こういった感じがしたけど。瑞慶山さんもようやく着いて、あの人が上原まで道わかるからと言って上で待っておったんですよ。僕らに言わすと、泳げないから大変だっただろうと思うんですよ。

ずっと後の話。八月頃だったかね（実際は一〇月初め）、あの頃は爆弾で魚を捕るもんだから、食べる物がないし、埋めた爆薬を取りに、僕とあと二人の仲間と有銘まで行ったんだよ。それで、隊長たちが潜伏している所に挨拶に行ったらね。岩波、松崎、畑、軍医の四人がいた。それで「まだお前たちはこんな所にいるのか。明日我々はアメリカに投降するんだ」と言っていた。アメリカが迎えに来ると。早く戻れと言われた。僕らの目的は小銃とか爆弾だったんだけど、もうほかの連中がみんな取ってってなかったね。穴が掘られていて、なくなっていた。

基地がある所にしか弾は来ない

――あらためて今、一〇代の少年たちによくこんなことをさせたなあと思いますか？

兵隊はとにかく国の要だから、戦争には行かないといけないと。これだけですね。国のはっきりした仕事だから。これやらないとあたりまえの人間でないと。協力しないと人間じゃないとこういった風潮、今とは全然違うよ。もう上司の命令というのは絶対服従だから。「ツーニンギンアラン」とよく言った。兵隊に行かない方は本当の日本人、人間じゃないと。だから兵隊に行って国のために働いてきなさいという。

一番悪い仕事だったと思ってるんだよ。だから今でもいろいろ考えるんだけど、一番僕が考えるのはですよ、辺野古問題。敵は陣地にしか撃たないから、僕ら恩納岳にいたが、基地があるからアメリカがあっちこっちから攻撃した。その辺が一番頭にあるね。だから基地というものは作らせてはいけないなと。今でも（日本にある米軍施設の面積の）七四％の基地が（沖縄に）あることわかってるわけだから。基地がある所にしか弾は来ないから。子や孫に負担をかけさせたくない。一番頭の中にあるね。

——昨日から国頭村奥の港から砕石の搬出が始まりましたよね（二〇一七年一一月一三日）。

これはもう本当に大変だ。言葉では表せないね。日本の政府のやり方は、民主主義のことは何も思ってない。住民のことは何も思ってないですよ。こんなに反対してもどんどん進めていくものだから。僕らは歳取っているけど、沖縄の子供連中に対すること、沖縄の知事は考えているけど、日本政府は考えてない。植民地みたいにしか考えてない。

八重山や宮古島の自衛隊配備、あれは反対。あまり良くないと思う。向こうに置くと自衛隊にしか弾は来ないよ。その辺の考え方違うなと思ってる。宮古・石垣とか、歳が歳で応援できないもんだから、でもあれは良くない。子供連中が、特に辺野古とかああいった所に賛成していくとどうなるかと考えると、大変。

軍人勅諭を真っ先に覚えた

第二護郷隊　第二中隊　第三小隊　大宜味村喜如嘉出身
昭和二（一九二七）年八月二〇日生まれ　一七歳で召集

奥島憲次郎さん

インタビューした平成二九（二〇一七）年には九〇歳、耳も良く言葉も明瞭で驚いた。翌年映画が完成した後に岩波隊長の息子さんが沖縄に来られた機会に酒席をご一緒させていただいたが、その時九一歳で泡盛を飲むスピードも独走態勢で豪快だった。一〇月召集の一期生として最も年長組で第二護郷隊の訓練に参加していたので当時の記憶は鮮明。しかし繰り上げ召集になって沖縄戦直前に現役で球部隊に転属されてしまったため、護郷隊としては戦っていない。海人もハルサー（農家）も専門だが、裁判所の書記官を三〇年務め、最後は那覇地方裁判所の事務局長。勲四等旭日小綬章を受けている。

長髪で、ぴゃっと油つけた若い青年将校

私は第二護郷隊に入るには入ったんですが、現役兵に取られてしまったから恩納岳で戦はしていないんです。昭和一九（一九四四）年の秋に護郷隊に召集されて名護で教育は受けましたが、翌年二月下旬に現役兵に志願して検査を受けてそっちに行った。兵隊に取ってもいい年齢が引き下げられたから、護郷隊の中にも一七歳で適齢になる者がたくさんいたわけです。第二中隊からは一四人、恩納村から名護に徴兵検査を受けに行きました。

――せっかく訓練した、しかも年長の頼りにしていた隊員を引き抜かれたと、村上さんも岩波さんも悔しかったとのちに書いてらっしゃいますよね。

その時、私がみんなをまとめて引率しながら、徴兵検査の会場である名護東江まで隊列を組んで歩いて行ったんですが、憲兵に呼び止められたんですね。途中で出会った軍用トラックの中から軍用の地図が消失したということで、我々に疑いがかけられたんです。すでに厳しい訓練も受けて、これから国のために働こうという護郷隊にですよ、言ってみればスパイのような疑いをかけているわけですから。なんともやり場のない怒りが湧きました。このことを岩波隊長に報告したらですね、岩波さんがものすごく怒って、憲兵隊を呼べと。我々護郷隊を愚弄する気か、と大変な剣幕で。このことが大きく取り上げられたから、僕はほっとしました。穏やかな方ですけどね、いざという時はちゃんとけじめをつけましたからね、岩波隊長は。さすがだなと思いました。

――それで徴兵検査の結果はもちろん合格、ですよね。

結果は乙種合格で、球部隊の重砲隊に入隊することになったんです。護郷隊は除隊となり、安富祖に別れを告げました。そして三月一日に豊見城（とみぐすく）の嘉数（かかず）の、球部隊に入隊するんですが、その日から続いていた空襲の中で、水が溜（た）まっている蛸壺壕（たこつぼごう）に入って凌（しの）いでいたせいか、重篤な肺炎になって、即日帰郷という命令が出てしまったんです。軍医の命令ですから、これも仕方ないわけです。ですからとぼとぼと歩いて、何日かかけて大宜味村に戻りました。ですから戦争が始まった時には村の人たちと山の上に避難して、高みの見物をすることになったんですよ。アメリカ軍が北上してくるのも、日本の特攻機が攻撃してくるのも、全部見ていました。僕は山のてっぺんで開墾して芋を植えて、敗残兵にも見つからない奥地だったから、うちの家族は戦争直後も飢えはしなかった。

それまで私は大宜味村の登記所で働いていました。うちの部落（集落）は追い込み漁の漁村なんですよ。父は大工だったがおじいさんが海人でした。私は（国民学校）高等科の後、師範学校を受験したけど落ちたものだから、海人やったんです。アゲーといって、追い込み漁ですよ。水面と水中と、潜って魚を袋網に追い込んでいくあれです。僕は水面を叩く係。師範学校も二回受けて失敗。あの頃は口頭試問なんですよ。筆記試験がなかったんで面接だけ。だから常識的なものだけなんだが、田舎者は常識知らないですよ。諦めて、大宜味村の那覇裁判所大宜味出張所、今でいう登記所ですね、そこに採用されて入ったんです。（一九四四年の）一〇・一〇空襲もそこで受けたんですけど。そんな時にいわゆる徴兵の通知が来て、岩波隊長に面接されて、護郷隊に入ったわけですね。

――岩波さんに初めて会った時の印象は？

びっくりしたんですよ。というのは長髪でしょう？　昔の軍隊は丸刈りですよね。長髪で、ぴゃっと油つけた若い青年将校ですよね。へえと思ったね、第一印象はね。岩波隊長もそうだけど、ほかの小隊長なども長髪ですよ。だから全部この連中は中野学校というスパイ学校で訓練されて沖縄に派遣されてきた、いわゆる遊撃隊ですよね。風貌は、兵隊さんにしては珍しいという印象ですね。中野学校の、スパイ学校の訓練を受けたとは、当時は全然意識しなかったですね。ただどうして長髪なのか疑問に思っていた。

で、日本の戦争は始まっているでしょう。だから青年学校も三年ですから、軍事教練、毎日やっていますからね。そんな、憧れじゃないけども、召集された時は一人前に戦争に行けるんだという認識はありましたね。怖いとかそんなのはなかった。義務的な気持ちでした。私は五人兄弟の末っ子で次男。長兄は満州事変で戦死しているから、両親としては、言いませんでしたが、行かせたくなかったんじゃないですか？

全部長髪ですからね。普通の兵隊じゃないという感じがした

——護郷隊の教育は厳しかったですか？

名護国民学校で第一期の基礎教育を受けました。正規の軍隊同様に軍服一式が支給されたが、階級はなく、初年兵としての苦しい生活が始まりました。起床ラッパで起こされて、それから名護の為又(びいまた)まで行ってね。田んぼの溝で顔洗うんですよ。あの当時はきれいでしたよ。整列して軍歌を歌うんですよ。「第二中隊は声が小さい！」とか言って、マラソンさせられたこともありますけど。起きてすぐ毛布畳んで、顔洗って、飯食うでしょう。とにかくそれが非常に速いんですね。私もそれまで訓練されてないもんだから、起こされて、顔洗って飯食って、すぐ訓練の始まりでしょう。その規則正しい生活というのがきつかったですね。初めてだしね。起床ラッパは山城保光さんという方が、とても上手でした。いい音で、あれはよく覚えてます。

——楽しい思い出もありますか？

楽しかったことは一個もないですね。例えば靴の間違い、これはよくあるんですが、左右そろわないと怒られてね。別の分隊の分隊長でしたが、私、この人に革のベルトでお尻をずいぶん殴られた経験がありますよ。この分隊長、野蛮人みたいな男でね。帯を外してお尻叩くんで

すよ、革で。あれ痛かったですよ。あとは叩かれたことはなかったですね。

　軍人勅諭というのがあるんですよ。これを覚えるのは私は一番早かった。斥候に行って伝令で報告をするにも、覚えが良くないと使い物にならないわけです。そういう関係で私はよく斥候に出されたんじゃないかな。私と小隊長と楯岡軍曹ほかと四人で、名護国民学校から屋部まで斥候で行ったんですよね。帰りがけにね、暗闇ですから楯岡さんが崖の下に落ちたんですよ。見たら臭くて、肥溜め（こえだめ）の池だったんですよ。あれは大変でしたね、その後が。

　爆薬の訓練では、羽地のダムに行って爆発させて、魚がいっぱい浮いてきてそれを捕った思い出があります。僕は機関銃隊の射手でした。機関銃といってもね、シナ事変で使った、穴の開いた機関銃でした。いわゆる遊撃隊ですからね。ゲリラ兵ですから。爆薬とかそういう物は、やはり遊撃隊じゃないと使えないんですよ。それで普通の兵隊じゃないという感じがしましたね。後方部隊ですから。全部長髪ですからね。第一線でやる兵隊じゃないんですよ。スパイ学校だから、そういう訓練受けて来てるんでしょうからね。普通の兵隊とは全然違いますよね。

　教育期間の修了式には旅団長の鈴木繁二少将が馬に乗って検閲されたんですよ。ああ、これで終わったんだなあと安心しましたよ。軍馬、初めて見ますし立派だなあと感激しました。


軍人恩給？　護郷隊にはそんなのないですよ

――奥島さんの戦争はどうやって終わったんですか？

六月二三日が来て、同じ山の近くに避難していた村長が、もう戦争は終わったから里に下りましょうとみんなに呼びかけていたから、うちの家族も下りたんです。饒波(ぬうは)のあたりで尋問を受けたんですけどね、君は兵隊だろうと。いくら違うと言っても、この左手の傷を見ればわかると言って。それでジープに乗せられてＰＷに連れて行かれました。捕虜収容所です。病気で逃げて帰って来たんだと言っても聞かないから、もう面倒だから防衛隊だと言ったんです。球部隊とか護郷隊とは言わなかった。防衛隊は人数も多いし、みんなと一緒で防衛隊だよということにして。一二月には解放されて喜如嘉に戻りました。

私の同級生は二人戦死してます。護郷隊の機関銃隊はみんな殺られてますから、あのままいたら私もそうなっただろうと。球部隊も南部ですから、どっちにしても生きてなかったかもしれない。あのタイミングで病気になって、それで生きる運命になった。守られているんでしょうね、神様に。こんにち（数え年で）九一歳までこうして元気にしているんですから。だから戦友たちの慰霊祭にはずっと行ってましたよ。三三年忌で自由参拝になりましたけどね。

――戦後も隊長たちとの交流はあったんですね？

そうです。うちの中隊長は松崎正行さん。戦後も慰霊祭に何度か来ていました。とても優しい隊長で、熊本出身でしたけどね。僕が熊本の裁判所に転勤した頃、わざわざ僕の宿舎まで訪ねて来てくれましたよ。酒を持って。飲みに来てましたよ。製材所の所長をやっていました。
過去を振り返ってみると、無茶なことをしたなと思いますよ。戦争中ですからね、当時の軍隊教育というのは国のために奉公しなさい、命を捧げなさい、でしょ？　死んだって後悔しないぞという気概を持って軍隊に志願してますからね。別に怖がりもしないし、それがあたりまえでしょ？という認識ですよね。軍人恩給？　護郷隊にはそんなのないですよ。数カ月戦場に行ったからって、そんなのないでしょう。

知名(ちな)巡査*14というのは相当評判悪かった
——北部では日本軍によるスパイ虐殺が多発したわけですが、大宜味村喜如嘉では地元の巡査が殺されていますよね。喜如嘉にいらしたのなら、何かご存知でしょうか。
知名巡査には、私は一度は会ったんですかね、戦前は登記所にいましたから。あの巡査だったか、とにかく評判は悪かったんですよね、知名巡査というのは。村民の噂では、私の大宜味ではね。そして射殺されたと。日本軍の誰かに殺されたということは山の中で聞きました。喜如嘉駐在所の駐在員だったと思います。辺土名(へんとな)高校からずっと坂を上がって行って山の方に「オドウ」という所がありますけど、あの近くの山で日本兵か何かに殺されたと。私も山の中で聞いていますからね。やはり人からあまり好かれていなかった巡査だなと思いましたよ。昔は田舎ではですね、巡査はあんまり。いやがられるんですよ。とにかく知名巡査というのは相当評判悪かったですね。

——やはり怨まれやすい仕事ということですか？

だったんでしょうね。

——奥島さんが今住んでらっしゃる場所は前田高地、映画にもなった激戦地のハクソー・リッジの真上ですよね。でもここも、モノレールの駅ができればだいぶ便利になりますね（二〇一九年一〇月開業）。

「浦添ようどれ」（一三〜一四世紀に沖縄を統治した英祖王統の墓）もすぐ下です。都会になってきたけどまだ緑も多いしね。いい所ですよ、ここは。まだ鍬作業してますよ。小さな畑を。葉野菜を作っています。長寿の秘訣かな。運転しないから、護郷隊慰霊碑にもしばらく手を合わせてないです。年に一度の墓参り以外はもう大宜味には行かない。山原は、遠くなりましたよ。

置き去りにした戦友と戦後再会した

第二護郷隊　第一中隊　第三小隊　国頭村与那出身
昭和三（一九二八）年生まれ　一七歳で入隊

宮城清助（きよすけ）さん

那覇市小禄の赤瓦の家に住む清助さんは「誰から僕のことを聞いたんですか？　自宅はちょっと都合が悪いので」と撮影に来た私たちをややいぶかしげに眺め、自宅から一〇分ほど歩いた公園に案内した。沖縄本島の北端のご出身だが、那覇の生活が長いのか、沖縄言葉のアクセントもなく、論理立てて話す物腰は都会的、頭脳派という印象だった。

「ハハリユ」という暗号名で陸軍登戸研究所が製造した特殊な爆弾が沖縄戦で使われていたことは、瑞慶山良光さんほかも触れていたが、今回の調査まではっきりわかっていなかった新事実だ。上官も部下も、けがをしたら戦場に置いてきたという残酷な実態が語られるが、宮城さんの場合、戦後奇跡的に生還した本人と偶然出会っていて、それはほっとするのと、ばつが悪いのと、何ともいえない心境だっただろう。同じ地域の者同士が近くの山に行って敵と戦うというこの特殊な状況が、生きて戻っても護郷隊のことは語らないのが無難という空気を作り上げていったことが窺える。

四月から八月くらいまで、何カ月も着替えはないんですよ

国頭村辺土名の山の上に防空監視哨というのがあってですね。敵の飛行機を発見して監視本部に報告をする仕事をしていました。元々は部落（集落）の青年会が奉仕でやっていたんですが、ある時から軍の偉い人が来て、ふさわしいのを選んで、そこから有給になった。で、僕もその仕事についた。でも小学校の同級生らは先に護郷隊に入っておって、僕は昭和二〇（一九四五）年の三月一日だったんじゃないかな、入隊が。軍隊という所は一日でも先に入った人が上になるから、私なんか一番駆け出しで、同級生の中でも戦闘中も一番下っ端であったんです。別の仕事をしていたために自分が友人たちよりも一歩遅れた気持ちになって、それで志願したんですけどね、けれどもあれは志願といってもですね、実質的には召集ですよ。少年もみんな行かなければいけないという、そういう社会情勢でしたからね。

今考えると、戦争というのは個人の事情なんて全く考えませんね。うちは七人兄弟で僕が長男で、祖父母と共に一一人家族だったわけですが、一〇・一〇空襲の前に親父は召集され、祖父も病気で動けなくて、そういう中で僕が抜けて、小学生の弟妹たちと避難生活するわけですから、母と祖母は大変な苦労だったと思いますよ。でも当時は子供だから、友達も行ったし、早く行かないととしか考えなかった。母も行って欲しくなかったかもしれないけど、自分のことだけ言えるような情勢じゃないですからね。そんな中で自分は、喜んで行ったような形で。

入隊の日にもグラマンが来て空襲警報鳴っていましたからね。それから速成の軍隊教育ですよ。それをやっていると、三月二六日に米軍が慶良間に上陸しましたですよね。そのちょっと前に、教育から本隊に編入されて、私は一中隊の三小隊に配属されたわけですが。

軍服はダブダブでね。軍隊では「軍服に身体を合わせるんであって、身体に軍服を合わせるものではない」と言うんですよ。靴も向こうから支給された物は、大きい物でもうブカブカ。靴も、足を靴に合わすんだという風な話でしたから。

——でも、合わせられないですよね。

そうですよ。服も、四月から八月くらいまで、何カ月も着替えはないんですよ。ずっと雨が降りますから、靴の中で皮膚が割れてしまって。長い休憩があると靴を脱ぐんですが、そうすると今度は足が腫れて、入らないんですよ。

なんといっても食糧事情がね。第二護郷隊は三六〇名くらい（正確には三八八人）なんですが、米軍が上陸して、嘉手納あたりから追い上げられてきた日本の軍隊が山づたいにずっと恩納岳に入ってくるわけですよ。一〇〇〇名以上くらいに膨れ上がったんじゃないかな。三六〇人の食糧をみんなで分けるわけですから、一日玄米のおにぎりだけですね。副食は何もない。その玄米のおにぎり、こういう風に手の中に入る大きさの物、一日二個です。

装備はですね、九九式の護衛銃と、そして銃弾六〇発ですね。そして手榴弾一個。もちろん帯剣があるわけですよね。九九式は一人に一丁ありました。それと小隊で、軽機関銃一丁、擲弾筒一丁。これが装備なんですよ。栄養失調で痩せ細っていきますよね。だからこの銃が、ものすごく重たく感じるわけですよ。行動するのは夜だけですけどね。

敵の食糧庫、弾薬庫を爆破する練習

——印象に残っている訓練はありますか？

軍隊というのはまず一つの塊として行動しなければならないから、毎朝並んで歩く、行軍ですよね。それから、銃剣術。木銃がありますから、杭(くい)を打ってそこに俵を結びつけているわけですよね、それをひと突きで突く練習ですよ。

それと爆薬の扱い。ゲリラ要員ですから、これも戦後になっていろいろ聞いてわかったんだが、陸軍中野学校出身の将校たちが、ゲリラ要員として少年たちを訓練しているわけですから。つまり夜潜入して行って、敵の食糧庫とか弾薬庫とかそういう所を爆破する練習ですから。ダイナマイトの扱いも訓練の中でかなり重要な位置を占めていましたなあ。

――普通の軍隊は使わないようなダイナマイトだったということですか？

でしょうね。こういう小さい細長い爆薬で、その時の話ではこれは普通の爆薬の、何倍からの威力があるという風に言っておりましたから。レンガよりは小さい物に導火線がついていて、発火させて投げるんですが。色はシルバーでした。そのほかに普通の爆薬ですね。あれも練習させられました。餅みたいになっているダイナマイトに導火線をつけて爆発させるという。

――その小さい四角い物、ハハリユという名前でしたか？

そう。ハハリユといった。ハハリユというのは、かなり時間を割いて説明していました。マッチで火を点けるんですが、すでに日本軍は欠乏状態だったので、実際に火を点けることはしなかったです。普通のダイナマイトの何倍といったかな。四、五倍くらいの力があるという話していましたね。

――戦車も飛ばせるくらいの？

戦車は飛ばせないでしょうな。敵の施設物ですね。こういう所に潜入して行って、これに火を点けて爆破するという話でしたから。我々の戦闘区域ではこれを使う場面はなかったですがね。第一中隊は後方に回されていることが多くて、第二、第三中隊が前面に出て行ってましたから。犠牲もそっちが多かったですよ。戦車を爆破するのは、こう丸くなっていて、棒にこれ結びつけて敵の戦車が来る時に、これキャタピラに入れて爆破するというのがありました。

合言葉が言えず日本刀で斬られた友達

迫撃砲が夜通し陣地に飛んでくるわけですよ。そうなると前方も後方もないわけです。米軍は上陸してその数日後にはもう金武まで行っていますよ。そして夜通し電灯を点けて、ブルドーザーとかトレーラーとかですね、重機がガンガン動く音が夜通し響いているんです。僕たちはそういう重機なんて見たこともないですからね。それで四月一二日頃ですか、敵の陣地に斬り込みに行くといってですね。小隊ごとに夜襲をかけるわけです。それで僕らの小隊も夜中に行くんだが、仲間が地雷を踏んで、ちりぢりになってしまった。その時、機関銃手の比嘉という奴が、暗闇の中、仲間を探して土手を歩いていたんです。当時はね、誰何（すいか）といって、「山」と言えば「川」、と言う。でもあれはもう敵に知られているということで、「一人十殺（いちにんじっさつ）！」と言ったら「一戦車（いちせんしゃ）！」と言う約束になっていたんですが、そんな長い合言葉を覚えて現場で言えるような余裕はなかったんですよ。それで、彼は下から「一人十殺！」と誰何されたのに戸惑って「一戦車」と言えなかったんです。下から隊長に誰何されてるのに答えなかったから、すぐに上に上がって日本刀で袈裟懸（けさが）けに斬られた。幸い機関銃を持っておったもんだからこれに当たってチャリンと火花が散って、でも比嘉君は臀部（でんぶ）を斬り下げられてしまった。「あいたー！」という日本語が聞こえたもんだから味方だったと。隊長が部下を斬ってしまったわけです。一〇年ほど前、たまたま集会で比嘉君と会ったから飲みに行こうやとなってこの話になった時、彼が当時の傷を見せてくれたんですよ。お尻、かなりの傷であったことがわかったんですけどね。

岩波隊長が軍刀引き抜いて先頭になって

ある朝、隊長の身の回りの世話をする当番に当たっていたから、隊長の飯盒の米を洗いに下の谷川に行っていた時に、パン、パン、パンと音がするから、これは近いといって飛んで帰ったら、米軍が二〇〇名くらいこの稜線まで来ているということで、みな騒いでいるわけ。それで岩波隊長が「ここにいる者だけでいいから、みなすぐ集合しなさい」ということで、みな慌ただしく集まってきて、そして「おれに続け！」と言って岩波隊長が軍刀引き抜いて先頭になって、稜線はだいたい五〇、六〇m上でしたからそこにみな進んでいったわけ。そうしたらまた銃声がパンパンとなったら前の人がすぐひっくり返って、僕は怖くなって後ろに逃げようとしたら、後ろから来る上の人たちが「烏合(うごう)の衆になるな！　烏合の衆になるな！」と言って叱咤(しった)するもんだから、またおそるおそる行って……。

米軍も、ここにかなりの数の遊撃部隊がおるということは予想してなかったはず。それで運良くアメリカ兵たちが下に下りて行ったんですよ。だから、撃ち合いの時には稜線を制するところが勝ちなんです。そうしたらこっちの方が有利になったわけですよね。で、機関銃でずっと撃って、米兵たちも一㎞くらい下がって。それが午前一〇時頃だったかな。そうしたら午後の三時頃に米軍の戦車が金武の方向から来て。一四、一五台だったんじゃないかな、この戦車が一斉射撃したわけですよ。その破片が火をふいてガラガラと近くに落ちてくるんだよな。

あれ、米軍は、午前中の死体回収が目的だったんじゃないかな。その時は、もうここで死ぬんじゃないかと思ったんだが、この部隊の中に、シナ事変の戦闘経験している歩兵たちがおって、「戦車砲は稜線から五、六m下がった所に隠れておれば安全だ」と知っていた。だから僕らも五、六m下がった所にずっと隠れて、向こうが撃ち方止めるまで隠れていた。その時に、誰々が戦死した、誰々が撃たれた、ということを大きい声で向こうから呼ぶんですよね。そういうことが最初の戦闘でした。翌日は我々が一列に並んでいる所の一四、一五mまで戦車が来て二人が即死。少年兵です。遺体は回収して埋めて。後はどうなったかわからないです。

第一陣地から第二陣地に後退して、そして第三陣地まで後退して行って。その間は、昼夜関係なしに迫撃砲を撃ち込みますからね。迫撃砲というのは向こうで発射する音が聞こえるんです。音が聞こえるとだいたい四、五秒したら、あれプロペラ（尾翼）がついていますから、ヒュルヒュル……という音がして落ちるわけです。この第一弾が落ちる時に、ああ今あの辺狙われているんだなということとわかるんだが、この最初の弾着地点がわからない間は、いつも自分の所に来るような気持ちになって、絶えず恐怖です。

死ぬ時に天皇陛下万歳と言って死んでいくと言いますよね。あれは嘘です
――清助さんとしては、戦果はあったんですか？

僕は逃げるだけです。そうやって二カ月くらいはあそこにいたかなあ。それで恩納岳が結局、ちょうど三方から包囲状態にされたものだから、この一方の空いている所から夜陰に乗じてずっと北の方向に撤退して行ったんだが、その時には中部から合流した兵隊たちを含め一〇〇〇名くらいの部隊になっていたんじゃないかな。喜瀬武原のあたりには米軍がいっぱいいるが、アメリカの兵隊たちが話をするのも聞こえる所をゆっくり、ゆっくり進むんです。

――すぐそばに米軍がいる所を一〇〇〇人が夜中に音を立てないで移動するんですか？

そうそう。

――すごいですね。よく見つかりませんでしたね。

夜は物が見えないさあ。暗いですからね。また梅雨の時期ですから、雨が間断なく降るわけですよね。シイの木の枯葉に夜光虫のように光る虫がついているんです。これを前の人の背嚢に差しておいてこれを目当てにしてずっと（進む）。あれがなければもう部隊はみなチリヂリバラバラです。

喜瀬武原から平良に抜ける横断線に、アメリカ軍が点々と警戒してるわけですよ。その間を

抜けて行くしかないんだが、喜瀬武原に着く頃には夜が白々と明けてきてしまった。開けた田んぼのような所にさしかかって、畑隊長が「何をしている！　山に隠れなさい」と声を出したもんだから、多分寝ていたんでしょうね、米兵が飛び起きて発砲してきた。日が出たら、こんなたくさんの人間が行動しているのを向こうに知られたら一斉射撃されますから。あそこには川があって、川の両端から竹がこう、トンネルみたいになっている所があって、一日中この竹のトンネルの中に、水の中に立って隠れていました。日が暮れるまで。

――立って……。眠ることもできないですよね？

できない。撤退する前に、私たちの分隊長の比嘉さんが許田まで遊撃に行ったんです。それこそハハリユを米軍のテントに投げたんじゃないかな。で、どうなるかを見届けようと残っていたら、撃たれて貫通銃創を負った。それで野戦病院に入ってから、四、五日後に撤退することになったから、我々は見舞いに行ったのよ。「次の陣地が決まったら迎えに来ますから、元気でいてください」と。そしたら靴下に入った米を二つくれてね。それを持って僕は部隊に戻ったわけです。で、彼がどうなったのか、戦後もわからなかったんですが、僕は戦後農協の委員していて、連絡のため東海岸を四泊五日で回るわけですよ。そしたらあっちから比嘉さんが歩いて来るもんだから。大丈夫でしたか！と挨拶をして。聞くと、奥さんの弟、つまり義理の弟が護郷隊にいて、義兄を置いて帰ったら姉さんに顔向けできないと残ってくれた。そして這って許田まで逃げて、そこで捕虜になったと。

それで、喜瀬武原が突破できないでいた時に、朝、大休止ということで乾麺麭を食べていたら、誰かがわっと目の前を横切ったと思ったら大爆発音がして、断末魔の叫びが聞こえた。見たら自分の腰で手榴弾を爆発させてしまったのがいるんです。この人は擲弾筒手で、腰に巻いている帯に、拾った米軍の手榴弾をぶら下げてたんです。それが日本のものと勝手が違うから、夜行動する中で安全ピンが外れていたのか、運悪く爆発させてしまった。それで内臓も出て。一〇分くらい生きていますよ。もがいて、やがて静かになって。日本の軍隊では死ぬ時に天皇陛下万歳と言って死んでいくと言いますよね。あれは嘘です。結婚していないのはお母さん、結婚している者は奥さんの名前を呼んで。

——その人は？

この人もお母さん。

——お母さんと言うんですか？　アンマーと言うんですか？

アンマーと言っていたな。楚洲（そす）の新城浩という方です。

そして、その時の破片を足に受けて歩けなくなってしまったのもいて。みなから米を手にいっぱいずつ集めてから「陣地が決まったら迎えに来るから、これ食べて待っておきなさいな」ということで、つまり捨てて行くわけですよ。これどうしようもないんですよね。自分だけでも身を守れない状況の中だから。あの人まで連れて行くわけにはいかないわけですよ。で、喜瀬武原をなかなか突破できないでいると、その彼が、這って、追いついてきていた。だけどまた我々は移動していくわけです。それが、戦後この彼にもぱったり会って。彼は桃原（とうばる）の出身だったから。玉村弥源（たまむらえいげん）という小学校の一級下だった奴で。結局、彼も許田まで這って行ったが、力尽きて避難小屋でじっとしていたら、米兵が見回りに来た。これはもう抵抗もできないだろうと米兵は放置して出て行こうとしたらしい。弥源は彼らのズボンをつかんで、けがをしてるんだと訴えて、米軍の病院で手術をしてもらって助かったそうだ。

「宮城さんという人が米軍のスパイになっている」

――そうやって二カ月近くかけて有銘まで行くんですよね。食糧もますますなくて。

アメリカ軍は山の掃討戦をやるわけですよね。日本の敗残兵を追い出す山狩りをしていく彼らの後ろに、逆に我々はついているわけです。前に出たら攻撃されますからね。ずっと後ろをついて。その分食糧も助かった。というのは、木の上から見てますから。あれたちがテントを解体したらもう移動だな、とわかりますから。テント解体して兵隊がいなくなると、すぐ駆けて行ってCレーション（戦闘糧食）とか缶詰ですね、こういった物ほったらかして行くわけですから。で、彼らは日本の兵隊に食べさせないために短剣で全部の缶に穴を開けて腐らせようとやるんですけど、上から見てますからね。すぐに取りに行けば大丈夫なんです。

解散した後、国頭村与那の集落に帰る前に川上という集落で、南に戻る避難民の方々から「与那は大変なことになってる」と聞いたんです。どうしたのかと言ったら、宮城さんという人が米軍のスパイになっていると。この宮城さんというのは、米軍が辺土名に進駐してきた時に、危ないと思って息子夫婦を迎えに行ったところ捕虜になった。尋問されるが軍隊に関係してない人だとわかって、米軍は彼と共に避難小屋の住民に山を下りるように説得して回ったんです。でも、与那の人たちはこれを怖がって奥に奥に逃げたと。

――敵と一緒に歩いているから、宮城さんがスパイに見えたということですね。米軍も怖いし、また捕虜になってスパイと言われるのも怖いし。

それでも食糧がない家族は、説得を聞いて先に山を下りて、何家族も一緒に宮城さんの家で過ごしていたらしい。その時に、宮城さんの家は山に潜む日本軍に襲われて、家も焼かれた。スパイだということでしょうね。幸い宮城さんも裏から田んぼに飛び込んで身を隠して、けがはしても死人は出なかったが。それから米軍が宮城さんの家を、材木を持って来て建て直してくれた。米軍は宮城さんを村長のように扱っていましたよ。

与那の集落は戦争末期に、家の三分の二が火炎放射器で焼かれてしまった。与那の人は比地に収容されていました。空き家は避難民と敗残兵のトラブルの温床になるからでしょうね。戦後の僕らの仕事は、まず共同作業で掘っ立て小屋を作るところから始まったんです。

犠牲の多寡は指揮官による

――岩波隊長の印象は覚えていますか？

入隊式の時に初めて会ったと思うんですが、どっしり構えてですね。目が鋭いなという最初の印象でした。教育とは大変だなと。（数え年で）二四歳の青年がね、三六〇名の部下を引きつれて。そしてこの隊長は厳しい局面に来ると、みんなを休ませておって自分で斥候、状況突破できるかできないか、道もちゃんと調べてきて誘導していきましたからね。すごいですよね。

今の子供たちに何になりたいかと訊いたら、野球選手とか、社長とかですよね。僕らの時代は、陸軍大将ですから。青年将校なんていったら見たこともなかった。ただ我々が助かったのはですね、犠牲の多寡は指揮官によるわけですが、岩波隊長は沈思黙考型。第一護郷隊の村上隊長は行動派で、岩波隊長とは全く違う。だから僕たちのところは犠牲が少ない。

一中隊の中島隊長は英語がべらべらでした。大学を出ていたんじゃないかな。戦争の中ではものを考える人ですね、軍人向きじゃないんですよ。ものを考えないで命令通り動く人が優秀な軍人なんですよ。僕らが後方に回されていたのは中島隊長の性格のおかげだったんじゃないかと。その分第二、第三中隊よりも第一中隊は犠牲も少ないです。

戦死した戦友の豆で飢えを凌いだ

第二護郷隊　第三中隊　東村平良出身
昭和四（一九二九）年八月八日生まれ　一五歳で入隊

大城弘吉さん

若い頃は海人。長く半農半漁だったが畑も息子に譲ったので、毎朝起きてやることは鶏のエサをあげることだと笑う弘吉さんは、とても愛嬌（あいきょう）のある優しい声のおじい。まだカメラもセットしていないうちから「護郷隊の歌、もう歌ってもいい？」と言って、屈託なく戦争の話をしてくださる朗らかな方だった。が、完成した映画の試写会を名護で開催した際、実写の悲惨な映像が続くと顔色を変えて会場を出て行ってしまった。インタビューを聞き直してみると、夢に見るよ、というコメントや辛そうな表情の瞬間が何回もあったことに気づいた。お話を伺う仕事を長くしていても、初対面の時には汲（く）み取りきれないものだと反省した。インタビューの間じゅう、庭のひよこたちがピヨ、ピヨと鳴き続けていた。

急いで橋壊しても米軍はすぐ修復する

うちはもうずっと海の仕事。あっちに海の道具があるでしょう? 親父も海人。朝は鳥の鳴き声がしたら時計は見なくても起きて海に行った。戦後も半農半漁。芋や野菜を作ってから海に行く。川田まで車で行ってそこから出て行く。あっちの海はいい魚がいっぱいだったよ。

——入隊の連絡はいつどんな風に来たんですか?

昭和二〇(一九四五)年になってすぐ令状が来て、おじいは軍人になったことを喜んでいた。前は平良にお店があったから、そこで集まった生徒たちは日の丸の旗をあげて、見送りするといって。護郷隊で行く人は五、六人いたかな?

♪勝って来るぞと勇ましく
　誓って国を出たからは
　手柄立てずに死なれよか
(「露営の歌」)

こういう軍人の歌をみんなに歌わせて、送り出された。護郷隊の歌は、まだ覚えているよ。

——令状もらってどう思いました?

あの時は喜んでよ。軍人になったら革の靴履いたり、勇ましくできると。はあもう、軍人になると言って喜んでいるわけよ。革の靴も履いてパリパリ、軍人に。一五歳頃だから、あまり別の考えはしないで、もう軍隊行ったらパリパリして上等。軍人らしくできるなとこれしか考えていなかったなあ。こっちで畑仕事するのでも今は前のように裸足では歩き切れないけど、あの頃は裸足族だったからよ。どこの山歩いてもトゲは刺さらなかった。足の皮がゴムみたいになっていたから。

そして車のない時代だから、集合場所の恩納村の安富祖まで歩いて行ってる。荷物といってなかったけど、大変だったよ。熱田の学校には軍隊が入っていた。僕らもそこで泊まったり訓練を受けたりしていた。すぐに戦争は切羽詰まってきているから、恩納岳の陣地に全部食糧上げるために、食糧運搬やった。あの時は中腹に炊事場作ってそこで食糧炊いた。煙を敵に見られたら命取りだから、テントの下まで全部灯りももれないようにして。米軍は美味しい保存食があるけど、日本軍は米だからやー、火で炊かなければならない。すぐに食べられるパンとかがないから、乾麺麭みたいな缶に詰められた食事しかないから。枯れた竹を集めて燃やした。あれは煙があまり出ないから。

——憧れの軍隊は実際に行ってみて、どうでしたか？

ああ、こんなに苦しい生活になるとは思わなかったなあと、行った後になって思った。日本の軍隊には、脚絆というのがあるでしょう。あれはこんな、一m以上あって、これを毎朝ちゃんと足に巻いてから体操に出ないと隊長たちに怒られた。ダラダラしていて戦争に勝てるか！と。足首から膝の下まで、余らせても怒られた。訓練中もひもじくて、恩納村には芋の畑がたくさんあったよ。知らんふりしてポケットに入れて、トイレで食べたりした。

最初に、アメリカが攻めて来たら、まず橋から撤去しないとどんどん橋を越えて来るからと言って、橋を壊す仕事をやった。上陸前に。そうなんだがよ、もう、アメリカはすぐ鉄のパイプでこっちに橋を架けてから、すぐ車が通れるようにしていた。大変だったなあ、あれは。急いで橋壊してもすぐ修復するから、これではいけないなと言って。火薬はあった。ダイナマイトは、あれに信管つけてから金武の方の橋はあれで爆破して壊しもした。

――いくつも壊したんですよね？

うん壊したが、アメリカは鉄骨持って来て敷いて、車はどんどん通るのを見ていて、まさかこんな風とは思わなかった。壊したら遮断されるから車通れないとしか日本の人は考えていないわけ。橋さえ撤去すればもう機能しないから、ということで日本はこういう策しかしなかった。勝っているのか負けているのか、何も情報がないから、後で南部のことを聞いてびっくりした。砲弾も何もない。橋を壊せば戦争がストップすると、そんなことしかなかった。

隊長さんたちは歩けない人たちをピストルで全部殺ってるわけ

——弘吉さんも戦ったんですか？

僕らは武器を持って戦うより、ご飯を作ったり、けがをした人を運んできたり、そういう仕事が多かった。

恩納岳のてっぺんに陣地があって、四、五名くらい先輩たちが行って、銃を構えて準備していた。こっちに来たら鉄砲でやるつもりで。しかし軍用犬というのは、ずーっと山の下から、人がわからないようにゆっくり上がって来るわけ。

——アメリカ軍の軍用犬が来たんですね？

最初は三匹くらい上がって来た。後から斥候兵が来て、どこら辺に日本人がいるよと、情報をつかみに来て、すぐまた戻るわけ。その後からは、これらが連絡取って発覚しているからもう、砲弾撃ち込まれて大変だった。上に陣地を構える人たちはもう、鉄兜（てつかぶと）も割れてこっちで全滅した。これではもう、うちらも全滅するなと思って、上の陣地から下に下がって来たわけよ。向こうで亡くなった人たちは全部、あっちは山で歩けないから、帯剣の皮帯に棒突っ込んで、（担架のようにして）二人一組で下の方に全部下げて来た。

——死体を？

うん死体を。担架も持ってないでしょう、山の中だから。また向こうは竹も多くて歩くのが困難だった。死んだ人はバンドに棒突っ込んで二人ずつ、こうして中間に運んできて。もう後は上が攻撃されたから、明日までこっちにいたら恩納岳の人は全部亡くなるからと言って、歩けない人は中間に置いてから、隊長さんたちは歩けない人たちをピストルで全部殺ってるわけ。

――歩けなくなったけが人を隊長がピストルで撃ったんですね。隊長さんのお名前は?

ハタトモミチ。字ははっきりとはわからない。名前はハタトモミチ(畑友迪)。この人は中隊長。多分、明日には敵がこっちに来てまた攻撃するだろうから、ここにはまだ生きていて、けがして寝ている人もいるから、外人に殺されるよりは隊長たちに殺させた方がいいよと言って、日本は殺っているわけ。岩波とハタ隊長。

――彼らが直接拳銃で傷病兵を殺した?

うん、そうそう。直接は見ていないが、仲間から聞いた。こんなことをしてはいけないがなあ、と思ってはいるが、もうこれは、隊長たちが殺るんだったらしょうがないだろうと、うちは思ったわけよ。だって歩けないんだから。自分らが責任持てないし。もうこれは厄介な話になっている。

けがした人は傷口にウジも湧くでしょう。薬という薬もないから、ウジ湧いたまま無理して歩いてきた人もいる。一人は有銘にいたが、大変だったなあ。

――助かったんですか？

その人は助かった。また、食糧を取りに行った時に死んでいる人がいて、奉公袋に豆がいっぱい入ったのを持っていたから、「あんたは亡くなって食べることができないから、うちが持って行こうなあ」と言葉をかけて、戦友の物を取って、ひもじいもんだから。取って帰って来た場合もあった。まだ敵の弾に当たって間もなくの人だった。もうひもじくしているから。

――豆を持っていたのは護郷隊員だったんですか？

多分そうだっただろうと思う。顔なんかはっきり見ないから。死んでいるんだから。この袋に豆入れて倒れているから「あんた死んでるから、僕持って行こうな」と言って。この辺に敵がいるかもしれんからすぐ逃げた。これ、頭から消えないから。

友軍同士で突き合いして亡くなっている人もたくさんいる

――恐ろしいものをいっぱい見て、戦後夢に出てきたりすることとありますか？

ああ、あるなあ。だから覚えている。怖いのが。大変だったなあ……。

それにしても日本軍というのはなぜ、こんな小さい子供まで戦争に出すと言って、やったのかと思ったりする。畑で作った野菜も、集めて日本軍にやって、またキセルの小さな鉄でさえ、これで弾を作るんだと言って取られて、日本の軍隊はここまで貧乏なのかと思ったね。ひもじくて、外人たちが立ち去った後に缶詰を捨てていくから、それを土の中から掘り出して食べるんだけど、あっちも頭がいいのか、銃剣で一つひとつに穴を開けて腐らしているわけ。悔しかったなあ。でも、腐れていても食べるくらい、もうみんなひもじくしていた。

恩納村からはもう逃げようなと言って逃げて行く途中で、米軍が警戒している横断線を渡るんだが、アメリカは網を張っている。針金に引っかかったらガランガランと音がして、どこまでも連絡が行くからよ。昼のうちに斥候を出して、この針金をちゃんとはさみで切っておくんだ。部隊が通れるように。進む時は真っ暗だからね、身体の後ろに白い物を下げて、前の人のその白い物を見ながらゆっくり。

米軍の手榴弾を拾って持っていた人が、途中で木に引っ掛かって誤って爆発して亡くなったのもいる。宮城福政、平良出身だった。

また、「合言葉」ね。こちらが「山」と言えば「川」と言わなければ敵だと思ってすぐやるわけ。これがうまくいかないで友軍同士で突き合いして亡くなっている人もたくさんいるよ。もう暗いから、敵と思っている。最初は石川岳にもいたが、石川岳から移動する途中でこんな風に亡くなっている人がいた。

——護郷隊が護郷隊を殺したということですか？

やはり返事しなければ、暗いから。うちの家の後ろに住んでいた方が教員だったが、この人もそれで亡くなった。味方同士で、銃剣持ってるからこれで突き合いしている。今でも夢に見る。遺族の人も、亡くなった理由は知っていたんじゃないかな。

何があっても戦争したら大変なことになる

帽子も、服も、雨でびしょ濡れになっても乾かすこともできない。最初は軍服を着ていたんだが、東村に来るまでに、避難小屋にある民間人の着物を取って、それを着て進んでいった。有銘の集落の高い山に武器も軍服もみんな埋めて解散になった。とにかく部落（集落）に着いたら、家は空き家だった。家族は羽地の収容所に行っていた。それで、東村の人はあっちのテントだよ、という所に行って親を探した。避難民の服を着ているから、もう親が見てもわからなくなっていた。親も泣いて。こんな姿になってしまったのかというような感じで、辛くて泣いていた。

伊差川（いさがわ）という所で、みんなアメリカの仕事をしていた。仕事をしたらパンもくれるから。大城、行こう行こうと誘われて。しかし親戚が班長をしていて、彼が「君は隠れておきなさい、兵隊だとわかるとアメリカに連れて行かれるから」と言う。だから僕はあまり仕事には出なかった。豆兵隊はおるかー?と回ってくる人がいたよ。護郷隊のこと、豆兵隊と呼んでいた。

後から、隊長たちは拳銃も持って堂々と投降しているわけよ。それで隊長さんたちがみんな一緒に出たかどうかはわからない。降参してカンパンに入ってから命は凌いでいるわけ。第一回目の護郷隊の慰霊祭には来ていたな。うちなんかも毎年行ってたよ、慰霊祭に。

——岩波さんの印象は？

ああもう堂々たる。ビクビクもしないよ。部隊長といったら、こんなに素晴らしいのかと思った。本物の戦争になっても堂々と。僕ら少年兵だからビクビクしてよ。部隊長は岩波壽といった。名前は未だに忘れない。

じゃあ、今歌う？ 「護郷隊の歌」第一番目。

♪運命かけたる沖縄島に
我らは召されて護郷の戦士
驕敵米英撃らてし止まん

護郷隊ではこの歌をよく歌わせた。今は、あんまり歌ったことないなあ。あんたよく知ってるね。子供たちも誰もわからんよ。でも頭に入っている。老人会の集まりでバスに乗って恩納村を通る時にも思い出して歌って聞かせたこともあるよ。

——この歌を歌っている時はどんな気持ちなんですか？

さわやかになる。いい気持ちである。恩納村来た時は必ずこれ歌いたくなる。

しかしけがして恩納岳の下に寝かせている人たちのことを思うよ。どうやって処理したとか、話聞かなかった？　亡くなった人たちのこと。別に聞かなかったかな？

――私がほかの人から？　詳しくは聞いてないです。

けがして歩けない人たちは、明日になったらアメリカ兵がいっぱい来るから、隊長たちが全部殺したんじゃないかと考えている。仕方ない、歩けないんだもん。この場所から逃げなければ、すぐ外人がいっぱい来る計算であるわけ。あとはようやく歩ける人は歩いて、薬もないから、ウジ湧く人もいた。傷が大きくて、こっちで腐れてから、大変だったよ。

何があっても戦争したら大変なことになると思ってる。なにも、降参したら元気なのに、強いて戦おうとしたら大変なことになるから。今でもそんな状態にあるでしょ？　北朝鮮のことも。後は戦争になろうなろうとしているが、大変だよ。

高江洲義英君の銃殺を目撃した

第二護郷隊　第三中隊　第一小隊　東村有銘出身
昭和四（一九二九）年一〇月一六日生まれ　一五歳で入隊

仲泊栄吉さん

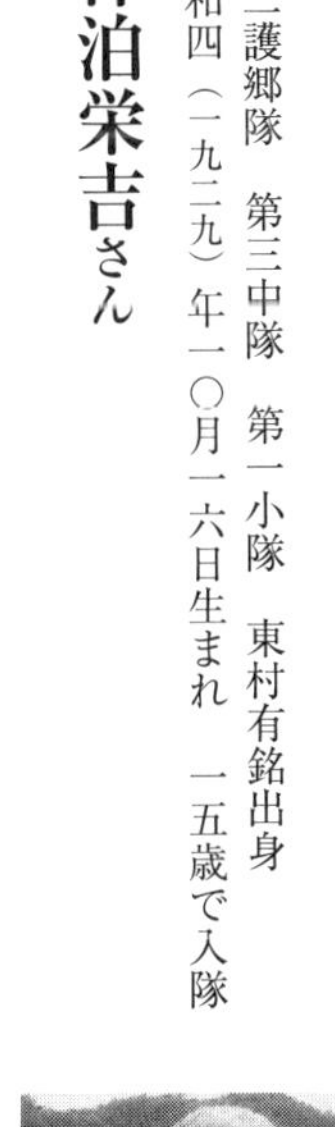

第二護郷隊は六月二日に主陣地があった恩納岳を後にして北上、七月一六日有銘の山中で解散するが、その解散式をした場所こそが栄吉さんの実家の目の前だった。岩波大隊長や畑中隊長たちは一〇月までこの有銘周辺の山に潜伏しており、栄吉さんらはその後も連絡を取り合っていたという。解散した場所に立ち、恩納岳からここまでの距離を、米軍に気づかれないよう道のない山をつたって這って逃げて来たのが重ね重ね信じられないと言うと、栄吉さんは「道はあるよ。今でもナタ一本あれば道は探せる。恩納岳までも、行けるんじゃないかな」と言った。高江洲義英君の銃殺を目撃した話は、戦後七〇年、誰にも語らず胸に秘めていた。取材時（二〇一七年）八八歳、体格も良く背筋は伸び、精力的に農業に取り組んでいる。一〇年前に妻に先立たれ、長男と暮らす家は清潔に片付いており、

庭先は果樹や花木で見事に彩られていた。行くたびに、両手いっぱいのミカンなど果実をいただいた。

少年兵が一〇キロ爆弾持ってアメリカの戦車を爆破しに行った

僕らは昭和一九（一九四四）年に国民学校を卒業してからほとんど徴用。伊江島飛行場、読谷飛行場。一〇日働いて一〇円くらい、わずかよ。子豚が一頭一〇〇円だったけどね。

——召集の令状が来たんですか？

令状は来ない。電話で役所に来なさいと。当時川田に役所はあった。二月の終わりに先生をしていた池原貞雄さんが来て、君はこっちと選別されて恩納村安富祖に行って三月一日には入隊した。もううれしかったですよ。学校でもみんな、国のために尽くすのが本望だからと、それればかり教育されているから。親父も海軍で海南島に行ってた。怖いとか、危ないとかそんなのは全然ない。戦前の人はほとんどもう、軍隊に行くのが本望で、僕も楽しみだった。行くのがあたりまえだから。ははは。周りも歓迎、行ってきなさいと。両親も何も言わない。頑張ってきなさいとだけ。今だったら考えられないわけよね。

入隊したらね、部隊長が訓示するわけ。この郷土は貴様らが守るのだ。逃げてもいいよ。いいが、はがき一枚でこれ（首をはねるしぐさ）、死刑にすると。はあもう、軍隊というのは行ってみて初めてわかる。いつも殴られてばかりだった。一番下っ端だったからね。歯を食いしばれ!と言って殴るわけよ。グーで殴るのも、びんたも多かったね。あと教育中は、銃の下の所で殴る。本土の方はげんこつで、沖縄の人は平手。でも一生懸命やって手柄を立てたいという気持ちしかなかった。安富祖の学校で三日教育を受けて、その後部隊編成して、二六日かな、山に上がった。はじめは下の方に行って、次第に上に上がった。

——どんな訓練でしたか?

爆破の訓練が多かった。脚絆を巻くのも慣れないし、軍隊の言葉もわからないしきつかった。帯剣も弾も腰に着けて、その上荷物を持って海の方にバーッと行くんだけど、身体が小さい人は、もう歩き切れないわけ。僕なんか大きかったけど、弱いのはね、また歩けなくて殴られるわけ。

実際の戦争ではね、僕ら一番下の少年兵が一〇キロ爆弾持って、恩納の万座毛にアメリカの戦車がいっぱいいるから、それ爆破しに行ったわけです。ハチマキして。日本手ぬぐいのね。別れの盃(さかずき)ももらって。一〇キロ爆弾背負って。先輩たちは二kgくらいの小さな爆弾。下の人は大きな爆弾、一〇kg!

——仲泊さんは一〇kgを背負っていく役割だったんですね?

戦車がいっぱいいるから、それを爆破しに行ったわけ。行け!と言われたらもう最後だけど、隊長の命令がないと何もできない。暗闇で待ってるけど、そのうちにね、この戦車が万座毛から出て行くわけですよ。僕らは隠れて、話すると聞こえてしまうから黙って命令を待ってるけど、出て行くのを見送りしたみたいな形で。それからまた山の方に上がったわけですよ。

——どのくらいまで近寄ったんですか？

わずかだったよ。見えよったのに。夜だから暗いから、あれらは電気点けていくでしょう。それで見えるわけ。でも、ばれなかった。

——ハチマキして盃というのは、それはお酒が入っているんですか？

お酒よ。お酒といっても子供だから舐めるだけ。もうお別れの盃だからね。

——一五歳で。

ええ。それと乾パンね。乾パンを少しずつもらっているが、僕はひもじいからすぐ取って食べたりしてもうなくなったわけですよ。攻撃が未遂だから小隊に戻ったら、空の袋ばかりでまた殴られるわけ。

まだ米軍が上陸する前は、僕たちは石川岳にいた。そこで艦砲射撃バンバン受けて。北飛行場と中飛行場を爆破するために行ったんだけどだめだった。四月一日に上陸されて、米軍は翌日には石川の方に回って。石川の橋は護郷隊が落としたんだけど、浜からどんどん上陸してきた。だから夜に恩納岳に撤退した。途中、伊芸と谷茶を結ぶ馬車道があってそれを突破するのが大変だった。弾はヒューヒューして、バンバンして、僕らは着剣して伏せていた。

一番臭いのは、人間のあれ

——それが一番激しい戦闘でしたか？

いや。三角山だね。僕はね、三角山のことがいつも頭にある。三角山にアメリカーが来たから、東村の中隊（第三中隊・畑隊長）はそれを取り返しに行った。東村の三つの小隊が全部で三角山の山頂を囲んで。僕らの小隊長たちはみんなここで亡くなってるわけですよ。三角山の東側から敵は来るんだが、東海岸は絶壁だから上がれないわけ。それで、稜線に境界があるんですよ、東と西の道が。その道通って僕らはこっち側にいたわけですよ。突撃態勢で。それで突撃やったものだから、アメリカが上からこうして来るわけよ。こっちから機銃やったもんだから向こうからも機銃がもうバーっと来るわけ。この山は二ｍくらいの竹ばかりあったが、この竹がバラバラバフ……とすごい勢いで落ちる。僕らはこうして屈んでいて、何もできないわけ。

そして僕らの小隊長、分隊長の三名はその中に入ってるわけですよ。だから戦死して。弾が止んでみたら、けがしてるのがいっぱいいるわけですよね。戦死しているのもたくさんいるもんだからそれが臭くて……。アメリカもそれが臭くて引き上げて、もういなかったわけ。

——死体が臭くて敵が引き返す？　そんなに死体の臭いってすごいんですか？

一番臭いのは、人間のあれ（死体）が臭い。人間のが臭いよ、家畜よりも。最初はね、口と鼻から虫がグワングワン出てくる。ウジ虫。元気な人でもね、けがしてるところにはウジ虫がいっぱいいいたんだよ。僕らも入隊して二、三カ月、軍服も一つ、下着も一つ、替えはないよ。太陽が出たら、裸になってシラミを取った。服を裏返して縫い目を開くとね、そうめんみたいにびっしりと。それを親指の爪でプチッとつぶす。ズボンは硬いからやりにくかったよ。ずいぶんシラミに悩まされた。

うちらの小隊長が亡くなってからは、先生の池原さんがかわりに小隊長になったけど、頭のいい人は指揮は執れない。怖いからじゃないか。三角山を下りて、もうアメリカが上がってきてるのが見えるわけですよ。でも自分では見ないで、僕らの親戚の城間さんに「城間君、様子を見てきなさい」とか言って座っていた。前の隊長たちは自分から前に行ったのに。

僕らはけが人を運ぶ係で、米袋に棒を通して担架にして運んでいくから、恩納岳のくぼみにあった野戦病院の場所はわかる。でも、第二護郷隊本部がどこにあったのかは全くわからない。四、五人運んだが、亡くなったのが多いね。

毛布をかぶらされ処置された傷病兵たち

恩納岳からの撤退が決まって、高江の大宜味朝一を、僕ら運んだんですよ。病院から下に運んできた。大宜味朝一は内臓は元気だったよ。両足をけがして歩けないわけ。僕らは下ろすだけ下ろして、後は高江の方がね、仲間が連れて行った。嘉手苅真昭さんが付き添いをして移動していった。でも、自分一人でも大変なのに、あの後攻撃を受けて、担架から離れてしまったらしい。戻ってみたら、大宜味さんは途中自分で、手榴弾で。やはり捕虜になるよりは自分で死ぬのが本望みたい。

——大宜味さんは体格も良くて、相撲のチャンピオンだったと聞きました。

僕も彼と相撲したよ。当時は江戸相撲でね、高江・川田・有銘で勝負して、郡の大会にも出た。僕がね、チャンピオンだったんだよ、国頭の。陸上もだよ。

——仲泊さんは一五歳で相撲も強かったんだ?

はい。郡でも一番だったですよ。大宜味さんも平時だったら助かった。今もそれを気にしてる。あの人、上半身は元気だったよ。今でもこればっかり思い出すよ。でも、もし野戦病院に残してたら、動けない人はあれ、やるんじゃないかな、軍医が。ピストルで。

——残っても処置される。友人の付き添いで脱出しても、結局は……。置いてきた友人も、やっぱり苦しかったでしょうね。

はい。それからどうしたか、遺骨も取ったかもわからんですよ、僕は。

——もう一人、高江の髙江洲義英君とは顔見知りだったんですか?

はい、顔は知っていた。高江だから、東村同士、会ったりしているからよく覚えていますからね。痩せ形でね、四小隊にいたはずです。四小隊の方が結構亡くなってるんですよ。恩納岳で朝ご飯、ご飯炊いたら煙が立つでしょう。それを迫撃砲が狙うわけですよ。それでほとんど破片でやられた。向こうでけがしているみたいね。あの方は元気そうだったですよ。足も顔も元気そうだった。でも頭がおかしくなかったですかね？

——だから、傷病兵たちとは別の所で「処置」されたのですね？

ああ。あれ見ているのは僕一人しかいない。川田の先輩の上等兵がけがしたもんだから、僕はおんぶして上まで上がって病院で下ろして、また小隊まで帰るために下の方の谷間を通ったわけ。そしたら、谷間の崖に誰かをこうして座らせて、毛布をかぶらせてるので何かなと行ってみたら、パンと音するわけよ。この人は毛布かぶってたのを取って、あはははと笑うわけよ。この人ちょっと頭おかしいと思って。また上等兵が行ってかぶせて二回目にやったから、もう何もなかった。そのままシーンとした。それをやるのは軍医さんね。軍医は中尉だったですよ。

——なぜ毛布をかぶせた？

そりゃあ、目を見ながら撃つよりも毛布でもかぶせた方が良かったはずよ。撃たれる人にとっても、撃つ人にとっても。話を聞いていたもんだから。高江洲義英が病院から出されたと聞いたもんだから。帰りに見たもんだから、ああ義英さんだなと思って見たわけですよ。

一発撃って、でも当たらなかったからこうして、あははーって、毛布取ったらあはははと笑っていた。こういう話は言いにくいもんだから誰にもやってない。弟の高江洲義一さんが、とにかく何でも事実を話して欲しいと言うから話したわけですよ。話して良かったのか悪かったのか、それがね……。見苦しい話よね。その当時は何ともなかったけど、後から考えたら残酷だよ。

――当時はそう思わなかったんですね？

なんともない。傷病兵は人に迷惑をかけるとわかってるんだから、その場合は自分で処理するのが本望だったんじゃないかね、あの時代は。今の人だったら考えられんでしょう。漫画みたいな話だよ。戦前は命は軽かったからね。その後自分の小隊に戻ったから、こんなのは義英君のしか見ていないが、ほかのあれもやったんじゃないかな。

――最後に処置された傷病兵らは、埋葬できなかった？

やってないはずよ。

軍医に射殺されていた髙江洲義英君（中央）

軍は戦争になったら飯も住民のを泥棒して食う

恩納岳から引き上げていく時は、僕らが一番後ろ側。こっち（東村有銘）の人で花城清保さんといって、あの人は足けがして歩けないから抱いて歩くよりほかにない。あの人を、僕らもおんぶして二人で交代交代で。おんぶしない人は二人の荷物持って。昼間は止まって、歩くのは夜ばかり。暗くて前が見えなくてね、幸いに向こうでは光る葉っぱがあって、その葉っぱを後ろの肩につけたらギラギラするわけよ。夜光虫みたいにね。あれが向こうにはあったですね。あれくっつけて夜は歩いた。山道は一つだから。雨降ったらバタバタしてね。このくらいまで浸かって、田んぼみたいに。いつも僕ら一番後ろだから、人の倍くらい僕ら難儀してますよ。もう、飯いっぱい食って死にたいという思いがあった。いつもひもじいから。一日二食、それも玄米。隊を離れて食糧を探しに行く時は、着物着けて行ったんですよ。

――普通の沖縄の少年みたいに？

はい、避難民みたいに。久志岳だったが、向こうの避難小屋に食糧がいっぱいあったわけ。澱粉を見つけて、油も、また砂糖もあったし、それ炊いたらカレーみたいに固くなる。二人で鍋にいっぱい炊いて食べてよ。先輩たちにも持たせて。それ食べてからまたネギも味噌もあったからまた炊いてもう腹いっぱいしたわけよ。あの時はもう三上さん。寝ることもできないよ。

——どうして?

苦しくて。すきっ腹に食べたから苦しくて。初めていっぱい食べたから、座ることもできない。布団があったから布団下ろして、布団にこうしてもたれて。朝まで。

その当時は、アメリカーが山から避難民を下山させながら北に、国頭の方に行くわけですよ。僕らはその後ろについて三週間もかけて有銘まで来て、みんなここで解散してるんですよ。「日本軍（援軍）が上陸して来たら、また一緒に頑張ろうな」と言ってましたよ、部隊長が。

最後まで、負けるということは考えなかったですね。でも自分の家があるこの有銘まで来て解散する時はね、もう食糧探しばかり。家族とかここの人たちはみんな収容されて全部いないからね、名護の田井等収容所に。ここは空き家だから、もう朝出て食べ物探して、持って来て食べて、これだけ。解散後も、中隊長はこの山にいたんだよ。奥の避難小屋に。たまに下りて来てここでご飯食べたりしていた。朝とかはいつも中隊長には会ってましたよ。山から歩いて来て。やがて米軍と相談して投降した。

——中隊長の畑さんって、どんな人でした?

三人の中隊長の中では一番元気な人だった。ファイトがあった。活発で。教育の時は厳しかったが、戦争が始まったら怖くはなかった。一度、壕に入る時に間違って畑中隊長の上に乗っかって踏んでしまったことがあったが、何も言わん。終戦後にわかるわけですよ、岩波さんや中隊長もみんな中野学校の人だったって。当時は全然わからん。畑さんは福岡出身だった。

――こういう護郷隊の話をご家族はご存知なんですか？

こういう話は息子は好きではないみたい。家族には話したことがない。名古屋に嫁に行った娘の子供にね、「おじいちゃんどんな戦争したの？」と電話で訊かれたことがあった。あれだけ。「怖くなかったの？」と訊くから、怖くはなかったよと話した。

――日本軍は住民を守らなかったという話がありますよね。

それは守れないよ、戦争になったら飯も住民のを泥棒して食うんだのに。だけど、国は軍隊がなければだめ。僕はそう思う、自衛隊が来るのは僕は好きよ。僕ら学校時代に教えられたわけよ。沖縄は沈まない軍艦って。だから沖縄は基地を置くにはいい所と、戦前から言ってたんじゃないかね。でも住民と軍隊が一緒にいたらこれはもう大変。戦争始まったら軍隊はすぐこれ（拳固を振り下ろす）なのに。

本当だったらね。国はね、僕らにも恩給出すべきですよね。護郷隊には。こんな小さい子供使って戦争やったんだから、これが僕は欲しい。あたりまえだと思っている。一人五〇〇〇円出してね、護郷隊にも軍人恩給をとみんなで陳情したことがあったが通らなかったよ、全然。

子供の着物で自在に敵陣に出入りしていた

第二護郷隊　第三中隊　第二小隊　東村川田出身
昭和四（一九二九）年七月一〇日生まれ　一五歳で入隊

金城幸昭（ゆきあき）さん

護郷隊は四〇人くらいで一つの小隊を作っていて、同じ中隊に所属していても小隊が違うと任務がかなり違ってくる。畑友迪中隊長率いる第三中隊の中でも、金城幸昭さんがいた第二小隊はずっと最前線に置かれていたので、生々しい白兵戦のエピソードが多い。沖縄戦直前の三月に入隊した金城さんらは前年の一〇月に召集された一期生に比べても一番下っ端の扱いを受けたそうだが、だからこそ選抜隊に選ばれたり、中隊長に褒められたりしたことは誇りであり、また後方支援ではなく最前線を守ったことや、米軍陣地を爆破したことなどは華々しい記憶なのだと思った。「銃は撃たなかったよ。戦果なんてないよ」という元隊員もいる一方で、幸昭さんの話はまるで戦争映画のように臨場感がある。

嘉手納飛行場攻撃に行く選抜隊に

――どんな風に召集されたんですか？

昭和二〇（一九四五）年の二月に、集まれという通知が一応みんなに来たもんだから、同級生全部役場に集まって。先生をしていた池原貞雄さんと比嘉貞男さん二人が引率にいらっしゃってですね。でも全部は連れて行かない。四名だけ。学校の成績だけ見て選びよった。やはり向こう行ってからいろいろ教育あるから、それで池原先生が成績見てから四名、僕も選ばれた。

――幸昭さんはできる子だったんですね。

いやいや、普通、普通。ふふふ。でも後から、北谷（ちゃたん）・嘉手納・越来（ごえく）の現役兵の若い方の人たちも教育が一緒になりましたけどね、煙草なんか吸ってずいぶんおじさんだと思ったですけどね。彼らは頭の程度はだいぶ落ちよったですよ。理解が良くなかった。

――隊長は厳しかったんですか？

岩波隊長はね、教育期間中に会ってる。教育終わって安富祖の部落（集落）に戻って来て、先輩らと一緒にいた時にね、先輩たちに、部落に行って砂糖買ってこいと言いつけられて。それで行ったら、部落の人たちがもう売るどころか全部くれた。いっぱいいただいて持って帰る時に、ちょうど岩波隊長さんとはちあわせになって。本当は買い食い、やってはいけないことですから。友人の平良茂とはいつも二人一緒でしたが、二人とも砂糖食べて、黒糖が口に入ってる時ですから、くわえたままあわてて真っ直ぐ敬礼やっててね。隊長さんはそれ見て笑って。ゆっくり帰りなさいということで、その時に隊長さんに声かけられただけですね。

――怒らなかったんですか？

怒りは全然しない。子供だから、ふふふ、見て薄笑いしててね。砂糖を口に隠してるとわかってるもんだから、いいよと。怖いというより穏やかでいい隊長だという認識でした。岩波さんが当時二三歳、中隊長の畑さんが二二歳でした。バリバリ現役ですよ。畑さんは典型的な日本軍人。アメリカのことを「毛唐（けとう）」と言ったりして。すらっと美青年でしたよ。半年分の教育を半月でやるからと、教育の時は厳格で怖かったが、殴ったりは絶対しなかった。山に上がってからは、天気になったら上着を脱いで、みんなでシラミ取り。ほら、おれの分も取れ、と上着渡したり、煙草も吸ってみろと言ったりして、融通の利く人でしたよ。

安富祖の上の、今ゴルフ場になってる所が練習場所だった。松の根っこにダイナマイトを巻いて、点火して爆発させる。そして倒すということでね。護郷隊はみんな橋を壊したり、松並木を倒してアメリカ軍を通さないようにしたんだが、アメリカは橋もすぐ架けるし、ブルドーザーで松の木もすぐどける。石川の橋と伊芸の橋は先輩が壊したが、アメリカはすぐに鉄橋架けてブルドーザーを通していた。結局は馬車で避難する住民を苦しめただけだった。

——どんな訓練をしたんですか？

アメリカ軍に使わせないように、嘉手納飛行場を爆発させる任務ですから、爆薬の訓練ばかりしていたんだ。一〇キロ爆弾を背負っていく訓練。黄色薬が背中にいっぱいついて、真っ赤になってた、いつも。爆弾の箱の中には黄色薬と砂糖餅みたいな物、二種類が入っていた。導火線は一㎝一秒だから、この長さだから何秒かけて逃げなさい、と、こんな訓練をしていた。突っ込んで自爆する訓練ではなかったです。

それで、恩納岳に行ってからは嘉手納飛行場に攻撃に行く選抜隊に選ばれて。二〇名、各小隊から選り抜きで。最初は石川岳が最前線だったから、恩納から石川岳に行ったんですよ。その時には畑隊長から水の盃をもらって。お別れの盃ですよ。迫撃砲っていうのは発射音がして、シューと聞こえたら過ぎてもう大丈夫でね。音聞こえないと、もう危ない。自分の前に落ちるわけだから。自分も弾は二〇発くらいいつも腰につけていた。小銃一発撃つと、軽機関銃が後ろにいるもんだから、次撃ったら交代で、小銃一発撃って機関銃、こんなにしてやりよったですよ。食事は一日二食、朝まとめて持って来る。運搬は第四小隊担当でした。でも量は食器に半分もない。全然足りない。

第二小隊はいつも最前線だった

――小隊ごとに役割が違っていたんですね？

第三中隊の中でも、僕らのいた第二小隊はいつも最前線だった。第四小隊は食事の世話やけがした人の世話などの後方支援。それぞれ役割は別。恩納岳よりちょっと東側に三角山というのがあって、ここがアメリカに取られたんですよ。だが護郷隊が取り返して、僕らでまたずっと守っておったんですがね。それでアメリカが奪回しに来るとなった場合は、こっちからも全部、幹部も五、六名一緒になって行って。アメリカーはもう目の前にいっぱいいるわけですよ。撃ったらもちろんすぐの距離だが、撃たんで突っ込むんだということで。銃剣で突くんだということでね。もうちょっとで突く、という瞬間にアメリカーに見られて全部バラってやられたんですよ。その時にうちの幹部も四名五名、全部いっぺんに殺られたんですよね。三角山の西側五〇m横に指揮班があって、壕の入口で吉元実小隊長が、頭半分落ちて死んでいた。

隊長たちが殺られた時も、僕らの小隊が一番前線にいた。たくさん戦死者が出て、下がったのも最後だった。僕は最前線と指揮本部との間の伝令に走っていたんだが、指揮本部の隊長に「応援を求めます！」と伝えたんだ。したらもう、応援は出さない。山を下がりなさい。ありがとう、ご苦労！と。非常に褒められたんだよ、畑隊長に。僕が砲弾の中を走ってやっていたから。一度は、砲弾の中で僕の叫び声が聞こえたということで、仲が良かった平良茂が従弟の玉城正信に、幸昭は戦死したと言ったみたい。そんなこともあった。正信は病院で後方支援していた。
アメリカーは必ず三角山を取り返しに毎日、二回か三回来よったですよ。上からも見えるもんだから、来たらこっちは構えておって、うんと近寄ったら撃つということで。彼らは手榴弾もいっぱいあるし、手榴弾も投げて、信管も抜かんで投げるのがいっぱいあったんですよ。僕らこれ全部集めて、次からはこれで逆にやりよったですよ。こっちには自決用の手榴弾一つしかない。だから余裕はないもんですから。全部彼らが投げた物を集めてやりよったですよ。物資がないもんだから。鉄砲の弾も一発ずつですよ。全然間に合わないですよ、アメリカはチャーバーラナイ（どんどんめいっぱい）撃ちまくりますから。

明日誰が死ぬかわからない地獄の生活

――忘れられない場面はありますか？

前線ではいつも歩哨、見張りを立ててたんですよ。前はアメリカ兵でいっぱいですから、交代でやりよったんだが、ちょうど僕らと交代する二人は有銘の方でしたがね、二人とも。アメリカーは半時間おきに迫撃砲を二四時間撃ってるから、小隊長に確認してきなさいと言われて、二人の様子を見に行ったんですよ。自分らが行ったら、一mくらい穴掘ってそこにいるんだけど、梅雨で毎日雨だからこれに水溜まってね。見たら二人は横になって真っ赤に染まってた。

一人は頭半分落ちて、一人は背中に直撃して。それで二人全部バラバラ。久田友信と平山清。午後三時頃だったかな、交代で歩哨に立つ二人が迫撃砲で直撃で殺られてて、一人は背中全部バラバラしてね、真っ赤な中に沈んでいた。

艦砲射撃を凌ぐための防空壕を掘ってあったんですよ。夜中に艦砲が始まって、みんなわっと中に入ったんだけど、一人壕に入りきれないで立っている人が、ちょうどお尻に受けてね。部落の人で、彼もすぐ亡くなりました。やられてすぐ壕の中に落ちたもんだから、しばらくしたらうめき声聞こえるわけ、すぐそばで。お母さんようって喋ってるわけ。ずっとお母さん、お母さんだけ。すぐ亡くなっていますがね。あと五〇㎝壕に近かったら全滅でしたよ。

――苦しんでいる時には「お母さん」って言う子が多かったんですか?

あれは仲村康一なんですよ。川田部落出身の同級生、一六歳でした。とにかくお母さんだけ、しょっちゅう叫んで。お父さんとは一言も言わなかった。お母さん、お母さんだけずっと。もう意識不明だから。出血もしてるもんだから。彼は若い頃、家族で本土にいたもんだから、アンマーではなくお母さん、と言っていた。

――その仲村君の最期のこと、ご家族に話したことはありますか?

ありますよ。訊かれますからね。でも詳しい戦死の様子は、言わない。言ったって、もういないわけだからどうしようもないし。具体的な話はやってないですよ。お母さん、と言っていたことくらいは言いました。

——友達がどんどん亡くなって、次は自分じゃないですか。怖いですよね。

でも命令だから。怖くてもやらんといかんでしょ。日が暮れたら、陣地の隠れ家、簡単な小屋に自分ら部屋あったもんだから、みんな集まって、今日は誰々亡くなった。明日は誰が死ぬかわからんという、そんな話だけ。もう集まって、ほかに何もない。本当に地獄の生活ですよ。

子供の着物を着けてスパイ活動

アメリカはもう夜になったら飲んだり歌を歌ったり大騒ぎして。これを見ていてもこっちも撃たない。把握して、山に登って来たら撃つということで。彼らは仲間が殺られるともう、三回でも四回でも何回でも死体取りに来る。決まっていました。こっちはそれを見といて、またやったり。何回も死体を取りよったですよ。向こうは勝ち戦だったからできるわけ。こっちは余裕ない。みんな精いっぱい何かをやっていましたよ。遊ぶ人は誰もいない。小隊の中でも役割はだいたい決まっていましたよ。僕と相棒の平良茂の二人は年中、斥候行ったり、こんなもんだけ専属でやりよったです。

——それは的確に任務をこなすから、斥候に向いていたわけですよね？

最初はアメリカの所に行くと、護郷隊とわからん前は自分たちにお菓子くれたり煙草くれたり、いろんなことしよったですよ。後から金武の飛行場の燃料爆発やったり、全部やったもんだからばれて。後からはもう何かくれたりしなかったですがね。金武のアメリカの所に、子供の着物を着けてですよ。もちろん、軍服は着けていかないですよ。ふふふ。

——子供のふりしてもぐり込むのはドキドキしませんでした？

それはもちろんやりますよ。アメリカと話もしながら、本当は、目は様子を見ているわけだから。覚えて帰るんだから。相手の動き、どのくらいの人数か、どこに何があるか、そういったもんですよ。小隊長に報告するわけ。アメリカには二回捕まえられてね。最初は、斥候に行った帰りに米軍の缶詰を見つけておいて、それを取りに行ったら米軍に見つかってしまった。それで金武の学校が向こうの本部でしたよ、コンクリの学校でね。向こうに連れられて行って。一二歳です、と言って。その時にハワイ帰りの通訳がおってですよ、この人に助けられたんですよ。僕が護郷隊とわかっておったから、明日の朝八時に逃げなさいと。あの時、捕虜いっぱい捕まえていて、毎朝アメリカが作業に出しよったですよ。これの中に紛れて門を出なさいと言ってね。この通訳に言われて、ありがとうと言って出たですよ。じゃなければそのままハワイの収容所に連れて行かれてますよ。

——なぜ逃がしてくれたんですかね？

やはりかわいそうでしょう。通訳も日本人だから。二世ですから。子供ということわかってるもんだから。兵隊とは違うから、ここから逃がした方がいいということでね。それで朝早く列の真ん中に割り込んで出なさいということでね。堂々とは出られんから。その時も本部でいろいろ訊かれたんですがね。歳はもう一三しかならないと嘘をついて。

——金武の飛行場でガソリンタンクを集めて燃やして、大成功だったんですよね？

これには参加してた。大成功だったですよ。爆薬で。これが仕事だのに。そういったこともやるし、車をひっくり返したり、全部爆薬担当の仕事ですから。ずっと燃えて、収容されてた沖縄の人たちも逃げたりしたんだけど、後で自分たちがやったんだよと言っても、物笑いにされましたよ。本気にしていなかった。GMC（米軍のトラックの通称）をひっくり返したり、擲弾筒で全部ひっくり返した。擲弾筒はいい兵器でしたよ、効果的だった。また、中南部から来たほかの部隊も重機関銃持っておったもんだから、堂々と道に出て行ってアメリカ来るの撃ってから、一緒に食糧全部奪ったりしよったですがね。

——幸昭さんの戦争はどうやって終わったんですか？

僕は二回目にアメリカに捕まった後は、自由行動。昼間は隠れて夜歩いて川田の家までたどり着いたんですがね。七月初めだったかな？　僕の母は外国で、僕はこの家でおばさんと暮らしてましたから。おばさんは、本当の人間かどうかあちこち触ってね、確かめて。幽霊じゃないかって驚いて。そして僕のためにおいてあった塩漬けの馬肉、そのごちそうにありついた。

——お話聞いてると、ずいぶん前線で活躍したんだと驚きますが、一方ではよくこんなことを少年たちにさせたもんだと怒りも湧いてきます。幸昭さんは、怨みはないですか？

ふふふ。もう終わったんだからいいよ。子供たちには、学校などに行ってこんな話をして、二度と戦争はやっていけないよと何度も話してますけどね。もう来ないでしょう、戦争は。僕らのいた二小隊はとにかく最前線だから。隊によって撃ち合いしているのもいないのも、全然違います。僕が知ってることは、みなさんがこうして来たら、話すことにしている。ヤマト（本土）からも来ますよ。亡くなった仲間のために、慰霊祭には必ず参加していました。隊長たちも通ってきていました。戦後、再会したら、隊長たちは色も白くなって、ヤマトンチュ（本土の人）になっていたよ。

読谷にいる時から負けるとわかっていた

第二護郷隊　第二中隊　読谷村出身
昭和二（一九二七）年二月五日生まれ　一八歳で入隊

池原義正さん

読谷村から第二護郷隊に召集されたのは八人、うち三人が戦死。取材をした平成二九（二〇一七）年時点での生存者は池原義正さんお一人だった。第二護郷隊は読谷と嘉手納の北飛行場と中飛行場、日本軍の滑走路を本土爆撃に使わせないための任務も負っていたので、読谷や嘉手納の少年たちを少数だが召集している。最南端の護郷隊の拠点は恩納村山田の「金細工小」という屋号の離れに置かれてあり、そこに読谷と大宜味の少年が詰めていた。結果的に飛行場の後方攪乱は不可能だった。兄弟の中で池原さんは男一人だったためとても大事にされた。奇跡的にけがも病気もなく戻れたのは先祖に守られたおかげと思っているそうだ。

子供と大人の戦

戦争の年に一八歳になった。(国民学校)高等科出てから徴兵検査はやった。昭和二(一九二七)年生まれだから正規の軍隊に歳が足りないから、熱田の国民学校に召集された。召集令状は来ないよ。役場の人が来て、役所の前に何日の何時に集合と言われただけ。兵隊になったら殺されるという考えがあるから希望はしてなかった。読谷の数名の仲間と中部の人たちと、恩納に行ったよ。

——どんな訓練を受けたか、覚えていますか?

教育はあんまり覚えてないけど、大将が話ばかりやってた。弾も撃ってみないよ。銃も帯剣も渡されているけど、僕は最後まで一発も撃ったことはなかった。あと橋よ、橋。これを爆薬で壊したりする教育。爆撃して壊して、米軍を通さないというけど、だってあれらは鉄板持って来て橋架けてすぐ通ってるんだもん。だから頭はよ、日本はだめだよ。松の木をいっぱい倒して戦車を止めるとかさあね、日本の作戦は。子供騙し。これは勝てるはずがないと思った。

——山の戦いに行く前に、勝つ見込みはないと?

ううん、負け戦よ。わかっていた。でもこんなこと言ったらすぐ、こっち来い、と言われてこれ(首をはねるしぐさ)さ。読谷にいる時からだめだったと思っているよ。日本の兵隊は裸ん

米軍の上陸を阻止するために読谷村の海岸に日本軍が打ち込んだ松の杭（沖縄県公文書館）

坊になって海に丸太を差し込んでいたよ。上陸させないんだと言って、松の木切って、兵隊らが裸になって海に差し込んでよ。これだって何の意味もなかった。さっさと上陸されたさ。日本は変な頭になっているんじゃないか。これじゃ子供と大人の戦だな、勝てるわけないよ。今でも考えられないさ。

恩納岳には護郷隊の茅葺きの兵舎作ってあって、すぐに戦争が始まって激しくなったからそこに行った。恩納岳に上がってすぐ米軍がバンバン撃ってきた。恩納岳に兵隊がいるとわかって、屋嘉から砲弾をバンバン恩納岳に撃ち込まれて。木の葉なんか弾に当たって落ちてからに、暗かった山が明るくなって、隠れる所がなくなった。陣地からあちこちに攻撃に出る人たちがいるけど、僕はあまり指名がなかった。うやふぁーふじ（先祖）が守ってくれたのかな、恵まれて、けがもなかった。

護郷隊のことはみんなの前で一度も話したことはないよ
――読谷の仲間は？

読谷からは幸喜義雄（戦死）、松田兼成（戦死）、大嶺三郎（戦死）、大嶺は下痢やってからほん投げられていた。歩けないから。松田賢貞、大城亀雄、天久徳次郎。比嘉秀慶とはずっと一緒。渡具知の幸喜義雄は恩納岳で敵の機関銃を受けて亡くなった。後から家族が遺骨を取りに行ってお墓に入れているよ。お医者さんはいないから、けがをしたら捨てられるほかはない。穴を掘ってあって、死んだ者を担架に乗せているから、これを僕たちが降ろしてからすぐ穴に打ち込んで（埋めて）、その仕事ばかりさせられていた。

——六月二日に撤退するんですよね？

うん、戦が激しくなって、こっちはもう木の葉も全部落ちて明るくなっていられないから、早く国頭に逃げようと。中頭はいっぱいアメリカの兵隊がいるから、国頭に部隊で移動した。体壊して下痢やっている人はもう、歩けないから避難小屋に放置されていた。もう捨てられて、ちりちりバラバラ。その後どうなったのかわからん。死んでいるか、どこに行ったか行方はわからんよ。元気な人だけで移動した。

そしたら今度は山原は食べ物がない。ヘゴの枝の皮を剝いて、生のまま食べた。羽地の仲次から真喜屋を通って、部隊はバラバラになって自分勝手になっていた。そして、武器なんか持っていたら兵隊だとばれてアメリカに殺されるから、みんなでまとめて袋に包んで埋めた。軍服も脱ぎ捨てて、普通の着物に替えて逃げた。また何かの時には集まることもあるから、その時まで埋めておこうと。

自分たちは、こっちは大変だから読谷に帰ろう、読谷には芋とかあるはずだからと、自分らだけまた恩納岳に帰って来た。比嘉秀慶ら、読谷の仲間と四、五人。アメリカのＣレーション、あれが一つあったらもううれしかった。あれはお菓子もあるし缶詰も入っているからよ。捕虜になってから、米軍作業の時も、あれを喜んでもらったよ。

――読谷に戻れたんですか？

読谷はアメリカがいっぱいいるから戻れない。漢那の収容所に読谷の人がたくさんいたが、うちの家族は羽地の仲尾次にいたから、探して行った。母親は、息子一人しかいないから喜んでね。先祖が守ってくれたと言ってね。

――それは何月何日か、わかります？

ひゃははー、こんなもの暦もないのにわかるか。捕虜になってからは、あんたは色が白いから山の中を逃げ回ってたでしょう、兵隊でしょうと、すぐばれてさ。別の金網の中に入れられていた。しばらく。

――でも無傷で、家族と共に読谷に戻れたんですね。

戻って来てすぐ、楚辺はアメリカ軍の基地に取られて、立ち退きになった。みんな自分の家ごと引っ越してもう大変だった。でも読谷じゅうの人が加勢しに来てくれたよ。うちは茅葺きの長屋みたいなところから、戦後の生活は始まったよ。

――終わってみると、護郷隊は池原さんより若い少年たちも含め一六〇人も死んでしまった。

大人の兵隊をみんな殺してしまって、子供を戦に取らないと間に合わなくなって、私らが取られたんだなあと。上から押し付けられて逆らうこともできずにね。星一つ、恩給も何もないよ。護郷隊のことはみんなの前で一度も話したことはないよ。訊かれもしなかった。いい話ではないでしょう。悪い話でしょう。しかし今となっては本当に先祖に守られたんだなと思うよ。けがもしない、病気もない。一人息子だから先祖に大事にされたはず。ありがたいね。

激戦地・三角山の戦闘を生き抜いた

親泊康勝さん

第二護郷隊　第三中隊　第三小隊　第二分隊
東村平良出身　昭和三（一九二八）年生まれ　一六歳で入隊

バス会社勤務二〇年を経て七五歳まで三五年個人タクシーの運転手だった親泊さん。戦場では一番の激戦地だった三角山の最前線にずっと張り付いていた。三〇人の部隊で生き残ったのは一〇人だった。今は名護の市街地に住み、孫一一人、曽孫四人に恵まれている。親泊さんの長女の長男は、令和元（二〇一九）年の県民投票をリードした大学院生、元シールズ琉球（りゅうきゅう）の元山仁士郎さん。孫の政治活動にはあまり賛成していない様子。親泊さんは、バス会社の労働運動で暴力団に脅されるまで頑張ったという経験から、思想家、活動家になると生きにくいよ、ほどほどがいいと孫の仁士郎さんを心配していた。

現場では、お母さん、アンマーと言ってみんな死んでいったよ

――親泊さんはどんな子供だったんですか？

当時の国民学校ではね、皇民化教育。毎日教育勅語。毎朝、登校下校時には奉安殿（天皇の写真「御真影（ごしんえい）」が置かれた建物）に最敬礼。高学年になると竹槍持ってルーズベルト、チャーチルと書かれた藁（わら）人形を突き刺す、こんな教育だったよ。婦人たちもみんな。東洋平和のためにうんと勉強して日本人は指導者になれと洗脳されて、家のことなんか考えなかった。あの頃は馬を養っても米を作っても、全部軍隊に取られた。徴発、徴発で、こっちは朝昼晩、芋ばかり。野菜はいっぱいあったけど、肉は清明祭（二四節気の清明の節に行われる墓参りの行事）とか行事の時しか食べられなかった。

電気も水道もないでしょ。棒を担いで、一斗缶、水ガメ二つをいっぱいにしてから学校に行くのが僕の仕事。帰ってきたら牛馬用の草刈り、翌日のための芋掘り。靴も履いたことなかった。護郷隊に行って初めて軍靴を履いて、もう水膨れ。泣いて歩いたよ。しまいには手に持って歩いたよ。恩納岳では二四時間ぶっ通しで教育だった。一六歳といっても小さいさ。鉄砲も大人のだから重くて。演習は大変だったよ。

――召集される直前はどんな生活でしたか？

（国民学校）高等科を卒業してからは青年学校に行ってた。鉄砲担いで戦の訓練。指導者は地元の軍人、シナ事変とか経験した兵隊上がりだった。入隊は昭和二〇（一九四五）年二月。それまでに徴用で一〇回は伊江島に行ったね。東村から渡久地港まで歩いて、舟艇で伊江島に渡った。あっちは井戸が少ないからね。塩水でご飯炊いて、洗濯も海で。ブルドーザーもなくて、つるはしとトロッコで滑走路作るんだから。女性もいっぱいいたよ。ご飯は玄米だけ、汁は一枚の野菜も入らない味噌汁。一〇・一〇空襲の時は伊江島だった。当日は飯上げ当番に当たってて、朝七時頃、さあ食べようという時によ。本島からウワーッと米軍機が来て、読谷の残波岬を見とったら、火がもうパチパチするわけ。五分もしたら伊江島に来てる。もうすごいよ、空が曇るくらいバンバン、飛行場があるから、爆弾から焼夷弾から。煙で巻かれて本部半島も全然見えない。羽地の青年学校生は、夜勤明けで宿舎で寝ていて、これが燃えて三〇人くらい亡くなった。そこからは墓生活。亀甲墓に四、五名ずつ泊まって。骨壺とかは浜の方に避難させるわけよ。死んで間もないのとかは臭いがしよったね。

——赤紙来た時はどんな気持ちでしたか？

軍事係が各市町村にいて、各家庭に赤紙を配っていた。予測していたからね。先輩たちもそうして行ったからね。死んでも靖国神社に祀られるという教育だから、怖くないさ。天皇陛下万歳と死ぬことばかり教えられていたから。しかし実際現場では、お母さん、アンマーと言ってみんな死んでいったよ。天皇の「て」の字も聞かなかったな。

頭を飛ばされて死んだら幸福だなあと思った
——東村平良から一緒に行ったのは？

七〇、八〇名かな。同年代さ。一つ上の学年と一つ下とみんな。入隊は一、二月。二カ月くらい教育受けた。行って翌日からもう軍服に着替えて訓練。靴も。みんなダブダブして大きなの着けさせられてね。一六歳といったって、当時は（今の）小学校五、六年くらいの体形だからね。七kgくらいある鉄砲担いで、何kmも歩いたり、駆けっこしたり。恩納岳の森林は、中に入ったら飛行機も見えないくらい茂っていたからね、もうジャングルさ。その中を毎日、鉄砲担いで匍匐前進。大変だったよ。朝から晩まで護郷隊の歌を歌った。歌はいくつもあるよ。疲れて泣く暇もない。各分隊、小隊は一つの教室に泊まっていた。

岩波隊長はスパイ学校の卒業生。それを知ったのは戦後、ずいぶん後、小野田さんのニュース[*15]があった時期だったかな。とっても優しい人だったね。部隊長はもう神様だよ。話したことなんかないけど人格的にいい人だね。中隊長は福岡の畑友迪少尉。二二かな、畑さんはとってても元気な人だったよ。三小隊の二分隊、第一線でいつも敵と相対する部隊だった。一〇キロ爆弾に火を点けて、一秒に一cmの導火線で訓練した。爆薬担いで敵陣に、戦車にということだけど、一日一食が続いた時はもう、ふらふらして、実際には担いで行けなくなってたね。

——第三小隊は相当きつい現場だったようですね。

山に行ってからの敵との撃ち合いは、敵のヒゲ面も見えてからしか撃たない。引き寄せてからよ。向こうは自動小銃。こっちは一発撃ったら薬莢落として、また弾仕込んで。一発撃つ間に向こうから一〇〇発来る。バラバラバラバラ……。みんな殺られて、死ぬ時はみんな、喉をコロコロコロ〜と鳴らす。ものも言えないで、ああーっ！って倒れて戦死した。そばでも、こっちでも隣でも。艦砲射撃、戦車砲、目の前には戦車がいっぱい並んでいるから。トンボみたいな飛行機があるさ。偵察機ね。これがこう、上に登ってカーブすると、そこに艦砲射撃が来る。海が見えないくらい何千の軍艦があって、二四時間休みなしで陸に撃って来る。夜になっても照明弾でナイターより明るかったよ、ずっと。夜も一歩も歩けない。

——最初に敵の姿を見たのはいつ頃ですか？

上陸一週間後には石川から登って来たもん。東海岸にずらっと戦車が並んでいた。金武の所も、西海岸も。負ける、勝つとかは考えられない。ただやるだけ。生きることも考えられなかった。一分一秒の命だな、としか思わなかった。一日生きたらほっとする。今日を生きたねえと。明日はどうなるかわからない。戦車の爆破、敵の食糧倉庫や弾薬庫を爆破しに行って帰って来るべきだけど、栄養失調で一〇キロ爆弾の背嚢も重くてふらふらして。はらわたが切れるくらいひもじいから。山のタケノコもみんな食べよったね。木の葉も。川では石をめくったら殻の硬いカニがいて、これも食べた。草の根から何から。昼は斥候、着物着けて子供みたいにして、どこに何があるとか調べてくるけど、夜になったら隊長らと水盃。

——作戦の前に、毎回水盃の儀式をやるんですね？

死にに行くんだから。希望者は手を挙げなさいと言うんだ。今日、敵に爆薬持って突っ込むのは何名か、手を挙げなさいと。挙げない者はいないね。何十名でも何百名でもみんな手を挙げる。死にに行くの。卑怯者と言われるさ、挙げなかったら。水盃で最後のお別れ。でもふらふらして最後まで進めないわけ。そのうち、アメリカの軍用犬が陣地まで来るようになった。

——米軍は恩納岳に護郷隊がいることを知ってたんですか？

全部知ってる、アメリカは。彼らの情報機関はすごい。また捕まえられた人が白状するでしょ。美味しい物食べさせられたら喋るよ、子供だから。

——それでもまだ勝つつもりで戦っていたんですね？

そう。神風とか、あんな教育さ。昔は神風が吹いて日本は必ず勝つと聞かされてきた。援護軍が、艦隊が来て最後は勝つと。考えると幼稚だね、日本の偉い人たちの頭は。死ぬことばかり考えてた。みな死ぬでしょ、そばの連中もボンボン死ぬでしょう。頭を飛ばされて死んだら幸福だなあと思った、即死。腕も身体も木の枝に引っかかってよ、すぐ亡くなりよったね。

動けない人たちは、殺す

――三〇人もいた仲間が、どんな風に一〇人に減ったんですか？

三角山という最前線にいたんだ。そこにアメリカが登って来るわけよ。恩納岳の本部とは距離的に遠いから、うちらはみんな、そこで死ぬ覚悟で戦っていた。隊長たちはずっと後ろの本部にいる。恩納岳からは七倍の望遠鏡で北部まで全部見える。西も東も。敵はヒゲ面ぼうぼうなのが見えるまで近寄ってから、近距離で撃った。一日四〇発くらい撃った。銃は触れないくらい熱くなるんだよ。本当は、少し撃ったら油で掃除するべきだけど、その油もないでしょう。銃が焼けて壊れるようなつんざく音がしよった。怖くはない。涙どころではない、悲しいとか人情はない。ただ戦友が亡くなったら、時間の問題で自分も殺られるなアとしか。特に友達とか、仲がいいとかはなかったな。友達になる余裕もない。死ぬのもなんともない。神になるんですよ、靖国で。この貧しい生活からあんた、一転して神様になるということを信じているんだから。子供だから。なんも怖いことはなかったね。

――仲間の遺体はどうしたのですか？

艦砲の合間を見て穴を掘って、鍬もないから、銃剣で木の根っこを切って、穴を掘って遺体を埋めよったよ。頭がないとか、腕がないというのも全部拾って、上官の命令で。少しも残さんで集めなさい、というのが上官の命令。やっぱり見苦しいとか、気の毒と思うからか、全部きれいに探して、骨でも皮でも拾いよったよ。弾が止むちょっとの時間で。
引き上げする時はさ、歩けないのは穴掘って、こう（拳銃を撃つしぐさ）、隊長たちがみんな自殺させたり、殺したりして。歩けない重体の人は、もう見込みないのはね。薬もヨーチン（ヨードチンキ）も何もない。けがしたら破傷風でみんな死ぬわけよ。だからみんな穴掘って寝かせて。引き上げする時は、隊長が一人ひとり、こう拳銃で殺すわけ。

――まだ生きているのに？

生きているけど、もう手足もあれさ、動かない人たちは、殺す。軍医がいるさ。これがみんな殺すわけ。敵に捕らわれたら、かえって大変でしょう。カエルみたいに、はらわた取られて人体実験されるとか、そんな宣伝もあったさね。それよりは、ということで拳銃持たせて、殺すわけよ。

――親泊さんはそれを見ていたんですか？

見てはいない。けどこんな話はあった。引き上げの時、歩けない人は。何十名かね。三〇名くらい死んだんじゃないかな。穴掘って埋めて。死ぬのは怖くない。靖国に祀られるんだからかえって幸福と思うからさ。生きて苦労するより死んで神様になった方がいいと。
最後は東村の有銘という所、御真影も避難していた山奥の場所だ。日本軍が再上陸してきたらまたみんなでやろうなと隊長が言って、武器もみんな埋めて解散した。その後はちりぢりバラバラ。みんな避難民の着物をもらって。

――解散した時は残念でしたか？

うれしいとも思わなかったね。家族が生きてるのかもわからない、いないとしか思ってなかった。この戦争で殺されたのかなと思って。僕は、しばらくは有銘の山にいた。家族がどこにいるかわからんでしょう。ただ毎日芋を漁って食べてる。生きてるだけ。希望も何もない。日本から援軍の軍艦が来たらまた戦おうと、約束はしたけど情報もない。敗戦もわからなかった。しかし負けるのはわかってたね。武器も弾もないんだから。そのうち、家族が着物を持って迎えに来てくれた。有銘から源河経由で山を下りた。八月一五日の終戦は結局、羽地に下りて来てからわかったよ。

――難民収容所で家族に会えたんですね。

僕が生きてると思わなかったはずよ。兄嫁が迎えに来ていた。羽地の田井等に行ったら家族がいた。うちらが入っていたのは二階建ての家だった。ＳＰ、シビリアンポリスというのがいっぱいいたから、それに捕まったらカンパンに入れられ殺されると思ってたから怖くて。カンパンというのは兵隊の捕虜が行く収容所で、男子一六歳以上はそこにいた。そこには武器も置いてあるから。だからずっと屋根裏に隠れていて、三度の食事だけ下に降りて。その後はトラックに乗って軍作業にも行った。働いたら煙草とか洋服とかもらえて、それを奪い合い。もらってきた缶詰も食べた。軍作業はお腹いっぱいなって良かった。

あの中野学校の上官たちはきつくなかったよ

――北部の戦争の苦労はあまり語られてないですけど……。

山の敗残兵たちは大変だったよ。住民の食糧を奪って、反抗したら殺すと。大宜味では白浜という部落（集落）で、みんなスパイといって三〇名くらい集められて、殺されたらしいよ。日本兵に。教員とか、校長先生とか、警察も殺られたらしいよ。大宜味、国頭ではそんな話が多かったよ。兵隊はひもじいでしょ、民間人の物を奪っていくわけ。抵抗すると殺されるんだよ。自分たちは兵隊に憧れて。日本刀持って馬に乗ってね。勇ましい軍歌歌って。そうなりたかったけど、実際はそうじゃなかったさあね、沖縄では兵隊は惨めで。大変だったもんね。戦争というのは二度と、どんなことがあってもやってはならない。辺野古の海も絶対埋め立ててはいけない。何があっても。

――東村にも朝鮮人軍夫がいましたか？

もう、いーっぱいいたよ。うちのそばに松が何百本って生えていて、これが全部切られてね。これ全部、朝鮮人軍夫が日本軍のトラックまで運んで。これを乗せて毎日よ。南部の防空壕のツッパリ棒さ。山原全部よ。僕らの畑も踏みつぶしても、一銭も補償ないよ。自由だったねえ、日本軍は。あれたちは何も資源がなくてさ。牛も、馬も割り当てて住民から徴発するわけよ。あんなして戦するからよ、地域は大変だったよ。

朝鮮人には鞭(むち)を持って使いよったよ。彼らがひもじくて畑から芋でも盗れば、見つかったらもう半殺し。見ておれなかったよ。自分たちは腹いっぱい食べて、彼らには半分。重労働させてね。差別しよったね。慰安婦もいた。朝鮮ピーといった。

戦後、岩波壽隊長は何度も慰霊祭で通って来ていた。建設会社の専務やってると言ってたな。あの中野学校の上官たちはきつくなかったよ。かえって部落の先輩よ、中国戦線から帰った人たち、軍曹とか伍長とかがあれだったよ。分隊長、小隊長。これたちが教育しよった。戦争中もこれたちがこれ(げんこつの真似)しよったよ、倒れるまで。敵と撃ち合いするとなったら、自分たちは後ろに隠れてね。「ススメ! ススメ!」しよった、こいつら。平時はあんなに強気でやるけどよ。いざとなったら後ろ隠れて。慶佐次(げさし)にいた小隊長は、戦後アメリカのダイナマイト使ってバクダン漁して亡くなったけどね。

——厳しかった上官とのしこりとか、戦後に残らなかったんですか。

何度も会ったよ、分隊長たちにも。もう戦後はお互いにそんな話はしなかったね、わかってるからね。思い出したくもないでしょ、一緒に生きていく中で蒸し返してやる必要もない。

――第二護郷隊の話の中できついのは、傷病兵を処分して撤退する時の話ですね……。

ああ、でもこれは南部方面でもやられている。ひめゆり学徒隊でも、重症患者は南部でも拳銃で殺られているよ。その方が本人もかえっていいんじゃないかね。無理して生きて苦労するよりは。治療もできないし薬もないわけだから。うちの兄も衛生兵だったけどね、南部で軍医と一緒にいた。兄は戦死しているが、仲間の看護師が二、三人生き残ってるわけ。東風平（こちんだ）の大きなシーサーがある所あるでしょ。富盛（ともり）。最後はそこで目撃されてるけどね。看護師が兄貴を知っていて、兄貴は直撃受けて目にけがをして包帯していたらしいよ。遺骨も探せてないけどね、戦後ね、一回はユタ（霊能力者）を連れて行ったよ。富盛のあたりにね。そしたら急に身体が重くなったと言って。その場所、この壕で亡くなった、なんて言ってたよ。そこは崩れて跡形もなかったけど、うーとーと（手を合わせて拝むこと）してきたよ。

祖父の話を聞く元山仁士郎さん

恩納岳陣地と戦闘を絵と短歌にした

第二護郷隊　第二中隊　第三小隊　大宜味村字大宜味出身
昭和三（一九二八）年五月生まれ　一六歳で入隊

平良邦雄さん

平良さんは現在神奈川県厚木市に住んでいて、地域の平和学習に協力し、関東で沖縄戦の体験談として護郷隊のことを話すこともあった。絵が達者で、当時の陣地の様子などを鉛筆画にして紹介していた。山中の護郷隊の写真が皆無の中で、非常に貴重な資料である。

五人兄弟の四番目で、二人の姉が戦後、捕虜になっている彼を収容所から救出するために大活躍した話が面白い。姉二人とその友人、一〇代の女性三人が子供の着物を持って収容所に乗り込み、それを平良さんに着せて飴を舐めさせながら手を引いて、子供になり切らせて堂々と収容所を抜け、米軍将校のジープをヒッチハイクしながら大宜味まで戻って来るいきさつは、まるで映画のワンシーンのようだ。

ネズミが夜中にぐるぐる私の周りを、チーチー言いながら回っているわけ

（絵を指さしながら）これはハハリユです。私はこれを梱包（こんぽう）して背負って、敵が万座毛にいる時に陣地のすぐそばまで行ってね、キビ畑に潜伏して戦車を待つの。戦車が来る前に、私は火を点ける役目だから、行ってね、パーッと置いて、でも不運にも不発だったんです。そして戻ってみたら相棒が二人ともいなくなっちゃって。それで一人だけになって心細くてね。どうやって恩納岳の陣地に戻るか、あたりには地雷が埋まっているんでね。地雷と照明弾が酷いから、田んぼが一番無難ということで、照明弾上がったら田んぼの中に頭突っ込んでやり過ごす。知らん顔してカエルみたいに目だけ開けて、照明弾が収まったらまた歩いて、それで本隊まで帰った。

アメリカのジープやら、トラックがいっぱい通ってるんだよ。道を横断するのが大変でね。車の来ない隙にパッと横断してね、それで山に一人、孤独な状態でしょぼしょぼ上がって行ったら、君誰か？って。泥だらけで顔もわからないから。私は平良邦雄ですって、二中隊の平良ですって言ったら、そうか生きてたのかと。飯食えって言われて食べました。こんなことばっかりだった。ネズミに誘導して助けてもらったこともあるし。

——ネズミ？

ネズミに誘導された。これだけは一生忘れられなくてね。石川岳に初陣で呼ばれて行った時

に、敵はもうすでに上がって来ていた。後でわかったことは、そこに友軍の飛行部隊（特設第一連隊）も入り込んでいたんですね。あの、嘉手納飛行場、読谷飛行場の飛行部隊がやられちゃって退却して、発砲もしないで逃げて来たわけですよね。彼らは着の身着のままで、鉄砲とかみんな置いてきて。

――石川岳には五六飛行場大隊とか、四四飛行場大隊の人が退却してきたんですよね。

そうです、石川岳にその連中がいたのを知らなくてね。僕は飯も食わずに何日か孤独で、そのまま死んで行くのかなと谷底でじーっと座っていたら、そしたらね、ネズミが夜中にぐるぐる私の周りを、ころころ、チーチー言いながら回っているわけ。足蹴にしてもぐるぐると。不思議に追っても追っても何回も来るもんだから、それで足を引きずりながら手探りでそれを追っかけて行ったら、途中でネズミがいなくなって、頂上の明かりを初めて見てね、空を見てはっと思ってね。そしたら、日本の兵隊さんがこそこそするの。「山」と言ったら「川」って。それで、あー、日本の兵隊さんだからもう安心だと。うれしくてね。

すると下から貴様誰だ！って。護郷隊ですって言うと、お前、子供だろう？って言われちゃってね。飯も何も食ってないって言ったら、鰹節（かつおぶし）をちょこっともらってね。恩納岳はどこだって訊くから、あそこですと。じゃ行くなら行こうとなって、前の人の後ろのバンドを手探りでつかんで、夜が明けたら大変だからもう急いでね、谷底からせせらぎの間を進んで行ってたら、夜が白々と明けて、もう危ないと思った瞬間、護郷隊の中隊に遭遇して助かったわけ。

――この絵は恩納岳の兵舎ですか？

そう。三中隊あって何百人もいるから、その連中がここに小屋を作って住んでた。自分たちで竹とか草木とかで組んで、山の中に隠すように、中には木の葉を敷いて住んでおったけど。ノミやシラミがすごくて、かゆくて大変でね。これは滝、あちこちにあってね、お水がないと生きていけないから。お水を頼り滝がある所を陣地にしようという考え方でね。

戦死した恩人の銃剣術の教官

――召集は昭和二〇（一九四五）年の三月ですか？

はい。一六歳。五月生まれだから。五月が来たら一七歳。とにかく、沖縄に残っている若い連中はみな召集されましたからね。

――その時、半良さんはお仕事をされていましたか？

私は航空兵の試験に落っこちて、家にいたんですよ。だから航空兵に憧れていた。兄貴が航空兵の教官をしていて、お前も飛行兵になれって。それで一五歳の時に、土浦の少年飛行兵希望したけど、そこは身長で落とされたんです。それで沖縄上陸直前、また大宜味村から二人選ばれて、今度は海軍航空兵の試験で採用されたんだけど、おれ、やっぱり身長で落とされてね。

恩納岳の第二護郷隊の秘匿陣地。滝の近くに三角兵舎が山林にカムフラージュされるように建てられていた（絵・平良邦雄さん）

平良キヨマツという仲がいい奴は合格して行った。ところが帰って来ない。彼は対馬丸に乗ってたと思う。行ってたらおれも死んでたなって。生死不明で帰って来ない。

徴用の時までは伊江島に動員されて飛行場造りしていた。そこで飛行機から降りてきた将校にまた憧れてね。一人乗りのゼロ戦っていうの？　中にそっと入り込んで操縦桿を握ったり、後ろには通信機があって、スタビライザーとか、垂直尾翼を動かしたり、中身みんな知ってるよ。今なら軍法会議にかけられてスパイって言われるよね。

——護郷隊に入る時はどんな気持ちでしたか？

何にも感じなかった。鈍感の状態でいた。まあ飛行兵志望するくらいだから、怖いことはなかったかな。だけど、戦争というのがよくわからなかったし、上官の命令でしか行動しないあやつり人形だった。本当にあっち行け、こっち行けって、いやだって言えないでしょ、そうやって一線に行って。

——護郷隊という部隊の目的はわかっていました？

わからない。ただ熱田の学校あるでしょ、学校が宿舎になってそこで訓練したわけね。着いたその日からすぐゲートル巻いて。それと藁人形が作ってあってね、銃剣術の練習をした。普天間直清という達人がいてね、この人がよく教えた。

――普天間伍長のことですよね。

そう、普天間直清っていうんですよ。この人の奥さんも知ってる。おツルさんってね。この人は達人で銃剣術で賞をもらっているんじゃないかな。彼が指導してね。

――戦死されましたよね。

そう。この普天間直清さんに私、助けてもらったの。というのはね、みんなで陣地構築のために材木切っていた時に、みんなは下りたのに私が残されちゃって。その時に見つけてくれた。普天間さんは、うちの嫁はお腹が大きかったとかいろんな話をしててね、最後に乾パンをいただいて、よし、夜が明けるから、君は木を運ぶように伝令で行って来いって。その時に、私は鉄砲をこっちに置いて出かけ、報告して帰って来ると敵が入り込んでいた。普天間さんは手榴弾か何かで殺られたんじゃないかな。どうしましたって背中開けてみたら、ほんの米粒くらいの穴でね、中で燃えたんだね、貫通してなかった。だから、私ね、あんな大きい人引きずってね、岸壁の所を下りて行って、病弱な人やけがした人が集まっている場所に連れて行った。戦後、亡くなったと知った。遺体は腐ってなかったとか聞いたけど、悲しくなってね、必ずおツルさんに伝えようと思っていたんだけど……。これが心残り。

──普天間さんは瑞慶山良光さんの従兄で、良光さんが埋葬したんですよ。

ほぉー。もう、あの背中まで見てますよ。覚えてますよ。こんなちっこい穴。肺に入って、燃えちゃったんだね。銃剣術が得意だった。でね、私の鉄砲は今の話の所で置いて行って敵に没収された。それでその後は死んだ人の鉄砲をもらって戦った。

有毒だったハハリユ

──岩波隊長と会ったことはありますか？

ありますよ。とっても温厚な人でね。上陸前、安富祖の、今（第二護郷隊の）碑が立っている所、あそこに陣地があったんですね。そこでみんなで飯食ってね、戦争準備していた。弾薬と食糧をあんな高い所に何回も何回も運んでね、お腹すいてるから、誰かが乾パンを落とした真似をしてね、途中で食べてる人がいるんです。お茶の筒みたいな、アルミでできておったかな、それをわざと落として壊して、それを食ったらしいんだ。私は知らずに最後まで運んで帰って来たら、松崎中隊長に宿舎の前に並ばされて、そして敬礼して「報告します。最後まで完了しました」って言ったら、貴様らか！　このお菓子を食べたのはって、ビンタくわされてね。初めて人に叩かれたから、吹っ飛んじゃって、目に火花が飛んじゃって。

後で分隊長が、この人たちは最後まで運んだ者ですって中隊長に伝えて誤解は解け、じゃあ食った者を連れて来いってなって、逆に私が怨まれちゃってね、告げ口みたいで。その後三中隊の部隊長の部屋に呼ばれた。畑さんとか松崎さんとか、三人の中隊長がいて、ごめんなさい、食えっ、なんてね、缶詰のだんご食わされた。……あんな美味しい物食べたことはなかったね。疑って悪かったなって、ごめん、そのかわり食えって、食わされたことを覚えてる。

――熱田の学校では爆弾の作り方を教わったんですね？

爆弾の梱包の作り方をやったんだけど、ハハリユって、この前、ハハリユって名前を聞いて、思い出した。この細いの。これ一個では破壊できないですよ。とにかく梱包して、縛って、その中に導火線を入れてね、導火線も斜めに切っちゃうんですよね。マッチを点けるところは斜めに切っておいたら火を点けやすいんです。そこまで覚えているけどね。火が点きにくいから、ちょこっと切ってマッチで点けると、シーシーと点く。この色はチョコレート色だったな。

――ハハリユの大きさは、このスマホくらいですか？

そう。台形、この半分くらいでちょっと厚みがあってね、一〇㎝くらいかな。あの万座毛に行く時の記録としてこの絵を描いた。安富祖の学校で教わった通り自分で背負って行った。あれは非常に有毒ですよ。山の中で雨に濡れてこれを触ってると、毒がついて、それで口に物を入れると吐いたことがあるけど。

――口に入れたんですか。

これを直接入れたんじゃないが、雨に濡れたハハリユを触った手で口に物を運んだら、吐いちゃった。酷いですよ。濡れて触ったらだめ。ある時、山の中の避難小屋に避難している人たちがいてね、そこに鍋でコトコト煮てるのが美味しく見えて、じっーっと見てたら、「お腹すいてるでしょ、食べなさいよ」って言われて、熱いの、肉だったかな、箸も使わないでつかんで食べたら、目の前でオェーって吐いたんだ。それまで覚えている。有毒ですよ、ちょっとでも濡れて触ると吐いちゃう。それだけ有毒だったと思うけど、一滴も残らず吐いたよ。

海にはアメリカの軍艦がびっしり

――それを持って万座毛の米軍陣地を爆破しに行ったんですね？

爆破は一斉にやるということで、おれたちは幕舎、敵の兵隊がいる所へ、お前たちは弾薬庫の所へ、お前たちは食糧庫、とみんな銘々で分かれた。万座毛で僕らは戦車爆破。それで夜明け前にやると。僕の場合には三人組で行った。

――三人はどんな役割分担なんですか？

三人の役割は指導兵と警戒兵と弾薬手って決めてあった。弾薬手として弾を持って行くのは私、警戒兵は周囲を見て注意する、指導兵は在郷軍人、この三人で一組。弾薬とマッチを持って火を点けに行って。うーん、火が燃えるのを待って見ていたら良かったんだろうけど、点いてなかったんだね。点いたと思ってキビ畑から見ていたら、戦車がぐるぐるぐるって、過ぎた時、もう、進退窮まれりって。本当にあの時は苦しかった。普通なら在郷軍人の指導兵が指導してやるんだけど、気づいたらいないんだから。警戒兵というのは我々の上級生だった。

——でも、一番危ない所を最年少の少年にさせてませんか？

本当だよね。命令だもん。

——平良さん、どこかの橋を爆破しましたか？

恩納岳の陣地から毎日のように特攻機の飛来を見ていた（絵・平良邦雄さん）

私が壊したのはね、恩納に小さい橋がありましたよね。安富祖の川が流れておってね、川に爆薬で仕掛けて、浮いてきた魚を食べたことがある。

——戦争には勝つつもりで山に入ったんですよね？

でもね、始まってみたら、とにかく海には何が浮かんでるのかわからないくらいのアメリカの軍艦がびっしりあって。そこに片道切符の日本の特攻機が飛んでくるの、双眼鏡で見ていたけど本当にあれは涙が出たよ。ほとんど夜中に来るんですよ。恩納岳に寝ていてもあの爆音が響いてくるとね、なんとも悲しい鳴き声に聞こえた。ブウウウッ……って。今日もこの人が死んでいくんだなって。本当に悲しい音だった。

特攻の　片道きっぷ　爆音は　儚むはかな命　寂しげにきこゆ

戦争前、故郷の大宜味のウロオという所で軍に供出する木の伐採をしていた時、同じ班に渡辺中尉という軍人がいた。僕はかわいがられたから覚えているんだけど、この人とは偶然恩納岳で再会したんだ。この人は嘉手納かな、飛行部隊にいた。恩納岳に来るまでに将校服はもうボロボロになって、飯盒一つだけ持ってた。将校帽もない、軍刀もない、鉄砲もなくて。でもよく覚えていて、「君、平良君じゃないか？」と。山の中で会って。お腹がすいたとばかり言ってた。飯をくれと。支給されていた玄米があったから、飯盒のかわりに缶詰に紐をつけた物で炊いてあげたら、炊き終わらないうちに食べちゃった。熱いのを、生で。待ち切れなくて。飛行場がやられて恩納岳に来ていた。だけどあれは食べ物を探してきたようなもんで、もう兵隊らしくなかったよ。おれたち護郷隊の配下に配置されて。

——かなり惨めな状況になっていたんですね。

朝夕に　たったの一つ　握り飯　兵つわものどもは　我先に手を

赤痢になり「もうおしまいだから放っておいてくれ」と言った友人

石川岳から飛行部隊が来た頃、僕は赤痢にかかったんですよ。赤痢の苦しさはやった人なら知ってるけどね、もうお尻は真っ赤。出血多量で。弾が飛んできてもパンツを下ろしたまま逃げるしかない。もう血がべったりしていて。そしたら飛行部隊には軍医がいてね、僕が逃げる格好を見て「お前、赤痢か?」と言って、「征露丸」（現在は「正露丸」）をくれた。クレオソートともいった、当時は。あれで治ったの。命の恩人。

腹はへり　赤痢の辛さ　弾よりも　突如軍医の助け　神あり

――飛行部隊が続々と恩納岳の護郷隊陣地に流れ込んで来たのは、迷惑だったのでは?

そうだと思う。岩波さんが解散を決断したのは、このままではみんな餓死するというのがあったと思う。岩波さんだって蛇食ったりネズミ食ったりいろいろやってるから。だからみんな自分の故郷に戻ってちゃんと食べて、そして山々はみんな繋がっているから、いざという時にはみんなまた集まるようにと。岩波さんは久志の方だったかな、しばらく山にいて、後で武装解除で日本刀とか鉄砲を返して下りて来ているけど。

艦砲射撃で煙に包まれる恩納岳を捨てて北上した平良さん。負傷した仲間たちはここに置き去りにされた（絵・平良邦雄さん）

——恩納岳を後にする時にけがをしてる仲間たちはどうなったんですか？

僕は先の方を歩いていたから知らなくて、伝令の人から後で聞いたんだけど、傷病兵はみんな自殺していたって。歩けない連中だからね。後ろを振り返ったら恩納岳は艦砲を受けてあっちこっちから白い煙が上がって。あの中で自殺したんだなあ、とね。その絵も描いてます。

僕の知ってる人はね、赤痢にかかって、塩屋の人で仲里弘……だったかな。水がちょろちょろ流れている所に、もう拭くのも面倒くさいからとズボンを脱いで、べたっと座ってね。移動するから帰ろうよ、故郷に一緒に帰ろう、と言っても、「もうおしまいだからいいよ。あんたがたは帰ってくれ。私は放っておいてくれ」と言った人がいた。

——そんな状態で、平良さんもよく大宜味村まで歩いて戻ることができましたね。

退却には何カ月かかったか。大宜味に行くには大保の橋の所を抜けないと行けないが、米軍の部隊がいっぱいいてね、敗残兵が北に行かないようにそこを封鎖していた。大保橋。我々はそこで分散して、塩屋湾を渡る人と、私は大保橋の上の山のすそのせせらぎをね、一人だけ鉄砲持って、前盒、後盒を持ってね。これ捨てたら、重営倉だからね、鉄砲捨てたら。それ持って、編上靴担いでね、足は腐っちゃって、ただれちゃって。

――ずっと同じ靴を履いていたからですか？

そう、そのままにしてたらジュクジュクしてね、山原に帰るには谷を行かないと見つかるから。谷間をつたって、何日もかかって行くが、足は皮むけちゃって、ちょっとでも歩くと死ぬほど痛くてね。肉が飛び出て。あの痛みは人にはわからない。らい病（ハンセン病）で歩けなかった人はこんなだったかと思った。肉が真っ赤になって出てきてね。水場しか歩けなかった。痛くて鉄砲を杖にしたの。使いもしない鉄砲だけど杖にして、しまいには編上靴を首からかけて、裸足で、地面を踏むと痛いから水の中を歩いた。でもそれで助かった。友達はみんな芋拾いに行って亡くなってます。おれはけがで行けなかったから助かってる。

――大保側の瀬を歩いて、大宜味までたどり着いたんですか？

そう。大保から東村に行く道路は一本しかないから横断しないと大宜味には行けない。鉄砲持ってるとなおさら危ない。おれは腐った足で一人で横断する時、隙を狙って、パッと二ｍくらいの幅の道路を越えてさっと入って、それですくんでおって、発砲されなかったから大丈夫だなと。その後もう歩けなくなって、倒れ込んじゃったわけ。小屋があって、そこに入ったけど、骨が当たって痛くて寝れなくて。だから草が一番楽だった。

肉は落ち　骨は甍の波のごとし　背中になじむは　草の床のみ

そこに、偶然故郷の子が通りかかったわけ。「あぁ兄さんじゃないか」って言われ、歩けないんだって言ったら、家族の避難小屋は近くだからと報告に行ってくれた。近くで歩けなくなってると言ったのに、お袋は「ここまで歩いて来い」って言った。母は強しと思った。

――お母さんは、生きてたんだ！という感じじゃなくて、歩いて来いと。

そう。それで歩いて行ったら号泣してね。よく生きていたな、と号泣した。それで当時作っていた芋を食べさせるんだけど、いくら食っても腹が満たない。あれ不思議だね。昔、元気だった頃のように、食べろ食べろって、そしたら逆に下痢が止まらなくなって、捕虜収容所に行くまで止まらない。痩せてミイラみたいになっちゃった。物を食べても身にならなかった。避難小屋の穴掘った便所をまたいで、全部出しちゃってね。

――もう胃腸が機能していなかったんでしょうね。

お腹すいている人にたくさん食べさせてはいけないという意味がよくわかった。そして薬も何もないから、痩せたまま終戦になった。米軍の掃討戦で敵の部隊が山に登って来てね、向こうは勝っているから銃を構えてね、一人ずつ下ろして行くんだけど、うちの家族もぞろぞろ下りていく時に、お袋に支えられてやっと歩いた。鉄砲は、父親が記念に置いておこうということで、山側の裏に隠してあった。

子供のふりをし姉に手を引かれて収容所を脱出

――兵隊ではないよ、という格好で下りたんですね。

軍服は捨てて、鉄砲と前盒後盒だけは大事に隠しておいて。だけど結局見つかっちゃってね。今でも覚えているよ、松本という二世が「君マテ」と。投降する住民のうち一〇人くらいが兵隊と疑われて分けられた。僕は黒砂糖の入った茶筒を持っていたんだけど、これが爆弾か何かと間違われてね。砂糖だって言っても通じないから開けてみろ、となって、開けたらみんな周りは逃げてね。で、芋づる式にどんどんトラックに乗せられていくんだ。家族は僕をかばおうとして、痩せて病気なんだと主張するけど、じゃあ病院に連れて行くから乗れと。家族はみんな泣いてね、母は、この子を連れて行くなら私を撃て！　いいよ、さあ殺せ！と僕をかばった。

これで今生の別れだと。邦雄は痩せてもうだめだから、もし死んだら収容所のどこかに埋められて所在不明になってしまうからね。どうせ死ぬなら故郷で死んでもらいたいというのがあったんだろうね。

病む我を　つれ去らんとする米兵に　母　身もかまわず　雄叫(おたけ)びさけぶ

――沖縄は土葬の習慣がないから、埋葬されたら骨も探せないからいやだったんですよね。

後から姉たちがね、ある人から「邦雄さんは田井等収容所に元気でいたよ」と聞いて、助けに行こうと。それで三人でこの着物を持って来てくれた。（着物を見せながら）これを着てから脱走してきたの。機織りをやっていたお袋が作ってくれた物を着て。一六歳よりずっと小さい時の着物。脱走する時にはこれがいいよと。

この子供用の着物を着てお菓子を手にしながら子供のふりをして収容所を脱走した

――兵隊ではなく、子供のふりをして逃げようと。

お菓子を持たされてね、それを舐めながら、坊主頭にこの着物で、姉に手を引かれて子供のふりをして、堂々とMPの前を通っても全く気づかない。それで米軍のトラックに乗って北上したが、やがて途中で降ろされてしまって。僕はもう病気だから歩けないし、アダンの下に置いて行ってと言ったんだけど、姉さんたちは何が何でも僕を連れて帰ると。そこに一台のジープが来た。将校さんが乗っていたんだね。一番若い姉がこうして親指を立てたら米兵は喜んじゃって乗せてくれようとしたんだけど、姉たちが横になってる僕を乗せようとしたとたん、「これは乗せられない」と断られた。それでも姉たちは僕を毛布でくるんで、息だけできるようにして、これは荷物だ、と言い張って乗せた。その若い姉は将校たちの横に座って、おだてる役。後の二人は僕の両側にいて。そうやって大保まで運んでもらったんだよ。検問も、将校だからみんな敬礼一つでパスして。

菓子を持ち　子供の如く　手をつなぎ　MPすき見て　そっと逃げ出る

とにかく戦争をわかってなかった。上官の命令通りの、操り人形だったよ。日露戦争の話はよく覚えているけど、乃木大将や東郷平八郎……。これが我々に非常に刺激を与えた。勝つと思っていたんだよ。

平良邦雄さんの少年兵時代の自画像

＊1　昭和一九（一九四四）年一〇月一〇日、初めての本格的な空襲で沖縄各地の軍施設と市街地が空爆され、特に那覇市内の大半が焼失。一〇・一〇空襲、沖縄大空襲ともいう。

＊2　沖縄県内にはいくつか「健児之塔」がある。糸満市には沖縄師範学校の生徒で鉄血勤皇隊として戦死した人を祀る「沖縄師範健児之塔」があり、那覇市には県立第一中学の生徒らを祀った「一中健児之塔」がある。名護市にも「三中健児之塔」（現在は県立第三高等女学校も合祀して「南燈慰霊之塔」と改名して移転）があり、「健児之塔」は学徒の犠牲者を祀る代名詞になっている。

＊3　前掲『護郷隊』に屋部兵長の活躍は詳しい。同書六三～六四頁参照。

＊4　沖縄の民家には、庭に面した表の部屋に対する裏側の部屋があり、それを「裏座」という。

＊5　昭和二〇（一九四五）年五月、兵事主任で警防団長でもあった謝花喜睦さんが海軍の敗残兵によって虐殺された事件。第五章「2　運天港　海軍特殊潜航艇隊将校　渡辺大尉について」の項を参照。

＊6　「護郷隊の歌」は陸軍中野学校の「三三壮途の歌」の替え歌であるが、その作詞者は菅江さんだったという説と岩波隊長だったという説がある。

＊7　宮城康二さんが一緒に過ごした敗残兵部隊の長の渡辺大尉は特殊潜航艇隊で、隊長は鶴田伝大尉。魚雷艇隊の白石隊とは別だが、同じ運天港にいたため、今帰仁の人たちでも秘匿性の高い特殊潜航艇隊の存在を知らない人が多く、海軍の敗残兵であればみな、「白石隊」と呼んでいたりする。正確には「鶴田隊」。

＊8　第三二軍司令部とその配下にあった部隊の俗称。ほかに山部隊（二四師団）、石部隊（六二師団）、武

部隊（九師団）などがあり、県民は主にこの俗称を使っていた。

＊9　日露戦争における日本海海戦の勝利を記念した日。太平洋戦争終戦後に廃止。

＊10　秘密戦のための毒ガス、化学、生物兵器や、偽札などの資材を開発する専門機関。風船爆弾などを開発した。

＊11　「ハハリユ」「ホイキモ」「ホチマア」は陸軍登戸研究所が開発した特殊兵器で、この三点が遊撃隊編成の軍令に秘匿名のまま器材品目として入っている。

＊12　戦後沖縄に置かれた最初の行政機構。昭和二一（一九四六）年、沖縄民政府が創設されるまでアメリカの諮問機関として機能した。

＊13　福地曠昭（ひろあき）『少年護郷隊』では大宜味村田嘉里の金城精勇さんがこの虐殺について証言をしている。夫は家の入口で倒れており、瀕死の妻は「陸戦隊にやられた」と言っていたという。子供は七歳の女の子だったと記述されている。

＊14　大宜味村の山中に潜伏していた日本軍、紫雲隊にスパイ容疑で殺された巡査。第四章・平良俊政さんの証言（四六七～四八一頁）に詳しい。

＊15　日本の敗戦後も二九年にわたり、フィリピンのルバング島の密林で潜伏した中野学校出身の小野田寛郎（ひろお）少尉が元上官の任務解除命令に従って昭和四九（一九七四）年三月帰還し、「最後の日本兵」として大きなニュースになった。

第二章　陸軍中野学校卒の護郷隊隊長たち

1　護郷隊を率いた二人の隊長

日本近代の戦争で、一五歳前後の徴兵適齢前の少年に白兵戦技術を仕込み、殺すか殺されるかの最前線で戦闘行為に従事させた事例は護郷隊を置いてほかにない。同じ沖縄戦の中でもよく知られた少年兵部隊に鉄血勤皇隊があるが、那覇の一中、二中や師範学校の生徒が動員された鉄血勤皇隊は主に三二軍司令部付きで、任務は伝令、食糧運搬、陣地構築、通信などで正規部隊を支えた（名護の三中は主に八重岳にいて、一部は第一護郷隊に所属した）。

しかし護郷隊はそのような補助的な役割ではなく、戦闘員として射撃や擲弾筒（てきだんとう）の技術を習得、敵陣に潜入して情報を取り、夜間爆破する訓練など、スパイ・テロ・ゲリラ戦・白兵戦を一五、一六歳の少年を主力に実践したという点でほかに類例がない。この少年らを訓練し、共に山で遊撃戦にあたった護郷隊の隊長ら幹部およそ一五人は、陸軍中野学校を出たばかりの二二、二三歳の青年将校や下士官たちだった。言ってみれば、本土から来た大学生が島の中学生と高校生を訓練して戦争をさせるようなもので、戦争末期とはいえ、こんな法も道義もかなぐり捨てた無茶な作戦を当時の大人たちが東京から平然と下命したことに驚きを禁じ得ない。間違いなく日本戦争史に残る大きな汚点だと言える。大本営の過ちは厳しく追及されるべきである。一方で、実際にそれを任務として遂行させられた青年将校ら指導者は、果たしてどこまで責任を問われるべきなのだろうか。

第一護郷隊・村上治夫隊長　第二護郷隊・岩波壽隊長

もちろん彼らに選択の自由はなかった。少年兵たちは彼らを信じ、忠実に戦場までついてきた挙げ句に次々と命を落としていく。その一つひとつの場面は、生き残った青年将校たちを戦後もずっと苦しめたであろうことも容易に想像がつく。そうした意味で、彼らは被害者でもあった。しかし、沖縄で子を持つ親の立場から見れば、隊長たちは明らかに加害者の一角にいる。戦後、彼らはどのようにこの事実に向き合ったのか。実際、山の中でどんな体験をしたのか。彼らは士官学校を出てどんな段階を踏んで、何を目的に、どの程度日本の勝利を信じて沖縄に来たのだろうか。護郷隊の隊長たちが戦中だけではなく戦前、戦後に歩んだ道を私は知りたいと思う。これまで兵隊個人の戦記のような記録は沖縄戦研究の中ではあまり重視されてこなかった。しかし、沖縄戦で一〇〇〇人もの少年兵を率いた護郷隊の二人の大隊長については、その足跡をあらためて丁寧にたどり、その人間性にも肉薄し全体像を捉えなおしてみたい。

村上治夫第一護郷隊長と岩波壽第二護郷隊長。不思議なことに二人には共通点が多い。歳も同じ、階級も同じ、また中野学校入校の同期生であり、共に二二歳で沖縄に渡り、二三歳で沖縄戦の終焉を迎えている。二人共に陸軍士官学校に入るほどの頭脳・身体能力と家庭環境に恵まれていたといえるが、二人の個性は動と静、破天荒な親分肌と沈思黙考型、と性格は対照的だ。しかし二人共に部下からの信頼は厚く、第一章で見てきた通り、インタビューしていても元少年兵たちから大隊長についての酷評は聞いたことがない。

「村上さんは暴れん坊だったようだが、うちの隊長は冷静だったたから、第二護郷隊の方が死者が少ないんだよ」という第二護郷隊長を礼賛する声があるかと思えば、「うちの隊長は部下の命を大事にした。だから、第一の方が戦死者は少ないんだよ」という第一護郷隊長擁護派もいる。実際のところ戦死者の数は九一人と六九人なので第一が多いものの、分母が六一〇人（第一）と三八八人（第二）と違うため、戦死者は割合にすると第一が約一五%、第二が約一八%

と両部隊とも大きくは違わない。恩納岳は特設第一連隊など陸軍正規兵の大量の流入により、ゲリラ戦というより四方（東西、南と空）からの攻撃に対する正面戦争の様相だったため、第二護郷隊の方が犠牲は甚大といえるかもしれない。

しかしその特設第一連隊を構成した第四四飛行場大隊と第五六飛行場大隊の戦死者がそれぞれ六割、七割にのぼることに比べれば、護郷隊の戦死率は決して高くはない。沖縄県民が根こそぎ動員された防衛隊では六割が死亡したことも考えると（福地曠昭『防衛隊』）、元隊員がよく「護郷隊だから助かった」という言い方をするのも実感であろう。とはいえ両隊長の、亡くした部下に対する思いは相当強かった。村上・岩波はまだ沖縄がアメリカ統治下にあって元軍人の渡航が容易ではなかった時期から、あらゆる手段を講じながら沖縄に渡り、その後も数えきれないほど通い続けた。村上は亡くなる数年前まで毎年、たったの一度も欠かすことなく慰霊祭に参列した。沖縄戦に参加したあまたある部隊の中でも、村上ほど島に通って来た部隊長はいないだろう。

残念ながら、私自身は生前の二人の隊長に直接インタビューするチャンスがなかった。しかしドキュメンタリー映画を制作するにあたり、ありがたいことに両ご遺族から惜しみない協力を得ることができ、写真、手記、ご本人たちが整理した資料などを見せていただいた。さらにご家族の話や護郷隊以外の軍人、民間人の残した証言などから二人の人物像に迫ってみる。

2　村上治夫　第一護郷隊長について

村上治夫の生い立ち

村上治夫が生まれたのは大正一一（一九二二）年の三月三日。大阪府豊能郡細河村、今の池田市の北西部に流れている余野川の近くの農村地帯だが、父は発電所勤務、母は裁縫の先生だった。村上は私家版の手記『武家の商法』の中で、長男の治夫には農家を継がせたいという周囲の意向があったが、生来肌が弱く、「ひびやあかぎれに悩まされていたので、土に接する百姓をさせるのはかわいそうだ」と母が教育をつけさせてくれたと書いている。この皮膚の弱さは、沖縄の亜熱帯の森で潜伏生活をする際、疥癬を悪化させて座ることもできないほどの苦痛に見舞われたことにも繋がっている。その母のおかげで、村上の成績は常に上位、特に習字や作文に優れていた。それは本人の筆による少年護郷隊の碑の筆跡からも納得だ。一方では昆虫の採集や植物栽培が好きな少年で、三田中学に通う頃には、中学の博物の教師を目標に広島高等師範学校を日指して猛勉強するようになっていた。ところがその模擬試験のつもりで受けた陸士予科の試験に受かってしまい、引っ込みがつかなくなって上京、陸軍予科士官学校の生徒になった。

ある日、大阪出身者と大阪弁で話していたところ、区隊長から軟弱だと一喝されたので、今後は関西弁は一切使わないと決めた。以後軍隊生活を通じて、自分を関西出身だと見破る者はいなかったと手記に書いている。この件について息子の仁美さんに訊いてみたところ、「いやあ、戦後は普通の大阪弁丸出しのおっさんでしたよ」と笑っておられた。

村上治夫

部下の心をつかむ

予科士官学校を出て第八八連隊の隊付き見習いとして満州に渡る。そこで上等兵から伍長、軍曹までの隊付き教育を受けて、神奈川県座間の陸軍士官学校に派遣され、卒業と同時にまた満州に戻る。ソ連国境に近いホロンバイル平原で対ソ戦に備えた陣地構築に当たる。そこは、一日中歩いても振り返ればまだ出発地点の兵舎が見えるような場所だった。夜間は磁石一つで方向を維持する訓練をしたが、朝になってみれば同じ場所に立っていたという。昭和一六（一九四一）年に陸軍少尉に任官、すぐに中尉に昇進すると、初年兵教育を命ぜられた。前もって初年兵の名前と出身地、家族構成を頭に入れておいたので、部下と馴染むのも早かったという。「兵の出身等は熟知しておくのが統率の基本」と手記に書いている。軍の将といえども、水も不自由するソ満国境のような平原では部下が生死を共にする覚悟で動いてくれなければ何もできないことが身に染みたのだろう。村上の記録の端々に、護郷隊の部下たちの出身地や親の職業なども把握していたとわかるものがあり、およそ六〇〇人の隊員数なのにと驚くが、その信念はこの頃に培われていたのかもしれない。

陸軍中野学校へ

昭和一八（一九四三）年の暮れ、後方勤務者要員として偕行社[*1]に出頭し、陸軍中野学校を受験するように命じられる。語学堪能、武術優秀の者しか合格できない難関と聞いていたし、スパイなんて興味がなかったが、上司に「休暇をもらったつもりで落ちてこい」と言われ、村上は帰国した。面接に応じたものの、面接官の質問にも上の空で答えなかった。なのに合格と告げられて愕然とする。「そんな勝手な命令があるものか。おれには生死を共にすると誓って鍛えた兵がいるのでぜひ帰隊させて欲しい」と申し出たが、「その兵はお前の私兵ではない」と上官に一喝された。

陸軍中野学校は中野電信隊跡に設けられ、企図秘匿のため東部第三三部隊と称した。長髪に背広にネクタイ、全身黒づくめの服で通学したため、周辺の住民は薄々、特殊任務の部隊と知っていたのか「カラス部隊」とも呼んだらしい。諜報・宣伝・謀略・占領地行政などは現役歴戦の教官が担当した。スリ・置き引き・変装・開錠・犯罪捜査・法医学など授業は多岐にわたり、航空学校に派遣されて離着陸程度の飛行機の操縦を習うこともあったという。しかし村上は授業では居眠り、宿題は出さず、千葉県の房総で遊撃戦の演習が行われた時も適当にさぼって農家で食事をごちそうになったり、電車で学校に帰ったりしていた。しかし放校されることもなく、最後は二八人中三番の席次で卒業式を迎えた。任地は沖縄と決まり、卒業直後の昭和一九（一九四四）年九月一三日、村上、岩波ら長髪の将校は日航機で小禄飛行場（現在の那覇空港）に降り立ったのだった。

沖縄での第一歩

迎えに来ていたのは三二軍司令部の情報主任、薬丸兼教参謀。遊撃戦を管轄するこの少佐が村上らの直属の上司になるわけだが、「君の思うように決戦場沖縄で遊撃戦を展開してくれ。軍は絶対の協力を惜しまない」と激励してくれた。余談だが、薬丸は剣術自顕流の達人で武人かつ切れ者だったが、八原博通高級参謀と意見が常に対立していたという。沖縄本島の南部東

村上治夫

海岸上陸説を取っていた八原に中部西海岸上陸に備えるべきと進言するも聞き入れられず、その時は酒をあおって数日司令部に戻らなかったという話もある。そして最後は牛島満司令官の自決を前に北部の遊撃戦に合流する、と言い残して単身砲火の中に飛び出して行ったというが、その時彼の目指した先は、自分が面倒を見た村上や岩波が活躍しているであろう、護郷隊が陣取った北部の山々だったに違いない。薬丸参謀のその後の消息はわかっていない。

薬丸参謀の案内で牛島司令官に着任の報告をすると、牛島は笑みをたたえながら「君たちはどういう任務で来たのかね？」と尋ねた。村上はこう言った。

「ハッ、敵が上陸して軍が玉砕した場合、我々が最後まで頑張って敵の後方を攪乱（かくらん）すると共に、大本営といつも無線連絡を取って情報を共有します！」。すると長勇参謀長は大笑いをし、君たちは我々の骨を拾いに来たのか、と冷やかした。早速、遊撃隊の編成準備のために、村上は長髪に軍服で国頭（くにがみ）郡を回り、地元の在郷軍人会や翼賛壮年団本部を訪れて協力を依頼している。

特に、戦後、沖縄自民党員として立法院議員になった吉元栄真（えいしん）氏などの助言で優秀な人材を幹部候補に引き抜いたり、地元有力者の協力を得たり、地域との繋がりを盤石なものにしていった。

しかしこのメンバーは、のちに軍が地域の裏情報を吸い上げたり情報をコントロールする目的で結成させた秘密組織、国士隊（第六章 1を参照）の構成員と重なっていく。村上が主導して後に国士隊のメンバーになる地域の有力者や在郷軍人に対して実施した教育カリキュラムを見ると（『語りつぐ戦争 第3集』所収）、護郷隊の幹部たちが指導に当たっている。村上は護郷隊の少年兵を率いただけではなく、北部の住民全体を掌握して秘密戦に協力させる任務を担っていくのだが、その作業はこの初期の部隊編成期から始まっていたのだ。

「護郷隊」結成へ

少年兵の召集を前に、早速、一〇月一四日から幹部要員およそ七〇人の教育が始まった。彼らは在郷軍人、つまり軍隊生活を経験している者ばかりで、分隊長や小隊長として少年らを率いる大事な人材だった。しかしたったの一週間で初年兵教育の要領と遊撃戦の特殊技能を教えるのは無理があるので、精神教育に重点を置いた。そして二三日には童顔の少年たちが続々名護国民学校に入隊してきた。その様子を村上は『護郷隊』にこう書いている。

可愛い童顔の少年が一人前の兵士そこのけの顔で入隊、早速衣更えとなると軍服が大きすぎて困るやら、靴が大き過ぎるものやら大騒動。それでも先輩が分隊長、小隊長とあって気分もぐっと和やかで、一両日の内に規律正しい軍隊生活に移行していったのはさすがであった。

その後も、配置換えや正規軍への繰り上げ召集で人員が不足し、第二次、第三次召集が実施されたが、入隊面接の場で、ある少年があまりに体格が小さいので選考から除外したところ、その少年は泣き出して「どうしても入隊させて欲しい」と座り込んだ。見ると小銃よりずっと小さいので無理だと思った村上は、「それでは隣の大きな兵と相撲を取って、勝てば入隊だ」と冗談半分に言うと勝ってしまい、約束通り入隊を認めたというエピソードもある。隊歌を歌いながらきびきびと野外訓練をこなしている護郷隊員の姿はすでに地域にも好印象を与えていて、少年兵に憧れる子供たちも多かったのだろう。まだまだ戦場になる恐怖など実感できない時期の話ではあるが、その和気あいあいとした雰囲気について、当時の沖縄新報の記者で戦時中も護郷隊の本拠地にいた上地一史さん（のちの沖縄タイムスの社長）は前述の『護郷隊』に寄せた文章でこう書いている。

村上大尉は、隊員の少年達を集め、山中の陣地に、寺子屋を開いて、少年達を教育した。「俺は、君達に、軍人精神ばかりを吹きこむのではない。立派な人間にしてやりたいばかりに教育しているのだ」、と口癖のようにいい、少年達を抱きかかえるようにして、一緒にごろ寝をした。

また、隊の団結を固め、かつ地域の協力者との親睦を深めるため、村上は大宴会を企画した。三カ月分の俸給を放出し、豚一頭と、クリ舟一杯分の魚と酒一石（いっこく）などを準備、昭和二〇（一九四五）年二月一一日、羽地（はねじ）国民学校を会場に、住民三〇〇人を招待した。この型やぶりで太っ腹な計らいで、村上は地域の信頼を獲得した。また未成年の部下もこの日は羽目を外して騒いだ。村上は出席者全員と一杯ずつ盃（さかずき）を交わしたので、「あの時隊長は少なくとも一人で一升五合は飲んだ」という逸話になっているという。

いよいよ三月末、敵は慶良間（けらま）諸島に上陸。沖縄本島への空襲も激しさを増し、村上隊は多野岳陣地への食糧運搬や陣地構築を急いでいた。しかし少年兵は士気旺盛、敵を迎え撃つ気迫をみなぎらせて作業に余念がなかった。その頃の活気あふれる陣地の様子を村上は陣中日誌をもとにまとめた『沖縄遊撃戦 うるまのハブ』（村上治夫直筆、私家版）の中でこう書いてる（以下、同書からの引用文中の句読点は筆者による）。

天一号決戦こそは〝神風は沖縄より〟を実現すべき神機なのだ。我等は選ばれて此の檜舞台に参じ、挺身墳墓の地を護らんとする熱烈なる護郷戦士であるのだ。兵達は可愛い顔に満面の怒を含んで只管与へられた任務に突進して行く。

（三三三頁）

村上、もう一つの顔

このように高揚した文章を読んでいくと、このまま米軍上陸の戦闘本番を迎えた第一護郷隊の活躍を追っていきたくもなるのだが、この章は護郷隊の戦記ではなく、あくまで護郷隊隊長の人となりや任務の内容、抱え込んだ苦しみを知るために、村上個人にフォーカスしていかなくてはならない。村上はこのように米軍の上陸目前の緊張に包まれる中でも、多野岳の陣地の心配だけをしてはいられなかった。彼のもう一つの任務――それは民衆をきちんと掌握し、軍の作戦の邪魔にならないよう秩序をもって移動させ、軍に協力させ、裏切り者を出さないこと。そのために中野学校で遊撃戦の教育をみっちり受けているのである。村上が在学中の昭和一九（一九四四）年一月に配布された「遊撃隊戦闘教令（案）」という遊撃戦の最新マニュアルは当然、村上・岩波は熟知していたと思われるが、その総則第四にはこう書かれている。

遊撃戦遂行の為特に住民の懐柔利用は重要なる一手段にして我が手足の如く之を活用するの道に長ぜざるべからず

遊撃戦においては住民を徹底動員・利用することで初めて秘密戦の目的を遂行できる。「住民の懐柔」というマニュアルの文言に接すると、上記の村上の私財を投入した住民との大宴会についても見え方は変わってくる。さらに、中野学校が起案して昭和二〇（一九四五）年一月に出された「国内遊撃戦の参考」では、民衆との関係がより具体的に指示されている（これらの資料については第六章で再度検証する）。

第十八　遊撃部隊は郷土出身者を主体として編成せらるべきものにして隊員は当該地方の状況に通暁し特に民衆と不離不可分の関係に在るを通常とす故に編成に方りては此の間の消息を審かにし以て編入を剴切ならしむると共に隊員の指導に際しては常に大義親を滅すの気魄を涵養せしむることに留意を要す

第四十八　遊撃部隊は常に民衆をして遊撃部隊と一心同体同生共死の境地に立ち自主積極的に協力して活動する如く誘導すること特に緊要なり（後略）

ゲリラ部隊の隊員は、地方の状況に詳しく、特に民衆と不可分の関係にある者で編成すべしという方針は、実は残酷なことを言っている。少年らは地域の地形、情報に通じているというだけではなく、家族と不可分の関係にある。子供を隊員に取られている家庭は、喜んで護郷隊に協力する。米軍が「食糧あります、殺しません」と甘言で投降を呼びかけても、山で戦っている息子を思えば決して応じることなく、同じ気持ちで欠乏に耐え忍び、軍を支え続けてくれるだろう。有り体に言えば、少年兵は住民から極力離反者を出さないための従順な人質でもあったのだ。しかし親には軍を裏切らないよう仕向ける一方で、「大義親を滅す」、つまり皇国の大義のためなら親兄弟も犠牲にするという気迫を持たせるよう指導せよとある。必要とあれば親兄弟が住んでいる家にでも火を点けよ、という覚悟を強いるこの項は、村上隊長が真喜屋出身の護郷隊員と共に真喜屋集落を焼き払った作戦を想起させる。

ここまでの村上に関する証言がそうであるように、人間・村上を語るエピソードはどれも人間味あふれ、武士道を実践した好感の持てるものがほとんどであるが、ここからはあえて、彼の言動の中から特殊任務を帯びた遊撃隊隊長の裏の顔にも光を当てたい。彼の任務がそうたやすいものではなかったことも私たちは理解する必要があると思うからだ。上記のようなマニュアルを頭に入れて、護郷隊の拠点を離れた村上の行動を見ていくと、彼に課せられていた任務はとてつもなく重かったことが浮かび上がってくる。以下、村上の著書から引用する。

民衆指導の為、［名護の］部落へ出て行った。部落の方では避難命令が伝達されると一入混雑は激しくなって来た。民衆といふ奴は仲々動かせるものじゃない。民衆を利用する遊撃戦遂行は前途暗澹たると思はせる。

（『沖縄遊撃戦　うるまのハブ』三七頁）

地方の方の供出が空襲の為に思ふ様には行かず、民衆指導不充分と山を下りて行った。月夜である。荷車に家財道具食糧一切を積載して曳いて行くのもあれば、泣き叫ぶ子供を背負って大きな風呂敷に一杯荷物を持つ婦人や、裸足で跛行し乍ら歩いて行く老人等々の姿を見せられる。何れを見ても遊撃戦には使へそうもない。役場に行く。警防団長以下当直の方々、相変らず元気で疎開者の処置をしたり、其の他いろいろと仕事をして居られる。本当に御苦労だ。真に国家総力戦の姿らしい感がした。

「やあ御苦労さんです」

「あ、隊長殿ですか毎日御苦労様です」

「今日は源河と屋我地がやられました。屋我地では十八名壕に生埋めになりました。半分位は助かるでせう」

「それから今日の戦果を御馳走しませう」と言って出して呉れたのは黒鯛のさし味だ。

「これは源河橋に落した敵の爆弾でやられた奴ですよ」御馳走になり乍ら農業会の方に、

「早速ですが部隊の方の供出を少し考へて戴き度いのです。特に今は徹宵で作業をして居りますので、亦空襲で地方の方も御困りとは思ひますが」

「いやいやそれは本当に済みません、早速手配します。護郷隊に協力出来ん様では村としても面目が立ちません」と好意を以て意見を容れて呉れた。更に警防団の人が、

「疎開者も逐次増へて、此前言はれた防諜警戒等やってゐますが仲々思ふ様に行きません」

「亦疎開該当以外のものが入って来るし、来ても働かない者許りで困ったものですよ。全く国頭に来れば安全地帯の様な感ですからね」「それに県庁と来ては食糧もこれ（疎開に応じて配置しないんですから」と愚痴許り聞かされた。部隊としても防諜は更に厳なるを要す。直ちに計画した方が良い。更に稲の植付けの件について尋ねると、羽地村では全員総出で月夜を利用してやって居るとの事。指導者さへしっかりして居れば民衆は自然と動くものだ。


（同一一三〜一一五頁）

金川山附近に来ると、名護町翼壮の方々が集って敵上陸と民衆指導問題について盛んに議論して居られた。

「やあ、隊長殿愈々来ましたね。しっかり御健斗をお願い致します」
「はあ、大丈夫です。引受けました。お互にしっかりやりませう。民衆の方はお陰様で大分始末がついて参りましたな。御苦労様です」と簡単に離別を含んで挨拶をした。

（同四八頁）

「始末が悪い」「始末をつける」という言葉は、中野学校の任務の中で大切なキーワードだ。一歩間違うと始末の悪い人たちの始末をつける。二三歳になったばかりの青年が、生活の場が戦場になって動揺する住民たちを、どのように、ある意味冷徹な目で見ていたのかがよくわかる記述であり、叩き込まれた教育というものはつくづく恐ろしいと思う。「名護町翼壮の方々」というのは、村上が頻繁に接触していたであろう住民組織「国士隊」の構成員と見て良いだろう。

しかし、軍隊と共に地域の人々の始末をつける役割を負っていたこの「国士隊」については、昭和二〇（一九四五）年三月の結成前後は活発に動いていた様子が「秘密戦に関する書類」の記録に残っているものの、彼らを指導する立場にある宇土部隊や中野学校出身の隊長たちが四月以降はみな、山岳戦に移行してしまうので、住民たちの防諜警戒、つまりスパイを取り締まり摘発する組織としてどこまで機能したかは定かではない。増して多野岳に籠もっている村上個人に何ができたかといえば、地上戦が始まってからは、民衆指導についてはほぼ何もできなかったのではないかと私は見ている。

一方で住民を使った秘密戦を学んだ彼らが持ち込んだ構図、つまりスパイは常に周りから入り込むという恐怖を煽(あお)り、警戒させること。軍の機密を知ってしまった住民が米軍に投降すればこれも通敵=スパイ行為とみなすという価値観と密告の奨励は機能していった。捕虜になるのは恥で、最後は国民皆兵で老幼婦女子も武器を持って戦う気概を涵養することなど、民衆を利用して住民の生活圏で遊撃戦をするために必要な、マニュアル通りのこうした考え方に地域が染まった結果、中野学校出身者がそこにいなくても、軍民共に疑心暗鬼にとらわれ、密告、処刑が発生した。それは、第四章や第五章でも紹介する通りである。スパイという言葉が持つ恐怖と魔力が地域を縛り上げていく様相を沖縄戦では各地で見ることができるが、少なくとも陸軍中野学校という頭脳が、秘密戦の中でその恐怖をコントロールし利用するアイディアを持っていたこと、それをベースに村上らが一部の住民を教育していたこと、そんな中野学校出身者が四二人も沖縄県全域に投入されていたことは、見逃してはならないポイントだろう。

忍び寄る「スパイ」の恐怖

遊撃戦に入ってからも、村上隊は敵が送り込むスパイに神経質になっている様子がわかる。

早速損害を受けた。緒戦の損害は部隊の士気に大に影響する。損害の戦死三は伏撃陣地前の歩哨だった。敵の奴に我が秘密陣地が分る筈はない。きっとスパイが案内したに違ひない。此度こんなスパイを見付けると承知しないと聞く者皆んな憤慨してゐる。

（同六二頁）

監視哨の報告に依ると毎夜運天や名護附近で怪信号が上るとの事だ。此の事は予てより予想されてゐる。敵は上陸作戦に先立ち必ず潜水艦や落下傘で諜者を投入して来るのは分り切ってゐる。防諜だ。防諜だ。自体防諜に徹するのも必要だが更に積極的部面に於て活躍すべきだ。特に疎開者が雑沓してゐる今日、諜者の活動は自由だ。各村の有力指導者に対して通牒を発し部隊としても警戒を更に厳重にした。更に防諜班なるものをも編成して民間と密接な連繫を保持した。

（同二二六〜二二七頁）

早々に陣地が暴露されたのはスパイのせいだ、という発想。疎開住民がなだれ込んできて収拾がつかず、スパイし放題だと焦る村上。地域の有力者に檄を飛ばしたり、防諜班を作ったりと対策に追われていく苦労がわかるが、そのような締め付けも住民同士が疑心暗鬼になっていく状況を悪化させただろう。そして村上のいらだちは、敗残兵たちに向けられていく。

三日の夜営江少尉が巡察中「陣地間に変な地方人が迷ひ込んで来たので追ひ返しました」と歩哨に立ってゐる青年兵の報告を受け、直感的に敵の投入諜者であると判断して捕へんとしたけれど遂に逃がしてしまった。知花とか言ふ男らしい。無線諜者の嫌疑濃厚である。毎夜の如き怪火、次第に神経は尖(とが)って来る。

三日四日に掛けて中頭(なかがみ)地区より脱走し指揮系統も何も乱れた兵隊が国頭地区に遂次多くなって来た。もう既に彼等は戦意を喪失してゐる。全く歎(なげか)はしい次第だ。彼等丈(だ)けならば取り締りもつくけれども彼等の言動の地方人に及す影響は甚大である。地方人の中では我々に何とかして下さいと歎願して来る人もある。可愛い我が子を我が兄弟を戦地に送ってゐる人々にとって否皇国民である以上斯(こ)の様な姿を見た時誰一人として歎かないものはないだらう。何たる態か。これが皇軍かと思ふと情ない（原文ママ）。これが予が描いてゐた中頭地区戦斗の勇士か。陣地を一巡して廻(まわ)るとこういふ者にぶっ突かる。防衛隊が一番多い。戦斗意識に代るに家族を思ひ之を探し出さうとする努力……何も訓練され教育されたことの無い兵隊だといっても余りにも意久地がなさ過ぎる、凡(およ)そ日本人の執るべき態度であらうか。俺は其の指揮官を恨む（原文ママ）。青年兵の純な戦斗意識の中にこんな状況を入れることを極度に警戒した。総て厳然たる態度で臨んだ。然し青年兵の中でも若干ひゞの入った者も出た様だ。更に軍紀を振作しなくてはいけない。各隊に注意を与へた。
四月五日羽地役場に赴く。依然として混雑、更に加ふるに流言蜚語、軍隊自ら其の因を蒔きつつあるので仲々収拾の就くものではない。（同三四～三五頁）

線で消してある部分は、村上が一度は書いて、感情が走り過ぎたと思ったからか、後から線を引いた部分である。決戦を前に護郷隊内の士気を極限まで高めたい時に、早くもやって来た招かれざる客・敗残兵。山に避難している住民たちにも今こそ皇軍必勝を信じてもらわねば統制も取れないものを、早々に戦意を喪失し餓鬼同然になった兵士が大量に陣地になだれ込んできたことを、村上は歯ぎしりせんばかりに嘆いている。最後には三〇〇〇～四〇〇〇人の他部隊の兵士が多野岳周辺に駆け込んできたため、草を掻き分けて進んでいたジャングルのけもの道が、しまいには車が走れるほどの大通りになったという。スパイの心配もさることながら、敗残兵らが住民や作戦に直接悪影響を与えることに村上は頭を抱えていく。

或る部隊の如きは民家の人が山に避難して居る機会に家宅侵入をして食糧を盗み喰ひ揚句は大事な山羊等を締め殺して喰ってゐるのも認めた。それも一つ二つなら事件も簡単に片附か◯ものに（原文ママ）幾ヶ所でも行はれてゐる。残念だ。軍刀を引き抜いて斬りつけたい衝動を起したが前非を悔い謝るのに会うと斬る気にもなれない（原文ママ）。

（同三六頁）

遂次騒々しくなって来た。今日は朝から人の出入が多い日だ。早速例の防衛隊の連中がやって来て「一緒に戦斗させて下さい」と。此んな奴を一緒に陣地内に入れて置っては困る。只（ただ）でさへ部隊の戦斗準備が充分でないのにと追ひ返して暫（しばら）くしてゐると亦違ふのが来る。全く五月蝿（うるさ）くて仕様がない。部隊の戦意に影響する事大なので受付けない事にした。敵の動きは活溌になったらしい。

（同五一〜五二頁）

「避難民」に頭を抱える

住民の避難地域から隔絶した場所に構築したはずの護郷隊秘匿陣地に、続々と避難民も押し寄せてきた。避難民の始末に関してはそれこそ、翼賛壮年団や在郷軍人会を通して作戦の邪魔にならないよう指導を促していたものが、全く機能していないと村上はいらだった。また、ろくに訓練も受けていない防衛隊は、軍服は着ていても中身は住民のようなもので素人同然、米軍がそのあとをつけて護郷隊の陣地まで追いかけてきたこともあった。陣地が暴露しかねず、死活問題になる。

地方人が我々を認めて「あッ隊長殿！此の前には敵が来てゐます、前には行かない様にして下さい」「御苦労様です」と一礼してさっさと家財道具や山羊なんかを連れて避難して行くのもある。歩哨をして我が陣地内（即チ秘匿地区）に入れない様に取締らせるのではあるが「兵隊さんと一緒に居れば心強い」とか「兵隊さんと一緒なら死んでも良い」とか「タニヨ［多野岳］の裏の方へ避難するのでどうしても此所を通らせて下さい」とか言って何千何百といふ民衆がうよ〳〵してゐる、民間の指導団体には予てから注意して置いたのに今の様なことになる。全く此の民衆の始末には困った。亦、それに加へて例の防衛隊だ。此の防衛隊を追ってタニヨに来た敵も多い。早く始末をつけねばならぬ。（同七三頁）

「敗残兵許可なく出入りを禁ず」と書いた看板を多野岳の要所要所に立ててもこのありさまでは、さすがの村上もパニックになるだろう。民間人が住む地域では住民を使っての遊撃戦をせよ、と中野学校のマニュアルは簡単にいうものの、作戦途上にある軍隊にとって敗残兵と住民は足かせでしかない。三二軍司令部の幹部だった神直道参謀も、戦後、沖縄地元紙の取材に対して「住民を守ることは作戦に入っていなかった。住民は大事だが作戦にとっては足かせになる」と赤裸々に語っている（「琉球新報」一九九二年七月二二日）。その記事を読んだ時私は衝撃を受けたものの、こうして村上隊長の視点で少年を率いて遊撃戦を戦う立場に立って戦場を眺めた時に、上陸地点にいる住民というのはこれを利用しなければ戦えないし、同時に邪魔されないよう「始末のつく」状態にしなければならないという、全く矛盾した存在になってしまうことが理屈抜きに理解できるようになる。

軍隊は住民を守らなかったという残酷な事実が沖縄戦最大の教訓であるが、住民を守るための作戦と、軍隊が勝つための作戦は全く一致しない。まずは勝たないことには住民を守れない、という大前提のもとに軍隊は動くものであるが、すでに戦場になった地域にいる住民は、これを守ることはほぼ不可能であり、作戦上にある兵士にそれを求めても殺生だ、ということでしかない。増してや沖縄戦のように物量で完敗している中、命からがら、必死で不利な戦闘をしている軍人たちに、「住民を守るはずでしょう?」と詰め寄っても、実際問題無理である。軍隊の判断が間違っていたとしたら、住民を全員疎開させてから戦うべきだったということに尽きるだろう。しかしどの島に上陸するか予知できない以上、全島疎開は非現実的である。というならば、やはり結論は一つだ。住民のいる地域で戦争をしたら住民は当然守れない。だから戦争をしていい場所は、少なくとも人が生活している土地のどこにもないということだ。

そして村上を悩ませたのは敗残兵と住民だけではなかった。無能な上司、国頭支隊の宇土武彦隊長だ。事実上は大本営直轄の機関として存在した第三遊撃隊（第一護郷隊）ではあるが、形の上では宇土部隊の配下になるので、宇土大佐は村上の直属の上官にあたる。しかし伊江島(いえじま)の守備も放棄して四月一四日から一七日にかけて、早々に八重岳の陣地を捨てて転進、戦意を失った部下二〇〇〇人あまりを連れて多野岳にやって来たのだからたまらない。彼らはまとまりもなくバラバラに来ては「二、三日絶食しています」とふらふらになって本部に入れ替わり立ち替わりやって来た。早く隊長に来てもらい部隊をまとめて欲しいところだが、宇土大佐は二二の部隊をさっさと大隊長に押し付けて、自分は本部の部隊だけで行動していた。しかも複数の女性を伴っているという動きの悪さもあり、なかなか多野岳にたどり着かない。村上はこの戦う意欲のない宇土大佐に対しずっと歯ぎしりをしていて、けがを負った同僚の北　郎大尉に何度もいなされている。

　然(しか)るに未(いま)だ敵は伊江島にも上陸せず砲は一度も撃たない前に、主力が撤退するは戦理に合せず。亦命令は？　末梢(まつしょう)部隊までは伝はってゐないらしい。彼等の言によると大隊長から全員爾後(じご)の遊撃戦の為何中隊は〇〇に、何中隊は何所にと夫々(それぞれ)集結。脱出に当っては便衣に着換えて住民に紛れて行動せよと。亦兵器は止(や)むを得ない時に使用する外用ひず、何所かに隠して置く事。各地区に分進せば一ヶ月間行動は禁止。農業に従事する事と。此の話を聞いて一同更に落胆した。一体遊撃戦といふものを知ってゐるのだらうか。兵器を捨て、何の遊撃戦ぞや。一ヶ月の行動禁止とは何事であらうか。（中略）どう考へて見ても兵器・弾薬・糧秣（りょうまつ）・民衆といふものを抜きにしては遊撃戦は成立しない。

（同一二六～一二八頁）

しまいには護郷隊本部の油井隊からお迎えの道案内を出さざるを得ず、そうして宇土大佐はようやく二一日に村上のいる陣地本部に到着した。

「部隊長殿、先刻からの話では一体これからどうされる心算なんですか」
「いや最初の計画通り遊撃戦をやるよ」
全く聞いてあきれる許りである。一体彼等は遊撃戦といふものを全く知らない。何の準備もなく地形も知らないで、また兵器すらも持ってゐない。果して遊撃戦が成立するだらうか。

（同一六四頁）

村上は先に多野岳に到着していた平山勝敏大尉と共に用意していた遊撃戦戦闘計画を宇土大佐に示した。宇土大佐は「君はここの地形に詳しいからこの戦闘は護郷隊が基幹になってやってもらいたい」と言ったので、村上は事実上国頭支隊長となって、敗走する部隊の士気を注入するために片っ端から気合を入れて回った。戦う意思のない者の武器は取り上げ、護郷隊が預かった。こうしておよそ六〇〇人あまりの護郷隊の秘匿陣地が今や四〇〇〇人に膨れ上がり、その友軍の采配と遊撃戦の計画・実行と、次々に降りかかる困難をまさにつかんでは投げ、つかんでは投げの勢いで、村上は遊撃戦拠点の指揮を取っていった。そこに、陸戦に転進した運天港の海軍白石隊もやって来た。第二七魚雷艇隊主計長だった住田充男大尉が、多野岳にたどり着いた時のことを次のように書いている（住田充男「第二十七魚雷艇隊　オキナワ北部遊撃戦記」、「丸」別冊・第一二号）。

われわれは小川にそって進み、辛うじて山地にたどり着いたが、夜の明けるまでにできるだけ多野岳に近づいておきたいので、部隊集結後は急いで行進を起こした。しかし道を間違え、東海岸の大浦付近まで出てしまったので、昼間は米軍と交戦しながらふたたび北上し、多野岳に到着したのは［四月］二十日の夜中であった。

多野岳は標高三百九十六メートルであり、不屈、豪毅（ごうき）な村上陸軍大尉の指揮する遊撃隊がおり、本部（もとぶ）半島から撤退してきた兵員の戦意低下が、自隊に影響することを憂慮していたようである。しかし、士気旺盛な海軍部隊とあって快く迎えてくれ、食糧の補給、傷者

の手入れ等、なにかとよく面倒をみてくれた。（中略）
その夜［十三日］、村上大尉以下遊撃隊の一部が名護攻撃に向かったので、海軍部隊の一部もこれに参加し、敵防禦線において哨兵と交戦、斬り込みを敢行して、海軍部隊は戦死者九名を出した。やはり「餅は餅屋」である。

この前後には、敗残兵とは思われたくないと、果敢に村上隊の斬り込みに加わった海軍の奮闘が描かれる。しかし陸戦の中でも特殊なゲリラ戦を習熟していない海軍が、より多くの犠牲を出したのは無理からぬことだ。しかし住田大尉はこうも書いている。

まだここへ来て三日ぐらいだが、勇敢な遊撃隊の人たちと一緒なので、だいぶ様子がわかってきた。それに手榴弾も陸軍で補給してくれるし、食事の世話をしなくてすむ主計長としては、まったく一兵となって活躍できる場面だ。

また、同じ海軍でも東海岸の金武湾に配置されていた特攻艇・震洋の隊長だった豊廣稔海軍大尉は、喜瀬武原から名嘉真岳あたりにいた。六月二日、岩波大尉の率いる第四遊撃隊（第二護郷隊）が恩納岳の戦闘に区切りをつけ北上する際、敵に追われる格好で、すぐ近くの山を、草を押し倒し、踏み固めながら風のように移動していったのを記憶しているという。この豊廣大尉が負傷している間に、彼の部下たちは度々米軍基地に斬り込みをかけていたそうだが、その中で伝聞ながらこんな記述がある。

岩田兵曹の回想によれば、北の方から、風のようにやって来た一人の西部男のような将校・村上大尉が、付近にいた陸軍や海軍の兵隊を集めて、

「オイお前ら、食糧ほしいか。それだったら俺について来い」

と言って、斬込隊を編成しては、金武になぐり込みをかけた。大尉は人も知るゲリラ戦のベテランであった。聞くと、その采配ぶりは、まことに見事であった由。たとえば、

「この時点で擲弾筒を撃ち込め、そしておいて、こちら側からこう攻めよ」

と、まるでその指揮は掌を指すがごとくであった由。そして斬り込みがひとまず終わると、いつの間にか付近から姿を消して、どこかへまた、風のごとく行ってしまった由。まことに胸のすくような話である。

（「第二十二震洋特攻隊　わが敵は湊川沖に在り」、「丸」別冊・第一三号）

このように、全体としては劣勢にあっても、山に潜伏しながら敵である米軍の状況を冷静に

把握し、戦意を失わず着実に遊撃戦で戦果を挙げている護郷隊の存在は、色あせていた皇軍の威光を思い出させるような高揚感と共に他部隊の戦記に登場する例が多い。往々にして戦記というものは自分の所属した部隊の消息をたどるものであるため、死んだ戦友や、今は家庭人となっている仲間たちのために、残酷な話は筆を控え、当時の功勲を大袈裟(おおげさ)に称(たた)える方向でまとめられるものである。もし護郷隊の部下たちが「隊長は偉かった、おれたちは武勲を挙げた」と書いたものならばそこは差し引く必要があろうが、上記の二つの記録は混乱する戦場で偶然に行き会った外部の兵士の記述であり他部隊が護郷隊を褒める義理はないので、実際の印象に近いと見ていいだろう。村上治夫という人物はこのように感情の起伏も激しく、嘆き、落胆しながらも敗残兵たちに気合を入れ、皇軍の意地をよみがえらせて敵に当たらせる特異な才能を発揮していた。最後まで諦めず勇躍した若きゲリラ戦隊長・村上の姿が、沖縄戦の中では数少ないヒーロー性をもって語られる部分があるのには、また次のような住民目線の証言にも表れる彼の人徳が大きく影響しているだろう。

富村順一が見た村上大尉

本部町出身で沖縄戦当時一五歳の少年だった富村順一さんの共著『隠された沖縄戦記』。彼は小学生の時に「御真影(ごしんえい)」に敬礼しなかったことから放校され、何度も警察のお世話になったという筋金入りのウーマクー（暴れん坊）だった。成人してからは、沖縄戦に対する天皇の戦争責任を問うために、宣教師を人質に東京タワーに立てこもった事件でその名を知られている。獄中日記である『わんがうまりあ沖縄』は、獄中で字を覚えた富村さんの独得の言葉遣いが目を引く異色の手記であり、徹底して沖縄戦と差別と戦争責任を独自の視点で告発するその内容は世に衝撃を与えた。彼はその後作家になり、北部や離島で日本軍が行った残虐行為に焦点を当て、単独でさまざまな事例を調べ上げ、自身の体験を交えて著作を発表している。言ってみれば彼は沖縄県民として、日本軍に対する怨（うら）みの炎を戦後最も長く燃やし続けた存在である。そんな彼が実際に戦争中、村上隊長と遭遇した際の記述がある。一部を引用するが、村上治夫の人となりが素直に表れている記録なので、ぜひ原文に当たって欲しい。

このような中においても自分達の食糧を沖縄の住民に与えた故郷（ママ）隊という隊もあった。この村上隊長が率いるところの故郷（ママ）隊は米軍に対して最後まで戦い、終戦翌年に村上大尉は沖縄戦最後の捕虜となって米軍に降伏していったが、この村上大尉に対し陰口を叩く沖縄人は一人も居ないであろう。（中略）
この村上大尉は自らが武器を持って若い青年達の先頭に立って敵陣に斬り込んでいた為、青年達からの信望も厚かったのである。

又（また）、平時でも戦闘中でも兵隊と将校では食事にも差があるが、村上大尉はそのようなことを絶対に許さず、食事の場合には子供達が遠足にでも行った時のような雰囲気で輪になって部下達と一緒に笑い話をしながら、同じ物を食べていたわけですから、隊長というより村の青年団長のような雰囲気で部下である青年達と接していたとのことである。

富村さんは戦後、元護郷隊だった友人から村上隊長の話を聞いて、実は戦争中に山の中で村上本人に会っていたことを思い出す。それは、大浦崎の収容所にいる時、食べ物が不足していたので、家族の食糧を本部まで仲間たちと取りに行った帰りだった。しかし山の中には敗残兵らがいて、食糧を運ぶ避難民を待ち受けていた。少年たちであれば担いで来た米から味噌（みそ）からすべて脅し取られることもままあった。用心して歩いていると、三人の兵隊が近づいて来た。

私達のグループが持ってきた食糧をおろして一休みしている所へ、三人の兵隊が寄って来て、そのうちの一人の兵隊が沖縄語で

「君達の中に本部渡久地（とぐち）附近の出身者は居るか」と聞くので、

「私達全員がそうです。渡久地です」

と答えたところ大尉の階級のしるしをつけた人が歩み寄ってきて、

「仲曾根という青年を知らないか、島袋という青年を知らないか」
と聞いてきたので誰かわからぬが私達の仲間が、
「渡久地には仲曾根、島袋という名前の者は沢山居るから下の名前も言わなければわからない」と言ったところ、(中略)
「実は最近戦闘で怪我をしたのだが、今は部隊から離れて家族の許に居るらしいが、もしその島袋お兄さんに会うことがあったら、隊長がよろしく言っていたと伝えてくれ、もう一人、島袋君と同級生の仲曾根君を知らないか」と言うので誰となく
「仲曾根という名前も沢山居るが、島袋さんの同級生で仲曾根という人は山里部落出身だけど、その人なら確か島袋さんと一緒に故郷隊の村上隊に居る筈だ」
と言ったところ側に居た沖縄出身の兵隊が
「あ、君達も村上隊のことは知っているのか」と聞くや私達のうちの誰かが
「村上隊を知らないのは、この本部町には居ない」と言うや否や、大尉が側に居た少年の頭の上に手を置き
「オー、村上大尉というのはこの私なんだよ」と言ってから
「仲曾根君も怪我をしている筈だから、仲曾根君だけでもどうしているか早く知りたい。部下の話によると仲曾根は敵弾によって首に傷を受けたらしいが、死んだという情報はな

いので確めたいので是非探して欲しい。」
と言って話している時、谷間から人声が聞こえてきたので、村上大尉達はすぐに木の陰に隠れましたが、下からのぼってきたのは七、八人の日本軍でした。私達を見るなりその七、八人の日本軍は私達の荷物に手をかけ
「我々は今から斬り込みに行くので食糧が必要だから、お前達の持っている食糧を我々に差し出せ」と言うや否や、木の陰に隠れていた村上大尉以下二名が飛び出して来るや、村上大尉が
「貴様ら、何処の隊の者だ。」
「宇土部隊の平山砲兵隊だ」（中略）
「拙者は故郷隊の隊長で村上という者だが、貴様らはそれでも軍人か。本来ならこの刀で切り捨てるところだが、今日のところは許してやる。そばで隠れて見ていたら貴様らはこの少年達に、斬り込みに行く等と嘘を言い食糧を奪おうとしたが、斬り込みに行くのだったら食糧等必要でない。
　最近、この附近の山の中に度々山賊が出るという話は聞いていたが、まさか宇土部隊の逃亡兵とは知らなかった。貴様ら、本隊が解散してこの附近の山に宇土部隊隊長以下が山賊化しているという噂は聞いたが、単なる噂と思って信用はしていなかった、だが先程の

行動を見て真相がはっきりした。

そして一言も返せなくなった宇土部隊の逃亡兵たちは、罰として少年らの荷物を収容所まで担いで行けと村上に命ぜられた。手ぶらになった少年たちは、村上隊長を先頭に七〜八人の逃亡兵が無言のまま従って歩く様子を小気味よく眺めながら二時間半ほど歩き、収容所を見下ろす山麓までたどり着いた。夜も明けはじめ、そこで村上は隊列を止めた。

「今後、山賊がでた場合にはよく顔を覚えておきなさい。我々が今後この附近を廻るから山賊が出た時には大声をあげて叫びなさい」

と言う言葉を背に聞きながら私達少年は家族の許へと足を早めました。

家へ着いた私達は今までの出来事を大人達に話したところ、そのような日本軍もたまには居たものか、と驚いて居りました。

富村少年の見た村上隊長像はまさに胸のすくようなヒーローだ。富村さんは戦時中、本部町渡久地の山小屋でハンセン病の老人と過ごしていて、米軍も小屋には近寄らなかったため、家畜や食糧もどうにかなった。今の辺野古（へのこ）の大浦崎の民間人収容所にいた家族のもとに食糧を運んだりしながら、冷めた目線で友軍と米軍の行動を観察していた。この本の中でも富村さんは日本軍の残虐行為や米軍の暴行など軍隊のおぞましさを縷々記述していく。しかし、こうも書いている。

> 日本軍にも悪い奴が多く居たことは事実であるが、戦争時であっても沖縄人は悪い日本兵と良い日本兵を完全に区別し、良い日本兵に対しては生命をかけてその日本兵をかばったのである。
>
> このことを何よりも証明しているのが村の青年達をかき集めてできあがった故郷隊の隊長であった村上大尉に対してである。（中略）
>
> 如何に戦争時であろうとも日頃の心の持ち方によっては、たとえ極限状態に追いつめられても最後まで良心的な行動を取り、沖縄人に被害を与えない軍人も居た。（中略）
>
> 村上大尉のように沖縄人を愛し、非戦闘員をかばった日本兵に対しては沖縄人も最後まで日本兵をかばって無事に本土の土を踏ます努力をしたのである。

村上治夫の「敗戦」

このように、村上について記述されたものを細かく集めてみても、悪評はほとんど出てこないのであるが、一つだけ異色の証言が見つかった。悪評ではないが、ひょっとすると村上隊長に殺されるかもしれない、と震え上がったという、当時の村長の手記である。その前に、村上が敗戦をどう迎えたのか、日本の降伏を聞いた日のことを村上は書き残していないので、前出の上地一史記者の文章から引用する。七月七日頃、村上は部下たちに「それぞれの地域に帰って秘密遊撃戦の基盤を作れ」と命じて事実上の解散をし、その後は数名の幹部と共に山に潜伏を続けていた。

部落に降りていた浜川が、山小屋に帰ると、村上は沈痛な調子で「浜川、驚いてはいけないよ。」と言った。「驚きません。」と答えると、「もう戦争は済んでしまったよ。」と一言、押し黙ってしまった。（中略）
「俺は、軍の戦争に対する責任というものを、随分考えた。またこれからの国家は平和的に建て直さなければならぬと思っている。しかし、たゞ自分には割り切れぬものがある。理屈ではどうにもならぬものがある。自分はいまゝで、何につけても思い切りの良い処置を取ってきた。こんなに悩むのは初めてだ。どうして俺には決心がつかないのか。」と言って彼は暗然とした。（中略）
最近、彼の態度には、立っても居ても居られないような、焦躁（しょうそう）の片鱗（へんりん）がうかゞわれた。

崩れゆく自己の姿を見つめているような、―簡単にのぞくことのできない煩悶が、彼の内部で、強烈に彼を苦しめているように見えた。何か、彼の心に変化が起きてきたにちがいなかった。

今まで、彼は、日本軍人の伝統の最後を守る信念の人として、近藤や浜川の目には映った。（中略）戦線錯綜し、戦斗惨烈となっても、率先垂範、常に泰山の安きを、部下に思わせた彼であった。また、彼は弱者に対する思いやりに於て、古武士の伝統的美質を具えていた。無私奉公の哲学は、彼に常に、無邪気恬淡な言語動作を与え、危険に臨んでは明朗剛胆であった。

ところが、今の打ちのめされたような彼の姿は、何であろうか。沖縄の戦局が全く絶望的な境地に追いやられたとき、彼の側にいるだけで、何と凡ての不安が、近藤や浜川の胸から払い去られたことか、すべてがつまらぬ杞憂であったかの如く思われたことか。


このように敗戦を未だ信じられない時期の村上が、軍服を脱いで今帰仁の集落に偵察に行った時のことを、当時古我知村長だった比嘉善雄さんが書き残している。自分が一瞬でも殺害対象になったのではないかという恐怖の記憶である。比嘉善雄さんは元三中の英語教師で、通訳もできることから米軍に重用され、五月には古我知の村長に任命されていた。彼の手記である

『わたしの戦後秘話』の中では、アメリカ軍と共に北部の秩序を再構築していく仕事を手伝わされた比嘉さんが、敗戦を知らず山に籠もっている兵士を救出したり、白石部隊の降伏式を仲介したり、下手すると米軍の回し者と「スパイ視」され殺される不安も抱えながらも、人道的な見地から難しい仕事を引き受けていたことが語られている。村上が彼の自宅に姿を現したのは、大任だった白石部隊の降伏式の仲介が終わった後の、九月半ばだった。

　彼は、長い風呂敷包みを手にしていて、軍服ではなく民間人の着物を着ていた。いわゆる、便衣というものである。

　わたしは、この変な来訪者を、村上大尉とは知らなかった。（中略）

「君は、山から日本軍を降服し下山させるアメリカ軍の手伝いをしているようだが、日本が完全降服したという確証があるのか」

　風呂敷包みは日本刀だとすぐわかる。日本の将校がよく見せる、軍刀を立て、その柄（つか）頭（がしら）に両手を重ねている姿で、威嚇するように縁側に腰をかけていた。彼は、風呂敷包みが日本刀であることを誇示するように、ときどきガチャガチャと音を立てた。

これに対し比嘉さんは、石川で諮詢会（しじゅんかい）が発足した時の状況や玉音放送を聞いた人の話などを説明したが、村上は「そんなことは確証にならん」と居丈高に怒鳴ったという。それでも比嘉さんは、白石部隊は自分で降伏を判断したのであって勧めたものではないなど、事情を必死に説明したと書かれている。

本当に腹が立った。彼も不快そうな表情をして、いらだたしそうに、日本刀をガチャつかせていたが、理のあるところには何も言えずに捨てぜりふめいたことを言って帰ったが、何を言われたかは忘れた。日本が降服していなかったら生かしてはおかんとでも言ったのではなかったか。

戦後、護郷隊の生残りの翁長自敬氏[*2]から聞いた話では、比嘉善雄はスパイだから見つけ次第殺せ、と命令を出していたのは、実は、この村上大尉だったと言う。とすれば、あのとき、本当は殺す気で来たのかも知れぬと今になって思う。だが九月も半ばだし、そのころには山の中でもある程度「終戦」の確かな情報は伝わっていて、本当にその確証を求めて来たのかも知れない。そして、わたしから確証は得られなかったが、話を聞いて理の当然に、終戦の確証を得て帰ったとも思う。

護郷隊の村上が北部の住民虐殺にかかわっていた、もしくは指示をしたという話は寡聞にして聞かない。日本テレビのディレクターだった森口豁氏が「戦争を知っているか　芭蕉布織る村にて」（一九八〇年）というドキュメンタリー番組の中で、村上治夫本人に北部の虐殺事件とのかかわりを問いただす場面があるが、きっぱりと「かかわりはない」と答えていたのが印象に残っている。しかし秘密戦の中心人物だったのだから、何かやってるだろうと邪推される立場ではあっただろう。私個人としては九月の段階で村長の虐殺を命じることのメリットが村上側にないので、この話は鵜呑みにできないと思っている。しかし、同じ中野学校出身の小野田寛郎少尉が二九年間敗戦を信じることができずルバング島に潜伏を続けていたように、村上も簡単に日本が無条件降伏したという事実を信じられず、三二軍司令部の玉砕後も長期間潜伏して後方攪乱を続けるという任務を解除し、すべて放棄して下山して良いものか、万が一にも米軍の宣撫工作ではないのか、異常なまでに慎重になっていたことがよくわかる記述ではある。

投降の三つの条件

年が明け昭和二一（一九四六）年を迎えても、村上は下山勧告に応じなかった。が、木村という元大尉が八原高級参謀の手紙を携えてきた。「御詔勅を体し、更生する日本の再建に努めることこそ益ありと思い、貴殿の下山を俟つ」と書かれていた。「高級参謀殿は生きておられたのか」と吐き出すように村上は言ったという。面会しに来た米軍の将校に対して、村上は三つの条件を出した（以下、前出の上地氏の記述による）。

一、余の部下が七十余名戦死して、まだ父母の膝下に帰っていない。その遺髪を届けるまで、余を自由の身とすること。

二、余は多くの沖縄の人々を戦死せしめた。余は、日本に帰らずに骨を沖縄の土地に埋めたい。シビリアンとなって、此処で何か自身で出来る仕事を一生やってみたい。

三、以上を果すために余に生活できる最小限の農耕できる土地を与えて貰いたい。

米軍将校は、望みが叶（かな）うよう、上司と交渉すると約束したので、翌日一月五日、村上は戦友や部下の遺品を抱えて山を下りた。しかし望んだように市民として扱われることはなく、屋嘉（やか）の捕虜収容所に身を置く結果になった。

夜幕舎に移されたが寒かった。沖縄でも一月はまだ寒い。毛布一枚では特に寒かった。そこは米軍人等の犯罪者と一緒に収容された。夜中にたたき起こされ銃を装塡し、銃で歩けと指示されたときは、誰もみていないところで闇から闇に殺されるのかとつらかった。諜者の最後かと一瞬寂しくなった。単に幕舎の移動だけだった。そこでは近藤軍曹と一緒だった。

次の日、囚人共と一緒に「寒いか」と問われ、「寒い」と答えると、囚人達の居る広場を駆け足で走らされて、「暑くなったか」と聞かれたので「暑い」と答えると、沖縄でも冬は寒いのに、いきなりシャワーを浴びせられた。私的制裁だった。

(『武家の商法』)


村上が本土の土を踏んだのは敗戦翌年のソメイヨシノが咲く頃だった。中野学校はその消息を家族にも詮索されないために、卒業生の家には戦死の報を入れて戸籍を抹消するのだが、両親はどうしても戦死を信じられず、葬式を出さないで待っていてくれたという。

家の畑を手伝ったり、かばん屋、うどん屋など慣れない仕事をして戦後一〇年が経ち、昭和三〇(一九五五)年、ようやく沖縄への渡航が解禁になった。しかし元情報組織にいたことが災いしてか、村上の渡航許可はなかなか下りなかった。沖縄からは隊長を迎えて慰霊祭をやりたいと何度も誘いが来ていた。村上は商売なら許可が出るだろうと考え、関西琉球園芸なる会社を立ち上げて、いつでも沖縄に通えるようにし、部下たちと約束した慰霊をしっかり果たしたいと願っていた。さらに村上は、焦土と化した沖縄に本土から花木を送り供養したいと、桜の苗木などを一万本送ろうという運動も立ち上げている。これには噺家の柳家金語楼さんはじめ芸能界や映画界、そして新聞社も協力してくれ、大々的な活動に発展した。念願叶って沖縄

一九五六年に沖縄を再訪した村上

村上は焦土沖縄に花木や果樹を送る運動を展開した

を再訪することができたのは昭和三一（一九五六）年三月。それ以後、実に平成一八（二〇〇六）年に他界する四年前の平成一四（二〇〇二）年まで、四七年間、ただの一度も休むことなく毎年沖縄に通い続けた。

　村上貝類研究所を設立して貝の貿易の仕事を長く営んでいたのも、沖縄に好きなだけ通えるという考えからだったようだ。元隊員やその子弟が仕事に困っている時にも役に立てるかもしれないと思いついたそうだが、少年時代からの博物趣味もあり、まさに趣味と実益と沖縄への思いが結実し、貝の仕事は天職になったようだ。そうして沖縄に通う環境を確保して、村上は副官だった照屋規吉さんや直近の部下たちと共に、何年もかけて徹底して隊員たちの家を訪ねて回った。映画「沖縄スパイ戦史」にも登場する、亡くなった久高良夫君の家では、「ぬーが、やーが生きとーが!?」なんで隊長であるお前が生きているのか？　息子を返せ、と母親に胸ぐらをつかみかかられることもあったが、この家にも、その後も二度、三度と訪れて

元部下たちの供養のため
遺族の家を訪問する村上

「なぜお前が生きているのか」と村上につかみかかった久高良夫君の母と弟（左端）。ネクタイをしているのは元護郷隊員たち

いる。その様子は、隊員の名前、住所と共に村上自身が丁寧にアルバムに記録してある。

その、何冊も大事に保管されていたアルバムの実物を見せていただいたのだが、留守宅では家屋の写真を撮り、会ってくれなかった家の前でも数人の元部下たちと沈んだ表情で写真に納まっていた。歓迎して食事や酒をたらふくごちそうしてくれる家もあれば、まさに針の筵（むしろ）の家もある。息子を亡くした母親なのであろうか、深い悲しみをたたえた老婆と二人で写っている村上の表情には、沖縄の人間になってここに骨を埋める覚悟で慰霊をしたいと言い続けた彼の、腹の底に固めた覚悟のようなものを見る思いがした。

村上治夫、慟哭（どうこく）す

久高良夫君の弟である栄一さんの証言によると、最後の沖縄来訪（二〇〇二年）の際、村上は車椅子で護郷隊の慰霊祭に参列していた。丘の上にある、自ら建てた慰霊碑の前に、

酒宴で元隊員たちとカチャーシーに興じる村上

自宅近くの川で苗木を洗う

数人に抱えられてやって来た時に、村上は声を上げて泣きじゃくったという。そんなことは過去一度もなかった。八〇歳を超えて、以前のように明快な受け答えができなくなっていたせいもあるのか、武士然とした美学を持つ村上治夫からは想像もできない一コマに、久高栄一さんは強烈な印象を受けたと回想する。遺族が村上を見る目というのは、部下が隊長を慕うのとはまた違う。栄一さんも常々、家族を失った遺族として、冷めた目で村上を見ていたというが、その日の村上の様子は今までとは全く違っていた。

「もうわんわん、まるで子供のようにね、顔を崩してわんわん泣いていた。あの、村上治夫がですよ。あれを見たらもう、ね。さすがの武士道の村上も、人の子なんだと思えて……」

戦後初めての沖縄来訪からおよそ五〇年、痛恨の激戦地・沖縄に通い続けた青年将校、村上治夫が帯びた任務は、あまりにも過酷だったと私は思う。中野学校同期の中でも三番の席次で卒業し、玉砕の島で玉砕を許されず、正規軍崩壊後のゲリラ戦を引き受けた秘密戦のプロは、住民にとっては残酷な面もある作戦を、見事に遂行したといえるだろう。その一方で、義理人情に厚く部下に慕われ、戦後は元部下の家族に対しても誠心誠意一貫して向き合ってきた。それでも、彼の心の中に沈殿していた深い悲しみは、死の間際まで彼を包んでいた。繰り返し襲ってくる苦しさと悔恨を自己に突き付けては押し殺し、精神修養で乗り越えようともがいても、叫び出したいような感情が膨らむこともあったのだろう。村上は、実家の近くの余野川で、黙々と沖縄に送る桜の苗木を洗っていたという。寒い日も一人、苗木に向き合っていた父の姿を息子の仁美さんは見ていた。そうすることで沈静化させうる何かがあったのかもしれない。私ごときに想像できるはずもないのだが、沖縄戦で戦い、生き延びてしまった軍人たちがどれだけ重い鉛のようなものを飲み込んで戦後を生きたのか。この村上治夫の慟哭の中に、私は沖縄戦を抱いて生きたすべての兵士の慟哭を見る気がするのである。

村上は最後の年、車椅子で慰霊祭に参加、号泣した

3　岩波壽　第二護郷隊長について

長髪、無口、眼光鋭い、優しい、美男……。岩波隊長を形容する言葉は村上隊長とかなり違ってナイーヴなイメージが付きまとう。大胆剛健で北部広域の住民掌握まで責任を持たされた村上治夫のエネルギッシュな足跡に比べ、岩波は物静かで、また残された資料も少ないため、当初は人物像がつかみにくいと思えた。私家版で自伝も残されているのだが、生い立ちや、戦後、社長まで務めたスワテック建設株式会社の企業エピソードに比べ、肝心な沖縄戦の戦闘の部分の記述は薄い。自身も細かく陣中日誌をつけていたにもかかわらず、他者の戦記を引用するなどずいぶんそっけない印象がある。元第二護郷隊員が編集した『さともり』にも、隊長としては決して長くない文章を寄せているのだが、冒頭付近にこんな言葉がある。

その想い出は、すべてが辛いことであり、苦しいことであり、悲しさにつながることが多いのである。

小見出しは「想い出の走馬灯」で、実際に続く文章も走馬灯のような、まさに短い箇条書きの記述しかしていない。村上が第一護郷隊員の編集による『護郷隊』の中で書いている戦記の分量と比べると一割にも満たない文章量なのだ。それはなぜなのだろうか。一方で自伝『御縁に生かされて』を読んでいくと、第三・第四遊撃隊の秘匿名として〝護郷隊〟と命名したのは自分であると書いてあり、自分が沖縄に渡って一から作り上げていった護郷隊に並々ならぬ愛着を持っていることも窺える。中野学校の愛唱歌「三三壮途の歌」の替え歌で、最もよく歌われている「運命かけたる沖縄島に」で始まる「護郷隊の歌」の作詞も岩波本人であり、「太平洋の雲低く〜」で始まる「護郷隊の歌その二」は名護にいる時に、「ああ神の国日の本に〜」で始まる「その三」は安富祖でそれぞれ作ったとして、その歌詞をほぼすべて掲載している。少年たちの士気を高め、一体感を大事にしようと知恵を絞る二三歳の青年将校の姿が垣間見える。

岩波壽

また、おとなしいだけではなかったようだ。奥島憲次郎さんの証言（二三三〜二四一頁）にある通り、ひょんなことから部下が憲兵にスパイだと疑われたと聞いた途端、いたく憤慨し、即座に憲兵隊に怒鳴り込んで謝罪をさせた。少年たちは「我が隊長は勇敢だ」とスッキリしたそうだ。また金城幸昭さんの証言（二七九～二八九頁）。訓練期間、買い食いが禁止されていたにもかかわらず、少年二人で安富祖の集落で黒砂糖を入手し、早速味見していた。そこに岩波隊長が歩いて来たため、口いっぱいに黒糖をほおばったまままあわてて敬礼をしたところ、岩波は吹き出したという。そして「ゆっくり食べろ」と言われて、怒られると思っていた少年たちは胸をなでおろした。きっと溶け出した黒砂糖が口の周りに黒々とついていたのだろう。優しい風貌で、詩や短歌もたしなむ文学青年かと思えば、やる時はやる、そんな岩波の人柄はどんな風に形成されていったのか。その生い立ちから見ていこう。

多感な少年時代

大正一〇（一九二一）年、長野県諏訪(すわ)郡中洲村中金子の素封家、岩波家の五人の姉の下にようやく生まれた待望の長男が壽だった。自伝『御縁に生かされて』の中で岩波は「［小学校］入学時は幼稚園を出たお金持ちの坊ちゃんで勉強もほどほどに出来、又走りっくらも速い元気な子供」と自称している。そしてガキ大将に金持ちの子といじめられるのがいやで、品のいい服で登校したくないと親を困らせたという。長野の大自然に遊び、高原に沢に、少年同士で自転車の冒険旅行に夢中になっていたという岩波だが、一六歳で母と死別。葬儀の日は親戚の対応もせずこたつに潜り込んで泣いていたそうだ。岩波は生涯日記をつけ、折に触れて歌を詠んでいるが、見るもの聞くもの、すべてが母の思い出に繋がってふさぎ込んだ日々を少年岩波はこう歌にしている。

行く所として　悲しからざるはなかりけり　母みまかりし　明くるあしたは

青年将校への道

当時、長野県内の中学校は陸軍士官学校・海軍兵学校の合格者数を競い合っていた。岩波は母を亡くした悲しみを振り切るように、その難関に挑むと決めて猛勉強。徹夜で机に向かう日々の中でも、仮性近視になってはいけないと毎晩屋根に上って星を見ることも忘れなかったという。昭和一三（一九三八）年、諏訪中学五年の時に、晴れて陸軍予科士官学校第四期生となり、ここで、沖縄で運命の再会をすることになる牛島

見習士官時代

陸軍中野学校時代の岩波

一九四三年　二一歳　沖縄に来る前年（前列中央）

満校長と出会っている。昭和一五（一九四〇）年、第五五期生として陸軍士官学校に入校、国の非常事態という理由で二カ月繰り上げて卒業して工兵第二六連隊に配属、中国北部の大同（山西省）に赴任した。二〇歳で早くも同期生の戦死の報にも接し、戦況の厳しさを実感するも、南方戦線での活躍を夢見る岩波は初年兵教育の教官になり、戦地で生死を共にするであろう部下の教育に熱を入れていた。昭和一八（一九四三）年には陸軍中尉に昇進。八路軍討伐作戦では失明寸前の大けがをし、赤痢や発疹チフスにかかるなど中国では度々陸軍病院の世話になることもあったが、上官にかわいがられ、行く先々の土地に親しみ、酒量を競って負けを知らず、中国大陸で鍛えられた一端（いっぱし）の青年将校になっていた。

陸軍中野学校へ

「昭和十九年一月十日、特殊勤務要員候補者として東京偕行社に出頭すべし」。唐突な命令を受けた岩波は不本意だった。所属する第二六師団と共に南方に行くつもりであり、部隊としても基幹要員を抜かれては困るとあって、内命の取り消しに動いてもらうが、結局叶わずに帰国。しかし、のちに彼の所属部隊はレイテ島で全員玉砕しているので、命拾いした格好だ。

九段の偕行社に集まったのは現役将校ばかり二十数名。そこには沖縄で運命を共にする村上中尉（当時）、北一郎中尉らがいた。遊撃戦や特殊任務の教育は目新しいものばかりだったが、中野学校では特に精神教育に重点が置かれ、誰にも知られずにいつどこで死んでもいい覚悟、責任を重んじ苦難に耐える心づくり、特に中野精神を貫くものは「誠」だったと岩波は述懐している。中野学校時代は長髪に背広で民間人に徹し、中野駅の近くに下宿していた頃の岩波の写真は、ネクタイとカラーシャツにオールバックスタイルと、どこから見ても東京シティボーイ。諏訪湖でカエル泳ぎをしていた田舎の少年の面影はもはやどこにもない。

そして昭和一九（一九四四）年九月五日の卒業と同時に沖縄の第三二軍司令部付きが発令された。沖縄に出発する直前、今生の別れと覚悟して諏訪に一時帰宅した一人息子に、父は買っておいたオメガの懐中時計を渡したという。実はこの時計、沖縄の山岳戦を経て捕虜になってアメリカ軍の収容所に入るまで携行していたが、米兵による持ち物検査の瞬間、もはやこれまでかと思ったものの、とっさに砂に落として踏みつけ、没収を免れ長野に持ち帰っている。スリや詐欺の手口も習ったという中野学校の卒業生らしく、堂々と敵を欺く肝の据わった軍人であったことを物語るエピソードだ。

沖縄で「護郷隊」編成

九月一四日（村上の手記では一三日）、同期の村上、広瀬（戦死）と共に小型プロペラ機で小禄飛行場に降り、そのまま首里の第三二軍司令部に出頭、ほかの中野学校卒業生十数名と合流して、早速、遊撃隊の編成に取り掛かった。徴兵前の積極果敢な青年学校生を主力に、基幹要員には在郷軍人を当て、教育スケジュールの作成や、資材調達に奔走し、一〇月一〇日、いよいよ名護に本拠地を移そうとトラックと共に出発準備をしていたところ、一〇・一〇空襲で那覇が壊滅的被害を受ける。首里の高台から一歩も動けずにそれを見ていた岩波は、米軍の来襲近しと奮い立ったと記述している。

遊撃戦準備

翌日一一日に名護に到着した一行は、名護国民学校を拠点に、まずは幹部要員の入隊と訓練に取り掛かった。やがて紅顔の少年たちが続々と校舎に入って来て、およそ四〇日間に及ぶ秘密遊撃戦の特訓に入った。第二護郷隊こと第四遊撃隊は当初、東村（ひがしそん）と国頭村にまたがる伊湯岳を拠点に本島最北部を管轄する予定であったため、岩波はこの時期伊湯岳の地形把握や拠点準備に入っていたが、第九師団の台湾転出に伴う大幅な配置換えが二度にわたって行われ、一度は名護岳の東斜面に本部を設置する。しかしさらに一月中旬に恩納岳に拠点を変更、沖縄本島中部から名護までを守備範囲とすることになった。岩波の当ては外れた。というのは、国頭村・東村・大宜味(おおぎみそん)村の少年たちを召集したのは、北部の山河の地形に精通した少年ゲリラ兵と、その後ろ盾になる家族や地域住民の支えを当て込んだものだったからだ。遊撃隊と地域住民を一体化させるというのが、中野学校が設計した秘密戦のセオリーであった。

しかし北部の少年たちにとって恩納岳は「行ったこともない、全く知らない山」だった。第一護郷隊の方は、七月初頭には人数が三分の一くらいに減ってしまうのだが、それは名護や本部半島の少年たちは、頻繁に集落に食糧を取りに行くこともでき、地形をよく知るだけに家族のもとに逃げ帰るのも容易だったからである。第二護郷隊の方は、少年たちに地の利がなく、また北部のどこに家族が避難しているのか情報も届かない。脱走は不可能だったために脱落者が少なかったという違いがある。ともかく、米軍の沖縄上陸作戦が始まった三月二三日の時点で、第二護郷隊は総員、部隊長以下三八八名、五号無線機一、小銃二九〇、軽機関銃一六、擲弾筒一六という装備で恩納岳の中腹の密林に偽装した兵舎を並べ、大量の食糧を運び込み、ここを遊撃拠点に敵の上陸を迎えることになる。

恩納岳の戦い

四月一日に米軍が上陸したのは、まさに北飛行場と中飛行場の真正面の西海岸だった。米軍は両飛行場を真っ先に確保して日本軍に使わせないようにし、即日、逆に本土爆撃の拠点として活用を始めた。岩波隊長は上陸地点の様子を恩納岳の拠点から目視。両飛行場周辺での後方攪乱を企図し、遊撃体制を構築すべく情報収集班を派遣していた。そして上陸した一日の夜、第一中隊だけを恩納岳の拠点に残し、第二中隊、第三中隊を自ら率いて南側の石川岳に進出した。石川・仲泊（なかどまり）方面の橋を爆破して敵の北上を食い止めるべく戦闘配置についたが、四月三日には北・中飛行場から後退してきた特設第一連隊二九〇〇人の敗残兵らが大量に石川岳になだれ込んできて、陣容を維持できなくなる。彼らは主に飛行場の施設部隊であり、陸戦の訓練も不十分なうえ、米軍を迎え撃つ武器など与えられていないにもかかわらず「ギリギリまで敵に飛行場を使わせない」という無謀な作戦命令のもとで残置された悲遇の部隊だった。嘉手納（かでな）、読谷（よみたん）の飛行場から石川岳に至る彼らの退路には一〇〇〇人を超える屍（しかばね）が累々と続いていたという。米軍が上陸してまだ二、三日で早くも飢え、弓折れ矢尽きた敗残兵の姿に接した少年兵たちの驚きと落胆は証言にもあるが、そこで岩波は「戦う意欲のある者には食糧を与える」という方針を即決して、第四四飛行場大隊のおよそ一〇〇人を大鹿隊と田中隊に分けて指揮下に入れた。その時の状況を飛行場大隊の飯田邦光さんの手記『沖縄戦記』から引用する。嘉手納の屋良（やら）に駐屯していた彼らが米軍に追われ、命からがら石川岳までたどり着いた時の様子だ。

「さあ、もうあの稜線（りょうせん）を越えたら恩納岳だ」一隊は元気を回復して黙々と灌木（かんぼく）や雑草の中を手で押し分けてまた進んだ。

そして夜明けごろ、高い山の八合目あたりの疎林の中に、小さな体にダブダブの軍服を着けた童顔の二等兵が二名、朝もやの中に不動明王のような顔をして歩哨に立っているのを見出（みいだ）した。目指す恩納岳にようようたどりついたのである。

この日、昭和二十年四月五日の朝。（中略）

第四遊撃隊は恩納岳の拠点に拠って、怒濤（どとう）のような上陸軍が、両洋の海岸道伝いに北上してくるところの、仲泊と石川の橋梁（きょうりょう）を早くも爆破して、着々と戦闘態勢下にあった。

恩納岳の北側一キロメートルのところに、主峯よりは約百メートルほど低い、眼鏡山という尖った山が屹立（きつりつ）していて、恩納岳と眼鏡山の二つを、ちょうど二見ケ浦の夫婦岩を〆（しめ）縄（なわ）で結んだような形をした稜線内側の金武村のみえる密林の中に、萱葺（かやぶ）きの護郷隊の兵舎があちこちに建ててあった。そのうちの一つに護郷隊長岩波大尉の兵舎もあった。

中頭地区から敗走してきたわれわれ飛行場部隊は連日の戦闘で頬がこけ、くぼんだ眼だけを獣のように光らせていた。ダブダブの軍服を着て小銃をもった、十五、六歳くらいの護郷隊員たちは、この萱葺き兵舎内で軍人にたまわりたる勅諭

一、軍人は忠節を尽すを本分とすべし
一、軍人は礼儀を正しくすべし
一、軍人は武勇を尚ぶべし（中略）

の五カ条を朗々と奉唱し、祖国に殉ずるという満ち足りた決意を眉宇にみなぎらせていた。私たちとは対照的に、戦意旺盛な別世界がそこにあった。（中略）
私たちは萱葺き兵舎内で護郷隊の少年兵から、にぎり飯一個ずつを恵まれたが、世の中でこんな美味（うま）いものがあるのかと思うほどだった。涙がでるほど嬉しくてまるで親里にかえったような安らぎを覚えるのだった。（中略）
第二護郷隊長、岩波寿大尉（陸士五十三期［実際は五五期］、陸軍中野学校出身）は、部下の信望を一身に集め、必勝の信念に燃えたった烈々たる闘志のこれまた名指揮官であり、戦意のある他部隊には食糧を与えて戦列に加えていたほどだから、わが敗走の大隊は大鹿隊（警備中隊主力）と田中隊（本部と補給中隊）と二つに分けて陣容を立て再編成し、岩波寿大尉の指揮下に入り、岩波大尉の指導と相俟って恩納岳遊撃戦に健闘することになったのである。

また、第五章「虐殺者たちの肖像」に登場する海軍魚雷艇隊も、運天港の船を捨てて陸戦に移行した後、多野岳を経て南部突破を目指し、ひたすら山の中を移動しながら恩納岳まで到達している。そして護郷隊に食事やけがの治療などの世話を受け、一時期は共に恩納岳の遊撃戦に参加した。前掲（三五七頁）の住田充男大尉は第二護郷隊の陣地にいた時のことも同じ手記に書いている。

秘密陣地・恩納岳

さて、恩納岳は標高三百七十五メートルの、谷は深く、うっそうとした木立に囲まれている山である。

四人で歩いて行くと、ときどき、ピュー、ピューと鳥の啼き声がすると思ったが、これは遊撃隊の展望哨の合図だったのかもしれない。

樹からおりて来たと思われる少年兵に案内され、やっとの思いで遊撃隊本部にたどり着き、大隊長岩波大尉にお会いしたところ、落ち着いた態度で気持よく、われわれを迎えてくれた。五月七日のことである。

さっそく、かやぶき兵舎に案内され、食事の支給やら靴の支給を受け、傷者の治療も受けることができた。

ここには、あちこちにかやぶきの兵舎がたてられており、要所要所には十分な哨兵がおる。空からは見えにくくなっているので、敵には容易に発見されそうもない。

岩波大尉は、多野岳の村上大尉と同じく陸士五十五期なので、白石大尉、鶴田大尉と海兵、陸士の同期であり、私の一期先輩ということになる。

聞くところによると、遊撃隊の大隊長、中隊長はみな、有名な中野学校出らしい。（中略）

そこで、またまた南下の相談をするが、岩波大尉は、南部への突破がまったく現状では無理であることを、具体的にいろいろ説明してくれた。それで、われわれも最後にはこの計画を断念し、ここで得た無線情報等を土産に、ふたたび海軍部隊に合流する機会をねらった。（中略）

午後には三角山陣地（前進陣地）は砲撃により破壊され、敵に占領された。

しかし、岩波大尉は決して動じない。つぎつぎと適切な命令を下しているので、まことに頼もしく感ずる。恩納岳もこう敵に暴露してしまっては、遊撃戦をつづけるのに不利なためであろうか、六月二日夜、岩波隊は北部に移動して遊撃戦を展開することになった。

（中略）

六月十八日、ようやく恩納岳の北東約六キロの安仁堂（あにんどう）付近に到着したとき、われわれは

> 岩波大尉に別れを告げて、海軍部隊に合流すべく行動した。岩波隊で受けた恩は一生忘れることができない。

部外者への対応や指揮官ぶりなど、岩波の将としての居住まいのようなものは、他部隊の兵士の目にも強い印象を残しているようだ。前掲の飯田邦光さんは直接岩波に会った時のことをこう書いている。

> あるとき、私は田中隊を代表する命令受領者として、はじめて岩波隊長の前にたつ機会にめぐまれたが、日本刀を腰にさして捧げ銃をした奇妙な私の姿に、岩波隊長は心のなかではおかしさをこらえていたのではなかろうか、質素な机をまえにして答礼された短軀、精悍なゲリラ隊長の風貌を私は忘れることができない。沖縄戦において最後まで一糸乱れず敢闘した部隊は、きまって部隊長が人間として、部下敬慕を集めていたということであるが、岩波隊長は正にそのような人柄であった。
>
> （『沖縄戦記』）

当初は恩納岳の南にある石川岳から飛行場地域の遊撃戦に当たる計画だったものの、石川岳には敗残兵や住民が続々と押し寄せたため、岩波はこれを断念し、恩納岳の本拠地に戻って金武や恩納の集落に進出した敵の拠点を奇襲攻撃したり、三角山や眼鏡山を巡る戦闘を指揮していた。前述のように、戦闘中も恩納岳への他部隊の出入りは激しく、岩波も「敗残兵」と「逃げ惑う住民」、「その双方のトラブル」への対応を迫られていく。指揮下にある少年兵と違って、将もなく戦意を失った兵士らの素行は悪く、風紀の乱れには非常に頭を悩ませたようだ。そのあたりの話を、岩波は戦後、地元の月刊誌にこのように語っている。

この間もテレビで、米軍より日本軍の方が恐かったと、沖縄の人がいっていたが、バラバラになった軍隊は、人間の悪い点ばかりが出て、銃で脅して島民の食糧を奪ったり、島民の生命をまもるどころか、島民を苦しめていた。あんまり、それが激しいので、私どもの部隊に入ってきた者で、もしそういう者があれば武器はみんな取り上げてしまった。

(「月刊新信州」一九六九年一一月号)

そして、岩波はこの状況を三二軍の参謀長に伝えて指示を受けるべく、米軍に南北を分断されている状況の中でも首里の司令部に状況を報告し判断を仰いだ。得られた回答は「軍人であっても軍人でない行動をとった者は処分してよろしい」という指令だった。多野岳の本拠地に「敗残兵入るべからず」と張り紙をした村上隊長に比べ、岩波隊長は受け入れの拒絶はしなかったものの、彼らの数が予想以上に膨れ上がったことが確実に作戦の足かせになっていた。そんな中、岩波が把握していたかは不明だが、恩納岳でもスパイ虐殺が発生していたようだ。

恩納岳陣地の乱れ

恩納岳陣地内でも、一部の日本兵によるスパイ容疑の住民虐殺が行われていた。これは前述した第四四飛行場大隊の生き残りである飯田邦光さんが「琉球新報」に語ったもので、昭和六〇（一九八五）年六月二三日の記事になっている。それによると、昭和二〇（一九四五）年五月二八日、恩納岳の護郷隊陣地は嘉手納や読谷から敗走してきた部隊や避難民でごった返していた。夕方、けたたましい銃声で駆け付けた飯田さんが見たものは、三人の兵士とあお向けに横たわっている六〇代くらいの地元の男性。この男性は避難民の密告で連れて来られ、日本軍に処刑されたという。同記事の中では、飯田さんの上司にあたる元中尉も、四、五人の避難民が四〇代の男を「これはスパイだから処刑しろ」と突き出してきたと証言している。この時は避難民を説得して帰し、事なきを得たようだ。記述からするとこの件に護郷隊はかかわっていないようではあるが、証言からわかることは、遊撃戦の拠点は住民の避難場所と近かったこと。軍隊と住民の間には勝手な行き来があったこと。また、住民の側も怪しいとされる人物を軍隊に差し出し、問い詰めてもらい、あるいは処罰・処刑の役割を軍隊に期待していたという関係性だ。岩波が大隊長として全体をコントロールしきれない事態が、恩納岳陣地のあちこちで起きていたことが窺える。

恩納村民への食糧の提供

一方で岩波は恩納村民からの正式な要請に応えて、食糧を相当量提供している。護郷隊自身が最後は一日一食という欠乏状態に陥っていたにもかかわらず、これは隊員も驚く対応だったようだ。第二護郷隊本部指揮班長の平良仲興さんは『さともり』にこう書いている。

四月二十七日　突然恩納村長の當山さんが数名の役場職員と共に本部を訪れ、現在一万余の避難民が恩納岳の周辺で食に飢えている。「何とか割譲ねがいたい」との懇願に対し、（中略）部隊長は心安く承諾され、相当量の糧食を譲られた。部隊長は日頃から「秘密戦遂行には住民の協力が必要である」を信条とし、又村からは山中生活に必要とされる馬肉が届けられた。

岩波は手記に、食糧困窮を極め、蛇、カタツムリ、カエル、何でも食べたと記しているが、本来の目的である沖縄の正規軍玉砕後のゲリラ戦に備え、なんとしても食糧を確保しておきたかったはずである。しかし同じ軍人が住民から食糧を奪っていく事態を目の当たりにし、住民に救済の手を差し伸べる責任も感じていたのかもしれない。山に避難して以降、住民にとっては半ば恐怖の対象と化していた友軍だが、沖縄県の子供たちを隊員とする護郷隊だけは恩納村民に出血覚悟で糧秣を提供した。このことは長く記憶され、のちに岩波が戦後初めて沖縄の土を踏んだ時、恩納村の人々に岩波は大歓待を受けることになる。

恩納岳陥落と解散

その後の細かい戦闘の推移は割愛するが、やがて恩納岳は空・海・陸と三方からの攻撃にさらされて、六月一日には三角山陣地は完全に破壊される。翌二日、多くの死傷者を出して本部陣地の一角が占領されるに至り、岩波は恩納岳の放棄を決断。陣地を撤収し二日の夜、歩ける負傷者を真ん中に挟んで一列縦隊で久志岳を目指して北上を開始。およそ一〇〇〇人が一列に連なり、昼は敵の目を欺くため物音一つ立てずじっとして、夜だけ食糧も探しながら手探りで闇を進む。普通なら恩納村の安仁堂という所まで、歩いて二時間もかからないはずだが、一行はそこに二週間以上かけて、六月一八日にたどり着いている。そんな速度でしか進むことができなかった。七月一〇日、第一護郷隊の陣地であった多野岳を通過。岩波と村上はここで再会して三二軍の玉砕を確認し、両隊共に秘密遊撃戦に移行する方針を共有。そして七月一六日、第二護郷隊は東村有銘（あるめ）の山中に到達した。この時点で食糧は尽き、部隊としての行動は不能となる。兵器・弾薬・軍服を完全に隠匿し、幹部以外は家族のもとに帰って家業を行いつつ情報を収集し、別途命令を待つという「四遊秘密遊撃戦命令第一号」を岩波大隊長名で発し、第二護郷隊こと第四遊撃隊は事実上の解散となった。

第二護郷隊幹部の投降

数人の部下と共に山中にいた岩波は、故郷に戻った少年兵らが届けてくれる食糧や情報を得て、その情報を分析しつつ八月一五日を迎えた。感度の悪いラジオでアナウンサーの涙声を聞くも、内容はよくわからなかったという。翌日、米軍が飛行機から撒（ま）いたビラで「無条件降伏」を知り、「夢想だにしなかった敗戦の事実を知らされ、正に呆然（ぼうぜん）自失して如何に処すべきかを知らない状態であった。やがて自らを取り戻し静かに考える余裕を持った時、この惨状を眼前にし、失った大きな犠牲を考え、正に痛恨極まりない暗たんたる思いにうちのめされた」と敗戦の心境を『さともり』に吐露している。完膚なきまでに叩きのめされた沖縄の山中にあっても、二三歳の青年将校は沖縄が玉砕することはあっても日本の敗戦はないと信じていたのだ。そしてまさかの「無条件」完全降伏。この美しい亜熱帯の島と少年とを盾にし、ずたずたに切り裂いてまでも守ろうとしたものは、すでに脆（もろ）くも崩れていた。ではこの作戦は何だったのか。何のために自分は部下を死なせたのか？　その日から四八日間、有銘の山中で岩波がずっと自分に問い続けていたのは、そんな問いではなかったか。

戦争中は「護郷隊隊長の首に懸賞金がついている」という情報もあったそうだが、米軍は山に潜むゲリラ隊幹部の投降について、あわてず時間をかけ、住民を介して何度か説得を試みていた。ようやく投降やむなしと決意した岩波は一〇月二日、中隊長の畑、松崎、軍医だった大野、中らと共に八人で投降。自決用に用意してあった軍服の上衣を着てジープで田井等（たいら）収容所に到着すると、出迎えた米軍の中佐が笑顔で「よく戦った、ご苦労さまです」と握手を求めてきた。のちにその様子を見ていた沖縄の人々が、敗戦の惨めさを感じさせないその姿を喜んでくれた、と岩波は手記に書いている。収容所生活は、将校クラスになると毎日作業に駆り出されることもなく、囲碁や歌の会、野球大会など、拍子抜けするほど自由に過ごせたようだ。そして昭和二〇（一九四五）年の暮れも押し詰まった一二月三一日に那覇港から乗船し、新年を船中で迎えて浦賀に入港。上陸に際し「国のため身命を賭して戦った勇士」に対する歓迎に戸惑うのでは、と想像した自分がたいそう浅はかであったことに気づいたと岩波は回想している。様変わりした本土。米兵と戯れる女性、誰一人ねぎらいの言葉すらかけてはくれない世の中の変化を岩波は思い知る。

長野に帰郷後まもなく結婚。仕事は、工兵隊の将校であったことも縁となって、長野の父親が創立メンバーになっていた諏訪土木建築株式会社（現在のスワテック建設）に就職、人生の再スタートを切った。

沖縄再訪

戦後一一年を経た昭和三一（一九五六）年。岩波壽元隊長は、同年の村上治夫元隊長の沖縄再訪に遅れること八カ月、一一月にようやく沖縄島の土を踏んだ。第二護郷隊の碑の除幕式に出席し、念願の隊員の慰霊をするための渡航だった。船上から、青春と悪夢が渦巻く沖縄島の島影を確認し、美しい恩納岳の姿を捉えた時には万感胸に迫るものがあったという。那覇泊港に入港すると、大勢の出迎えの人々の中に「歓迎岩波隊長」の横断幕を掲げて手を振る元少年兵たちを認め、大きく手を振って応えた。その後は元隊員たちとの感激の再会、握手、新聞記者による取材の嵐に包まれる。しかし岩波自身は「針のむしろに座る」つもりの、覚悟の訪問でもあった。

第二護郷隊の碑で式辞を読む岩波

そして一一月二四日、第二護郷隊の慰霊祭に参列する。会場を埋める遺族の姿に「只々胸のふさがる思いである」と手記に書いている。岩波は慰霊碑をかたどったバッジをたくさん作って持ち込み、慰霊祭の会場の入口で元隊員や遺族に一つずつ手渡しながら頭を下げた。一人ひとりに丁寧に挨拶をしていたのが人目を引いたと「沖縄タイムス」の記者が記事にしている。そして隊員たちが歌う「護郷隊の歌」には「涙がとめどなく溢(あふ)れ感極まる思い」だったそうだ。その時、岩波隊長の心に去来した山中の記憶とは、いったいどんな場面だったのだろうか。

恩納岳の残像

第二護郷隊の死者は六九人とされているが、戦闘で死んだ者ばかりではない。元少年兵の証言を聞いていると、第二護郷隊の場合、特に厳しい話になるのが、第一章の証言でも度々触れられてきた、恩納岳撤退の日の「傷病兵の最後の処置」の様相についてだ。歩ける者、友人らが肩を貸し身柄を引き受けてくれた少年兵は良いが、歩けない傷病者に対しては隊長・軍医らが自決を促す、または射殺するという選択肢しかなかった。また髙江洲義英(たかえすぎえい)君のように命令に従って静かに撤退できない精神状態の者も、歩けても連れて行くわけにはいかなかった。生きて捕虜になれば秘密戦の情報が漏れる。それが傷病兵処置の最も大きな理由であることは間違いない。軍の機密を守るためとはいえ、岩波大隊長と畑中隊長が、最期は死亡を確認するため一人ずつ銃剣で刺していたという大城弘吉さんの証言（伝聞）などは、きれいごとが通用しない軍人の冷徹な一面に身も凍る思いがする。しかし、野戦病院の諸相を細かく見ていくと、残酷とばかりは言えない情景も立ち上がって来る。薬もなく、痛みを和らげてやることすらできない状況下で、助からない部下たちの苦しみを一瞬で終わらせてやるのも幹部の務めだったのかもしれないと思える状況もある。例えば陣地内で蔓延(まんえん)していた赤痢罹患者のケースだ。

お尻を真っ黒にした少年たち

衛生状態が劣悪な山中の陣地では四月初旬から赤痢患者が続出していた。血便が止まらないため、替えもない軍服のズボンが真っ黒になっている者は、一目で赤痢だとわかったという。元隊員の平良邦雄さんの証言を引用する。

塩屋出身の仲里弘……だっけかな。彼は赤痢でお尻から血が出て拭く暇もないから、小さな川のせせらぎにもう、ズボン降ろしたまま座ってた。恩納岳を撤退するときに、おい、一緒に行こうと何度も手を引こうとするんだけど、もう俺はだめだから、いいよ。ほっておいてくれって。先に行ってくれって。

やがて邦雄さん自身も赤痢に罹患した。血便が止まらず、逃げる時にもズボンを上げている暇がないほどで、そんな情けない姿を軍医が見たのだろう。「君、赤痢じゃないか」と声をかけられ、軍医はクレオソートという薬をくれた。邦雄さんはそれで命拾いをしたが、あの赤痢の辛さだけは体験したものでないとわからない、と言う。後になって恩納岳の様子を見に戻った仲間から聞いた話だが、と前置きをしたうえで邦雄さんは言う。傷病兵たちはみんな自決していたというが、中には隊長たちに殺されたのも多かったようだと。また、『読谷村史』には川沿いにたくさんの遺体が並んでいたという住民の証言がある。

安富祖集落から恩納岳に川沿いに進むと、滝があるが、そこが護郷隊の第一陣地で、そこで待ち伏せて、アメリカ兵も随分やられた。本部があったところは「アイヌクビ」(蟻の首)と言われるところで、そこには野戦病院もあったが、戦後行ってみたら、担架に乗せられたままの死体がいっぱいあった。護郷隊は、食糧は十分にあった。焼けない前の安富祖集落の各家には米が積まれていた。米の倉庫にしていたのだ。浜に舟艇で乗り上げて、米を運んでいた。だから、山に逃げてからも、米を取りに部落に下りていった。

(『読谷村史 第五巻 資料編4 戦時記録』上巻、当山幸輝さんの証言)

私はこの川沿いに散乱する遺体という証言について、それは負傷兵らが水を求めて川のそばに這(は)いつくばっていってこと切れたのか、せめて水が飲めるよう、川のそばに放置されたものかと想像していた。しかし仲里君のように赤痢で動けなくなった少年たちも川辺から離れられなかったのだ。岩波自身も中国で赤痢にかかり入院した経験があるだけに、その苦しみはよく知っていただろう。真っ黒になったズボンを下ろしたまま立ち上がれないでいる少年兵の傍らに、わずかばかりの乾パンを置いて立ち去る時に、その小さな背中に向けて、心を鬼にして引き金を引いたこともあったのかもしれない。そんな川辺の光景が浮かんでくる。

この原稿を書いている読谷の筆者の自宅からは、恩納岳の青々とした稜線がよく見える。今は米軍の演習場になっているため登ることもかなわないのだが、光も差さないほどに亜熱帯の木々が生い茂った護郷隊のアジトで、隊長たちが最後に見た光景はどんなものだったのか、私はこの三年、毎日恩納岳を眺めながら何度も想像を巡らせている。陸軍中野学校で精神鍛錬を積んだエリート将校とはいえ、弱冠二三歳の若者であった岩波の脳裏に焼き付いて離れない悔恨の場面の中には、死にきれないでいる、ズボンを真っ黒にした少年たちの姿や、部下全員を連れて行くことを断念したあの日、心臓が破れるような感情を飲み込んだこと、煙に包まれていく恩納岳を振り返った時に、木々の下に残してくるしかなかった部下たちが、せめて窒息していく苦しみを味わうことなく完全にこと切れていて欲しいと強く願ったことなどが去来したのではないか。それを思う時、どんな反省や後悔や謝罪も届かない、どんなに自分を責めても一生掻き消すことができない重い記憶を抱えて生きることになった青年将校たちの戦後も、また想像を絶する過酷なものだったに違いないと思い、暗然とするのである。

岩波はその後、自分の会社の経営に携わるようになり、長野県内の建設業界では有数の企業にまで成長させた。建設業協会や経済界の代表や役員なども歴任したが、自民党嫌いで通っており、選挙応援などには極力出向かなかったそうだ。息子の寿亮さんのお話では「国の褒章など絶対にもらわん」と言って早めに役職を降りたこともあったという。また、焦土と化した沖縄の復興にも役に立ちたいと、県民の本土への就職や元隊員の子弟の就学など、岩波自身がどんどん身元引受人になって世話をしたという。平成二三（二〇一一）年二月二四日没。八九歳で旅立った岩波は、恩納岳で別れた少年たちとあの世で六六年ぶりの再会を果たしたのであろう。少年たちは果たしてどんな表情で隊長を迎えたのだろう?と、また私は想像してみる。それは岩波が戦後どう生きたのかによるのであろうが、願わくば、あの世での邂逅の場面は、岩波が戦後六〇年あまり背負い続けた重荷を下ろし、少年たちの手を取って「涙がとめどなく溢れ」、苦しみの解消の瞬間であって欲しい。恩納岳を眺めつつ、そんな詮ない妄想を巡らしいたずらに時間を忘れて過ごす時に、私は村上や岩波という二人の青年の体温を少しばかり近く感じるのである。

4　二人の隊長が遺したもの

どこの新聞か不詳なのだが、沖縄の日本復帰の日に寄せた岩波の言葉が、岩波の手記に添付されている。昭和四七（一九七二）年五月一五日の記事だ。

「沖縄九十余万人の悲願だった本土復帰の日がやってくる。沖縄をふたたび悲惨な戦場にしてはならない」「〝守礼の国〟の精神を受け継ぎ、純ぼくで心豊かな人たちを本土のエコノミックアニマルによって食い荒らさないでほしい」

再び国家の防衛を理由に、軍靴で沖縄を踏みにじるな。本土の都合で沖縄を食い荒らすな。復帰を喜ぶ気持ちに増して岩波の心にかかる当時の懸念は、果たして今の沖縄を予見していたかのようである。平成七（一九九五）年の米兵による少女暴行事件に端を発する辺野古の基地建設問題、オスプレイ強行配備、大型ヘリやオスプレイの墜落、日本政府の県民投票の黙殺、一顧だにされない沖縄の民意、国に訴えられ被告になる沖縄県知事……。これらの出来事は村上や岩波が足しげく通っていた時期より少し後になるため、老境の元隊長たちがどこまで本土と沖縄の新たな亀裂を把握していたかは定かではない。さらに平成二八（二〇一六）年に元海兵隊の男に暴行された二〇歳の女性がスーツケースで運ばれ遺棄された場所は、第二護郷隊の慰霊碑のある山々の足もとである。ここまで転落するように悪化していくこの国と沖縄の関係性を、もしも彼らが目の当たりにしていたら、村上なら、岩波なら、なんと言うだろうか。

復帰後、再び日本の軍事基地が沖縄に作られていった。さらに昨今の先島への陸上自衛隊ミサイル基地建設に至っては、まさに武器を持ち軍服を着た隊員たちが島々に七五年前の残像を背負いながら再配備されていく姿にほかならない。両隊長と同じ時期に中野学校でゲリラ戦指導者の教育を受けていた岐阜県の野原正孝さん（第三章参照）も「その自衛隊はアメリカの防波堤に使われる」と警鐘を鳴らしているが、もしも村上、岩波があと一五年長く生きていてくれたら、この状況にどうコメントしただろうか。少年たちを犠牲にしながらも守り切れなかったこの島に、再び国の力で犠牲を強制するなどということを許してはならぬ、と生き残った元少年兵らと共に声を上げてくれたのではないか。

村上の没後、彼の日本刀が名護博物館に寄贈された時にも、私は複雑な思いがした。村上がこの島に伝えたい思いをこの刀でどう見せていくか。それ以前に武器を展示できるのか。この刀は研がれていないため指を切ることもない、実戦では使用されていないものだが、日本軍の象徴でもある武器の展示は企画展でもない限り難しいということで、現在は名護の博物館を訪ねても村上の刀を見ることはできない。しかし、日本刀を倉庫に眠らせて封印しても、過去の戦争を肯定し「戦争できる国づくり」に邁進（まいしん）する今の社会の流れを止められるわけではない。道徳教育の強化、公民意識の徹底、教育勅語の見直し……。国のために命を散らす美学を否定しない教育に回帰し、積極的な犠牲を顕彰し褒めたたえて自分たちは助かろうとする靖国思想もじわじわと息を吹き返しつつある。

岩波が亡くなった年、元防衛大臣で当時自民党の政調会長だった石破茂氏は、「ゆくゆくは沖縄県民で構成する海兵隊を作ったらどうか。それで地位協定の問題もなくなる」という主旨の発言をし、「郷土部隊」を組織する構想を明らかにした（「琉球新報」二〇一一年八月一三日）。まるで護郷隊の歴史を反省していないこのような政治家の姿勢が、今の先島の軍事要塞化に繋がっている。日本刀を展示しない程度の抵抗で平和が来るのか。むしろ日本軍精神の象徴である刀を倉庫から出し、日本の再軍備や右傾化する政府を批判する力に繋げるくらいの熱量の学芸員が沖縄にいてもいい。先の戦争で、日本の軍人は近代戦ではろくに役にも立たないはずの古びた刃物を軍人の魂として腰からぶら下げ、その刃物が斬りつけたのは敵ばかりではなかったこと。それは少年たちを誘惑する道具でもあったこと。天皇から刀を賜ったほど優秀な青年将校が沖縄戦でどんな任務を帯びていたのかや、その刀の持ち主が五〇年も欠かさず沖縄に通い続け慰霊に努めたことや、それでも最後は慰霊碑の前で顔をくしゃくしゃにして慟哭したこと。これらを全部わかるように展示し、観てもらうことで、油断すればひたひたと忍び寄る安易な戦争の美学に二度と騙（だま）されない力を来館者に獲得してもらいたい。そして護郷隊が舐（な）めた辛酸を血肉にして、今再び軍事利用される国境の島に逆戻りしつつある沖縄が抱える問題に抗する学びのチャンスにしてもらった方が、沖縄が真の平和をつかむための教訓として徹底的に自らの戦史を解体してもらった方が、両隊長も本望なのではないだろうか。

＊1　明治一〇（一八七七）年設立の陸軍将校の親睦や軍事研究を目的とした団体で、東京九段に集会所があった。

＊2　『護郷隊』に掲載されている第一護郷隊の名簿に翁長自敬の名前はない。当時の県立第二中学校の教練教師で羽地の防衛隊に将校として召集された翁長自敬という人物がいるが、護郷隊との関連は定かではない。

第三章　国土防衛隊——陸軍中野学校宇治分校

◆全国各地で準備されていた少年ゲリラ兵部隊

終戦間際、沖縄だけではなく全国に地域の住民で組織する少年ゲリラ兵部隊が作られていた（召集されたのは一四～四〇歳で、ゲリラ訓練は主に少年が対象だった）。このことはまだまだ知られていないが、地域の住民でゲリラ戦を展開するという無茶な考えは決して沖縄だけに限られたものではなく、増してや沖縄県民だから軽視され、少年たちが消費されたという問題でもない。米軍が本土に上陸していればすべての地域で同じことが確実に起こったであろうことを把握してもらうために、私はぜひ全国の事例を映画に入れたかったのだが、「沖縄スパイ戦史」では、終盤で、沖縄戦研究者の林博史さんと名護市の市史編纂（へんさん）係の川満彰さんへのインタビューを通してその概要を紹介するに留まっていた。それでも、地元の少年が故郷でゲリラ戦をさせられた沖縄の事例を私たちがきちんと提示すれば、他府県でも地域に根差したジャーナリストたちが必ず埋もれていた少年兵部隊の存在とその意味を掘り起こしてくれるだろう。そんな期待を込めて、映画の最後にそのシーンを入れた。

果たして、映画を見てくださったご縁で岐阜の記者の方と繋（つな）がった。陸軍中野学校でゲリラ戦を学び、岐阜県の少年兵を教育した人がまだご健在と聞いて飛び上がった。村上治夫・岩波壽、護郷隊の両隊長が生きていれば同い年の、ゲリラ戦のエキスパートの男性。終戦間際に全国に作られた、主に少年を活用した住民ゲリラ部隊の全容がまだほとんど見えてこない中で、岐阜県の事例が初めて明らかになる。これを追いかけている地元紙の女性記者の方が連絡をくださり、そのゲリラ戦の教官ご本人と、部下だった元少年兵のお二人に令和元（二〇一九）年の夏、お会いすることができた。

私は岐阜の山河を守る少年ゲリラ部隊の教官だった

ゲリラ戦教官として岐阜の「国土防衛隊」の少年兵を訓練
大正一一（一九二二）年一月五日生まれ
岐阜県山県郡谷合村出身

野原正孝さん

野原正孝さんは、取材した令和元（二〇一九）年で御年九七歳。家族が近所に住んでいるとはいえ、大きな家に一人暮らし。食事も身の回りのこともすべて自分でこなす、かくしゃくとしてしかも頭脳明晰で時事問題にも通じている方だった。「沖縄スパイ戦史」の一部をお見せすると、苦境の少年兵部隊を思って何度も涙する人情家でもあった。

戦後は縫製工場を経営、女性工員を二〇人ほど雇って婦人服を作っていた。自分のズボンは今でもミシンで作るという。満州を経て郷里での「決戦」に備えたゲリラ戦の教官になり、地元の山河で暗躍。遊撃戦部隊の編成・教育に奔走した野原さんだが、軍歴が二カ月足りず、恩給はないという。慰労金で五万円をもらっただけと苦笑した。写真の向かって左手の短冊には「毎日を全力にて」という野原さんの座右の銘が書かれている。中野学校の教えだという。

この部隊が組織されているということは永久に極秘のはずだった

一人で暮らしてます。独身です。ふふふ。ようよう自分の真実がわかりかけてきたな、みなさんのおかげで。僕はこれまで全然口にも出さなかったから。誰にも私がゲリラの教官やったことは話してない。子供にも話してない。やはり極秘、と言われたことが頭にこびりついてそのまま来たわけよね。

――戦争が終わっても喋るなと言われたんですか？

いや、永久に、ですよ。戦争終わる、終わらないではなしに。この部隊が組織されているということは永久に極秘のはずだった。家族にも言ってない。訊かれもしないけどね。誰に言っても、信用してもらえんと思うし。

岐阜県山県郡谷合村生まれ、父は大工。僕は谷合尋常小学校高等科二年を終えてからは丁稚奉公。当時は就職する先なんてないですから、タダだったら使ってやるという形で、親としても生活がエライ（苦しい）から口減らしせにゃという感覚で、岐阜市に丁稚奉公に行きました。それが一番自分が嫌いだったミシン。岐阜市の縫製工場。女の仕事みたいでいやだったけど、当時は一度就職したら徴兵検査までは勤めるのが男の意地だったから頑張った。名古屋の鳥居松造兵廠（名古屋陸軍造兵廠鳥居松製造所）に徴用にも行きました。一年間。その後兵役検査は甲種合格。

――甲種合格！　やっぱりそういう人を選ぶんですね、中野は。身長は？

一五七㎝、全然大きくはないです。昭和一七（一九四二）年一二月一五日、陸軍歩兵第六八連隊補充隊に入隊、二〇歳でした。その年のうちに満州の遼陽、三一八部隊に行ったんです。陸軍の歩兵です。私の部隊はテニアンで玉砕しとるでね。私もそこに行かにゃいかん立場だったけど、教導学校、下士官を教える学校で教えてた。東寧県の老黒山にいて、仲間のいるテニアンに早く行かせてくれと言い続けて内地まで帰国したけど、横浜で足止めを食ってひと月くらいおったです。テニアンに行く船が明日出るということで準備していたのに、もう海上封鎖で行けんようになって。それで岐阜の東高校にあった六八連隊に戻ったんです、昭和一九（一九四四）年七月に。初年兵教育をやりました。ずっと教える側。恵那の千旦林に狙撃手の訓練に兵隊連れて行きました。

――野原さんは狙撃がうまい？

自慢できたんです。中国で狙撃演習を毎日やって、橘大隊長、日露戦争の軍神のね、遼陽はまさに橘大隊長のあれ（活躍した場所）だから厳しかったんですわ。敵を殺すような戦いはやってません。一度八路軍という向こうのゲリラを追跡したことはありましたけどね。

ある日、人事係の准尉の呼び出しがあって行ったらね、お前は今日限り国籍を剥奪します、転属せよ、と。そのかわり外泊を三日間やると言われ喜んで外泊したんだけどね。後から考えたらね、中野学校はみんなそうやてね。その陸軍中野学校の本校は、それこそ東大出とか素晴らしい頭の人たちで、英語もできなあかんし頭いい人だけど、そのうちゲリラをどんどん作ろうと思って二俣分校を作って、二俣分校で足らんで宇治分校[*1]作ったんやもんね。

野原さんが出征の時から中国戦線まで身に付けていた日の丸

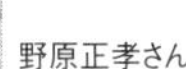

野原正孝さん

陸軍中野学校宇治分校

――二俣分校以外に、宇治分校があったんですか？

うん。宇治分校って名前で、校歌も中野学校の校歌（「三三壮途の歌」）ですよ。「♪赤き〜心で　断じてなせば〜」、そして四番がですね（正確には六番の歌詞）、「♪南船北馬　今我は征く　母と別れて　海こえて行く　同志よ我らと（原詞は「同志よ兄等と」）　いつまた会わん」

（涙ぐんで）ごめんなさい……、涙が出てね。こんな学校でも、母という言葉を使うんですね。

――何を思い出して涙が出るんですか？

戦友やね。戦友……。だめだ。大事な戦友がみんな逝っちゃったからね、テニアンでね。本当に……情けないです。

――私もこの歌歌えるんですよ、全部。「♪いらぬ～は手柄　浮雲の如く　意気に感ぜし人生こそは（後半一緒に歌って）神よ与えよ　万難我に」ですよね？

おおーっ！　またあんたもえれエ……。どういうこっちゃ、これは。

――沖縄の少年兵は「さだめかけたる沖縄島に　我ら召されて護郷の戦士」と毎日歌ったんです。隊長たちが作ってくれた護郷隊の歌だと思って。中野の替え歌だったんですけれどね。

へえ。そういう歌詞の歌があるんか。この歌の歌詞が宇治分校で配布されたんです。中野学校の歌だと聞いちょりましたんでね。中野学校のことはその時にわかったわけです。

――宇治分校に行く時は国籍もなく不安でしたよね？

いや、そんなの全くないです。死ぬとか考えもしないし、外泊できるっちゅうんで喜んで行きました。任務も何も聞いてない、内容は知らない。文句は言えませんから、どっちにしろ。理由なしで。三名ばかり一緒でね、一人は高富村の人。同じような年でね。小屋みたいな小さな兵舎があって、そこで訓練したんです。将校や指導員がいて、指導員はみんな中野学校から来た人でした。本校からか二俣分校からかは知らんけどね。五、六人かな。訓練生は一二〇～一三〇人おったかな。名古屋の師団司令部管轄の兵隊が抽出されて。でもそれぞれの名前、経歴含めて全然わかりません。あらゆることが極秘の中に収められていた。語り合うことはなかった。着いてすぐに、我々の任務は極秘だと。すべて極秘だと言われたからね。

スリ、家宅侵入、爆破、不発弾処理……中野学校の訓練

——何か印象的な訓練はありましたか？

スリの訓練、家宅侵入の訓練も覚えてる。

——え！　どうやってスるんですか？

スリというのは簡単なんやね。どこかになんか気を向かせる。極端に言えばね、あんたになんかしようと思ったら後ろから物を投げてね、みんながワーッとそこに行くようにして、気を取られているその間にやるとかね。

——それは誰が教えるんですか？

中野学校の教官が教えるんですよ。家宅侵入もそうですよ。泥棒に入ろうと思ったら一〇〇%入れるんですよ。例えばね、目的の家の近くにある、適当な家の表札の名前を見てね。目的の家の玄関から声かけて、「すみません、この近くに◯◯さんという人が住んでみえますね？」

と訊くわけ。それで話聞きながら、履き物を見て男が何人、子供が何人と調べる。今でもそういう癖が抜けないけどね、歩いてて洗濯物を見たら、ああ、この家は何人家族、男が何人ってすぐわかる。それがわかれば入るのは簡単。

——そんなことも中野学校の教官が教えたんですか……。ほかにはどんな訓練を？

船の訓練。伝馬船。（テレビドラマの）「水戸黄門」にも出てくるあれね。あんな難しい船はないよ、いろんなの漕いだけどね。滋賀県安土（あづち）で一週間くらい教えてもらった。飛行機や戦車を爆破する訓練は、大久保飛行場（当時の京都府久世（くせ）郡大久保村にあった。現在陸上自衛隊大久保駐屯地）ね。そこで戦車攻撃、飛行機を爆破する訓練。そういうのを覚えたんです。実際に爆破するのではなく、どこを爆破したらいいかを習うわけ。汽車と電車の爆破訓練も京都の操車場でやりました。総合訓練は四国の高知でやった。高知平野に敵が上陸する、飛行場を造っているという想定で、卒業演習で大掛かりにやった。浦戸湾で、漁師の乗る伝馬船を漕いでって艦船攻撃の訓練。造船所に潜り込むという課題もあった。敵の役は中野学校二俣分校の教官たちが務める。でも何も知らされてない造船所の監視にも見つかってはいけない。潜り込んで船に「爆破」と書かれた紙を貼って来るっていう任務だった。その演習中に仲間が警察に捕まってね。演習が終わるまでは訓練だと言えんでしょう。その人は終わるまで警察に捕まっとった。

――中野学校の訓練でよくそういう話を聞きますが、本当に捕まっちゃうという。実際そうだったんですね。どうやって出てきたんですか、その方？

一週間くらい捕まっとったん違うかな。演習終わってから初めて軍隊が警察とやり取りをして釈放された。一つの演習が三、四日で、場所も転々として。短い期間で。三カ月くらい（『俣一戦史』ではおよそ二カ月）、もうびっしり訓練やったからね。今の時代、私がゲリラ訓練受けたって話したって誰も信じやせんけど、例えば不発弾処理ね、普通の兵隊はこれはできないけど、私は中野学校でこれ習ってるからね、やったよ、雷管をどうするとか……。

「敵の武器を取って戦え」――ゲリラ訓練の実態

――普通の軍隊と違いますよね。これは大変なことになったと思いませんでしたか？

全然。どっちみち死ぬんや、っていうのは頭にありましたしね。厳しかったけれども、殴る蹴るとか、初年兵じゃないから全くそんなこともないしね。国のためだと思って必死に取り組んでた。でもまずあんたに頭に置いて欲しいのは、銃とか爆薬とか、全然支給される立場にならかったんよ。どうするよ？　沖縄のゲリラ部隊もおそらくそうだったと思うんだけど、弾も武器も、敵を夜間にでも攻撃して、取ってこそ初めて銃器が使えると。全然武器なしで初めは戦わにゃならんので。それだけはよう覚えといてください。外国は陸続きやもんで、ゲリラを応援するのはよその国からもできるけれども、日本は一切できないでしょ。武器も、食べるもんから、薬品から、何も支給はない。何もにゃー中で戦わにゃならん立場だったの。それだけは、本当に今も涙が出るんだけれども、沖縄のゲリラ部隊はかわいそうだと思って。おそらく十分な武器で戦ってないはずです。支給されないもん。

――その通り。「敵の武器を取って戦え」と言われ、敵のピンが抜かれていない手榴弾を拾って戦ったんです。

だけど「ゲリラ」という言葉は一回も使われなかったね。「国土防衛戦」。要するに国土を守る「防衛隊」が地域に編成されるから、そこに行って教官をしろと。その目的は訓練の終わり頃に聞いた。それまでは疑問もなく、何のためにとか考える余裕もなかった。もうこっちは軍隊生活に慣れてしまっているからね、課題は多かったけど普通の軍隊に比べれば楽だった。

教科書？　一切なかった。食べ物は記憶にないけど空腹ではなかった。平等院の近くの店のおじさんが抹茶をたててサービスしてくれた、そんなことは覚えてるんやけどね。宇治では私服でした。丸刈りもしない。階級つけてないから、将校でもわからん、友達みたいに喋っとった。成績も、普通の軍隊教育なら成績つけるけど宇治では一切なし。ほかの兵隊のことも、過去の話なんてする余裕もなかったで、わかりません。訓練訓練で休日もないもん。中にはいたずらする奴もおってね。気に入らん上官の剣に醤油を。刀の鞘に醤油入れてね。うふふ。

――ここに、銃剣道四段の賞状がありますけど……。

それは戦後に取ったもんだけどね、銃剣道とか剣道とか、そういうのはもうずっとやってきて、戦うことだけがずっと頭にあるでねえ。

――ゲリラ訓練は、どういうものがほかにありました？

夜間訓練。陣地を攻撃するという訓練。夜通し山の中ばかり歩いてね。「周辺視の作用」ね。どういう見方をするかというとね。目線をちょっと上に上げてそのまま下の方を見ると、夜道もよく見えると言ってね。そういう訓練も受けていた。

――「周辺視」？

要するに、目の視線は上に置いておって、感覚は下に置けと。向こうを見ながら下に感覚を置くというようなね。すると夜道は見えると。やっぱりよう見えよったです。一番大事なのは火を焚く訓練。一番敵に見つかるのは煙だでねえ。兵隊の話をあんた、たくさん聞いてきて、どうやって火を焚くか知ってる？

――炭で焚くと煙が出にくいと聞いたことがあります。

炭？　そんなもん炭が最初からそこにあるか？　あればいいけどね、ない所でやらんならんからね。あれはね、山があるでしょう。溝を掘るの、五〇cmくらい。木の葉っぱをいっぱい詰めるの、溝に。それで火を焚くと、煙はその中を這って上がっていくから、煙は絶対に出ない。

これ、私はみんなに教育した。こんな話、世に出とらんもんでね。ほかには、けがをしたら何で治すか、とかね。一番傷によう効くのは蝮の皮やでねえ。蝮のアルコール漬けはすぐできんといかんわねえ。私は今でもそれを使っとります。

――マムシ!? どうやって入手するんですか?

山に行って捕まえなきゃならんわね。今でも山に行けば捕まえます。殺します。それで皮をむいて持って来ます。毒? 噛まれたら毒が入るけど、人間が噛んで食べたって毒は入りません。何度も食べたことあります。栄養のために食べたんだから。物資のない時は。

(奥の部屋から蝮の皮と、乾燥した蝮の身の詰まった瓶を二つ持って来て)これにご飯粒をつけて、練って、それを傷口に貼ったら絶対化膿しない。熱が下がらん時もこれを足の裏に貼ってたら下がるで。この身を食べて治らん病気が治った人もいるよ。わざわざ僕のところまでもらいに来てね。自然の中には医者がいないわけだから、考えんと。

――へえー。中野学校の教官の中に一部甲賀流の忍者たちがいたと聞いたことがありますが。

そうそう。それは言える。そういうものの感覚が組み入れてある。郷土に帰ってからは、橋を見る度、この橋は何本のダイナマイトで爆破できる、と瞬時に判断する癖がついてた。

「死ぬな」が原則の国土防衛隊

——宇治分校でゲリラ戦の教官になる訓練をしてる時は、まだ日本は勝つと思っていた？

勝てるとか勝てんとか、その判断やなしに、勝つと、思うとったんだね。

——でも、米軍が上陸して自分の故郷で戦うなんて相当まずい、と思いませんでしたか？

ゲリラ戦になったら戦争は終わらないな、とは思ったね。アメリカが日本本土に上陸して完全に占領することをしなかったのは、やっぱり沖縄のゲリラ戦部隊の恩恵もあると思う、私は。戦争が終わらない、ゲリラ部隊は。やったら終わりのない戦争になるで。

——当時、沖縄で同じように中野学校の指導で少年兵たちが戦ってると知ってましたか？

全然知らなかった。この映画の話を聞いて初めて、そうかーと驚いて。やっとったのかと。……涙が出ますよ。

宇治の訓練は二月～三月末。最後は二俣分校に行ってね。あそこで総合訓練をやって終わりだった。そこからは解散して高富の防衛隊本部に行ったのが四月二七日。自分が一番地形をよく知ってる場所にみんな配置されたんです。ここの防衛隊でゲリラ訓練できるのは私一人。第一二特設警備隊、これ呼び名が「国土防衛隊」です。

——野原さんが高富の防衛隊のトップだったんですか？

いや、中尉くらいの人がいた。予備役の人で召集されて来てる上司がいましたよ、全然戦闘もゲリラも知らん人。僕は一番下。幹部の中の一番下です。歳も下。幹部は四、五人おったんではないですか。実戦を教えられるのは私一人でした。集められたのは一四歳から四〇歳。少年と、予備役と、訓練は一緒だった。全体で二〇〇～三〇〇人だったか、記憶は定かじゃないんですが、一回に七〇～八〇人ずつでゲリラ訓練をやった。いっぺんにはできんからね。それを二、三回やって終戦になったのか……。

——村に戻ってからは少年相手にどんな訓練を始めたんですか？

どんな訓練って、戦車に見立てたリヤカーを引いて。その戦車に、走って行ってピタッと爆薬をつけるとかね。鉄に吸い付く爆薬があったんだよ。それを戦車の横にひっつける訓練。リヤカーが壊れるまでやった。ほかに匍匐前進とかね。

——野原伍長は、怖がられてましたか？

いや、ゲリラの教育はね、ビンタとか過激な制裁とかそういうのはしないんだね。できる限り和をもってやるのがゲリラの本質やでね。お互いに助け合うのが一番の基本だから。助け合って少しでも命を永らえる。絶対に、いざという場合には銃口をくわえて自決だとか、そういうのはもう一切私たちの訓練ではやらなかったです。絶対生き延びろと。どんなことをしても生き延びろと。助けに行くからと。それが原則で。

——中野学校は絶対に死ぬな、なんですよね。護郷隊もそこは普通と違うと言ってました。私たちも「死ぬな」が原則でした。隠れとってでも、後でみんなと合流して戦わなあかんと。

捕虜になっても、いつかは助けに行くと。自分で自殺ということは一切言わなかった。何やってるんだ！とバーンと肩を叩くことはあってもそこに何かの繋がりを作るということが大事だった。私はね、初年兵の時に鈴木という兵長に、四二回殴られて気を失ったことがあるんだけど、もう食事ができなかったよ、一週間くらい。（殴られた）数を数えていた。一つ二つと。そしたら四二回で倒れてまった。ほんでも怨みはないもん。不思議だけどね。でもそういうことは、部下には全然やらなかった。やっても効果はない。

国土防衛隊は日本中で作られていた

――でも一四、一五の子供に戦争させるなんて無理……とは思いませんでしたか？

いや、思わなかった。かえって訓練しておっても四〇そこらの兵隊の方が歳食ってて動きは悪いしね。しかも私は年下だからと、バカにするわね。でもゲリラ部隊は和が大事だからね。耐えるしかない。

――敵が上陸してきたら、一斉に山に籠もるんですか？

いや、上陸したらすぐにではなく、みんな家におって、必要になったら動く。ゲリラ部隊は地方人なんや。つまり軍隊の中に入っているのではなくて、普段は家で生活をしていて、連絡を取り合って、敵が上陸して迫ってきてから集まって作戦をやる。それがゲリラやで。

――こういう軍隊が、日本中に作られていたんですか？

そう、そうだと思います。高富の防衛隊本部ではそういう組織を作っとった。でもその地区以外に本部がどこに作ってあったかというのは一切極秘だからね。ただ、岐阜市は橿森(かしもり)神社のきわにあったということだけはわかってる。ほかの部隊は極秘。

――でも、野原さん以外にも少なくとも一〇〇人くらい宇治で教育を受けて各地に分散して同じような部隊を作っているはず、ですよね？　なんでこんなに知られてないんでしょう？

ねえ？　今まで。それが不思議でならんねん、私も。もうね。これは極秘やったんやで、私も話すのを止(や)めておこうかなーと思ったけど、ほんでもやはり世間に、こうやって若いもんが召集されてこういうことをやったんや、ということは、やっぱり残したいな、と思って大賀さん（「岐阜新聞」の大賀由貴子記者）に話をしたんですよ。戦争の惨めさが言いたかったんやね。地域の中でこんな若い人間も召集されて戦闘に携わるようになったんだということは、言い残したかった。これ言ってはいかんのやで、ホントは。永久に、これは極秘のことなんやで。それを言う私はだめなんだ、ホントは。だけど、せめて若いもんにまでこういうことがあったということは、知っておいてもらいたくて。

――いつからそう思うようになったんですか？

最近、身体(からだ)が言うこと聞かなくなってから。そんで、沖縄にもそういうことがあったと聞いてびーっくりしたもんでね、あんたに聞いて。ウワー、沖縄にあったんかーって。

——今になって振り返って、この作戦をどう思いますか。

まあその時分はね、なんといっても夢中でね。国のため、天皇陛下のため、これだけが頭にあってね。そんな、若いとかかわいそうだとか、全然、感じなかったね。今になって思うだけでね。勝つためには何でもいい、というのが当時の感覚やったでね。それが教育の恐ろしさですよ。子供たちも自発的に、まあそういう教育受けて来てるからね。行きたくないと泣いたという話はないよ。国のためには男も女も。僕は婦人会の竹槍（たけやり）訓練も見て回りよったです。

ゲリラ戦準備から敗戦へ

——住民がいる場所で戦争すると、一番問題になるのは軍の機密が漏れることですよね？

それはもう、漏れてまってるでしょ？　防ぐことはできない、やっぱりね。おそらくアメリカにも漏れてまってるですよ。どっかからね。部下にも、我々がゲリラだってことは一言も言うとらんです。敵が上陸したら戦う部隊とは言ってあるけど、「ゲリラ部隊」とかそういう話は一切極秘です。そういう名目ではやるなと言われていた。国土防衛のためという表看板です。

——ほかにはどんな訓練を少年たちにやらせたんですか？

山県郡谷合村の役場を夜間攻撃すると。役場に訓練のことを通達して、全部警戒に当たれと。

在郷軍人の協力もお願いしてね。その警戒網をくぐって爆破すると。それは成功しとるんです。広域練習は攻撃成功。爆破、と書かれた紙を貼って来るだけですけどね。私らは地形もよく知っとるために攻撃成功しよったです。子供たちは張り切って。

——子供たちはそうやって、自分たちの故郷を舞台に戦う覚悟ができていくわけですね。これはすごい話ですよ。沖縄戦以外でも、ここまでゲリラ戦の準備を地域でやっていたと。

今までホントによく知られずにここまで来たと私は感心しとるわ。どうして誰も言わなんだやろ、って。

——最後は自分たちの地域で戦うということを本当にリアルに考えてましたか?

そりゃ考えてましたよ。だから……。終戦と同時に天皇陛下がお言葉を出した時に、ガクッと来てしまったもんね。なんかむなしくてね、もう自分の役割も地位もないわけでしょ。むなしいだけやったです。

——もっと戦えたのにという気持ち?

そう、その方が大きかったです。

——それこそ本土で「決戦」できたら活躍できたのに、と?

そう。本当は地域で戦争したらいかんけど、それより自分ら勝ちたい。勝ちたいだけ。そりゃわからんもんね、勝ってるという宣伝しか来ないから、本当の内容は我々には届かへん。高富に来たら地形知ってる我々が有利だと。ここから石を落として敵の車を止めて、それから攻撃すりゃいいと。石投げるくらいはみんなできるし、とにかく車を止めりゃいいと。そんで逃げて、また向こうが寝た時に盗みに来ればいいと。それがゲリラやもんね。武器がないんだから。そうやっておいて武器を奪うしかしょうがない。そういう計画は立ててました。

——どうやって終戦の日を迎えたんですか?

玉音放送があると聞いたけど、私は何を言ってるか、って相手にせず魚を捕りに行っとったの。そこで戦争終わったぞーと聞いてびっくりして、戦争が終わるもんか!って部隊に飛んで行ったら、終戦やった。あははは。本部の人間が四、五人おって。書類は全部燃やしました。

住民は兵器やで、消耗品やもんね

——沖縄の人は、軍隊は住民を守らなかった、というのが沖縄戦の教訓だと思っています。

しかしね、守らなかったというより、同じ立場で戦わせようとしたという方が強いんで。守らなかったという解釈はちょっとあれやけど、同じように戦わせようとした、そこに無理があったわね。若いにもかかわらず。住民はそりゃ確かに、一つの兵器に過ぎなかったんやね。

——……そこまで言います?

基地は大事やけども住民は兵器やで、消耗品やもんね。

――「住民は兵器」？　そういう言い方があったんですか？

そりゃ我々は軍隊の時、我々は兵器の一つで消耗品の一つや、ということはもう軍隊では聞きなれた言葉や。そんで住民も戦わせようとしたんやから。

――今、南西諸島に続々と攻撃力を持った自衛隊が入って、米軍と一体化してきています。

これは考えないといかん。今、アメリカは日本を守ってくれるとみんな言うんやけども、守ってくれるんでなく、自分たちの防波堤なんやね、日本は。アメリカの防波堤。日本を守るんやにゃあで。そういうことは……どっちに転んでも一緒やけど。本当にこれは考えなあかん。本当に日本は独立国にならないかん。独立国やあれへんねん、今。アメリカの属国やで。まだ韓国の方がどうにか頑張っとるわ。

中野学校の一員、という意識はあります

――中野の関係者と戦後会うことはありましたか？

僕は、下士官学校の教導学校時代の戦友会は毎回行ってる、ついこないだまでやっとった。もうみんな死んでまったでね。でも中野学校宇治分校の方は期間が短いで、親しみが湧く暇もなかった。名前も知らないし。名前は出さんのが原則やったで。宇治のお茶屋さんに一緒に行く五人のメンバーがいたけど、名前も知らない。

——野原さんは、陸軍中野学校の一員だったという意識はありますか？

そりゃあります。訓練がそういう訓練やったからね。一時的にでも。もう中野学校出た人はおらんでしょう。私はどうにかこうにかまだ人間らしくしているけど。

——壁に「毎日を全力にて」と書かれた紙がありますけど、村上隊長は「今日只今の事に死力を尽くせ」が座右の銘で、これ、まさに中野精神ですよね？

そう。まあ、毎日精いっぱい、ということやね。僕は今でも自分のことは全部自分でやってる。娘にも頼まん限りは手を出すな、と言ってる。精いっぱい生きるってのが人生の生き方やもんね。僕はあと一年半、と思ってる。自分でわかる。一年半でバイバイ。にしても、あんたもえりゃあ仕事にはまったもんで。一代、ついて回るよ？　抜けられんで、もう。

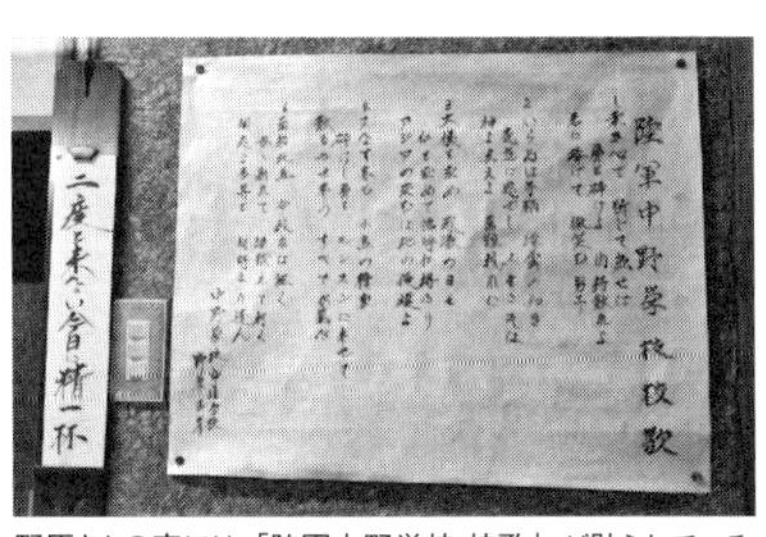

野原さんの家には「陸軍中野学校 校歌」が貼られている

爆弾抱えて死ぬ訓練をした岐阜の少年兵

昭和五（一九三〇）年四月一一日生まれ　岐阜県山県郡谷合村出身
終戦直前の七月、一五歳で「国土防衛隊」に召集

小森智さん

小森智さんは美山町議会議員を二〇年務め、旭日単光章を受章。取材時（二〇一九年）は八九歳で、現在も自然観察指導員として里山をガイドするなど、地域社会に常に貢献してきた穏やかな笑顔の好々爺。人前で話す機会も多い。それでも、少年兵として国土防衛隊の一員だった話はほとんどしたことがないという。家にあった鉄兜をかぶって、食器用に自分の丼鉢をカバンに突っ込んで入隊した一五歳の少年ゲリラ兵。武器どころか、軍服すら支給されず、もらったのは地下足袋だけ。敵が本土に上陸していたら、少年に文字通り素手で戦えという無謀な作戦が実際に動いていたことを「滑稽だ」と笑って済ませるわけにはいかない。これは本土が戦場になれば国が自国の一〇代半ばの青少年の命をさらに数百万単位で潰そうとした、重大な国家犯罪だ。小森さんは、証言は短いが、それが

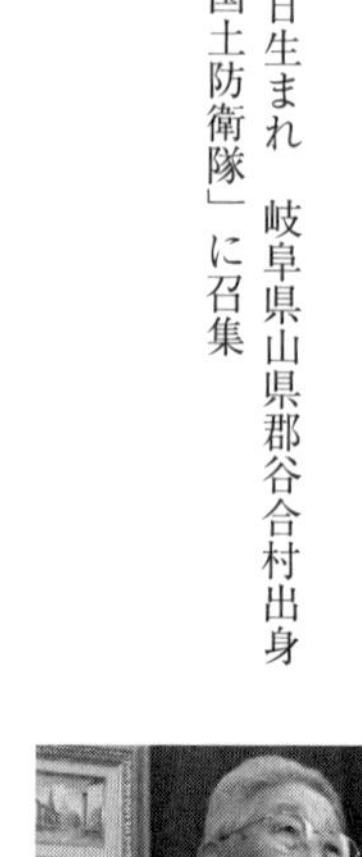

事実だったことを令和を生きる私たちに伝える、貴重な生き証人だ。

国土防衛隊という名前は聞いていた。ほかはすべてが極秘という部隊

昭和一八（一九四三）年に母親が亡くなった。弟二人と三人兄弟だったんだけど、僕は小さい頃から苦労はしたよ。小学校一年からずっと子守り。肩が痛くなってまうしね。食糧事情も悪いから、昭和一九（一九四四）年の夏からは、おじさんが名古屋で軍需工場をやっていたから、そこで働いて夜の学校に行った。名古屋第一工学校の夜間に通った。学校には行きたかったもんだから。おじさんも娘しかいないので、僕を跡取りにと言ってくれたもんで、希望に胸を膨らませて名古屋に行ったんですけどね。名古屋に出るんはバスで一日かかった。昭和二〇（一九四五）年の春祭りに合わせていったん故郷に戻っていた時に、ちょうど名古屋大空襲があってね、名古屋の家も、肝心の工場も学校も、みんな焼けてしまった。名古屋に戻る理由がなくなった。仕方なく家で、山を耕して食べ物を作ってたら召集が来た。七月だったかな。

――一五歳になったばかりで召集されるとは思っていなかったのでは？

そうです、国民皆兵とはいうもののね。僕ともう一人、召集された。みんな軍需工場に動員されてて、谷合にいる男が僕らしかいなかったからね。父から召集のことを聞きました。父は三回も兵隊に行った人だった。けど、なんでそんなとこ行かなあかんのかと思ったね。

しかし世の中は戦争一色だから、行かねばならん、とも思った、周囲の状況からね。

――小森さんも軍国少年でしたか？

そうだね。でも不思議なことに、学校で粘土工作の時間にね、みんなは戦車を作った。僕ともう一人の友達だけ違ってた。僕は乗用車を作った。もう一人はバスを作ってた。食糧増産で、道の路肩にはみんなで豆を植えて、校庭は全部芋畑。山を開墾して蕎麦を蒔いたりね。そんなことばかりやっていた。うちの方は米が取れないのでね。

――でも一五歳で戦う訓練を始めるのは違和感があったのでは？

それがね、ことさらにいやだとも思わなかった。田舎に育ってるから幼稚だし、上からの命令にはみんな従わないといけないと思っておった。お宮さんの拝殿で、村長さんの激励の挨拶をもらって行った覚えはある。そこから宿舎までどういう風に行ったのかは記憶にない。軍服はなかった。普通の国民服。支給されたのは地下足袋だけだった。ゲートルは、家にあった帯の芯。ゲートルもなくて、帯の芯をほどいて作ってもらった。

――ゲートルって軍隊の象徴のように感じるんですけど、それも支給されないんですか？

普段から、ゲートルを巻いて学校に来る人もいましたよ。あれは便利なんですね、動きやすいというか。ズボンが長くても短くてもごまかせるから。子供の頃から巻いとったから、すぐ巻けるようにはなったわね。山行く時も巻いてたから。それと普通の肩掛けのカバンに丼鉢を入れて行ったんですよ。食器も自前ということで。帽子は、学校にいた時から戦闘帽をかぶっていたから。そして家に鉄兜があったもんだから。これをかぶっていった。天鷹神社に並んだのは五人くらいかな。召集兵の中でも、僕が最年少ね。一七歳くらいまでいた。

——どんな任務に就くかというのは……。

全く情報なかった。聞いてない。国土防衛隊という名前は聞いていた。ほかはやっぱりすべてが極秘という部隊で、従兄だった野原さんに聞いてやっとわかるくらいで。高富の小学校まで移動したんです。行ったら同じような少年たちがいました。三〇人くらいおったんかなあ。記憶ない。こんなこと、今まであんまり喋ったことがないもんで……。

戦車が来たら自爆する訓練

——なぜ今まで話さなかったんですか？

なぜかね。あんまり喋りたくなかったもんで。自慢して話すことでもないし。訊かれることもなかったね。ただ、疑問はちょっとあったね。こんなことやっとっていいのかなあと。

——こんなことというのは？

本土に上陸した敵機動部隊を、身をもって止める。自分で爆弾抱えて死ぬ訓練やからね。訓練は三日間で、最後は夜間行軍。敵がいないか、人里離れた山の掃討作戦という想定で、高富から自宅まで一五㎞くらい、夜通し歩いて帰った。

――初年兵には訓練は厳しかったんでは？

厳しかったよ。例えば一人は、訓練中に匍匐前進、腹ばいになってる時に小石に当たって顔をしかめたら、笑ったと思われてね、上官が軍刀の鞘の先で思い切り胸を突いた。その人は兵役を終えた在郷軍人、高井軍曹だった。山県郡の人。野原さんの指導は直接は受けていないと思う。僕は誰にも叩かれていない。悪いことしてないから。

――どんな訓練を覚えていますか？

穴を掘って、そこに爆弾を持ってすくんで待っておって、戦車が来たら自爆する訓練。向こうから来るのを待つ。実戦になったら死ぬんだなあ、と思ったね、当時は学校でもそういう精神を叩き込まれてるもんで。上官の命令には絶対に逆らうな、と。上官の命令は直立不動で聞けと。火を点けるんじゃなく、信管を抜くと爆発するというものだった。戦車に自分と一緒にぶつけるというもの。あと、銃の先に剣をつけたもので突くとかね。銃剣術ね。小学校からやっていました。

――実際に上陸してきたら、銃剣で米兵を刺すことができたと思いますか？

あは、できるわけないよね。一対一で向かったらできんよね。

――でもたった三日の訓練ですぐに自宅に戻ってしまうから兵隊っぽくないですよね。

敗戦にならなければ、そういう召集を繰り返したんだろうね。終戦の日は野原さんたちと川に遊びに行ってたんですよ。そこに、戦争が終わったという連絡が来て、野原さんはあわてて帰って本部の方に走ったんやけど。僕は一緒におったから。やっと終わったか、と思った。

――野原さんは、まさか！と思ったとおっしゃってましたね。

中野部隊で訓練受けたような人やからね。いつ頃知ったかな？ 野原さんが中野学校で訓練を受けたというのは。戦後しか聞いてない。歳も離れているんで、ずいぶん経(た)ってからよ。

――中野学校の指導で少年兵らを地域で訓練していくという、そういうゲリラ部隊は日本中に作られたのに、なぜ証言が少ないんでしょう？

いやなことはあまり喋りたくないんではないかな。手柄もない、明るい話でもないし。当時は銃とか実物は支給されてなくてね。一期目の人は軽い銃を持たせてもらったけど、僕らは最後の方だから重い銃、三八式しかなくて。

――自分たちが親しんだ神社や山や川のある地域に、本当にアメリカ軍が来て戦うというイメージは持てましたか？

いやあ、それはね……。こんな山には来んやろ、という想定はあったわね。でも、こんなことでいいのかな、本当に戦争やれるのかな、という疑問はあった。日本は神国で神風が吹くから絶対に勝つと小学校ではね、肉弾三勇士とか賞賛しておったしそういう教育やったもんで、やらないかんという気持ちではあったと思うけど。

——ゲリラ兵だったという認識は？

本土決戦に備えて訓練すると聞いていただけで、ゲリラ、という言葉はなかったと思う。そういう具体的な説明はなかったかな。国土防衛隊という名前だけど、隊長の名前も知らない。教科書？　何もない。友達もその中にはいないし、疑問持ってもそれを話す相手もなかった。

——中野学校の歌（「三三壮途の歌」）は教わりませんでした？

中野学校の歌があるんですか？　知らない。でも今考えたら愚かなことをやっていたと思うわね。当時は命令一つじゃったで、それに従うだけで、反発もできなかったでね。すぐ処罰される時代ですので。でも今でも、そういう諜報戦っていうのはあるでしょう。

——今も情勢は不安定ですけど、同じことが起きることはあると思いますか？

北のボスがいろいろ騒がしとるで。あれが発展していくとわからんわね。間違ってボタン一つ押せば戦争は起きる可能性はあるわ。……複雑な気持ちになってくるね。

◆護郷隊と国土防衛隊に見る戦争の本質

野原さんにお会いするまでその存在も全く知らなかったが、昭和二〇（一九四五）年に入って彼が特訓を受けたのは京都市にあった中野学校の「宇治分校」だった。そのほかにも、本土決戦に備えてゲリラ戦指導者を急造・量産するために数カ月だけ機能した、限定的な「中野学校分校」の存在がいくつかあったようだ。つまり野原さんは、実質的に中野学校仕込みのゲリラ戦指導者だったことも、一五、一六歳の少年を使ってゲリラ部隊を編成していたことも村上たちと同じ。しかし大きく違う点は、野原さんは幼い頃から自分自身も親しんだ野山で、同じ地域の少年たちをゲリラにして戦うという、まさに指揮官が自分の郷土を戦場にした作戦を準備していたということだ。

しかも、武器弾薬の欠乏は沖縄以上だった。武器がなくても崖の上から石を落として敵の戦車を止める。石を投げて攻撃する。寝込みを襲って武器を奪う。彼が学んだことはまさに図解の『国民抗戦必携』（七〇五頁）、漫画のようだと多くの人が半ば呆（あき）れて眺めているあのテキスト通りの作戦を野原さんたちは真剣にやろうとしていたのだ。ここまでくるとリアルに恐ろしくなってくる。国民全員をゲリラ化する作戦は実際に動いていた。しかも内実は武器もなく、精神論だけで、少年たちに素手で敵に向かわせようとしていた。体当たりで戦車を止める以外の作戦もなく、文字通り「住民は兵器、消耗品」という戦争の末路。野原さんのこの言葉に、私は凍り付いた。

小森さんの証言も貴重だ。彼が岐阜の「国土防衛隊」に召集されたという七月には武器も軍服も、ゲートルさえなかった。家にあった鉄兜をかぶり、食器用の丼鉢をカバンに突っ込んで入隊した一五歳の少年ゲリラ兵。それは沖縄の護郷隊より数段酷(ひど)い。恐ろしい欠乏の中、潤沢に使えるのは少年の命だけという、完全に国の戦争継続能力の限界値を超えてからの召集だった。

もう一つ、「アメリカが日本本土に上陸して完全に占領することをしなかったのは、やっぱり沖縄のゲリラ戦部隊の恩恵もある」という野原さんの分析も意外だった。山岳地帯に潜むゲリラとの戦いは消耗が激しい。米軍にそのことを実感させ、七割が森林に覆われている日本本土でこれをやったらたまらないと本土上陸を躊躇(ちゆうちよ)させたのは、護郷隊を含む沖縄の山や壕(ごう)での戦いだったという説は新鮮だった。また、沖縄で実行されたこの中野学校と地元の少年で作るゲリラ部隊＝護郷隊の作戦は、恐ろしいことに一つの成功例と解釈され、全国各地で少年兵部隊が作られる基礎となり、終戦の日まで訓練途上にあった。実際に六月以降、中野学校の教官は沖縄の遊撃戦を参考にして講義を行っている。[*2]「幻の本土決戦」という言葉がよく使われるが、「幻」ではなかったし、その荒唐無稽に見える作戦も「バカバカしい」と後世を生きる私たちが一笑に付して終わらせていい簡単な問題ではない。これは一〇代の少年の命をさらに数百万人単位で武器として消耗することを是とした、今も反省されていない、全容が解明されていない重大な国家犯罪として近現代史の中に位置づけられるべき、驚愕すべき事実だと私は思う。

テロ、ゲリラ、スパイを駆使した戦争は今も世界中で続けられている通り、終わりがない。それらと無縁のところに私たちの未来があると考えるのは楽観に過ぎるだろう。それなのに、過去に日本の民間人が住む地域で、しかも住民を使ってゲリラ・スパイ戦を実践してしまった沖縄と、やがて同じ運命をたどろうとした本土の実態はあまりにも等閑視されてきた。日本では戦争を学ぶ際、どうしても被害の物語に偏りがちになり、逆に加害の実態については政治的な駆け引きやイデオロギーが自由な議論を妨げるというアンバランスな状態が長年続いているように思う。加えて、そもそもあの戦争は国民を守るためのものだったのかという根本的な問いはなかなか立てられてこなかった。少なくともその一つの答えは、国が国民をどう使って戦争を維持しようとしたのか、その検証から見えてくるであろう。つまり、護郷隊や国土防衛隊の実態を学びなおすことは、日本という国は何を守ろうとしたのかを知るうえで最適の事例であり、日本人が目を背けてきた戦争の実像や本質をつかむうえで必須であると、あらためてここに問題提起しておきたい。

＊1　中野学校二俣分校一期生らによる記録集である『俣一戦史』には、中部軍管区内の遊撃戦幹部を養成するため宇治川畔に設置されていた工兵隊の架橋演習用廠舎を利用して、昭和二〇（一九四五）年二月から三月末まで、知力に優れた伍長・軍曹ら一〇〇人あまりを教育したとの記述がある。「宇治分校」という名称は同書には登場しないが、野原さんは「宇治分校」という表現だったと話している。

＊2　伊藤貞利『中野学校の秘密戦』によれば、元陸軍中野学校の教官だった伊藤は昭和二〇（一九四五）年四月、東京中野から群馬県富岡町（現在の富岡市）に校舎を移転した後、遊撃戦幹部の教育を急いだという。その中で「沖縄戦にかんがみて、民間人の活用法、訓練法に重点がおかれた」と書いている。

第四章　スパイ虐殺の証言

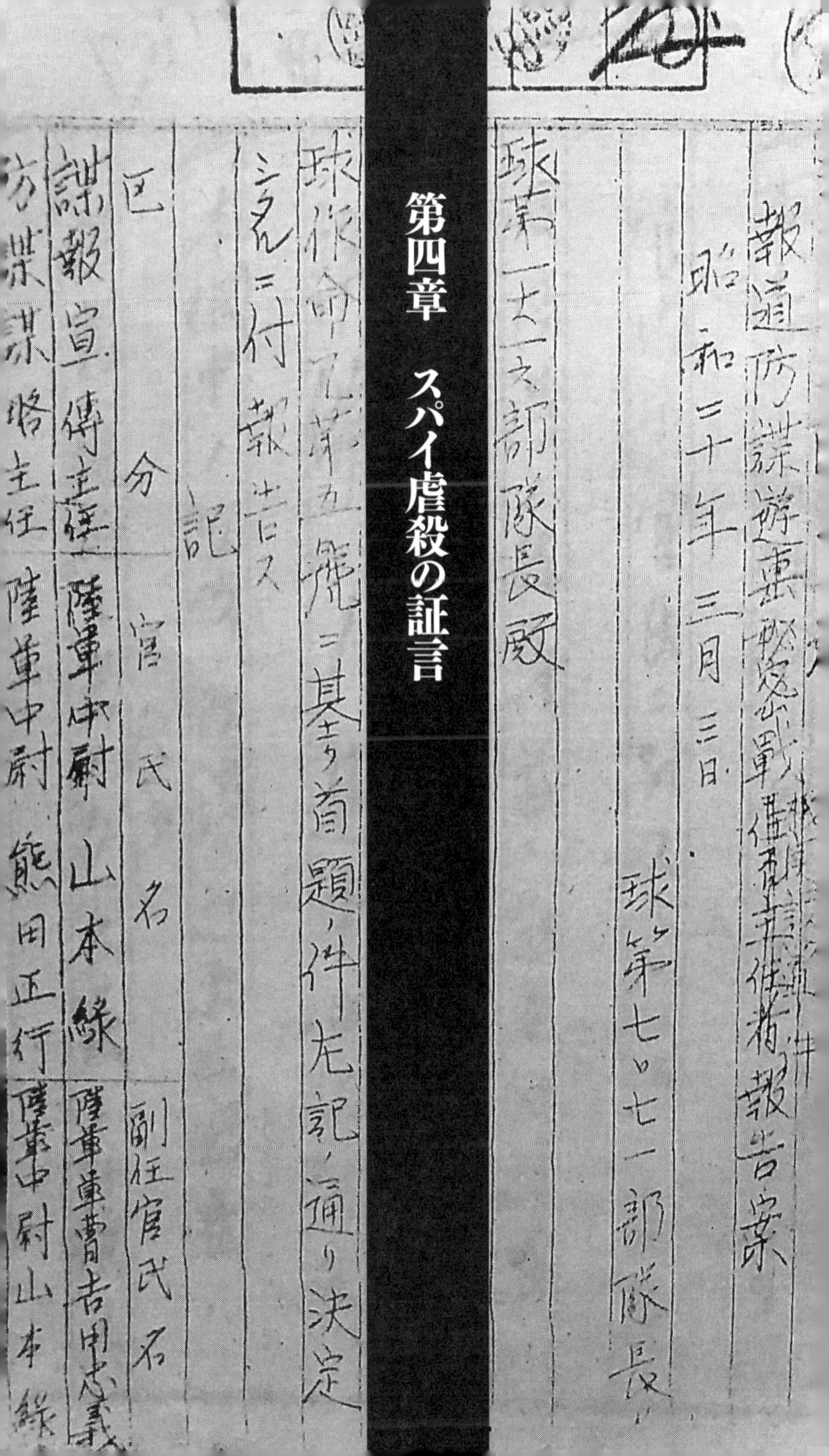

◆封印された「住民虐殺の証言」

沖縄戦では、敵の弾(たま)に当たって死ぬのではなく、友軍の手によって、あるいは友軍の未必の故意によって住民が命を落とすというケースが多発した。代表的な三つのケースは、集団自決・戦争マラリア・住民虐殺であり、これらによる犠牲者の数は数千人にのぼるといわれている。いずれも軍の機密の保護が大きくかかわり、住民が敵の捕虜になって情報が漏れることを恐れる、軍隊の論理が引き起こした悲劇であった。三つ目の住民虐殺については、表向きの理由は住民をスパイ視して虐殺する、いわゆるスパイ虐殺が圧倒的に多いが、その様相は多岐にわたっている。この住民虐殺についての証言は、沖縄戦の中でも最も聞き取りが難しい分野の一つだ。それは、「虐殺は、冷酷な日本軍がやった」という形に留(とど)めておかなければ立ち行かない、それ以上の調査を拒む地域の事情が絡むからである。踏み込んで言えば、「手を下した日本軍」の中に、沖縄県民が含まれていることもあるからである。密告した人と、殺した人、殺された人の遺族が戦後も同じ集落に住み続けなければならない地域もあった。また、この章で登場する一八歳でスパイリストに載った少女のように、殺害対象になった恐怖を思い出す苦しみと、人に話すことでまた狙われるのではないかという不安が決して過去のものではないために話せなかった事例もある。

　ここで紹介するスパイ虐殺の証言は、いずれも戦後七〇年という長い時を経て、主な関係者がすでに亡くなっていなければとても話せなかったものばかりである。軍・民入り乱れて疑心暗鬼にとらわれた末に、集団の中で何が起こるのか。これはもう一つの戦争、武力衝突の裏で同時に進む「沖縄裏戦史」である。

◆国頭村の住民虐殺

今だから話せる国頭の住民虐殺

昭和一〇（一九三五）年生まれ　国頭村浜出身
国頭村議会議員を四〇年務める　北部のスパイ虐殺の証言者

上原一夫さん

長く国頭村議会議員を務めた上原さんは、昭和四五（一九七〇）年の伊部岳闘争など、米軍基地との闘いで先頭に立った。北部地域の歴史にも詳しい。昭和二〇（一九四五）年、米軍が上陸し数日で北部まで制圧した頃、当時一〇歳だった上原さんは国頭村の山奥に家族と共に身を潜めていた。そこで大人たちが毎日のように「スパイがいる、殺された」などと話しているのを聞いて身震いがしたという。戦後七〇年を過ぎても語れない、地域に刺さったトゲのような「スパイ虐殺」の事実を、後世に残す必要を強く感じている。実は、

私は平成二一（二〇〇九）年にもこの件で上原さんにインタビューしている。しかし当時はまだ関係者が健在だったため、証言の公開は保留した。当事者が亡くなって話せる時が来たら、という約束をいよいよ実行して「沖縄スパイ戦史」の制作を決意した時に、真っ先にインタビューに伺った。戦争証言が身近な人を傷つけるかもしれないという恐れと、それでも後世に残さなければ教訓にならないと決断する勇気、その葛藤と痛みと覚悟を、この上原さんから学んだ。

国頭にもあった「スパイリスト」

浜という僕が生まれた集落には、戦前（米軍上陸前）は宇土部隊の兵隊が五〇名くらいいたんですよ。僕たちも交流はあった。話を聞くと……情報屋がおってね。全部調査をして。住民のリストをあげて。早く山を下りた連中をリストに入れて、住民に訊いて、結局軍隊から場所教えてくれと言われて案内した、という状況があるわけ。

――国頭でもスパイリストが作られていた。先に投降した住民がターゲットだったのですね。

山から早く下りた者全部スパイだと思ってるわけ。勝手に。めちゃくちゃだけど。どちらかというと国頭の地元の人は早く下りてないんですよ、全部前もって食べ物は山の奥に上げて保管してあるから。中南部から避難してきた人々が、食糧がないから先に下に下りて来てアメリカに銃で撃たれたり、収容されたりしてる。読谷村だけで五四二九人避難してきているんですよ、この国頭村に。当時は国頭村民が一万〜一万二〇〇〇人ですから、そのくらいすごい数の避難民が入って来ているんです。

――スパイのリストを作ったのは誰なんですか？

それは日本兵じゃないかな。そこまでわからんわけよ、僕らには。要するにリストが作られているという話は聞かされたわけさ。村史編集委員の中にも、僕の同級生で教員していたのがいて、彼も兵隊がリスト作っていたという情報聞いてるわけよ。みんな聞いてるんだよ。

――そのリスト上にある人が殺されていった？

そうそうそう。それを地元の人が案内した。

――その地元の人というのは国頭村の人？

国頭の人。

――それは誰だかわかっているんですか？

だから今……口を噤んで。自分の集落だから、名前だけはあげていないんだがね。「みんなに怨まれるよ、親戚に一生怨まれてしまうよ、あんただけしか詳しい人いないのわかるが、言わん方がいいよ」、ということがあったわけ。でも僕は、「いや、この事実は残しておく必要がある」と。一応名前は伏せてでもシマの人が加わっていたことは書けと。ある程度ごまかして書いてあるんだがね。

――名前までわかってるんですね？　全然言ってもらわなくていいんですけど。

うん。だからこの人が「案内した」と。本当は一緒にやってるんだが、案内したという形にしたと。誰も村史には載せたくなかったんですよ。でも僕はあったことは残したい。だから名前を伏せて、という条件でね。集落の半分以上が親戚だからね……。村史を作っている事務局にも親戚がいて。上原さん困るよ、絶対言うなよと。田舎だから大変なことになるよと。

――なぜ上原さんはこの件に詳しいのですか？

父がその遺体を一緒に掘って、遺族に返したりした人だから。犠牲者は読谷の人だった。父は一五歳から読谷に行って働いて、病気をした時も喜名の医者が治してくれた。その縁で薬剤師みたいな仕事で父はこの医者を手伝いながら、読谷中の家を往診した。だから読谷に詳しい。

「ザークビー」の虐殺

ここが「ザークビー」と呼ばれていた場所。今削られてしまって跡形もないけど、丘になってて、松林に囲まれた広場みたいなのがあったんだよ。（国頭村半地の国道沿いの家を指さして）その瓦屋根の隣、空いてるでしょう。そこに知花ヤーといって裕福な家があって、避難民が山から下りて来てそこにいた。

——その避難民が日本軍にここまで連れて来られて、殺されたと。

松の木に。手を縛ってこう吊るして、銃剣でよ。射殺ではない。全部銃剣でメッタ斬り。「ザー」は座る所、「クビー」というのは丘の上のちょっとした平らな所ね。休憩するような場所。そこで四、五人が兵隊に殺された。見た人はいないよ。でも、殺されたのはわかってる。それを運んだという話まではうちの親父が直接本人たちから聞いてるからね。殺られたのは読谷の喜名の人だったんじゃないかという話だが。戦死ということで、記録にはみんな、マラリアにかかって死んだという形で。日本軍に殺されたというのは、スパイだと言われてしまうから隠しておくわけ、みんな。スパイ扱いされて、逆に殺された側の親戚がスパイだったと世間から言われるのを嫌って、これを証言しない人多いわけ。

——では詳細は誰がわかるんですか？

地元の人が入っているから。あの人の性格から、自分で喋る方だからね、殺したと言って。まあ本人も洗脳されていたんだろうけど、この人らがスパイだという情報持って来てほかの兵隊を案内するわけだからね、一緒に。殺ってきたよと言ったのは間違いないです。本人が言ってるわけよ。殺してからのことも。そしてリヤカーで運んだ。半地集落には砂浜がないから、浜集落の売店の前の浜に埋めてるわけ。

——誰が運んだんですか？

この殺した兵隊なんかが、よ。だから地元の人がいるから、リヤカーなんかもあるわけさ。本人がうちの親父に言ってる。殺ってきたよー、と言ってる。親父は読谷の人と近いし、正義感が強かったから「こんなことまでするか！」と。住民を日本兵が殺すとは全く考えていないからね。大変なことになったなということでうちの親父がもう、すごくショック受けてね。もう大変だと。この隣がうちの田んぼだったから、農作業に来る度に、こっちで殺されたんだよと親父が言ってね。僕も前は木に登って遊んだりもしたが、その話聞いて以来、もうこっちでは遊ばなかったんだよ。お昼は弁当持って来てね、田んぼの休憩時間に木陰で休む所でしょう。そんな場所で人を殺すのかという。うちの親父も怒り心頭、大変だったですよ。

――殺された読谷の人たちがスパイだった可能性は……。

違うよ。全く違う、スパイじゃないよ。あの当時こっちに避難している人でスパイはいないよ。命がけで食糧探して、生きるために、生活するために精いっぱいなのに。早く山を下りた人はスパイなんだと、勝手に決めつけているわけさ。日本軍が、自分が生きるために。

――殺された側も、無実なのにスパイ呼ばわりされるのを嫌って話さない、殺した側も、同じ県民を殺した話だから言えない、となるとやっぱりスパイ虐殺の実態はわからないですよね。

このかかわった人間もね、案内しただけじゃなくて一緒にやってるからね。この人は、間違いなく。僕の親父にも訊かれているわけよ。僕ら薬屋してるから買い物しに来るでしょう。あんた方があの人殺したんだろうと言って。はい、と言ったわけよ。それで僕の親父が埋めた場所も確認したわけ。僕の親父が案内して遺骨を探したわけ。

――その時にも本人は集落にいたわけですよね？

そう。あの人は自分で殺したと、すぐ口から出す性格の人。だからこの話はみんな知ってる。あの当時は悪いと思ってないわけよ。あたりまえとしか考えてないからね、兵隊気分だから。恐ろしいよ。当時は浜集落でも、女性も竹槍持って並んで、こうやって人を殺す訓練してるわけだから、兵隊が人を殺すのはあたりまえと、みんなも洗脳されてたんじゃない。当時は「アメリカーは目が青くて夜は物が見えない、それが落下傘で落ちて来るからそれを竹槍で突くんだ」って、でたらめばっかりだったんだから。

（浜集落の売店前に移動して）ちょうどこの辺だ。ここは昔、砂で、こっち海よ、浜辺よ。埋めたのはこの辺だ。場所覚えてる。戦後読谷から、こっちに埋められたという人の家族が来てたが、誰も口開かない。それでうちの親父が、家の目の前だから見て知ってるということで、こっちだよ、一緒に掘ってあげようと掘って。四、五体出てきたと言ってたかな。僕は見てないわけよ、学校だからさ。親父が一緒に掘って持たせたよというのは聞いたわけ。戦争終わって一年くらい後だったかな。今の住民はほとんど知っている。言わないということは、やはり地元のかかわりがあるものだから。

――みんな知ってるんですか？　この辺の人。

知ってる、知ってる。みんな知ってる。話はずっと広がってるからね。

――それをやった中に沖縄の人がいたというのも？

わかってる。一部沖縄の人がいたということも。地元の人が入っていたことも。

上陸の前から、宇土部隊はここに五〇人くらいいいたからね。浜の関係者もその繋がりで情報提供して、案内した可能性もあるね。うちの家は広くて、宇土部隊の休みどころだった。兵隊に手品を教えてもらってね、それ真似して、僕は手品がうまくて有名だったんだよ。しかし宇土部隊は評判悪かったよ。酒飲んでぐうたらな人も多かった。うちの隣が売店だったから、量り売りの酒ばかり飲んでね。兵隊といったら当時は英雄だったから、やりたい放題だった。

浜のもう一つのスパイ虐殺

別の話で、スパイだと言って、早く山から下りて来ていた避難民が二人、この近所の家で殺された。浜集落の山側の家、この話は誰にも言ってないよ。それで今国道になっている場所に埋められたんだ。これは全然話してない。新しい村史にも載っていない。それを知ってる連中もまだ証言やってない。誰が殺したかということもわかるんだ。井澤曹長といってね。山に潜んで一人でいる兵隊がいたんだよ。

――井澤曹長？

この人が山に避難している時、食事も拾い集めて食べていたから、うちの親父と会って、わしミルク（米軍のコンデンスミルク。容器に鷲のマークが描かれていた）をあげたりして交流はあった。あの二階建てが井澤曹長がよく出入りしていた家。夫婦だけの家で、うちと近いからしょっちゅうおつきあいしていたわけよ。殺された避難民は、殺害現場になった家の裏山に隠れていて、食糧探しながらその家にいたんじゃないかな。後ろ全部段々畑だったから食べ物いくらでもあったわけだ。ここで二人を殺したと、親父は井澤曹長から聞いている。

――井澤さんはなぜその二人を殺したんですか？

スパイと言って殺したんじゃないの？　結局まだ僕らも井澤も山にいる時に、集落に下りて来ているわけだから。米軍の言うこと聞いて下りた避難民は、みなスパイということで全部殺られている。もう全然考えられない。結局全くでたらめなんですよね。スパイだという証拠もないのに決めつけて殺してしまう。全く食糧がなくて、生活に困って下りただけなのに。

――井澤曹長は、隣の喜如嘉に潜伏していた敗残兵ですよね？

そうそう、井澤曹長は喜如嘉でね、元県道の橋の下に隠れておってね、米軍の隊長と副隊長がジープで来た時に飛び出して殺した。この話はこの辺の人なら全部わかるよ。喜如嘉で米軍のジープを襲ったこと、自分からボンボン喋ってるからね。手柄話で。そして隊長が死んで、チャン少尉という人は助かったわけ。その、チャン少尉の名前のついた公園もそこにあったよ。だからうちの親父がね、井澤さん、このままいくと米軍に殺されるよと。軍服を着替えていった方がいいよということで、うちの着物、全部提供するから民間人の着物でいなさいと言ったけどね。もう芯が強い人でね。「いや、僕は軍人だ。このままいく」と言って、軍服で脚絆(きゃはん)を巻いて。あまり身長高くなくて、痩せてるけど引き締まってて強そうな活発な人だったんですよ。そのまま米軍に引っ張られていったわけ。それで、元気で内地に戻れたらお礼に来ますということだったんだがね。結局そのまま音沙汰がないから、抵抗して殺されたか。米軍に抵抗して殺られた人はいっぱいいるよ。うちの従兄弟(いとこ)、おじさんも米軍に山で殺されてる。おじさんは避難小屋の偽装をしておって、木の葉とか枝で小屋に見えないようにやってる時に米軍に見られて。

——軍人じゃないのに?

軍人じゃないのに。避難小屋を偽装してる時だからナタを持ってて、このおじさん、どっちかというと強い人だったからそれで抵抗して。もうメッタ斬りされていたよ、米軍に。

——少年だった上原さんが見た日本兵はかっこ良かった?

かっこ良くないね。井澤曹長なんか見るとさ、この人すごい人だなと。とにかく身が軽くてね、元気な人だったよ。僕の親戚の裕福な家に下りて来て世話になってた。その間に殺ってるわけよ、井澤曹長はね。恐ろしいね。でも、この二人を殺ったのは、あのザークビーの犯人と同じ人たちかもしれないと、地元の人が含まれてるかもしれないと心配してみんな口を噤んでいるわけ。でも、こっちはまた別で、井澤さん一人だったか……。

——逆に、ザークビーの虐殺は、井澤さんではないと？

多分、それは別じゃないかなと。

——上原さんが話さなければこの二つの虐殺は、土地の人以外知らないまま終わりますよね？

そう、そういうこと。だけど悲惨な出来事があったことを未来に残さないとね。うちの親父が薬を出していた関係の、宇根さんという医者も日本軍に殺されている。看護師と一緒に注射器とか薬、全部持って山に避難しに行く時に殺られたんだよ。うちの親父とも兄弟づきあいしていて、奥さんは戦後の北部農林高校の教員していたんだがね。うちの親父も言ってたんだが、スパイだと言われて殺された人はね、家族も苦しむと。要するにスパイであったと世間から思われるわけ。そうじゃなく、疑われて殺されたんだが、スパイだったというとやっぱり結構な罪人になる。日本兵に殺されたという話がどこにも載ってないのは、家族がスパイだったと疑いをかけられるからね。そうじゃなかったんだけれども。

——しかしスパイだと疑われた人が、そうじゃないと証明するのはもう不可能ですよね？

それが怖いですよ。大変ですよ、だから。そういった面でなかなか表に出てこなかった。殺されてそのまま、ないがしろにされたのがいっぱいあるわけよね。だからこの機会に僕は、これは今後の平和教育のために、子や孫にもこの事実は伝えるべきだと思い切って「これは僕は証言する」と決めた。今の共謀罪とか、盗聴法とか国会に出てる問題もね、こういうスパイの話と直結してる。だから、こういう沖縄の戦争中の痛みをみんなわからんといけないと思ってる。

友軍が私たち民間人を殺すんだのに

昭和九（一九三四）年生まれ　国頭村浜出身
沖縄戦当時一〇歳で、国頭村の山の中に避難していた

島袋キクさん

浜の民家でも二人殺されたという話は、まだどこにも記録されていない。そのため、このスパイ虐殺について知っている人にお会いし、上原さんの話の裏付けを取りたいと言うと、同じ集落の島袋キクさんを紹介してくださった。島袋さんは、当時の記憶は鮮明にあるという。

友軍が私たち民間人を殺す

そうよ、虐殺はあったよ。あっちの本家の後ろに埋められてる。これは絶対嘘（うそ）ではない。

——どうしてその避難民が殺害対象になったんでしょう？

こんな厳しい戦争の時に、みんな避難して行っているのに、なぜあんたたちだけ、この下で

住んでいるか？と。スパイだからでしょうと。理由はそれだけ。

――実際はスパイなんですか？

いやいや違うよ。この人たちは南から避難してきてるから、地形がわからないでしょう、山原(やんばる)の人じゃないから。山の中で敗残兵が目を光らせてるのも知らない。だからそこの空き家に住んでいたら「スパイ行為」ということで殺られてしまっている。私たちはずっと親と一緒に山に隠れていて、一〇歳くらいだから記憶はあるよ。三年、四年生くらいだから。友軍の兵隊は物乞いして食べてた。米はそんなにない。豚にやる芋を作ってるから、この時は芋だけ。主食は芋。だから芋乞いしにくるわけよ。戦時中はよ。だから「はいどうぞ」と言ってシンメー鍋（大鍋）で、芋を分けてあげる。球部隊(たまぶたい)と石部隊の二つの部隊がこっちにいたから。

――遺体が埋められている場所とか、なぜご存知なんですか？

こんな狭い所ですぐ噂(うわさ)になるよ。山原の小さい村だのに。全部聞こえるよね、こんなの。

――そこの遺体はそのまま、まだ埋まっているんですか？

いや、やはり噂が噂を呼んだんでしょうね、関係者が訪ねて来てから死体は取られたよね。二人でなかったかな。そう、二人よ。そう覚えている。二人だったと思う。

――そのことを集落のみなさんはどんな風に話していたんですか？

かわいそうだねって思いますよ。友軍が私たち民間人を殺すんだのに。アメリカーじゃなくて、友軍がだのに。友軍は怖かったのよ、銃を向けるから。うちの父と母は農業して木こりで生計立てていたから、山の中に豚よ、種豚を飼っていて。友軍が、「これが鳴いたら、アメリカの偵察ヘリに聞かれてやられる」と言って殺してから食べると言って取られてしまったのよ、友軍に。しょうがないから、ある物差し上げないと、私たちに銃向けられてるんだから。怖いでしょう、殺られるでしょう。向こうも生きるためには手段選ばずだから、こっちも一生懸命。だから山原では友軍が怖かった。日本兵が。私たちはよ。

――友軍が怖くて山を下りられないですよね……。基地を作れば戦場さ

あの当時軍を悪く言う言葉、戦争が負けているということなんか喋ったらもう、にっちもさっちもいかない。すぐ殺られるから。今これに似せたやり方、あの首相のやり方、これに近くなっているんじゃない?

――今の共謀罪ですか?

それ! あれに近いんじゃない?

――やはり不安に思いますか?

思います。この年寄りが、もう八三（二〇一七年取材当時）になったよ。私はあっちが近いか

らいいけどさ。子や孫にこんな思いさせたくないから。野党が弱いからよ、もっと強くなればいいのに。何がアベノミクスよ。半殺しにしてやりたいくらい。ぐっと首ひねってやりたい。

――戦前に戻ってる感じがするということですか？

します。もう、近いうち。また、沖縄は基地があるからやられる可能性が一番高い。標的になるから、辺野古は反対、あたりまえです。もう戦争手前まで来ているよ。止められるのかなあと心配しているのに。

――今、離島を守ると言って新たに自衛隊基地をどんどん増やしていますが。

嘘！　守らないよ。戦場になるんであって。戦場になるんだよ!?　基地を作れば戦場さ。

――この虐殺の話ですけど、浜の人はみんな知っている？

知ってます。これはもう。これだけは知ってる。あっちの浜に埋められているのは。兵隊だけの戦争なら海の上でやってくれれば良かったのに。私たちを巻き込まないで。

◆大宜味村喜如嘉の知名巡査の殺害

もちろん、住民がかかわっていますよ

昭和六（一九三一）年生まれ　大宜味村喜如嘉出身
沖縄戦研究者、『少年護郷隊』『村と戦争』の著者

福地曠昭さん

元一フィート運動の会会長[*1]、沖縄県教職員組合委員長など肩書きは無数。復帰運動や沖縄の平和運動を牽引した福地曠昭さんは、北部の戦争の調査・検証についてはエキスパートで、早くから住民虐殺問題にも取り組んできた。護郷隊に関する本を最初に世に出したのも福地さんで、真っ先にインタビューするべき人物だったが、入退院を繰り返していると聞き、回復を待っていた。しかし映画の制作期間も残り少なくなったので、入所されているリハビリ施設までお邪魔して話を伺った。福地さんしか知らないこと、福地さんしか

語れない事柄が多く、短くも中身の濃い証言をしていただいた。奇しくも映画が完成して初めて那覇で完成披露試写を開催したその夜、永眠された。入院中、付き添っていらっしゃった娘さんに「三上さんがやろうとしていることはとても大事なことだから、できる限り協力したい」と気にかけてくださっていたと聞き、感無量だった。

あの家はスパイだと烙印を押された家がいくつもありました

僕は沖縄戦の時、一四歳、喜如嘉国民学校高等科の二年生でした。護郷隊の村上・岩波両隊長が学校に見えるというので、あの頃大尉ですからね、大尉といったら少佐になる前の高い位ですからね。車に緑の旗をなびかせて校庭に入ってきた。校門で最敬礼して迎えましたけどね。もうその頃は米軍が沖縄に攻めてくるだろうと言われていたけど、こんな偉い人が来るんだからいよいよだと思いました。米軍が上陸した様子は、喜如嘉の山の上から見ていました。伊江島方面からこう来て、機銃掃射が始まって。

——喜如嘉の山に敗残兵が潜伏するようになったのはいつ頃ですか？

（沖縄戦の）開戦後まもなくですよ。宇土部隊の負けた兵隊たち、敗残兵が山原を押さえていた。もう、戦う意思のない日本軍だったです。

——誰がスパイかという住民スパイリストを日本軍が持っていたというのは本当ですか？

本当です。軍はもうすでに内情に詳しくて、村の役員、部落（集落）の区長さんなんかもリストに入れられていた。平良真順といって国頭村奥で医者をしていた人物もその一人。喜如嘉に帰るのを待ち構えられていて、危うく難を逃れたけど、彼も狙われていた。早く捕虜になった者はスパイをするだろうと、軍に名前が言いふらされていました。伊江島や読谷飛行場の徴用に行った人もリストに載せられてました。

――スパイリストは大宜味村にもあったんですね。誰が作ったんですか？

山にいる日本軍です。村上や岩波は、持っていたでしょうね。軍は山の中にいて、私くらいの年齢の者や、青年団を使ってあれを捕まえてこい、ということはありました。あの頃のリストは、みんな屋号で呼ばれていた。◯◯屋がスパイだ、とかそういう噂が流されていた。

――軍隊が持っていたスパイリスト、これを作る時に村の人は協力してますよね？

ああもちろん、村の人が協力している。戦争協力。軍命となればね、自分の命が危ないわけ。在郷軍人会、あるいは防衛隊・農兵隊・護郷隊……。こういう地元の兵士の中にはやはり、どことどこが、と上官に言った人がいるんじゃないですかね。あの家はスパイだと烙印を押された家がいくつもありました。

山に連れて行かれて。木に縛られて銃剣で突かれた

――どんな人がリストに載るんですか？

医者なんかもリストに載ってました。部落の指導者はみんな狙われていました。スパイになりはしないかと。村の幹部はみんなリストに載せられて、そして呼び出されて、またすでに田井等の収容所で捕虜になってる人もおりましたからね。その人たちが村に帰って来ると、一度米軍に収容されてから帰って来てますから、これはスパイになると言って待ち構えられていました。僕なんか、見たわけね。知名巡査。

――知名巡査はどんな風に殺されたんですか？

山に連れて行かれて。木に縛られて銃剣で突かれた。巡査さんは気丈夫だからね。「これでは死ねない。もっと強く突かんか」と言ったりしてね。巡査だから気丈夫だったんでしょうね。（軍が）青年団に捕まえてこいと命令して。平良俊政、従兄弟の。あれなんかが知ってる。あれは青年として山の部隊に使われていた。「あれを引っ張って来い」と言われたという話は聞いたことがある。青年団が直接殺してはいないが、連れて来いと。あの時は軍の命令には従わないと、逃げ隠れはできない。青年団とか国防婦人会とかは、みんな軍の走り使いをしていた。護郷隊も当然。戻って来れば予備役と一緒で、軍に命令されていた。

――青年団によって村の巡査がスパイとして軍に引き渡された？

軍が喜如嘉の青年たちに、知名巡査を捕まえて連れて来いと命じた。台湾から戻った家族がびっくりして。スパイだと疑われていると言って悩んでおられたね。『村と戦争』という本にそのことを書いた。そしたら、もうあんまり書くなと言われた。帰って来た奥さんに。あの頃、米軍に殺されたと言ったら補償があった。日本軍に殺されたと言っても何もない。家族は食うや食わずの状況だった。その辺のごまかしはあったと思う。

――自国の軍隊であっても、必ず住民を監視したり疑ったりする。これは過去の話ではない気がするんです。

その通りです。自衛隊が宮古、八重山にね、先島に駐屯するということになれば、またそういうことが始まるでしょう。スパイの話は過去の話ではない。

――だから今、そのドキュメンタリーを作ろうとしているんです。

ああ、それはやって欲しいです。よく勉強して、ぜひお願いしたいです。

紫雲隊の井澤は敗残兵ではない

昭和五（一九三〇）年生まれ　大宜味村喜如嘉出身
戦争時、一五歳で紫雲隊と共に山で監視を手伝う

平良俊政さん

福地曠昭さんに紹介していただいた平良俊政さんは、喜如嘉にいた軍隊の様子をよく知る人物。大宜味村議会議員を三期務めた方で、福地さんの従兄にあたる。当時、国民学校高等科二年を卒業して春から予科練に入隊する予定が戦争に突入。そのまま故郷の山に潜む日本兵に使われながら、日本の勝利を信じつつ、兵隊気分で村の監視を買って出ていた。その山にいたのは、住民虐殺に手を染める紫雲隊の井澤曹長ら。米軍将校を斬り殺した井澤は、喜如嘉の少年たちにとってはヒーローと映った。最初、「彼らは敗残兵ではない」という平良さんの言葉が理解できなかった。戦線を離れて山に身を隠している兵隊は、ゲリラ戦が主任務の護郷隊員以外はすべて敗残兵という認識を持っていたのだが、北部の山に行って遊撃戦に加われという命令のもと、宇土部隊配下に入り喜如嘉で組織を維持しな

がら斬り込みを敢行した紫雲隊というグループは、確かに敗残兵ではなかったのかもしれない。しかし、そのために喜如嘉の青少年が村の巡査の虐殺に深くかかわってしまうという悲劇を生んだ。非常に訊きにくい話になるので心は重かったが、お会いしてすぐ、平良さんは監視哨（かんししょう）のあった山や銃撃戦のあった場所に案内しましょうと言ってくださった。撮影時八八歳、ご本人の車で、時速一〇㎞くらいのドライブから取材が始まった。

当時ここは畑でしたけど、血が木にべっとりついてね

ちょっと関係する場所をぐるっとご案内しようかと思って。喜如嘉では銃撃戦もあったんですよ、日本軍とアメリカ軍のね。僕は監視哨から見ていたから。山の一本松がある所に監視哨があった。唯一の銃撃戦のあった所にまずは行ってみましょう。

（車をゆっくり走らせながら）ここは下組。喜如嘉の学校では上組と下組に分かれていて、僕は山側、上組の団長だった。四年の時はここ、この民家が教室です。民間から借りて、学校だけじゃ足りないでしょう。……これが福地曠昭の家……で、この七滝に向かう所。これが銃撃戦の現場です。

（車を降りて）

――このあたりですか？　川の橋の上。

当時ね、川沿いにはずっと大木があって川が見えないくらいでした。そこの土手に、井澤曹長ら四人、這いつくばって、銃を構えて。向こうから入って来るジープをここに隠れて狙ったんです。一人は死んで、もう一人は逃げて。一人は白人兵で、こっちまで歩いて逃げて、ここで日本刀で殺された。当時ここは畑でしたけど、血が木にべっとりついてね。アメリカ人を三名殺したと言ってましたね。一人は逃がしたと。一人はここで日本刀で殺したと。この森ですね。この攻撃を見ていた人が、あの丘の松がある所で万歳やっていた。防衛隊かな?

——みんなそれを見ていて、斬り込み成功に歓声が上がったと。

しかしね、逃げたチャンという少尉が辺土名のアメリカ軍の本部に報告して、そこからはもう、掃討戦ですよ。ここに日本軍がいるということで、米兵グワーッと大挙してやって来て、バラバラバラバラ……一斉射撃です。機関銃、擲弾筒、それは大変でした。ここから山に向かって、米軍が上がって行ったんです。我々はまだまだ奥に逃げた。部落民全部、掃討作戦ですからね。

喜如嘉を守りたい、監視しないといかん、という気持ち

(また少しだけ車を走らせて)そこの山の、一番盛り上がっている所があるでしょう、一番奥、松が一本ある所。あそこが監視哨。僕らが監視をしていた場所です。三年前、懐かしいですから木をたどって一人登って来ましたよ。戦時中、そういう場所だったということ、何かで残し

ておきたいと思ってて。

――そこには小屋があったんですか？

いや何もない、屋根もなくただ地べたに座って、国道を行く車や、部落に米軍が入って来るのを見たり。すぐ裏手には僕の家族の避難小屋がありましたから。夜は家で眠りました。

――どんな気持ちで一五歳の俊政さんは集落を見下ろしていたんですか？

喜如嘉を守りたい、監視しないといかん、という気持ちですね。戦争してるんですから。なんたって昔の教育受けてるから、天皇の赤子として生まれたというわけですから、我々は。こういう教育、天皇のために死ぬのがあたりまえということですよね、男は。今の中学三年生でしょ。死ぬために教育受けてますから、もしも当時の僕が、仮にアメリカ兵と一対一ですれ違ったら、大人と子供の戦いではあるけど、死ぬとわかっていても相手を殺そうとしたでしょうね。そういう風になっていた。国のため、日本のために。

――私が見ても、一見してなだらかな緑の山が連なってるだけですけど、あの時は大勢がこの山の中に潜んで、しかも勝利を信じて戦い続けようとしていたわけですよね。

喜如嘉の山にいたのは一万人くらいだと聞いています。

――日本が負けたと知った時はショックでしたか？

ものすごいショックですよ。いやショックどころじゃなかったな。

——どこで聞いたんですか？

山の中、監視哨で。山から下りる時はね、僕の家の裏手あたりに米兵がいるんですよ。山から下りて来る人を監視している。兵隊が交ざってるか見ていたんでしょう。民間人に化けて、武器を持っていないかどうか。僕は身体が大きいから、パンツ一枚になって、鍋で顔隠して下りました。親がそう言った。お前身体が大きくて兵隊と間違えられるから、これかぶりなさいと。護郷隊でも我々より小さいのもいるわけでしょう。

——護郷隊の人たちより体格が良かったんですね。

大きいから、こんな大きい鍋をかぶせて。そういう格好で下りた。パンツ一枚だけで。

戦争負けてないと思っているから、神風が吹くだろうと

——悔しかったですか？

悔しいも悔しい。泣き出したいくらいだったね。負けたということ。「日本は負けたらしいよ」と監視哨に部落から連絡があったけど、我々はずっと連合艦隊が来るものだと思っているから。いつ来るか来るかと見ているわけだから。米軍が入って来て辺土名に米軍が駐屯していても、ジープが出入りしていても、やがて逆上陸する、海軍が大挙してきて大逆転するって兵隊に聞かされていたからね。いつ来るか待っていたわけ、監視哨で。逆上陸の場所は国頭、辺土名やこの辺の海岸じゃないかって言われていたから。

――それを期待して見ていたんですね。

日本の大船団が上陸するのを見たい。戦争負けてないと思っているから、神風が吹くだろうと。それまでは米軍の動きを監視する役目がある、と張り切っていた。

敗残兵という言葉は日本人には使ってはいけない言葉だった

（公民館であらためてインタビュー）

僕は（一九四四年に）高等科二年生、最上級生だからね、身体も大きかったしスポーツもやってたもんだからリーダーだった。二年生は御真影を守る仕事もあった。一〇・一〇空襲は、こっちは被害なかったけど、その後、那覇あたりからの避難民が喜如嘉に来るようになって、学校も一緒に行きました。しばらくして帰る生徒もいたけど、ここに残った子供もいました。翌年（一九四五年）三月まで普通に学校はありましたけど、三月二三日の卒業式の前に閉鎖になって、その頃から授業ないです。男の先生は全部兵隊に取られるし。親と弟と妹と一緒に山に避難したのは三月末だったかな。兄貴は入隊して家にいませんが、父は五〇過ぎていたから一緒でした。森の中の掘っ立て小屋みたいな自分たちで作った所です。

――平良さんは護郷隊に入る年齢ではないんですよね。

護郷隊は、一つ上からです。僕はまだ最終学年、義務教育中だからね。護郷隊は喜如嘉からも出ています。当時は兵隊になるのはかっこいいと思ってました。僕は予科練に志願していましたからね。飛行機乗りになってやろう、と思ってさ。北部から受験したのは六、七名だったかな。四月に入隊という連絡が役場から来ていたけど、戦争始まってしまって。でも、那覇で受験して帰って来た時からはもう、自分では兵隊気分でいますから。同級生とは違う気持ち、やっぱ違っていた。身体も大きいし。

当時、軍隊が山奥にいたけど、僕らは「敗残兵」という言葉は使いたくないという反抗があった。今もあるが。山の中にいた兵隊も護郷隊も一緒になって、さっきの監視哨を作っていたんです。山のてっぺんの一本松の所から敵の様子を監視していて、僕なんか伝令でそれを本部に伝える仕事もやってた。

——軍服を着ていたんですか？

いや、普通の、半ズボンに裸足だよ、子供だからね。青年学校行ってる人たちは地下足袋くらい履いてたかな。護郷隊帰りの連中は軍靴だったかもしれないけど、僕は裸足。伝令っていっても一人ではなくて、護郷隊やその上の人たちの家来というか、くっついて歩く感じで。自分はもう軍人だと思っていますからね。普通の人たちとは、同じ同級生とも気概が違っていたんじゃないかと僕は思う。山に避難してからも、どこの谷に誰の家族がいるとか全部把握して、元気か？と勝手に見回ったりして。隊長気分というか、ガキ大将だったんでしょう。

——まだ日本が負けると思っていないんですよね。

とんでもない！　まだ負けていませんからね。終戦になってないから。六月二三日も知らないでしょう、我々はその当時。あの時、山にいたのは本部の宇土部隊の敗残兵だ、と言われていた。陸軍の服装でした。

——なぜ敗残兵と言いたくないんですか？

だって、敗残兵というのは、我々から見ればすごく悪い言葉、日本人には使ってはいけない言葉だったからね。

誰だったということも知っているけども、名前は言えません
——俊政さんが一緒にいた兵士らはまだ戦う気持ちが旺盛だったということですね？
だったんでしょ。私が監視哨にいた頃に向こうで銃撃戦やって米軍を三名殺してるからね。夜の斬り込みではなくて真昼間です。橋の近くで敬礼して「行ってきます」と四名が挨拶して、そして三名殺したと。「行ってきました」とまた敬礼してね。日本刀が、肩甲骨を斬ってゆがんだのか、鞘におさまらないので、むき出しの日本刀下げて帰って来た。これは井澤曹長だったと思う。むき出しで鞘に入らないもんだから、そこに置いてあって。我々も子供だから日本

刀見たことないじゃない。興味本位でそれで松の枝切ったらパラッと切れて。「バカ！」ともの すごい叱られてね。考えてみたら刀は軍人の魂でしょう。触っただけでも大変でしょう。これやったのは護郷隊でも防衛隊でもない、正規の軍人。見ていた人たちから万歳が出たんだからね。チャンという少尉が逃げて仲間を連れて来てから、そこからは一斉攻撃ですよ。あれが我々が経験した戦闘。陸上戦闘。それまでは監視哨で見ていましたけど、攻撃が始まったから山奥に逃げました。

——俊政さんのほかにも村の少年が軍隊の手伝いをしていたんですか？

ほかにはいない。護郷隊帰りの人たち、五名くらい、それだけ。

——護郷隊帰りの人たちと一緒になって、俊政さんもゲリラ戦の手伝いをしたということですよね。

監視哨にいたというだけで、情報はあるようでなかった。後になってから、軍隊は住民の食糧を奪ったと聞いて、そんなことあったかなあ？という思い。僕たちは毎日握り飯食べてたもんね。うちに帰れば親が芋など炊いていたし、ひもじい思いはしていない。食糧強奪の話を後から聞いて、僕の食べていた米は住民から奪った米だったのかなあと変な気持ちになったりして。見えてることしかわからなかった。

——虐殺があったことはわかってましたか？

知名さんが殺されたということも、我々の中には知っていたのもいるかもしれないが、僕はこれっぽっちもわからない。戦後ずっと後から聞いた。山から下りてから。知名さんが殺されたということは我々はそれまで知らない。どうして監視哨でそれを知らなかったか。後から考えてもおかしいんですよね。杣山（そまやま）という所に紫雲隊の本部があって、その人たちが殺ったということだけれども、全く知らなかった。子供だから知らされなかったのか。一般の人が捕虜になるということは、スパイ行為もしたんじゃないかと思われたんじゃないかな。

——なぜ、巡査である知名さんがスパイ視されたのでしょう。

こんなこと、喋っちゃいかんこともあるけどさ。昔、昭和の初めの頃、この辺は革新運動が盛んで、部落が二つに割れた時代があった。大宜味村で、県では初めての大きな革新運動が始まって、弾圧もすごかったから、その時の恨み辛（つら）みもあったんじゃないのかな、知名さんという人は当時警察の巡査だったのでいろいろな感情のあれがあったんじゃないですか、よくわからないですけどね。

——知名巡査は集落で人気がなかったという話は複数聞きました。

駐在だから、革新運動とか取り締まる方でしょう、喜如嘉の青年たちに好かれていなかった。これは事実でしょう。部落全体で好かれてなかったんじゃないですか。知名さん自身は喜如嘉の出身じゃないんですよ。嫁さんが喜如嘉。

——知名さんを日本軍の所に連れて行ったのは喜如嘉の青年団だったという話なんですよね？

……そうか。そこまで話を聞いていますか。僕も聞いたことあるんです。誰だったということも知っているけども、こんなこと、名前は言えません。

——私も、名前が聞きたいわけでも、その時のその人の罪を責めたいわけでも全くないんですよ。ただ、軍隊の論理の中で、連れて来いと言われたら、それに青年団は協力しないといけないですよね。

そういうことです。

昔の教育受けてる人たちは、上の人たちに反対はできませんよ

——私が知りたいのは、村の青年たちは、こいつはスパイだ、殺されても仕方がないんだと思っていたのか。それとも違うと思いつつ命令だからとすごく悩みながらやったのか。気持ちはどっちだったのかなと思って。その罪を追及しているんじゃないんですよ。

そうね……。当時は憎まれ者だということは聞いていましたからね。この人が喜如嘉の青年団を弾圧したとか、ということは聞いていましたからね。怒りが爆発したようなものだったんじゃないでしょうか。

――護郷隊もその中にいたんですか？　連れて行った人たちの中に。

護郷隊もいますよ。……と、聞いています。

――何人くらいがその知名さんを連れて行った？

それは聞いていない。誰々がいたのかも知らない。僕に話したのは、知名さんと親戚の人。僕も喋ることはいけない。誰だったよということは。僕だから話すんだよということで聞いていましたから。名前言ってはいけないから。生きている人だからさ。いや、（当事者は）最近亡くなっているけど、家族がいるさ。殺った人の家族と殺られた人の家族が……。恐怖、怨みが大きかったんじゃない。

――そんなに弾圧されたんですか？

すごかったらしいですよ。昭和六（一九三一）年頃か。何人も逮捕されて、十何年刑務所にぶち込まれていた人もいたらしいよ。僕の家も隠れ家の一つになっていたらしいけれどもね、山側だから。

――でもスパイの証拠もないのに、知名さんのご家族からしたら許せないですよね。

そりゃ怨むでしょう。しかし話聞くと、こんなこと忘れろということだったらしいですよ。後で聞いたことだけどね。こんなこと思い出したくないと。家族の一部から、もう話したくもないと。知名さんを殺した山の部隊の中に、一人沖縄の人がいたんですよ。首里の人、二等兵ですがね。この人は、殺害は見たけど、もう場所はわからないと。ずいぶん探したらしいよ、その場所を。遺骨は探せなかったらしいですね。

こんな話を聞かされると、実際、自分も加害者だったんじゃない？という変な気持ちになります。兵隊と一緒に握り飯を食べていたんだから。もしも住民から奪っていたとしても知らないで食べていたんだったら、加害者のうちに入っていたんじゃない、と変な気持ちになる。

――米は、山に備蓄があったのかもしれないし、気にされることはないと思います。日本軍がまだまだ活躍して、この戦争に勝つんだという気持ちで協力していた少年たちが責められる理由はないです。

しかし、軍隊と一緒になって監視哨にいるし、護郷隊も一緒になってやっているから、我々も一種の軍隊というか……。まだ日本負けてませんからね、戦闘中だから。さっきおっしゃったね、直接日本軍が手を下さないで連れて来て……。知名さんを殺ったのは軍人だ、と聞いていますがね。でも実際に我々も……何て言うかな、変な話になっちゃったね。

――ごめんなさい、いやな気持ちにさせて。さっき護郷隊帰りとおっしゃいましたが、もう解散して喜如嘉に戻ってるのに、家族と避難してるのではなく、山の兵隊グループといた少年たちがいるわけですよね。

護郷隊に限らず、島尻に引っ張られて行った防衛隊の人たちも、逃げて戻ってるのがいっぱいいましたよ。僕が家来みたいになってた人も、部落の先輩で二六、二七歳ぐらいで、元防衛隊だったんじゃないかな、歳の頃としては護郷隊より上だったからね。

——軍がスパイだと言って住民を虐殺する場所にも、望まなくても沖縄の兵隊さんが一定の割合でいた。なぜ止められなかったのか、なんて、今の私たちが言うのは簡単ですが……。

こんなもの、止められませんよ。昔の教育受けてる人たちは、上の人たちに反対はできませんよ。

——もしも仮に俊政さんがあの時、井澤曹長らに「知名巡査連れて来い」と言われたら、それを断るということはできなかったでしょうか？

できなかったでしょうね。できなかったでしょう。呼びに行ったでしょうね。連れに行ったでしょうね。相手は大人だけれども、「兵隊が来いって言ってるよ」ってお使いに行ったでしょう。「日本軍が来てくれと言ってる」と。命令を受けたと。

——相手の命が狙われていると、その結果どうなるかがわかっていても？

行ったでしょう。軍隊の一員という気持ちでいますから。志願するくらいの人間ですから、天皇の赤子として、男なら死ぬのがあたりまえという教育を受けてますから。今考えると、普通じゃないですよ。普通なら、考えられないことです。

——なぜ、一番守らなければいけない同じ地域の人たちを疑ったり軍隊に差し出したりしたのか。その集団心理の罠(わな)のようなものや、その構造を学んで活(い)かさないと、再発を防げないと思うんです。実際、戦前に似た状況が今、出てきています。

そう、今のニュースを見ていると、いろんなこと考えてぞっとするよ。またあの戦争が？って。今、尖閣(せんかく)諸島のニュースを見ると、この場所になるんじゃないかな、また戦闘地になりはしないかなと、北朝鮮じゃなくても、中国からでもさ。こんな感じがする。与那国に今、軍隊が入っているでしょう、自衛隊が。やはり昔のこと思い出しますよ。昔の軍隊を思い出します。

◆今帰仁村の住民虐殺

一八歳でスパイリストに載った少女

大正一五（一九二六）年生まれ
屋我地島我部メーガチ出身　当時一八歳
「勤労報国隊」（勤報隊）の一員として運天港の魚雷艇隊で働く

中本米子（旧姓　嶺井）さん

米子さんは、屋我地島の塩田を営む家で生まれた。五人兄弟。兄二人は父とフィリピンにいてそのまま徴兵され、父は早逝。そのため戦争の頃、家にいたのは母と米子さんと弟だけだった。年の離れた二人の兄とは戦後に初めて会った。姉は大阪で働いていた。
同級生はみな大阪の紡績工場に行っていたので、都会の紡績で働くことに憧れていた。大阪の姉のもとを訪ねた際、工場にいる友達に会いに行ったら、ひょんなことでそこのバレーボール部に勧誘されてしまった。背が高く運動神経抜群の米子さんはニチボー貝塚

（現東レアローズ）の前身にあたるバレーボール部で活躍することになった。しかし戦時色が濃くなり、大阪にいる伯父が「ヨネちゃんが帰らないと母さん（伯父の妹）が一人で大変だから、島に帰れ」と言いに来た。先に来ているお姉さんがいるし、私はもっと大阪にいたいとせがむが、老人もいるのに誰が世話をするか、と言われ昭和一九（一九四四）年夏に帰島。帰る船はあの対馬丸だった。沖縄が近づいた時、前を走っていた船が攻撃を受けたのでいったん宮崎に退避。何とか那覇の港に着いたが、その後、同じ船が疎開する学童を乗せて本土に戻る時に米軍の攻撃を受け沈没した。米子さんは、普通なら死んでいるところ、九死に一生を得たという体験を三回した、と話してくれた。

兵隊が穴掘ったら、これをモッコに入れて外に出す。こういう仕事でした

一〇・一〇空襲の時はもう島に戻って運天港にいました。海軍の船はみんなやられて、このあたりは軍港だから集中爆撃で大変だったです。私は海軍の魚雷艇隊に徴用されて、役場から行けと言われて「勤報隊」という名前で屋我地島の女性たち七、八人で海軍を手伝ってたんです。私は最年少、同級生には隣部落のスミちゃんがいましたが、あとの若い女性はみんな大阪の紡績に行ったりで、ここにいなかったですね。ほかの女性の先輩なんかは、出征していく人と結婚させられて、夫の帰りを待ってるような女性たちで、独身は私とスミちゃんだけじゃないかしら。魚雷艇を隠す穴掘りです。レールを海から敷いて、穴を掘ってそこに小さな船を隠すんですが。出撃！と言ったら船は穴からレールに乗って海に出て行った。

——白石隊ですよね？　魚雷艇隊で働いていたんですか？

はい、もう私しかいないはずですよ、生きているのは。屋我地の運天原という所は私のいる我部から歩いて次の部落ですけど、海を挟んでその向かいが運天港。朝、迎えが来て、いつも舟艇で勤報隊を乗せて向こうへ渡してくれるんです。帰りも舟艇で送り迎えしてた。あの、今はワルミ大橋ありますよね、あの下あたりです。兵隊が穴掘ったら、これをモッコに入れて外に出す。こういう仕事でした。

——一八歳の女子が、力仕事ですか。

当時は人手がなくて猫の手も借りたいくらいでしたから、障害がある人以外はみんな駆り出されてましたね。私の年齢では少なかったですね、もっと上の主婦が多かった。

——白石さんというのはどんな人でしたか？

白石さんは隊長でした。白石部隊ですから一番偉い。一回しか見ていないし、話すなんてとんでもないです。海軍の魚雷艇といったら、魚雷を二つ載せて相手に当たりにしか行かない。特攻隊と同じですよ。行ったら帰って来ないという感じですよね。

その運天港の戦争の話を聞かせてくれませんかと、私が那覇に移ってから訪ねてきた記者がいました。山原の人に、その話なら米子さんという人が那覇にいるからそっちで訊けと言われて来ていたみたい。でもあの時は生活が苦しかったし、子供は小さいし、戦争の話はしたくなかったから「この次にしてください」と断ったんですよ。何度かそういう話が来たけど、当時、戦争の話は怖くて怖くて、話したくなかった。一度も話したことはないです。

——どんな怖い思いをしたんですか？

九死に一生を得るという体験は普通、人生で一回しかないはずですけど、私には三回ありました。もうこれでおしまいということが三回。あの戦争は、自分たちよりも南部の人が大変だね、北部の体験なんてそれに比べたら言えないね、と思っていたけれど……。

人の足や板がいっぱい浮いていた海

ある日、いつもの通り仕事が五時に終わって運天の陣地から家に帰った。昔は水道もなく外に共同井戸があったから、私は水を運んで、水ガメ二つをいっぱいにするのが仕事だった。そうやって往復している時、家の前で五、六名の男の人がワヤワヤしてて、見ない人たちだったから、兵隊さんは海軍ですか？　陸軍ですか？と訊いたんですよ。そうしたらこうして指さすんです。下は海だから、指さす方を見たら、大きな輸送船が三隻並んでいた。こんな大きなの、いつ来たんですかと訊いたら、今さっき来たと。「明日台湾に行くんです」とか言ってました。

そしたら、暗くなってから一人が缶カンに石油か何か入った物を持ってうちまで来て、「お芋さんと換えてくれませんか」と言ってきて。昔はシンメー鍋（大鍋）に明日の分といって芋洗って置いておくんですよ。後で火を入れたらすぐ食べられるようにね。「鍋から持たせなさい」と母が言ったんです。私は全部持たせたらいかんから、少し持たせたんですよ。一時間くらいしてまた一人来て「お芋さんと換えてくれませんか」と言ってきて。足りなかったんでしょうね。お母さん、またお芋頂戴と言って来ているよ、私たちの明日の芋がないねと言ったけど、母はまた「持たせて」と言うから、また渡して。その時に、私はこの人たちと会っているんです。あの人らの顔は、私と母しか見てないです。

　翌朝、いつものように六時くらいに家から出て、舟艇で海の真ん中まで進んで行ったら、古宇利島（こうりじま）の方から小さい飛行機が来た。こんなに低空飛行で珍しい、何かね？とみんなで見ていたら、ブーンと回って行くんです。ワルミ海峡を。これはおかしいと言って、舟艇は速度上げて向こう岸に近づいた。そしたら今度来る時は三機がパラパラと撃ってきて、みんなびっくりして。アメリカだ！と。誰かが海に飛び込め！と言っている。男の人は飛び込んで泳いでいる。海を見たら真っ暗で（深くて）、私は泳いだことないからどうしようと。あそこの海はすぐ深くなっているから、魔物に引っ張られてしまうよと言って、親は絶対海で泳がせなかった。やがて下が白いのが見えて、もう足が届くかなと思ってあわてて飛び込んだら、届かなくてアップアップして。やっと足がついて浜のアダン林の所まで走って行って、それからババン、ババンと爆発して。「勤報隊は早く上へ上がれー！」と大きな声が聞こえるんですよ。武下少尉の声で。走って行って畑の溝に隠れていたら、また聞こえるんですよ、「海から離れろ！」と。上へ上がる道は一人しか通れない道で、走って行ったら、パラパラ音がして前を走っていた兵隊が倒れてしまった。その遺体を越えられないし、また下に下りて一人ガタガタ震えて。

――この兵隊さんは弾に当たって亡くなったんですか？

亡くなってたと思います。それから爆撃が始まって、音が酷い。しばらくして音がしなくなって、勤報隊は集まれ、と声がかかって、私は一番若いから「気をつけ」して、ずっと立っていたんですよ。今日はもう爆撃は来ないからみんな帰っていい、明日からは来なくていいと言われた。でもどうやって帰ろうかと。船もいないし向こう岸にどう渡ろうかとみんな心配していたら、日が暮れて夕方になってから大きな声で島のおじさんが、船で迎えに来たよ、みんなおいでと。五、六名でしたか、下に降りて行っておじさんの船に乗って、屋我地の方に向かった。したらあの船、私一人しか知らないあの三つの輸送船、三つともないんですよ。見たくないけど、周りには足が浮いていたり、手が浮いてたり、板が浮いている。ああ……と思ってね。魚も、爆弾落としてるから死んで浮いている。このおじさんが魚を捕って袋に入れているんです。人の足や板がいっぱい浮いていた海で……。

――あの水路が兵隊の死体でいっぱいになった……。

島に近づいたら、母が海に胴まで浸かって「うちのヨネはいるかね」と泣いていた。私も、この海に入りたくなかったけど降りて、抱き合って母と泣いた覚えがあります。翌日、この屋我地の小学校に駐屯していた陸軍の兵隊が、死体を海から運び上げて燃やしていた。私の家は塩を作る所だったから、薪がいっぱいあったんです、どこの家にも塩焚く薪が。それで死体を燃やしていた。私は気がすまないから、芋をもらいに来た彼らのこと自分しか知らないと思って、燃やしている所へ行って手を合わせて。その兵隊は「ありがとう、ありがとう」と言って一生懸命燃やしているわけ。拝んで帰って来た。今だから話せるんですけど、もうこんな恐ろしいこと。同級生もみんな戻りませんでしたからね……。

あれが一生の別れだったんだな

――その時は一八歳。島の同級生たちも戦場に行ったんですね。

先生は「お前は航空隊行け、お前は海軍行け」とそうやって行かせた。希望させて。そして当時島にはもう家の長男しか残っていなかったです。昔はあまり男の人とは話はしないけど、ある朝早くに同級生たちが家に来てね、「僕たちは南部行くから」と言って。「どうして？　どうしてまだ二〇歳にもならないし徴兵検査もしてないのにあんたたちは行くのか？」と言ったら、役場から伝達が来ていると。今から行くんだと。たった五名ですよ。残っていた長男の同級生ですよ。もう「元気で帰っておいでよ」という時代じゃないですからね、昔は国のため、天皇陛下のためという教育だからそう言えなくて「お母さんの所は時々回るからね」と、これだけ言ったんです。

——留守にする実家が心配だろうけど、お母さんの様子は気にしておくからね、と声をかけるのが精いっぱいだったんですね。

あの後、彼らはどこまで行ったかな、歩いて恩納（おんな）まで行ったかね、どこまでたどり着いて戦ったのか。戦後、「平和の礎（いしじ）」というのができて、みんなが行こうと言うけど、私は行けない。そんな所行かない、と言ってたけれど、何年か経（た）ってから行ったんですよ。名前がみんなあるものだから。五名の。

——同級生五人が五人とも、名前が彫られてた……。

一人も帰って来ない。名前を入れて検索したら、亡くなった場所は首里と書かれていた。首里までたどり着いたんだねえ、と少しほっとした。行くまでにだめになってないかと心配だったから。海軍行った、航空隊行った、先生が行かせたからもう同級生は誰もいないなと寂しい思いしていた。そしたら航空隊だった同級生が帰って来たんですよ。本当にうれしくて。どうしてと訊いたら、自分たちが乗るまで練習はしたけどもう飛行機はなくなっていたとか。護郷隊も二つ後輩になりますが、一人だけは帰って来ました。真喜志康盛*2という人は帰って来て結婚もしていたから。ほかの護郷隊員は帰って来てませんね。昔の学校に行ってる人たちはほとんど帰ってません。教育受けに行った人たち、先輩も後輩もいたが、あれが一生の別れだったんだなと思うと時々思い出してね。残った私たちも、竹槍を持って、藁人形にチャーチルと名前をつけて突く訓練なんかして、今思うと負けるはずだねと思うさね。そんなでしたよ。

ある日夕飯を食べていたら、「ヨネちゃん」と呼ぶ声がした

海軍の兵隊は、夜になったら泳いで島に渡って来て、うちに食べる物をもらいに来るんですよ。「ヨネちゃんの家に行ったら何かもらえるよ」と言われていたんでしょう。いつもお腹すかせてるから、母が味噌を包んで持たせたり。泳いでくるもんだから、たくさんは持たせられない。またたくさんはないんですよね。水兵たちは軍服で山に隠れているから、母は兄たちの着物全部出して、これ着けて歩きなさいと言って。アメリカに見つかったら殺されるからとあるだけ全部、来る人にみんな着けさせて行きよったですよ。そこら辺にほかのお家もあるんですよ。なんでうちばっかり？と思いもした。また、「戦負けてるのに、もう今さら日本軍をあれしなくても」と、うちを批判する人もいるんですよね。だけどうちの母は、フィリピンに兄たちがいるから、それを考えていたんですよね。なぜうちばっかりに来るかねと私が文句言っ

たら、「違うよ。兄さんたちも山から逃げて歩いているかもしれないんだよ」と、そういうことをいつも私に聞かせていたんですよ。本当に頭が上がらない。母のすごさは大人になってからしかわかりませんけどね。それで本当に兄たちは無事に帰って来たんですよ。ほかはみんな戦死したりしているのに。

ある日夕飯を食べていたら、「ヨネちゃん」と呼ぶ声がした。一人の兵隊さんが訪ねてきて、「明日突撃に行く」とそれだけ。行ったら帰れないから、会いに来たのかね、名前も知らないけど。私たちしか若い女の人いないから。私も近所に行く用事もあったからそこまで送ろうと思って歩きはじめたら、うちの母が血相を変えて追いかけてきて、行ったらいかんと。連れて行かれると心配したのか、私も、じゃあいいよと言って帰ったんですがね。明日出撃すると言って。何を話したか覚えてませんけど、ヤマト（本土）の兵隊、まだ若かったですよ。何か言いたいような顔してましたけど。

——きっと一八歳の沖縄の女の子に恋心があったんでしょうね。彼は帰らなかったんですか？

突っ込んでいったんでしょうね、帰って来た話はないから。ここの魚雷艇は、艇長と機関長と監視する人、三名で乗っていくんですよ。白石部隊で魚雷艇に乗っていく兵隊の遺品は、全部、私の家で預かっていたんです。時計とか手帳とか、二〇、三〇人分は家に預けられていた。

後になってこれはアメリカに見られたらいけないから、仏壇の後ろとか山羊小屋の上とか、母とこんな風に工夫して隠しておいていたんです、いつか取りに来るはずと言って。戦争終わった後、大嶺という沖縄の人が収容所からうちに遺品を取りに来たことがあったんですよ。宮古の人だったですね。捕虜になった兵隊がもう内地に帰るから、渡したいと。良かったと安心して託したんですよ。届いたかどうかわかりませんけど。

それからね、家の前の塩の塊の所で何か洗っている人がいるんですよ。「これ預かってくれませんか」と言うので見たら、頭とか手の骨を洗っていたんですよ。びっくりして、お母さん、頭洗っているよと言ったら「時計とかなら預かるが、これは預からないと言え」と母が。骨だから預かれないと断ると、この人も納得したみたいで帰った。どうしたのか、海に投げたのかわかりませんけど。四、五年経って、海で貝でも捕ってきなさいと母が言うから海行ったら、そこに頭蓋骨があるんですよ、真っ白くして。あの時海に捨てたんだなと思った。怖くて貝も捕らないで帰ったんです。それから結婚して主人にその話をしたら、どこだったかと訊くから、実家の下だと言うと、じゃあ行こうと。主人は花を持って海まで浸かって行って、その場所に投げて供養して帰ったんですがね。

——優しいですね。米子さんもきっとそこでマブイ[*3]を落としてるだろうし、それも拾いながら供養もして、米子さんの重荷を少しでも楽に、と思われたんでしょうね。

いえいえ、そんなことでもないと思いますけど、本人も兵隊だったから気持ちはわかるんじゃないですかね……。運天港の海軍部隊は、四月にはもうみな船もやられてなくなって、真利山という所にいたんです。白石隊の武下少尉という方は、その真利山でアメリカに殺られて亡くなってます。部下と一緒に眠っていたら、アメリカが来て一発で殺られたと聞きました。この人はとてもいい人でね、軍服を着けたままだったそうです。

「ヨネちゃん、どこかに逃げなさい、殺されるから」

この武下少尉が元気な時に、弟と二人で、どんな所に住んでるか様子を見に真利山に行ったんですよ。ちょっとした食糧も持って行ったものだから、武下少尉が喜んでくれてね、望遠鏡と日本刀、「これを持って行って」とくれたから持って帰ったことあるんです。望遠鏡は、本部の鰹節屋が終戦当時、エサ取りによく来ていて、魚を見るのに上等だよとあの人たちにあげたんですよ。そして日本刀は、弟はまだやんちゃで一五歳かな、これ持って振り回して。母がびっくりして、アメリカに見られたら殺されると、海に捨てたみたい。それも、後で見たんだけど、海に貝採りに下りたら刀があった。海の底に。多分それだったかなと思うんですけど。

——拾わなかったの？

いや、もう拾わなかった。怖いですから。それで、ある夜こんなことがあったんです。名前はわからないが、泳いできている人がいました。様子が変で、うちの前に立って、「ヨネちゃん、どこかに逃げなさい、殺されるから」と言う人がいた。日本の兵隊に殺されるという話です。逃げろと言われても、自分は外では殺されない。殺すなら家で殺しなさいと言ったんです。母も、なぜこんなに海軍に協力やっても殺すわけ？　親子で殺すなら自分の家で殺せ、と逃げもしなかった。本当に真心をもって殺しに来られるか？と母は動じませんでしたね。

——なぜ殺されるんですか？

スパイというようなこともあるし、口外してはならんということでしょうね。わかりません。自分たちも殺される意味がわからないから、殺すならうちで殺しなさいと言ったんです。後で、戦後訪ねてきた兵隊が言うには「屋我地の島のヨネちゃんとスミちゃん、この二人は殺したらいかんと。彼女たち殺したら僕が殺すよ」とその武下少尉が言ったそうです。後で聞いたんですがね。スミちゃんという同級生がいたんですよ、隣の部落に。この二人は殺したらいかんと。やはり狙われていたんだなということ、思ったです。

——この人たちは生かしておくと厄介だと、海軍が思ったということですよね？

自分たちもそういった中に入っていたのかと時々思いはしますがね。兵隊が出入りする家だから、いろいろ隠れ家とか喋るんじゃないかと目をつけられたんでしょうかね。そんなこともわからないで私たちは一生懸命、来る兵隊に食べ物を持たせてたんです。軍のことはわからないですけど、やはりそういうスパイを捕まえるグループがいたんじゃないですかねと思いますよ。そういう機関がね。あれらも、国のために、という誠意を持って兵隊に志願してきているのに、結局は住民をね、こんな風に。

――「二人は殺しちゃいかんよ」というのは、ほかの住民は殺しているということですか？

そうみたいなんです。ハワイから帰って来て英語がわかるということで、近くに住んでいたおじさんは日本兵に殺られたという話も聞いている。学校の校長が、アメリカが近くまで来てるよーと山の日本軍の本部に教えに行ったら、この校長が殺られたという話も聞いたんですよ。今帰仁の人から。後で聞いたんですが、やはり住民を殺していますね。殺ってるみたいですね。屋我地の島ではそういうことなかったんですが、今帰仁ではあったそうです。武下少尉が「屋我地のヨネちゃんとスミちゃんを殺す人は僕が殺すよ」と言ったなら、後で校長とか殺したのはこの人たちがやったんじゃなかったかと思った。思いたくはないが、やってなければいいなあ。陸軍もいたから、海軍ではなかったかもしれないしと思ったり。

一度、何も言わずにそこの家の入口に立ってる人がいたんですよ。離れてですよ。いつもだったらさっさと入ってくるのに。「早く中に入って、そこに立っておったら危ないから」と言っても「気をつけ」して立ってました。普通の兵隊はさっさと入ってきて、何かちょっと食べさせて帰ったりしよったんですが、ひもじい思いして山から逃げて歩いて来たはずだのになんで来ないかねと。せっかく泳いできたのに一〇mくらい離れていて、何か知らんけど帰りよったですよ。後で、あちこちでスパイと言って島の人が殺られた話聞いて、また武下少尉が「屋我地のヨネちゃんとスミちゃんは殺すな」と言ったのも聞いたから、あの夜の人がそうだったのか、殺しに来たのかと思ったんですよね。後でね。

——そんな、自分たちの食べる分まで削って協力してきたのに、日本軍に殺されるんじゃあ踏んだり蹴ったり、あまりにも酷くないですか。

戦争中、地下の巨大な倉庫に入ったことがある

本当に、情けないなあと思いますよ。でも原因は、ひょっとしてこのことかなあとも考えることがあるんですけど。戦争中、向こう側の陣地に、私ともう一人、二人で、たて穴の巨大な倉庫に入ったことがあるんです。船を隠す壕じゃなくて、行ってみたら地下なんですよ。ずーっと下に下りて行ったら、そこは大きな空間があって何かいっぱい積んであるんですよ。

——地下の秘密の倉庫? 備蓄倉庫みたいに?

下りてまたずっと奥に行ったら、そこに穴をもっと広げている人がいて、私たちはその土を担いで運んで、地上に上げてこぼしてまた下りる、その仕事だったんですよ。これ見たのは私たちだけ。あの時は驚きましたよ。だから最初に殺されるの、後で考えたんですけど、秘密を知ったのは私と、私と一緒にモッコ担いでいる人。二人だけですからね。

——その地下倉庫は今もあるんじゃないですかね。

あれがもし爆弾で爆発でもしたらと心配で、戦争終わってずいぶんしてから見に行ったんですよ。そしたら、その上に生えている大きな松が倒れてへこんでました。何か調べてる人が、もうここには何もないよと言ったものだから、ないなら良かったという気持ちで帰って来たんですがね。あんな下にずっと下りて行ってですよ、底に大きな穴があって両方に箱がいっぱい積まれて並んでいる。爆弾か魚雷かねと心で思っていたんですが、それが、私たちがスパイと言って、殺されると言いに来た理由かなと思いはします。ワルミ大橋の橋げたの今帰仁側。

——最大の軍事機密である弾薬庫の仕事をやってたんですね？

その時が初めてですよ。一回だけ。ほかの仕事をしていたんだけど、何名か加勢しに来なさいと言われ私が行かされて。下にずっと下りてですよ、足着いたと思ったらずっと奥に、両側に弾薬か知りませんが大きな箱がいっぱい並んで詰めてありましたよ。

——滑車とロープで上げていた？　人間はどうやって下りるんですか？

モッコで下りた。二〇mあったかな、だいぶ下りましたよ。土を上げるのは、下から合図して上で引き上げる人がいるんですよ。私たちは奥から持って来てそこに置いて、上に上げていた。それまでは兵隊たちと魚雷艇の穴掘ってましたけど、びっくりしましたよ。まさかこの範囲に、全然知らないこんな巨大なものがあるんだなと。

――それはとっておきの秘密だったんでしょうね。軍事機密ですよね。

その存在は誰もわからなかった。ずっと戦後、私の家に来るようになった元兵隊にも、こういうことあった？と話はしたんですけど、その人もわからなかったですよ。まだ深かったね、これよりも（隣の二階建ての屋根あたりを見る）。あれだけは気になりますね。

――穴の中で土運ぶ仕事を一八歳の女の子にさせておいて、秘密を知っているから消すと。怒りが湧きますね。

スパイ虐殺が記録されていた武下少尉の従軍日記

だけど、後で「屋我地のヨネちゃんとスミちゃんを殺したら僕が殺す」という言葉を聞いて、そんな上司もいたから私も生きているかなと思いました。だから戦後、その武下少尉の九州のお家まで行ったんです。手を合わせに行ったことある。「おかげさまでこうして無事に生きています、ありがとうございます」と仏壇に手を合わせたんですよね。

――武下少尉というのはどんな人だったんですか？

上の人だからね、たまに屋我地の島も回ってきていたけど。若い人でしたよ、まだ奥さんももらっていない。ほかの兵隊はみんなうちに食べ物をもらいに来ていたけど、武下さんはよくスミちゃんの家に行っていたみたい。かくまってもらってた時もあったみたいです。

――武下さんは、アメリカが愛楽園（屋我地島の北端にあるハンセン病療養所）に渡したお米に目をつけて、敗残兵のいる山に持って行ったようです。食糧集めに必死だったと思うけど、愛楽園の人からしたら、酷いですよね。

……そんなのもあったんだね。この武下さんは部下のことを大変、思っていたはず。あの人が亡くなったというから残念だったけどね。

――彼は従軍日記をつけてて、実はスパイ虐殺のことも書いてあったんですよ、そこに。スパイを殺したって書いてあったんです。

え？　武下少尉の？　そうですか。やっぱり。……スパイということで……何もスパイじゃないけどね。

――「スパイを殺した　オダさん」て書いてあったんですよ。米軍が英訳したものしか残っていないから、ローマ字表記でＯＤＡ、そして殺された人がオダさんなのか、殺した兵隊がオダさんなのかわからないけど、聞き覚えないですか？

わからないですね。

――その日記だけ見たら武下さんは酷い人に思えるけど、でもスミちゃんとヨネちゃんを守った人なんですよね？

それだけは聞いたから。生き残りの人にね。「あの島のヨネちゃんとスミちゃんを殺す人は僕が殺すからね」と部下に言ったと。だから武下さんのお家に連れて行ってくださいと言って、福岡のどこだったかね、行ったんです（実際は大分県）。連れて行ってくだすった方はその部隊の兵隊で、ヒヤマさんといって。うちで一緒に寝て起きたりしていた人なんですよ。

――どういうことですか？

福岡の人でね、ヒヤマさんといって、しばらくうちに隠れてたんです。白石部隊の人ですが、母がこんな格好していたらアメリカにやられるよと、兄の着物にすぐ着替えさせてやったんですよ。昼は後ろの山に隠れておって、夜は下りて来て物食べたりしていた。昔うちは塩田で塩焚きしてたものですから、このヒヤマさんも一緒に仕事やっていたら、ある日アメリカが回ってきたんですよ。彼らは銃を担いで、敗残兵がいないか定期的に回ってましたからね。ジャパニー？　日本兵かと言って来たんですよ。すると母がこんなして手を広げて、塩田の真ん中で。これとこれはうちの子だよ！　手を出したらいかん、とこうしてるわけです。弟とその兵隊、二人かばって。そうかという感じで米兵は撃たなかったんです。そんな兵隊がいて、戦後もずっとおつきあいしていました。

――そりゃあ命がけで守ってくれたんですもんね。お母さんは命の恩人だ。

徳島、宮崎、福岡……。その辺から元海軍の方が、みんな、戦後に奥さん連れて、お母さんのおかげだと言って、母は亡くなっていましたが来ていましたよ。こういった生地もね、徳島の反物持って来て、それで洋服にして着けているんです。また福岡は久留米絣（くるめがすり）といって奥さん方が持って来て。母は、ちょっとしたお米でもご飯でも兵隊に持たせましたよ。おかげでほかの方は帰らなかったけど、うちの兄貴たちは帰って来ましたよ。これ本当に奇跡かねと思うくらい。「真（マクトゥ）ソーンケヨー、真（マクトゥ）タカラドウ」と。母は、いつも真心でやっておきなさいよ、神様がちゃんとやってくださるからと言ってましたよ。

米兵に襲われる

自分の一生に、あれだけ怖くて苦しくやってきたことがあれば、人生どんなことでも耐えられますよ。これ自分で思います、今になって。もう一つの九死に一生、は、戦後私はアメリカに捕まえられたことがあるんですよ。

——どこでですか？

屋我地で。その日は母と蔓（つる）を取って山道を歩いていたんですよ。二人で蔓を持って畑に向かっていたら前から三名のアメリカが来て。母は、不安になったんでしょうね、畑には行かないで家に帰ろうと言ったけど、三名とも通り過ぎて行ったから大丈夫かなと思っていたら、アメリカが引き返してきて、私の荷物取って道端に投げて、私の腕捕まえて。二人は母を押さえに行って、一人はこんなに背の大きな人で、この人が私を担いで母から離してずっと歩いて行ったんですよ。私は大きな声で叫んでいるけど、誰も来ない。そしてパンパンと殴られて、私は道に落とされたんですよ。下は畑で斜めになっている所だった。前の日、アメリカにやられた（レイプされた）という後輩がいたんです。私もこうなったら死ぬしかないと覚悟決めて、落とされてから起きて、相手は胸倉つかんできたから、両手が動くから、この米兵の股つかんで、絶対動かさんとして離れないもんだから、頭もガンガン殴られたんですよ。下見たらピストルが落ちてるから、よし、撃ち殺してやると思って、これ、（股間の）つかんだものは離さない。股に手入れたまま足でピストルを取ろうとしてたら、気づかれて、私を畑に投げたわけ。それから必死に逃げて、ずっと行ったらあるおじさんがいて「ねえさん、もう大丈夫だよ、追ってこないよ、アメリカに追われたんだろう」と。私の顔見て「あんたあっちの子だね」と言って。心配することはないよと言ってくれたけど、お母さんが心配だからあわてて戻ったら、この三名はいなくて母が走ってどこかへ行こうとしていた。「おかあ！　おかあ！」と呼んだら「お前は家に帰れ」と言って走って行った。ＭＰが駐屯している所まで駆け込んだらしいんですよ。そしてこの三名が船に乗ろうとしている時に捕まえたと母が言ってましたが。

――すごい。そんなに怖い思いしながらも、米兵の股間をつかんだりピストル取ろうとするなんて。お母さんも逃すまいと追いかけて行ったんですね、母娘そろってあっぱれです。信じられない。

はい。そうやって、命も今日でおしまい、というのを、対馬丸の時と、船の爆撃の時と、この米兵のと三回かな。九死に一生というのは一回ではないなと思った。

戦後まもなくは、同級生も帰って来ないし、私も何かしないと、という気持ちだった。それで羽地（はねじ）のカンパンに行って、山川歯科の先生とか軍医さんたちがみんな山から下りて来て、病院みたいになってる所で手伝いをしてたんです。何の資格もないですけどね。首里・那覇の人たちが、ようやく病院にたどり着いて「命（ぬち）どぅ宝（たから）どー（命こそ宝だよ）」とみんなこの言葉、言ってましたね。でも一日に何人も亡くなって、消防団みたいな人が埋めに行った。また、かわいそうな女性たちもいましたよ。アメリカに物をもらおうと思ってなんでしょうけど、散々アメリカに痛めつけられた女性なんかも病院来て、股を広げて消毒なんか一生懸命やるんですけど、ある先生が、パーンとその人の足をはたいて「お前は自分の好きでそうさせたんだろう？」なんて言うんですよ。私はもうびっくりして。

——レイプされた女性に向かって「自分が悪い」と医者が言ってると？　ありえない。

まあ、何か欲しくてアメリカの周りにすり寄っていく女性もいたんですよね。自分から。土地の人たちじゃないですよ、首里那覇（スイナハ）の人たち、避難してる人たちの中にね。

戦後友人がね、運天を回る観光船があるよ、とても上等だったから行こうと誘うけど、私は行かないと。みんなそこで死んでるんだから、思い出すと大変だから。また何年かして、白石隊の生き残りの一人がうちに来たんですよね。花を持ってその遊覧船に乗ったんです、羽地から。運天港行こうと言うから今度は行こうかなと。慰霊祭でみんな来ているよと。ヨネちゃん運天観光客いっぱい乗っていて、ガイドさんが一生懸命、ここは海軍がいたとか、魚雷艇や潜航艇がいたとか説明してたので、元海軍の一人がマイク貸してと言って「実は僕たちがここにいたんです。戦友がここで爆撃されて」ともう本当のこと言ってるんですよ。ガイドさんもびっくりして。私、花持っているからと、ここで花投げたんですよ。「長い間来なくてごめんなさい」と言って。それから古宇利島一周してきたんですがね。

名前は出さないでくださいよ。またやられるかもしらんから

戦争っていえば、今北朝鮮の問題があって、安倍さんがもの言う時、何か心配なんですよ。今度戦争が始まったら沖縄なんかなくなる。日本なんかなくなるというのに。一番は基地ですね。本当に基地があったら、そこから攻撃するんですよ、必ず。

——また日本の軍事組織が、自衛隊だけど、宮古・石垣にたくさん入って来るでしょう。

もう、これ絶対心配ですよ。私も新聞で見て、受け入れると見たものですから、これはいけないとすぐ思いましたよ。あんなして受け入れているけどね、基地しか最初にやらない、標的

ですよ。だからそこの住民は大変です、基地が最初ですよ。翁長（雄志）知事（取材当時）は偉いと思いますよ。がんとして辺野古受け入れ反対をやっているから。これは国のことだからなかなかだけど、でも言うだけは言わないと。本当に涙が出ます。あの人が話している時は。

――明後日、宮古島に行くので、九一歳の沖縄戦体験者が心配しているって伝えましょうね。名前は出さないでくださいよ。またやられるかもしらんから。

――え、誰にやられるんですか？

わかりませんけど、国のことは本当に危ないですよ。うっかり、ものは言われんですよ。あの頃は、疑われたらもう、最後。そうでなくてもやられますからね。国というのは、軍隊というのは、わからないところがいっぱいあるんですよ。もう子や孫たちのこと考えると基地は造らさん方がいいと思いますがね。基地はもう最初にやられますよ。基地だけならいいけど、民間の人たちのあれが一番怖いですよね、そこに住む人たちが疑われて。また軍のこと言う人いたら、殺されよったんだからね、昔は。だからみんな黙っていたんでしょうね。

――民間の人の疑いが一番怖い……。

南部の話を聞くと北部はまだましだったから、自分らの戦争話は、進んではできなかったんです。だけどこんなもの、直接体験した者としては記憶を消すこと絶対できなくて。こういう機会があるということはとても良かったなと。生きていて良かったかなと思いますがね。

米子さんとは全部で四回お会いした。一度目は那覇市繁多川の公民館で。二度目は体調が悪くて何度も断念したのちに、ようやく一緒に屋我地島を訪ねた日。もう故郷に行くのは一生で最後かもしれない、と、当日は花束をいくつも持って米子さんは島にやって来た。運天港で海軍と共に過ごした沖縄の人たちの証言はとても少ない。海軍と住民との関係は決して最初から悪かったわけではないし、慰霊祭で繰り返し訪れた元兵士らと地元の人々とのおつきあいをみても、戦後、今帰仁村の人たちが海軍を忌み嫌ったということもない。しかし末期に発生したいくつかの住民虐殺の影が関係者の口を重くしているのか、「誰も話してないから私も話せなかった」と米子さんは言っていた。でも、撮影をしながら屋我地島で一日を過ごして帰る頃には「抱えていることが苦しかった、でも話せて良かった」とほっとした様子だった。そしてこちらから訊ねなくても今の基地問題に度々言及した。基地と生きるとどういう目にあうか、それだけは伝えたいという想いの強さを感じた。

辺野古も、知事があんなにまでやってるのにもう、できたら座り込みも行きたいけどそうもいかないから。みーんな沖縄の人が平和で安心して暮らせたらなと思う。基地が多すぎるんですよ。当時も伊江島飛行場を爆撃する音が全部聞こえたですよ。音が、遠くでね。伊江島の人も大変だったですよ、飛行場があるために。ここから伊江島に特攻艇で出て行って、何のためだったかと思うくらいですよ。命って帰って来ないですよね、突撃したら。

四つ目の危機

実は、米子さんには四つ目の危機があった。一つ目は対馬丸で撃沈を免れた話、二つ目は軍事物資を積んだ船が目の前で海の藻屑になった話、そして三つ目は米兵にレイプされそうになった話。その三つ以外の、もう一つの九死に一生の体験、それは三度目に病院でお会いし、その後さらに資料を持って四度目にリハビリ施設を訪ねた時に初めて聞く話だった。もう映画の編集を終えた後だった。私がある資料の確認を終えた時、米子さんは突如、その話を始めたのだった。

「兵隊たちがね、五、六人が夜中に家に上がり込んできたんですよ。いるか!? どこに寝てるか！　と囁いてる声が聞こえて。私も母も、真っ暗闇の中、必死で蚊帳をくぐって裏口から転がり出て、危機一髪。裏の畑の中に身を隠して」

――え!?　結局海軍は殺しに来たんですね？　武下少尉が止めてくれたんでは……。

「いや、やがてやられよったですね。銃を持って来ていましたね。もう……怖い」

これまで、会う度に米子さんの口から語られたのは、水兵たちとの束の間の交流、武下少尉に食糧を届けた話。やがてスパイリストに挙げられたという信じがたい展開と恐怖と、それでも武下少尉が一人の女性を守ろうとしてくれたことを知り、戦後に救われた思いをした話。それがパターンだった。しかしこの日初めて聞いたのは、結局、刺客が彼女のもとに送り込まれていたという残酷な結末だった。私は、なぜこの一番の恐怖の話を、島で一日中、話し込んだ時にも出さなかったのか、考え込んでしまった。映画の完成後に会いに行かなければ、武下少尉が部隊の虐殺行為を一部制止したという話で終わるところだった。

ここまで来て私は「殺しに来られた」という体験について、自分の認識が甘く、想像が追いついていないのだとわかってきた。殺気だった五、六人の男が、夜中に自分一人を殺しに来たのだ。敵に向けられるはずの殺意が、お前を殺さなければおれたちが死ぬという、全く理不尽な、血なまぐさいゆがんだ殺意となって一八歳の女の子を襲った。そんな衝撃の記憶とはとても共存はできない。私も、そんな記憶には蓋をしてしまうかもしれない。

沖縄戦で「スパイ」の汚名を着せられて殺された住民たちのほとんどが潔白であったことは、今を生きる私たちには理解できるが、戦後の地域社会が戦時中の価値観からすぐに抜け出せるものではなく「スパイ疑惑で殺しに来られた」こと自体が、とてつもなく不名誉で受け入れがたく、増して人に被害者として語れるような話ではなかった。

それは、スパイ視され殺された側の証言を撮りたいと、私がさまざまな地域を歩き回り、電話で少しずつ被害者家族に話を伺おうとしている時に、かつてないほどの拒否にあった経験から身に染みたことだった。取材の交渉で私は、電話口で誤解されないよう必死に喋る。「スパイ虐殺、聞いたことあるかと思うんですけど、もちろんスパイではなかったことはみんなわかっていますが、そういう疑いをかけられた人がいたという話をご存知ないでしょうか」などと言い終わらないうちから電話を切られたり、戸を閉められた。戦後、スパイだと言われた汚名を返上したいと思っても、身内に降りかかった不幸な体験と向き合うことができる勇気のある人はごく一部だったかもしれない。そんな噂を立てられた祖父がいた、というだけで、一〇〇%濡れ衣であっても、それは蒸し返さないで欲しい話でしかないだろう。増してや、たまたま逃げられたとはいえ「日本軍の殺害リストに載った少女」だと自分に起きた事実を理解したり、周囲に理解を求めることは相当難しい。戦争が終わろうと、もう追っ手が来る世の中ではないと言われようと、本人の抱えた恐怖や心の傷は想像を絶するほどだったのだろう。

米子さんは私に三つの恐怖を話し、体験を共有して、そして現場となった海を一緒に訪ねて、最後の慰霊の花を捧げて、その数カ月後にようやく、「実際に殺しにも来たのだけれどもね」という一番恐ろしかった話を、カメラのない場所で私にしてくださった。時空を超えて、過去の経験を共有しようとお互いに積み上げた時間があって初めて、全く救いのない最後の話を身体の外に出すことができたのかもしれない。
自衛隊の配備を心配する米子さんのことを宮古島の友人に話しましょうね、と言った時、一瞬厳しい顔になり、「名前は出さないでくださいよ。またやられるかもしらんから」とおっしゃった時のことがよみがえる。「え、誰にやられるんですか?」と、まさか今さら、と笑いにしようとした時の私は、彼女の恐怖を半分も理解していなかったのだ。

そしてこれは蛇足になるかもしれないが、次の章で武下少尉が最後まで持っていた、ある女性の写真について書いている。武下少尉が米軍に殺されるまでの展開の中で、重要なヒントになる写真の人物が誰であったのか、それを米子さんに確認しに行った時に、この四つ目の話が初めて語られた。もしもその写真が米子さんの写真であったら、四つ目の話は出てこなかったのかもしれない。つまり、彼が最後まで肌身離さず持っていた写真が別の島の女性だった、という事実を七〇年以上も経って知ったことで、実際に殺しに来たという残酷な話を封印してくれていた「武下少尉が私を守ってくれた」という魔法が、解かれてしまったのではないか。この話をしはじめた時の米子さんは、いつもと様子が違っていた。心がここにないような、遠くの映像を見ているように語りはじめた。聞きながら、私は実は今、大変残酷なことをしてしまったのではないか、と心がどんどん重くなりはじめた。これは、米子さんは悲運の将校にほのかな思いを寄せていたのではないか、という私の邪推が生み出した解釈かもしれない。間違っているかもしれない。でも、スパイ視された話にさしかかると、米子さんは必ず、呪文のように、「ヨネちゃんとスミちゃんを殺すなら僕が……」という武下少尉の言葉をたたみかけるように繰り返し口にした。まるでその先の記憶を搔き消すように。「ヨネちゃんとスミちゃん」のくだりが、なぜ何度も繰り返されるのか。私は米子さんの心の傷に貼られていた絆創膏をめくるような真似をして初めて、その意味に気がついたのだった。

あらためて、平成三〇（二〇一八）年一月、北風の強い屋我地島と今帰仁村を結ぶワルミ大橋の上に立った時に、撮影の最後に米子さんが語った言葉を活字にする。
「若い時は子供を育てて、生活するのに大変で、戦争のことはあまり考えたくなくて必死にやってきたけど、今九〇になると、あの苦しみは……。今だったら話せるかもしれないと思って話をしたんです。仕事をしている時は絶対できなかったですね、この話は。嘘みたいですよ。時々寝ていても寝られないですよ。あんなこともこんなこともあったなと。年のせいかなとも思いますけどね。でももういないです、運天港での魚雷艇での先輩とか後輩とか、いないですね。もう、私しか。忘れられないんですよ、こうした話。全部覚えてて、一人で何度も思い返してね。みなさんが聞いてくださるというから、今日は。助かりました。気持ちも楽になりますよ」

そう言って、米子さんはワルミ大橋から、胸に抱いていた花束を投げた。そして海に向かって声をかけた。

「はーい、何十年ぶりかで来ましたよ。私しか見ていませんからね。もう何年になったかね、幸せにやってますよ。ありがとうございました。お花あげます。私しか知らないこと、今話していますよ、戦争の辛かった時の話してますよ。帰って来なかった人たちの顔、忘れないけど。長い間ここに来られなかったですよ。話、思い出して。ご冥福をお祈りしますよ」

花束は、回転しながら潜水艦がいくつも沈んでいた深い水路の奥に吸い込まれていった。

◆日本軍の中で起きていたスパイ虐殺

虐殺壕にいた一四歳の少年通信兵

昭和五（一九三〇）年九月生まれ　西原町出身
県立一中の二年生　一四歳で通信隊員になる
第三二軍　電信三六連隊　第六中隊所属

宮平盛彦（せいげん）さん

宮平盛彦さんは鉄血勤皇隊で知られる県立一中の生徒で、「通信隊」に所属した。一四歳の少年兵の戦場体験も過酷だが、特に気の毒なのは、戦場から戻ってみれば六人家族が本人以外全員戦死、孤児になっていたことだ。そして私が証言をお願いしたのは、さらに残酷な体験についてだった。それは、日本軍が同じ日本軍をスパイ視して殺すという虐殺の現場に居合わせたこと。それを少年兵としてどう受け止め、どう背負ってきたのか。とても話しにくい証言をお願いすることになった。この話をすると幾晩も眠れなくなると苦

笑しながら、被害者の家族と手を取り合うまでの長い物語を語っていただいた。同級生を祀る「一中健児之塔」の前でインタビューを始めた。

首里にある「一中健児之塔」の前で

ここ来るといつも、手を合わせます。

——この慰霊碑が作られたのは戦後すぐなんですか？

そうですよ。ちょっと作り替えしましたけどね、前のは形が違ってて。でもこれね、日露戦争の犠牲者も一緒だったのを、やっと先輩たちも説得して沖縄戦だけの戦没者という風に整理していったんです。

——ここは元「養秀寮」、学生寮があった場所ですよね。

遠方から、離島とかから来ている優秀な生徒を選んで入れている寮でした。僕は西原から何とか歩いて通いましたけどね。僕たちは通信隊で、鉄血勤皇隊とは別なんです。鉄血勤皇隊というのは三年生以上です。昔は三年生までは軍事教練があったけど、僕ら二年生はそういうのなくて。でも陸軍が人が足りないということで二年生も通信隊に組み込まれたわけです。だから犠牲者は二年生が一番多い。行った人数も。

——亡くなった数が一番多いのが二年生なんですね。

そうなんです。三年生以上は先生と一緒に訓練して戦場にも一緒に行っているので、みんなで遺書を書いたり、向こう行ってからも学校単位のそういうのがありますが、僕たち二年生は直接軍隊に所属してしまったから遺書もないです。すぐ第一線に行かされたのもいるし。各中隊に分散されて犠牲者も多い。一班五、六名の兵隊がいて、そこに通信機持って二人ずつ送られた。（刻銘を触りながら）この當山全英というのは、ずっと一緒に伝令したり、飯上げといって食事を運んだり、交代交代でやっていた。彼も亡くなったのは八月一五日より後ですよ。それまでに一度会いましたのでね、逃げて来る途中で。東風平（こちんだ）まで一緒に来てそこで別れてそのまま、行方知れずです。

「一中健児之塔」に黙礼する宮平さん

「通信隊」の二等兵

――伝令の仕事って、どんなことをやるんですか？

僕が働いていた陣地は崎山という部落にあって、そこと守礼門の総合指揮所の間を往復しました。電話線が引かれてはいるが、よく断線するから。切れた時は伝令文を持って走るんです。一・五㎞くらいですかね。首里城の城壁沿いを通って。時には首里城の敷地内を通って伝令しました。軍司令部壕の入口には衛兵が立っているので、手を挙げて「伝令！」と大声で言って飛び込む。そうするとすぐ通してくれます。伝令のカッコもしてますから。

――一目で伝令の学徒兵とわかるいでたちですか。

そりゃもう、背が全然違うから。まだ一m四〇㎝くらい。今も小さいけどあの頃はまだ小さかったから。一四歳ですね。今の中学二年から三年に上がるという四月ですからね。一四歳と半くらい。服は学生服ですよ。身体小さくてさ、軍服が合わないわけですよ。あの頃は軍服と同じような色の学生服でしたので、そのまま、ただ帽子だけ徽章（きしょう）だけ取って……。いや、徽章はつけてテープ一本外して徽章はそのままだったな、半袖のシャツ一枚くらいあったと思うけど、もうほとんど自分の私服でずっと通しました。

三二軍の首里司令部壕はここにありましたからね。つまり軍司令部の直轄の通信隊。それで當山君と二人、地方出身で逞（たくま）しそうだと思われたのか選ばれて。二人は首里近くの崎山にある分隊に派遣されて、ずっと首里が陥落するまでそこにいたんですよ。第一線にいたので、壕掘りとかやらされてる少年らは、ともすると殴られたりいじめもあったけど、僕ら全くそういう目にはあわなかったんです。そんな暇もなかった。

――司令部壕の中にいたのなら牛島司令官も見た？

通路から奥の部屋には入れませんからね、司令官を見たことはないです。時に大きなうちわであおいだりしてるのは見ましたけどね。そういう方の部屋なんだろうなと。幹部の会議とか、話し合ってる様子なんか、そういうのはちらっと見えました。

一中生に憧れて

――そもそも盛彦さんは成績のいい子だったんですね?

いやいや、ただ、英語を勉強してみたいという夢はありました。僕は、当時は西原村字与那城(よなぐすく)という、のどかな農村で生まれました。首里から東に行ったらすぐ最初にある村で、キビ畑がいっぱいの、静かな所です。昭和一八(一九四三)年に姉が第一高等女学校を卒業して、入れ替わるように僕は一中に合格した。

――うれしかったですか?

うれしかったですね。夢のようでした。先輩が学校で合格発表を見て来てくれて、夜知らされたものですから本当にうれしかったです。当時一二歳、誇りに思いました。二中にも汽車では行けたんですけど、どちらかというと一中の方が質実剛健というかそんな気風があって、西原からは、遠いけど歩いて行った。一年生から英語の授業もありましたので、一年半英語を習いました。二年生の夏休みからは、満州から兵隊が沖縄に押し寄せてきて、学校は全部軍隊に接収されてしまって、授業は二年生の夏休みからありませんでした。

——そんな兵隊たちをどう見ていたんですか？

いや、かっこいいというか、憧れみたいなものはあったと思います。でもまだ戦争はずっと南の方でやってる頃ですから実感もなく、まさか米軍が上陸してくるという、そんな情報も入りませんし。召集は、書付けみたいなものはもらったかな、はっきり覚えてないですね。ただ三月二八日に入隊しなさいと。ちょうどこの家の前の道に集められたんです。

母が、行かなくていいんじゃないかと言ったことは覚えている。止められたから行かなくてもいいという状況じゃないですから、当然行くと。ただ軍隊がどんなものか予想もつかなくて。生徒はわいわい遠足気分で集まっていた感じですけどね。その日のうちに分けられて。第五中隊通信隊は司令部壕に、僕ら六中隊だけが南風原（はえばる）町の字本部という部落に移されて、行ったら軍隊の襟章、二等兵をつけられた。星一つ。三角兵舎に泊まりました。通信隊といっても、そんなに長く通信教育受けたわけじゃないですから、実際は何にもできないわけですよ。しかも二等兵で一番下っ端。だから使い走り、伝令、食事を取りに行ったりとか、雑用係ですよ。

——訓練もほとんどなしに、いきなり兵隊になってしまったんですね。

昔のモールス信号というの、ツーツーというのを教育されていましたので、いずれは軍隊に入れられるんだと思ってはいたけど、まさかここで戦争するなんて想像もつかないし。西原の防空壕にいた時に、先輩から入隊しなさいという知らせが来て。ですから、家から出て来る時は単なる遠足気分で、家族もすぐ帰れるんじゃないかと思ってたと思います。まさかこんな状況になるとは……。

家族との永遠の別れ

――家族と別れたのは何月でしたか?

三月二八日に入隊しましたので、それが最後でした。その後に、一度、西原から母と姉が僕を探しに来たことがあったんです。僕は、伝令の帰り道にあまりに砲撃が酷かったもんだから防空壕に避難したんですよ。そしたら中の方に二人がいて。もう本当に奇跡的に。母たちはこの辺に学生がいると聞いて、それで西原から会いに来ていたんです。本当はどこにいるかわからんのにね、ひょっこり会って。強い思いがあったんだろうね。そしてその思いがずっと続いて僕は守られたのじゃないかと思う。だって僕は、戦争で傷一つないよ。本当に珍しいくらい。やはり母と姉の神がついていたのかなと。今頃、米寿の年になって思うよ。

――その時、お母さんとどんな話ができたんですか?

ちょうどあの頃、西原の今の琉球(りゅうきゅう)大学近辺まで敵は寄せて来ているんで、家のすぐ近くなんですよね。二㎞くらい近くまで来ているよという話をして。結局僕がこの後どこに逃げるかというのを訊きに来たわけですよ。でも僕はそれはわからんから。僕の分隊長と会わせて、分隊長はおそらく島尻じゃないかと話をしたらしい。だけど先に西原に米軍が攻めて来たから、家族は先に摩文仁に逃げたわけよね。そしたら向こうで殺られてしまった。

——お母さんとお姉さんはその時が最後で……。

そうです。父とは家で三月に別れて最後です。上に二人と妹と両親と六人家族でしたからね。

——それが全員。

はい。全員戦死です。(自分以外の)あとの五名は戦死。それを知ったのはわりと早くて。南風原町から島尻に移動して早めに知らせてくれた人がいたんです。「あんたの家族はみんな殺られた」と。歳は僕より一つ下だが叔母さんにあたる人が生き残って、島尻の喜屋武岬の近くで会って。それからいろいろあったけど、あまり思い出したくもないし。だから戦死の状況も詳しく聞いてないです。一緒にいて助かった人からただ亡くなったと聞いてね。あとは詳しくは聞きたくないです。

——戦場で聞いたわけですよね。

まだ戦争続いている中ですから、自分もどうなるか。帰っても家族がいないということ、ちゃんと考える余裕もなかったし、あ、そうかというくらいで、仕事に追われて、泣いたという記憶もないです。六月二三日になってもね、沖縄の場合、さあ玉砕だ、突撃だと、こういうものじゃなくて、みんな生き延びて北部まで行こうと。向こう行ったらまだ日本軍は元気でやっているから、合流してまた南に寄せて来なさいという感じの命令しかなかった。だからみんなそれぞれが単独行動みたいな形になった。それでも若い兵隊連中は、兵士を掻き集めて夜になったらアメリカの陣地に夜襲に行くとかやってたけど、僕は小さい子だからあまり誘われなかったんだね。やがて僕一人になって、広島の人でサカモトさんという当時の曹長、だいぶ位が上の人が僕を誘ってくれたんだ、一緒に行かないかと。結局この人も一人だと寂しいから。僕は地元の子供で小さいし怪しまれないと思ったのか、北部に一緒に行こうと誘ってくれた。

僕らは六月の五日頃まで首里あたりにいましたから、まだそこまで被害は酷くなかったです。あまり恐怖を感じたこともなかったです。中部に上陸されてぼんぼん攻撃受けているのはわかるんですけど、全然状況は僕らわかりませんから。最初のうちは首里城もあんまり攻撃されてなかったですよ。負けるとか、そんな感じは全然まだ。何しろ米軍が攻めてくるのを直に見ていればあれでしょうけど、こういうのあまり見てなくて。ずっと首里から撤退して摩文仁まで行って、山城の方に移るまで、直接米軍は見たことないんですよね。六月二三日、戦争は玉砕なんだと。組織的な戦闘は終わったんだという頃になってからやっと初めて敵兵を見たというくらい。海岸べりにはたくさんの遺体はありました。

沖縄戦終結も、敗戦も知らず

――牛島司令官の最後の一兵まで戦えという、この命令はどこかで聞いたんですか？

いやそれも直接は聞いてなくて。いつ自決したとか、伝わっていない。ただ解散だと。もうみんな北部に行きなさいというくらいの話で、広島出身の兵隊に誘われてついていったんです。

何しろ僕はこれまで無傷で過ごしてきたけど、アメリカは無差別にやっていましたからね。住民と兵隊の区別なく、動いてるものはみんな殺られました。もちろん、中には兵隊もいるわけだから、上から、断崖絶壁の上から歩いている人を殺すとか、もう区別がないわけだからね、兵隊と住民と。もちろん小さい子供とかもね、みんな犠牲になって酷いもんだった。

――日本の敗戦というのも、情報はなかったんですね？

八月一五日は東風平の壕にいて、与那原の上空あたりから大砲の音がドンドン、これは祝砲だったと思うんですけど、サーチライトもすごくて、今日は特攻隊がたくさん来たんだなー、くらいに思っていたんです。しかしこれが終戦の日だった。北部の方に逃げて行く途中の東風平で八月一五日を迎えました。そこで一週間くらい過ごしていたんですけどね。そこにいた一〇人くらいのうち、サカモトさんと僕だけ、別れて出て来たんです。その後南風原の自分の六中隊の壕だった所に一応入った。でもそこは水もいっぱい溜まってて生活できなかったんでね、その近くに大きな壕があるよというサカモトさんの記憶で、行ってみようと九月の二、三日頃ね、問題の壕に行ったんですよ。

津嘉山の壕の悲劇

――それが津嘉山の壕？

そう。それが津嘉山の大きな壕。その頃までは入口もまだ開いていて中に入れましたので、入って行ったら、中に日本兵がいるわけ、五名ほど。この人の言い分では、これから先、北部へは行きにくいと。特に中城の喜舎場という所、あのあたりはとても警備も厳しいし渡りにくいのでそこから引き返してきたという人らだったんです。その津嘉山の壕は大きくて食糧もたくさんある。米とか何でも。水も上からポタリポタリあるんで、容器に溜めて、水浴びもできるくらい溜まりよったからね。その壕になかったのは明かりだけ。隊はバラバラで、敗残兵がたまたま集まって。しいていえばリーダーは砲兵隊の伍長という人。やはり伍長にもなるとしっかりしていてね。当時は、軍隊は教育の場ですから、下士官あたりは頭もいいし、行動も立派でしたよ。

――この五人、盛彦さんたち入れて七人は毎日何をやっていたんですか？

何もやることないから、夕方なったら集まっていろいろ雑談、戦争の話、また入隊する前のいろんな話、故郷の話……。全然外との接触がなかった。明かりともす油を探しに行くくらいで、外に出ることもほぼなかったし、断絶ですね、外の世界とは。

――戦況はわからないまま、籠もっていたんですね。

勝ってるとも思ってなかったですけど、どうするかはあまり考えず、大人について行けばいいという感覚でいました。一〇月の半ば頃、夜、中で雑談していると、入口から、合言葉が聞こえて。「山！　山！」という合言葉を言いながら入ってきた兵隊がいたんです。同じ敗残兵が入ってきたんだろうと、最初はそう思ってたと思うんですけど、そして途中で止まって、こちらも「川」という返事をして。そこに当時の伍長と曹長が出て行って、僕たちは中に潜んでいたんですけど。そうしたら「日本はすでに無条件降伏して一二月には帰れるよ」と。本土に引き上げなんだよ、だからあんたらも一緒に本土に帰ろうよということを伝えに来たわけ。

――その時は盛彦さんは同じ所で聞いていたんですか？

いや少し距離あって、話は聞いてないです。大きい壕ですからね。だいぶ距離あってそんな話も聞いてはない。その頃までは敗戦もわからんわけですからね。どうするかということになったわけさ。当時は戦争中という意識しかないから、この人ら帰したら、結局、中に人がいるということが敵にわかるじゃないかと。それで「帰すな」ということになった。そして、じゃどうするかで、この人らがいる所とは別の出口もあったんで、外から回って行って、彼らが入って来た入口を土の塊とかでふさいでしまった。出られないように。

——それは誰がやったんですか？

この中にいる人、七名もいるから。二人は打ち合わせしながら、そのほかの人が行って。僕は行かなかったけど。

——それは彼らを中で処分しようと思っていたからですよね？

そうです。もう帰すなと。この人たちは部隊ごと降伏して、武器も捨てて、団体で捕虜になってるわけですから、ほかの隠れてる兵隊たちも、自分たちを信じて当然一緒に出て来てくれるという感覚で入ってきたんでしょう。その後からね、またほかの人らが津嘉山の壕まで来て「ここに誰々が来ただろう？」と、中に入ってこないで外から大きな声で話しかけてきた。日本が負けたというのは本当だから、ということで新聞とか週刊誌みたいな物置いて、これ見て、敗戦は本当だから信じなさいと言って帰ったりした。あの時にこういう印刷物なども持って入ってくれれば、もうちょっと考えようもあったのかなと。今思えばあれなんですけどね。

——その兵隊二人が入ってきてから殺されるまではどのくらいの時間が経過してましたか？

二時間くらいあったでしょうね。この日にちがわかったのは、この荻生さん（殺害された兵士）の戦死公報が一〇月一四日だったと。それで一〇月一四日が命日みたいになっている。

――話を聞いた仲間二人が戻って、七人でどうするか相談した時の結論はすぐ出た？

あまり長くは待たんね。早かったです、もう帰すなと。

――この壕に入って数カ月、このメンバーがほかに人を殺したりしたことはないんですよね？

この壕じゃないけど、米軍が入ってきて撃ち合いになったという話はあった。そういう危ない目にあった経験を持つ人がいて、あるいは帰すな、ということになったかもしれないですね。

――少年である盛彦さんは、殺すという結論をどんな気持ちで聞いていたんですか？

まあ……。あたりまえかなと、当時の心情としては。突然入ってきてこうなるもんですから、判断にも迷ったと思う。結局、日本が降伏したという事態を信じないわけですよね。まだ勝ってはいるんだと。劣勢だけど、まだそこまで降伏する事態とは考えない。それでしょう、最初のあれはね。日本が負けたということを信じたくない。信じられないという、完全にそういう頭になってるわけですよ。日本が負けたということを信じない。

――それイコール彼らがスパイに見える。

うん、そう。スパイに見える。やっぱり壕にいる人も不安だったと思う。これから先どうなるのか、いつも不安に思っていると。そこに急にこういう出来事が起きて、まずそのふりかかった不安を先に消したかったのか。僕たちの場合、完全にここに新しい情報が入ってきて、それが信じられないということだから。山原のスパイ虐殺などのケースとはちょっと違うかもしれませんけどね。誰も得られる情報がないのに。

——七人のうち、兵隊二人を殺すということについて「いや待て」という意見はなかった？

ないです。これは完全になかった。一致していた。帰すなと。

——盛彦さんも、そんな怖いこと止めようという気持ちにも……。

まあ……。大人の人と一緒だから、そんなあれはなかったですよ。残酷という気持ちもなかった。しかも鉄砲でやるんだから、刺し殺すとかとも違うかなと思ったんですけどね。

——直接、銃殺した人は誰だったんですか？

その人ははっきりわからないんですよ、僕もね。見てはないです。想像はつくけど。この人が銃の主だったので。山で拾ったんですよ、この銃はね。弾も入ったまま。アメリカの兵隊が捨てて逃げたのか、それ持っていた。短銃です。アメリカの短銃です。短いの。

——一つの銃で二人を殺した？

そうです。

——その音は聞いていました？

はい。壕の中ですからね。これは聞いています。話によると、明日出るからと。明日また迎えに来なさいということで説得したみたいです。明日出ると。

——実はその間に入口はふさがっていた。

そうです。

——少しはその兵隊さんとお話はしたんですか？

僕はしてないけど、あと話が出たのは、やられる時に天皇陛下万歳して一人か二人かわかりませんけど、そういう声が聞こえたと。それで、あー、やっぱり敵のスパイでも、いざ死ぬ時は日本人になるのかなというような気持ちで聞いた。天皇陛下万歳の声、これは普通の戦死では聞こえないですよ。ですから本当に予期せずやられて、スパイではないのにという気持ちからなのか、無念だと思って叫んだのか……。結局気持ちが通じなかったわけですよね。

——でもその二人を帰したら、米軍が踏み込んで来て殺されると。そう思えばとても怖かったでしょうね。

投降を呼びかけに来た方もすごい責任感みたいなのがあって、その一人、荻生さんは中尉、その頃は少尉かな、中尉で亡くなった人ですから。部下を助けに来たという思いじゃなかったかと思うんですけど。

——射殺した二人の遺体はどうしたんですか？

僕は見てないんですけど、入口横の横穴の部屋、その部屋に放り込んでそのままみたいです。

——その後何日ぐらいその壕にいるんですか？

一カ月半くらい。

――自分たちが住んでる空間に二人の遺体があるというのは……。

ですからそこはだいぶ広い壕なもので、その通路といっても長いものですから。その一角に。僕も遺体を捨てたところを見てないのではっきりわからないですけど。

――そんなに気にならない？

気にならなかったですね。

――盛彦さんにとってこの出来事は。

……当時は戦争のことだからしょうがなかったんだという思いですよ、当時は。ただ、だんだん年が経つにつれて、戦後五〇年という年になると、慰霊団ももう打ち切りという話が聞こえてきて、一緒に捕虜になって本土に帰った人たちがいるんだから、一緒に探して慰霊をしたいという気持ち。どこの誰と突き止めるとかではなくて、一緒に手を合わせたいという気持ち。

――その広島の曹長以外は戦後お会いになってない？

会ってないです。会うのが怖い。どういうあれになるかわからんから。

――「どういうあれ」というと？

やはりその人らも後悔してると思うんでね。おそらく、知られたくない思いじゃないかと。

――盛彦さんは当時一四、一五歳の子供で、このスパイ殺害の首謀者ではないと世間一般はわかってくれる。だからこそ、この件を話すことができたと思います。でも、当時いろんな形でスパイの噂が広まっていて、それに怯える兵士らの気持ちも、盛彦さんしかわからない。

そうです。スパイは赤いハンカチを持ってるんだとかいうことは、ちょっと聞いた。戦時中ね、聞いたことはあるがそんなの見たことなかったし気にしたことはなかったですけど、まあ、いざ怪しい人に会ったら、自分が助かりたいという心理が強いんでしょうけどね。

北海道の遺族と繋がる

――この事件の記事が出たのが沖縄ではなくて、北海道の新聞だったのはなぜですか？

いや、たまたま「北海道新聞」の方が、北海道の兵隊が沖縄の少年に助けられて、その少年を探すという記事のために沖縄に来ていた。僕は関係なかったですけど、そのほか住民虐待のこととか訊かれて。住民ではないが、こんな話が僕のいた壕でありましたよと初めて話した。でもこれは、まだ話すと迷惑がかかる人もいるかもしれないから記事にはせんでくれと頼んだんです。しばらくしてから、できる限り迷惑がかからないように書くから北海道の新聞に載せたいと言われて、まあそれなら、ということになった。

――そしたらたまたま、殺された二人のうち一人が北海道の人だったことがわかったと。

そうなんです。この記事が出た後、沖縄から引き上げていった同じ部隊の人が「これは荻生さん、あんたの兄さんだ」と弟さんに知らせる人が出てきたわけ。その後弟さんから僕に、急に電話かかってきたんです。びっくりしました。だから最初は「ちょっと違うんじゃないですか」と言葉濁しておったんですけどね。沖縄で投降を呼びかける活動をやっていて、その日に帰って来なかったのは確かにこの荻生さんだということを証言する人が出てきたわけ。だから間違いないと。

――すごいですね、その一つの記事でそこまで。

でも、六月に沖縄で毎年慰霊の日があるでしょう。もう毎年。毎年これ訊かれるわけよね。

――辛いですか?

辛い。この話受けると寝れなくなる。一日二日ならいいけど、前もってこういう約束を取るとね、本当に。

――その後弟さんと交わした手紙の中で、弟さんは逆に大変感謝してくれたと。

そうなんです。というのは、兄は変な死に方しなかったかと。あるいは敵前逃亡したりとか、不名誉なことではなかったかということを心配されていたので。同じ亡くなったにしてもね。人助けのために生きて亡くなったんだと。僕ら犠牲と言うけど、殺されたんだということだけでも気が休まるということですね。

――弟さんから責められるのでは、という心配もあったでしょうね。

手紙が来て最初会う時もね、真っ先に謝りましたよ。申し訳ないですと。何か言われはせんかという気持ちもあってね。奥さんも一緒だったんで、大丈夫とは思ったけど。

――それは……。すごい辛い時間を過ごされたんですね。

自分の身体は何も傷負ったりなかったんだけど、こういうのはずっと……忘れられない。

払拭できない思い

しかし誰も、殺すのはちょっと待てということを言う人がいなかったというのも……。一晩ぐらいは判断を止めておいても良かったんじゃないかと、後になったら考えてみたりするけど、それだけの余裕もなかったんでしょうね。外で米軍が待ってるかもしれないし。

――そういう恐怖の中での判断を、今の私たちが人道上云々などと言うことはできない。けれども、残りのメンバーも多分ずっと、心の片隅にひっかかっていたかもしれませんね。

そりゃあると思いますよ。絶対ある。だから誰も名乗り出てくれないけど、それもしょうがないなと思っています。僕自身はまだ子供で、深く考えなかった。ただついていけばいいというくらいで。でも戦争になったらまた、同じことが起こりますよ。戦争になったら。

――やはりそうでしょうか。

食うか食われるかでしょう、戦争は。僕はずっと思っているんだけど、なんでアメリカはあんな無差別攻撃をしたのか。沖縄の九〇％の戦死者が島尻のあそこですよ、摩文仁一帯。日本兵は、米軍が寄せて来たら完全に、反撃しているのはごく一部分ですよ。日本兵はもう鉄砲も何もない。敗残兵が多かった。逃げ隠れして。もちろんこういう人らがまたいくらか武器持って戦いに行くから、アメリカは「日本兵と住民が一緒だから、住民でも構わずに殺った」という言い分になるでしょうけどね。米軍は十分、わかってると思うんですよ。これを全部無差別に殺した。本土爆撃と一緒ですけどね。軍隊じゃない住民をみんな殺しても戦勝国はこれで良かったわけですよね。日本から怨みの一つも聞こえないのもおかしいと思うんですけどね。

――アメリカ軍に対して？

そうです。アメリカに対して。

――やはりアメリカ軍に対しての怨みはありますか？

あるある。最初の手記書いた時から僕は、アメリカを絶対許さないと書いてある。無差別ですよ。無差別攻撃ですよ。

――自分の家族を全員殺したから？

そうです。家族だけでもない。一般住民を本当に九〇％向こうですよ、南部。ここら（首里近辺）で亡くなったのは兵隊だけ。この兵隊は戦うんだからいいとしてね。

――（一中学徒隊資料展示室の壁にある戦没者の写真を見ながら）この写真のかわいい男の子たち。なぜこの子たちが犠牲にならなければならなかったか。誰が悪いんですかね？

そうですね。誰が悪いんだろうね。やはり為政者が悪いんじゃない。政治家が。為政者が。

――戦場にならなかった地域の子供たちは、銃なんか持ってないですもんね。

そうですよ。

捕虜になる

――投降したのは一一月でしたね。

僕は二三日と覚えているんだけれども。さっきも話したように、入口に新聞記事とかグラビアみたいな物が置かれるようになって、この新聞は確かに「朝日新聞」の活字だと言う人が出て、日本が降伏したのは間違いないんだと。手紙を書いてそこに置いて、みんなで出ましょうということになったと思います。

――投降する時の服装は？

みんな着たきりですから、軍服ですよ。僕は学生服のまま。四月からずっと同じ服。

――八カ月、同じ学生服着たまま！　すごいですね。

そうです。水浴びとかはやりましたけどね。ちょうど暖かかったから良かったですよ、寒くないから。

――その後は収容所にいたんですか？

屋嘉の収容所で一週間くらい。そうしたらもう、沖縄の人は解放になって、いなくなって、石川市（現在のうるま市）に、宮古八重山、離島の人だけの収容部屋があって、そこに一緒にいました。この人らだけしか沖縄の人は残ってなかった。おそらく離島に帰る船便がなかったんでしょう。何しろ僕は、家族はいないということはわかっているわけだから。その後、亡くなった姉さんの夫がまだ元気だったんで、一高女出た姉の旦那さんが迎えに来た。その後、沖縄市にいる親戚の所に預けられて、そこから四月に学校始まって、七月に西原に移動できるようになって、それからはうちの母の姉さんの家から戦後の高校出たわけです。

――盛彦さんは学校出てからはどんなお仕事に就かれたんですか？

僕は最初、軍作業をしました。ホワイトビーチ、あそこに輸送部隊があったんだよね。トラック輸送。そういう「ディスパッチャー（運航管理者）」、配車係とかをやっていました。

――じゃあ英語ペラペラ？

あまりペラペラじゃないけど、二カ年習ってるさあね。英語学校も半年出た。沖縄の今のコザ高校に、英語学校みたいなものがあった。それから自分で会社を作った。社長？　まあ、そうなんだけど、当時の中学は五％しか行けないエリートですからね。またライバルの数も少ないでしょう、戦争でいなくなってしまったからね。戦後、僕はまた首里高校に戻って勉強したんですけど、その時も同級生とは戦争の話はほとんどしなかったね。今も仲良しで、毎月三回同窓会やってるよ。いっぺんは食事会、グランドキャッスルホテル（ダブルツリーbyヒルトン那覇首里城）でね、あと二回はカラオケ。もう同級生しか話が合わない、話し相手もいない。ですから月三回は楽しみです。

――広島のサカモトさんのことは思い出しますか？

はい、曹長、あの頃三〇まだならないか、曹長ですから下士官としては一番偉いですからね。でもお父さんみたいな感じで。特に僕は家族を亡くしたということわかってるし、もうあとは一緒にヤマト（本土）行こうと言ったりして。島づたいに行けたら一緒に広島まで行こうというような話をしてくれました。

――この方とは戦後お会いしましたか？

はい、一度だけ会いました。広島まで訪ねて行って。早く亡くなってね、この人は戦後ね。

――でもよく会えましたね。

はい。当時は奄美大島までは米軍の管轄に入っていて、そこに僕のやっていた米軍の仕事があって、パスポート作った。そのチャンスに、ついでに広島まで会いに行きました。懐かしかったですね。喜ばれてね、向こうも大変喜んで。あそこも広島だから、家族はみんな原爆で殺

北海道の荻生さんのご遺族と交わした手紙

県立一中のアルバムより

られて。子供さんが一人だけ、大学生で元気で、あとは殺られたと言ってました。

——盛彦さんが家族を失った悲しみを感じるのは、結構後になってからなんでしょうか。

そうね。なんかさ。何か自分一人じゃないもんだからね。たくさんそういう人いるんだ、という考え。まずそう考えることにした。僕一人じゃないと。だから頑張るんだ、と思ったのかね。たくさんの人にお世話になって、やっと米寿を迎えられた。四人の子供たちもまたよくできて、トーカチ（米寿）のお祝いしてくれてね。曽孫が一人、孫が（一中の後身にあたる）首里高校にいるよ。男の子でね。僕の後継者が、ふふふ。今の二年生。

——それは格別にうれしいですね。

うれしい、うれしい。西原から、首里高校っていったら位が上だから心配してたのに、うまい具合に合格して。一度はね、了供たちと自分が戦争で歩いた道を首里から島尻まで、ずっと一緒に歩いたことあるよ。できるだけ子供たちには言っておこうとは思うけどね。そんなに訊かれないよ、戦争の話は。でも……。やはりこうして取材受けて話なんかすると、思い出して寝れなくなるよ。

◆兄を救えなかった少年水兵

映画では少年兵は護郷隊だけに絞ったため、前述の通信隊の宮平さんの証言も、そして次に紹介する海軍水兵の幸喜徳助さんの証言も、割愛せざるを得なくなってしまった。徳助さんは、スパイリストに載せられた少女・中本米子さんが働いていた海軍部隊、運天港の白石隊にいて、魚雷艇で出撃した少年水兵だ。彼の場合、九死に一生を得た海軍での経験も壮絶ながら、捕虜になってから日系二世の米兵と組んで南部の壕を回り、沖縄の言葉で投降の説得に当たった話が大変貴重である。占領後、壕の中の人を救おうと投降を呼びかけても、中にいる日本兵に撃たれたり、スパイだとみなされて殺されたりする危険が伴う。沖縄言葉が話せる地元の少年ならば殺されはしまいということで幸喜さんに白羽の矢が立ったのであろう。結果的に彼が救い出した住民の数は一〇〇〇人を優に超えるというが、たった一人、この世に残った肉親である兄を救い出すことができなかった。弟が投降を呼びかけていると知りながら、兄は隊長と共に壕の奥で自決を遂げた。

魚雷艇で特攻出撃をした少年水兵

昭和四（一九二九）年五月五日生まれ　南城市玉城百名（ひゃくな）出身
一五歳で海軍入隊

幸喜徳助さん

インタビューの冒頭、幸喜さんはこう言った。

「戦争の時に切腹してみなかった。だから生きているけど。戦争のことは、半分も、本当のことは言い切れないよ。まだまだ頭にくるのに、思い出すと」

切腹していれば良かった、と自嘲気味に語りだした背景には、南部に生まれ一五歳で海軍に志願した少年が、数カ月ですべてを失ったと言ってもいい過酷な体験があった。途中、幸喜さんは軍歌を三度歌い、涙ぐんで絶句した。私たちの撮影のために、白石隊当時の冬の軍服をタンスから出して待っていてくれた。

沖縄も二等国民と言われた

昭和一九（一九四四）年六月に軍隊にあがった。海軍に志願して。小禄（おろく）の山根部隊（海軍の設営部隊）に行った。初めは壕掘り。うちらの同級生の場合は、師範学校に行く人もいるけど、だいたい志願していますよね。志願しても落ちる人が多いわけですよね。うちはバカなんだが、なぜ合格したのかと思った。

――一五歳でなぜ志願したんですか？

頭がバカだから。みな学問ができて師範学校とか農林学校とか、いい学校に進むんですよ、同級生は。みんな進んでいくのに、うちらはハルサー（畑人）だから、これはいかんと思って。早く国のために何かやろうと思って志願したんです。みんながまだ学校に合格しないうちに、うちは軍隊にあがってしまって。しかし良かったよ。うちは合格したら、村中とかあらゆる学生とか友達連中は万歳万歳するわけ。幸喜、万歳と。

今の小禄の山根部隊という所、二二六部隊に入った。あれから三、四カ月待たないで沖縄は大空襲が始まるわけですよね。一〇・一〇空襲の日、うちは手旗信号の役割だった。赤旗と白旗持って山の上にいた。今日は大演習だなー、楽しいねーと喜んでいたわけ。隊長連中も、みんな外に出て万歳万歳するわけですよ。戦争だと思ってない。敵機だと思ってなかった。とうとう朝八時頃になってから、那覇港にたくさん停泊していた船に攻撃が始まっても、うちらが作ったニセの飛行機には一発も弾落とさないわけです。よくわかっていましたよ、アメリカさんは。港に生き残った飛行機はない。全部やられて。残っているのは全部みなが作った隠し飛行機ね。これだけ残っていた。

そして武器もなくなったわけです。だから、お前ら若いから少年兵の所に行きなさいと、今帰仁村の運天港の特攻隊に行かされたわけですよ。飛行機じゃなくて船で突っ込んでいくやつ。この船は真ん中に魚雷が積まれて、横の方に小さな魚雷が入っている。三発。生きて戻る人はあまりいない。向こうはまだ船もたくさんあって、人がいないと。命令通りうちらは動いたんです。

――小禄から何人も運天港に行ったんですか？

だいたい一個小隊じゃないかな？　四〇、五〇名。

――白石隊に入ったんですよね？

はい、白石部隊。しかし向こうで隊長に一回も会ったことない、不思議ですね。で、まだ戦争前、アメリカの空襲だけの時期、一時間でも休みがあると川のエビを捕りました。運天港の仲村さんというおじいが教えてくれた。まず生の芋をかじってプップッと川に落としてから、するとエビが全部浮いてくるんですよ。これを全部捕る。これ捕ってから一番安楽になった。

——どういうことですか？

うちが捕ったら小隊長や分隊長はみんなお腹をすかせているから、こんな美味しい物もあるんだなと、これを焼いてあげたら喜んで。明日から幸喜はエビを捕らせよと言って命令が下ったわけです。当時は中国や台湾の人もいて、ものすごく差別されていた。沖縄も二等国民と言われた。あんたらは二等国民だと言って足で蹴られるんだから。手も使わないよ、足で。北部に住んでいた兵隊は、まだ良かった。合間に家に帰れるから。僕たちは民家にいたけど食べる物がなかった。

当時、島の女性たちが働いてるのを知ってはいたけど、うちらはつきあわない。「お前らは女性を見るな」と言われていた。お互いにあれしても、苦労するって。例えば仲良くなっても、うちらが船に乗っていくから、女の人も、ああ彼は生きる見込みはないなと悲しむでしょ。

♪ゆくぞ〜負けるな〜命かけて〜

——その歌は何ですか？

死んで来いという歌。死んで来ますという。（少し泣く）船に乗る限りそんなものですよ。特にうちらは子供と思っているから。軍隊からしたら犬くらいの価値らしいです。いや犬よりはだめだったんじゃないですか。沖縄の少年は全部海に出せというあれ（考え）じゃないかな。白石部隊からしたら、もともとの部下たちがいるから、我々小禄から行った者たちには何もあげないんですよ。僕たちも小禄から何も食糧は持って来ていないから。

——継子（ままこ）というか、冷遇されたんですね。

沖縄の人は何でもいいから皆殺しということ、考えていたんです

住民にも厳しかったよ。アメリカが上陸する頃、村の人でも一生懸命軍に協力して、敵がどこから上陸してどこそこから攻めてくるから気をつけなさいとみんなに報告するわけ。そして軍隊に食糧もあげるんだが、この方がスパイと間違われて日本兵が撃ってしまったんです。

——それは何という名前の人かわかりますか？

はい。仲村さん。この方は当時の今帰仁の役場勤めでした。兵事主任だったらしいです。山の中に行ってから、今はどこに敵が来ているから早くどこに逃げなさいとかやってた。スパイといってもこの辺にはあらゆるスパイがいるわけです。それで殺られているんでしょう。

——仲村さんという人には会ったことありますか？

しょっちゅう会ったよ。ものすごく良い方だった。どんなことがあっても死んではだめと。

だから食糧はこんな風にして食べなさいよと教えてくれた立派な方だった。五〇歳くらいだったかな。当時はセメント瓦の小さな家に住んでいた。この方は、南部から民間の方がいっぱいここに避難してきますよね。彼らを助けるために食糧のことをやっていたわけです。

――避難している人たちのために食糧を配ったり、日本軍に協力したり、そういう良い仕事をしていたわけですよね。どこで軍隊の怨みをかったんですかね？

わからん。うちらが南部に行くので海渡った後に、中城で聞いた。当時のこと考えたら、日本人は沖縄を殺しに来ていたんですよ。反対に。

――沖縄の人を殺しに？

沖縄の人は何でもいいから皆殺しということ、考えていたんです。沖縄の兵隊は早く出なさいと言って、早く死んで来なさいと前に出して。うちらには前も敵、後ろも敵。

古宇利島ね。向こうで一五名乗りの船で出撃に行かされて（三月末だと思われる）。乗ったけど、やはり思うように弾がないわけ。仕方ないからあるだけの弾持って出ようとしたら、出て一〇〇mは行ったかな、そこでやられてしまったわけです。アメリカの軍艦に。で、流されてしまって、気づいたらそこは愛楽園の横の方だったみたい。夜中なのに、そこで女の人が沖縄の歌を歌っているわけ。ああ、私は生きていたのかなーと思って、この歌を歌っている所を眺めながら、うちも立って、彼女が歌うのに合わせて歌った。これが故郷の玉城百名の毛遊び

（モーアシビ）の歌だった。

この姉さんの所に行って「お姉さんどうしたの？　ここは百名ですか、志喜屋（しきや）（百名の隣部落）ですか？」と言ったら、「あら大変、あなたここをどこと思ってるの？」と言うんです。「うちはここの病院にいるんだけど、あんたは百名ね？　まだ気づいてないね」と。「ここは運天港の端っこだよ、覚えておきなさいよ」と言われて。あんた百名の毛遊びの歌よく知っているんだから百名の方ですかと訊くから、はい百名の幸喜ですよと言ったら、私は志喜屋ですよ、親戚ですねーと言って。話はできるんだが、手も合わさないんですよ、向こうは。彼女は、あんた夜が明ける前に浜に立っておきなさい、運天港の本部から来るはずだからと言った。こういう風に助かったんですよ。自分は助かったけど、あとの人はわからない。でも生きて帰ったら、バカ野郎と言う人が多かったんじゃないかな。死んで来いということだったから。

子供は死んでいるお母さんのおっぱいをチューチュー吸ってたんです

やがてアメリカが上陸して、海軍も八重岳にいた陸軍の宇土部隊と一緒に山で戦うと、混成部隊が作られたんです。北部では陸軍も海軍も弾はなくなっているから、どういうように生きるか死ぬかは、うちらのような部隊で一番下のような兵隊は、あまり誰も気にかけなかった。だから仲間と南部に渡ろうと思って、流れてきたアメリカの船があったから、海に出たわけです。それで津堅島まで来たら、アメリカがうちらに英語でボンボン話すわけですね。うちらは英語わからないし、どうするかなと。向こうは弾も撃たないから、うちらもまた誰も弾持ってないです。機関銃は持っているんだが弾はない。弾は陸上がってからどこかで探そうと思って機関銃を持ってはいたんです。アメリカはうちら見てから笑って。（弾も撃たないしアメリカの船に乗ってる少年たちだから）そのまま動かして（放ったらかして）いたらしい。津堅島越えて久高島の手前来てから、小さな弾でうちらの船を攻撃して少しけがした。目を開けたら大きな船の中にいた。どこのお家かなここはと。目を開けたら黒人がいらっしゃるわけですね。この黒人はよく日本語を知っていた。ダイジョウブ、ダイジョウブと言ってた。そうやってアメリカに助けられて、まだ西原とか大山とかあの辺の戦争やっている時に一応陸に上がったんです。そこで黒人兵とアメリカ二世の人が、「あんたは沖縄の人でもあるし、人を助ける仕事をしようね」ということで、うちはそのまま二世部隊に入ってしまったんです。君は沖縄の言葉もわかるから一緒に歩こうということで、特に二世の人が誘った。米軍には瑞慶覧さんとか、沖縄の二世がたくさんいたんです。ハワイ出身の。

　そして浦添から首里の手前に行くと、昔の友達に会った。上半身をやられて、けがしているわけです。あっと思ったら「あい！　幸喜、元気か？」って。「うちはやられてだめだ」と言うんです。上等兵だったんです。「大丈夫！　動かないでよ。今アメリカを連れて来るからな」と言うと、え!? アメリカ?とびっくりして。大丈夫だから、アメリカの病院に連れて行こうなと言って連れて行った。チョウエイさん。体格の大きい人だったんですけどね。すごい傷だから、胸のあたりがプクプクするからよ。長らくは生きられないかもしれないが行こうと言って、アメリカの病院でちゃんと治療して、三カ月もしたらご飯もうんと食べていた。この人は長生きした。

ある場所で二人子供連れているお母さんが死んでいて、子供は三人元気なんだが、死んでいるお母さんのおっぱいをチューチュー吸ってたんです。その時に黒人兵が子供抱いて、自分も泣いて、ごめんね、ごめんねって言って。うちらはもう涙もなくなっていたんだが、米兵は泣いていた、それでこの子らをコザの方に預けた。コザには孤児の施設があったんだ。

またうちらはね。手榴弾を二つ持って、飴玉、これ一つ持たされていた。これだけ持って運天港まで歩いてきた。小禄からずっと。

——飴玉というのは普通のキャンディのこと?

飴玉というのはね、今の言葉で言ったら毒薬。当時はこれももらう時、小隊長が、これを口に入れたらどこも痛まないですぐ眠れるから、ゆっくり口に入れてと言って。だから捨てないでよと。ちゃんとポケットに入れて持たされたわけです。普通の小さい飴玉。

——それは青酸カリとか入っている?

入っていたわけです。これは黒人が取っているんで、うちの物は。

――取られた？

はい。うちが危ない物持っているはずだからと言って彼はポケット探してから、あんた、まだこんなの持っていたかと言って、取られた。

――黒人兵はこれが毒薬だとわかって心配してくれたんですね？

はい。だから僕は黒人兵も、アメリカの兵隊は神様だと思ってるんです。特攻隊にだけ、飴玉は持たせてあったんじゃないですかね？　特攻隊は生きて帰って来るなということがありますから。また生きる方法もなかったんですよ。一応、爆弾持って行って、沈んだらどうせ死んでしまうから、苦しく死ぬよりはこれを口に入れなさい、ということを教えられていたんです。死ぬことは別にもう怖くはなかった。自分でこれに志願してしまったもの。うちは三男だから、次男、三男は志願するのがあたりまえ、昔はそうだったんですよ。次男、三男は一銭五厘だから。

――一銭五厘の価値しかない？　それよりは手柄を立てようと。

「もう戦争も終わって落ち着いているから早く出て来なさいよ、兄さん」

うちは二世と一緒に向こうの孤児院に一〇年いたんです。

――徳助さんが？　両親はこの百名で亡くなったんですか？

はい。そのほかの兄弟はもういない。戦争で破裂された（死んだ）。うちは六名兄弟だが、艦砲射撃で家に弾が落ちて全部やられた。生まれ育ったこの家もなくなった。長男は中国戦線から戻らなかった。だけど徴兵された次男は、喜屋武岬の方の壕にいることがわかった。そこの隊長と一緒にいたんです、ここまで探した。探したんだが、自分の兄貴は壕から出て来ないんですよ。ほかの女性たちはたくさん壕の中から救出してから。その時にある女性が「あんた百名の人じゃないですか？」と訊くから、そうだよと言うと、「あそこに三郎がいるよ」と。え！　幸喜徳三郎が？　「幸喜上等兵がいるよ」どうして暮らしている？　「隊長の当番だから、一日ずっと壕の奥の隊長の所にいる」と言う。だからまた翌日来て、大声で話した。「うちは元気だから、もし元気だったら出て来なさい。戦争は負けているから。負けても、生きている人が沖縄のことしないといけないから。第一に大事なのは島を立て直すことだから出て来なさい」と言っても、出て来ないわけです。喜屋武岬の、すぐそこが海という場所。翌日また来てみたら、手紙が置いてあった。
「お父さんお母さん、おじさんおばさんはみんな元気ですか？　私は隊長と一緒にいるんだから（出ては行けない）、かわりにお前が親やみんなの面倒見てね」といって葉書書いてあるわけ。これで終わりかなと思って。そしたら二世が、もう今日も出て来ないから、諦めて上がろうと言われて上がろうとしたら、壕の中でボンと爆発した。

——それはアメリカ軍がやった？

いいえ。自決した。隊長当番といって、隊長の身の回りのことやってる兵隊だから、自然にこうするしかなかっただろう。もう、仕方がないよと。二八歳、球部隊だった。

——そんなー。弟が呼びかけているから出ても大丈夫ですよ隊長、と言えなかったんでしょうか？

これができないわけです。別のガマ（壕）では隊長と一緒に出て来る所もありましたよ。

——もう戦争終わりましたよ、と知らせる人はよくスパイだと言って殺されたりしますよね。

そう。だから、話しかけるのも横から言って。真正面から言うと撃たれるかもしれないから。中にいる軍隊が撃つから。三〇分も待てば出て来る。ゆっくりゆっくり、女が一番に出て来る。私は壕から呼び出す時は自分の名前は言わないで、私は同じ沖縄人だよ、わかってるだろう、と言ってから、早く出て来た方がいい、生きていたら何でもできるよ、と。ああそうなんですかと言って出て来る人もいた。

——そこではウチナーグチ（沖縄の言葉）ができることがすごい武器ですよね。

標準語でも一応呼びかけてから。後で沖縄語で。

「そこに入っている同胞のみなさーん。早く出て来てください。自分はどこどこの誰です。とにかく早く出て来てください。食べる物もいっぱいありますよ」と。沖縄の言葉で話すとお互いわかりやすいわけです。一日二日と通ってだめでも、三日目になったら出て来ますよ。

——そうやってたくさんの人を救ったんですね。

ええ、相当いたでしょうね。南部の壕だけでも、もう言えないくらいいたね。自分だけが生き残ったように思ってたけど、たくさん助かって、もううれしかった。今が楽しいですよ。街に買い物に行った時なんか、「あれ、幸喜さんね？　あんたのおかげであれして助かってから、もう今は孫の顔まで見ているよー」と言われることもあって、みんなに知られている。

——戦後、百名に戻って来ても、幸喜さんには家族は誰もいなかったんですね？

……戦争はできるだけ思い出さない方がいい。またやりきれんよ。

白石部隊にもらった僕の軍服があるよ。上着だけ。ズボンなくなっている。運天港来てからはもう冬だからこれをあげてあった。こっち見てごらん、昭和一三（一九三八）年に作られたもの。

——海軍の軍服ですか？　あの時白石部隊がみな着てた？　すごい！　本物初めて見ました。

♪海行かば　水漬（みづ）く屍（かばね）　山行かば　草生（む）す屍　大君の辺にこそ死なめ　顧みはせじ

この歌の通りしなさいと言われたよ。山原（北部）来てから本当の訓練はやったことがない。訓練は山芋をかじってエビ捕り。バケツいっぱい捕ったよ。もう一つの歌も、今でも涙が出るよ。船、乗ってるでしょう三人。ゆくぞー！と前の人が言ったら、三名とも合わせるわけ。

――これは三人で歌うものですか？

歌わない人もいる。泣いてから。

運天港の白石隊で支給された海軍の軍服

♪ゆくぞ　負けるな　命捨てて

これ（軍服）はね、うちが生きている間は置いておく。欲しいと取りに来た人が二人いたけどね。置いておく。話せないことは、まだいっぱいあるよ。

◆敵と通じたと疑われたら殺される

僕でも思うよ「スパイは殺せ」

昭和五（一九三〇）年生まれ
読谷村渡慶次（とけし）出身（生まれは両親の出稼ぎ先のフィリピン）

玉城秀昭さん

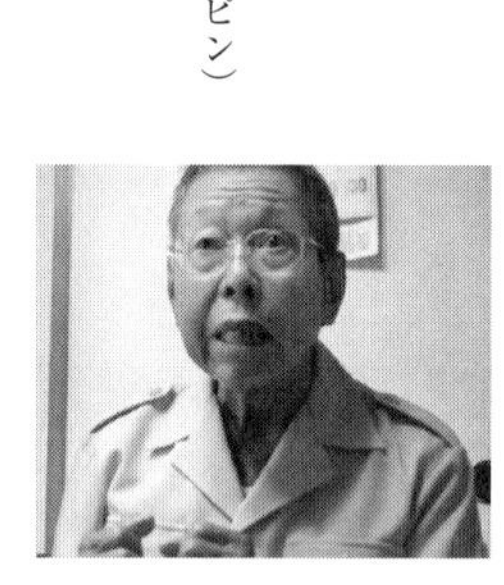

北部のスパイ虐殺で犠牲になった人々は、読谷村民が多い。読谷からはおよそ六〇〇〇人が北部に疎開していた。スパイ虐殺の被害を受けた側の証言を取りたいと読谷村内を歩き回っていた時に、玉城秀昭さんと出会った。沖縄戦当時は一五歳、国民学校高等科二年生で子供だったが、父親が渡慶次区の区長をしていたため、資料なども自宅に残っていたことから、渡慶次区の字誌や読谷村史の編纂（へんさん）では執筆担当するなど郷土史に詳しい人物として紹介された。虐殺された方のご遺族をご存知ないかというのが私が訪ねた意図だった

が、意外にも「当時の山中に避難している者にとって、どれだけスパイが怖かったか」という話を非常にリアルに聞くことができた。軍・民問わず、出身も問わず、山の避難生活をする人々は「米軍の捕虜になった人は情報を漏らす。『スパイ』と疑われたら殺される」という恐怖の激震の中にあったことがよく理解できたインタビューだった。

アメリカと通じたら大変

——戦争中は読谷村から北部のどこに避難していたんですか？

国頭村の桃原（とうばる）に避難した。昼は米軍が機銃掃射して歩くから、僕らは夜歩くんですよ。三月末、夜通し歩いて二日目、三日目になるかな。明け方着いて、先に行っていたお母さんが「生きていたか」と言って。お父さんは区長だから後始末をして後から来ると言うと、ああそうかと。最初は桃原の集落のある所にいたけど、読谷に艦砲射撃して上陸した米軍が、だんだん北部にも来るようになって、四月の上旬、七、八日くらいと思うんですがね。最初は集落の近くに防空壕掘っていたが、ここもアメリカが入ってくるので里にはいられない、山奥に逃げないと、ということで四、五㎞行った与那覇岳のふもとに避難した。

——もともと桃原に住んでいた人たちは先に山に隠れていたんですね。

そう。僕ら山に行ったら、区長である親父と地元の区長と相談して、県の命令で建ててあった避難小屋に入ることになり、父が読谷の避難民を割り当てていった。でも足りなくて、後から来た人たちは木の下とか岩の下とかに隠れるしかなかった。僕らはちゃんとお家に入って、これは避難者のうちでも恵まれていたと思います。岩陰とか木の根っこに隠れた人は、屋根もない、半年近くもですよ。大変ですよ。

でも、僕らがまだ山にいる時に、スパイ騒ぎがあって大変だったんだよ。読谷のある男性が、「どうせ負けてるんだから下りよう」と言って、山に避難している家族を迎えに来た時に、これはスパイだ、ということになった。この人は馬の草刈りに山を下りた時にアメリカ軍に捕まって、収容所に連れて行かれたらしい。それで、山の中ではひもじい思いして木の葉とかかたつむりとかしか食べてないのに、収容所ではこんな大きなおにぎり毎食食べられるのかと驚いてね。そして米軍のトラックに乗せられて作業に連れて行かれるけど、読谷に立派に飛行場造ってあるのを見て、これは日本はどうしても勝てない。負けているんだとわかったと。だからまた読谷から北部に戻って来て、家族を下山させようと思ったと、後から聞いたよ。

だけど、これを知った巡査と敗残兵が、これは組織のない兵隊ですよ、この兵隊がその人はスパイに違いないと言って殺すと言ってきた。避難している家族全員を小屋の前に並ばせて、殺してやる、と。その男性は「私の長男も南部に行ってみなさんと同じ兵隊としてアメリカと戦っているのに、親父がどうしてスパイになることができるか。殺すんだったら家族は殺さないで私だけ殺しなさい」と言って、ようやく免れたということもあるんです。実際殺されなかったんですよ。

――助かったんですね。

でも僕らもびっくり。山の中、大騒動なんだよ。アメリカと通じたら大変でしょう。僕らも殺されるでしょう、この人のために。この人を殺してもいいよ、と私でさえもそう思うよ。大変だよ、アメリカと通じたら。避難してる僕らも殺されるんだから。これは絶対許されるものではないんですよ。敵と通じている者は、敵を連れて殺しに来ると思うから、もう本当にぶるぶる震えるんだよ。あの山の中大騒ぎだよ、アメリカがもうすぐ殺しに来ると言って。

――今考えれば、彼が言っていたことは正しいわけですよね、彼はスパイではなく家族を呼びに来ただけだったのですから。

「殺しておかないと自分たちが殺される」という心理

正しいと思わないよ、その時は！　敵と通じたらもう大変。あんたどう思うか？　あの時代、敵と通じたらもう殺されるって山の中はみんなガタガタ震えて、大変だったよ。あんた方、今だから、ただそう思うかもしれない。でも今、殺されるという心境になってごらん。感覚が全然違う。もうそれは話にならない。もう怖い！　敵と通じてるんだから。敵は人殺すんでしょう？　敵にこの人が通じていたら殺される。これあたりまえ。絶対にあたりまえ。僕らでもこいつは殺さないといけないと思う。こんな風になるんだよ。戦争になったら。人間が人間でなくなる、本当にそうだよ。親も子もない。人間も人間ではないよ。戦の土壇場というのはこんな状態だよ。自分の命はどうしても助からないといけない。もういつ殺されるか、いつ死ぬかもわからない状態、これは遭遇した人しかわからないいんじゃないか。

――軍隊の論理で動いていると疑心暗鬼になって仲間もスパイに見える。これ怖いですよね。

その通り。僕も殺しに行くよ。あたりまえ。これ殺しておかないと僕、殺されるわけだから。ヤマトンチュー（本土の人）だからウチナンチュー（沖縄の人）だからというのは関係ない。家族を呼びに来た人は、僕らと同じ読谷だけど、でもこれ殺さないと僕が殺されるとしか頭にないのに。戦争はこんなものだよ。戦争で頭が混乱している中では。今は平和な世の中になって、頭は整理して理解できるでしょうが、当時はスパイじゃなくても、アメリカに通じてる人がアメリカを連れて来たら僕らみな殺されるわけだから。早く、この人から殺しておかないと大変と、こういうことが先にくる。

――住民の方から日本軍に、あいつは殺さないとスパイになってるよって、わざわざ教えに行く人たちもいたということですか。

これはあると思う。殺される前にこいつら殺しておかないと大変だということがあるから。

——これはその状況になった人じゃないとわからないことですね。

本当そうなんだよ。みんな命が惜しい。命を守るために逃げているのであって。

——スパイ虐殺は、日本軍が沖縄の人を低く見ていて、差別して殺したと説明されることがよくありますけど、そういう話ではないんですね。

それは絶対違う。自分の命を守るためにこの人から殺しておかないと自分たちが殺されるから早くやっつけておくわけ。その辺のところ、若いみなさんは理解しておかないと。僕らはそんな思いだったわけ。僕ら命守るため与那覇岳のふもとに逃げて行ってるのに。

山の中で敗残兵たちは各家庭の避難してる所回って「明日斬り込み行くから食糧恵んでくれ」と言って来る人もいるんですよ。今考えるとみんな恵んでいた。自分のもないのに。本当は（斬り込みに）行ってないんだよ。山の上から双眼鏡で見てわかるのに。ちょっとでも協力しないと「スパイか」と言われるんだよ。

——でも、そうやってスパイと疑われた本人が、自分は違うと証明するのは難しいですよね。

それはもう大変だよ。スパイというものはよほど教養があって、頭がきく人で、いろいろ教育を受けた人でないとおそらくスパイできないと思うんだけど、あの時はただ一般の民間人まで「スパイ、スパイ」と疑って言っていた。スパイというのは普通の能なしはできない、成り得ないと思うけど日本軍の考えはこんなだった。

――アメリカ軍が迫ってきていても、山にいる時にはまだ日本は勝つと思っていましたか？

いや、負けるとは思わないよ、絶対に。神国日本だから勝つとしか思っていない。だけどこんなにやられてるでしょう。日本軍も助けに来ないでしょう。これはひょっとしたら負け戦になるんだなと薄々はわかってくるんだけど。僕は読谷に迫ってきたアメリカの軍艦も見ているよ。そこに戦艦がたくさんいて海の水は見えないくらい。それを足場にすれば慶良間まで渡って行けるくらい。残波から那覇まで見通せるから。それでもまだ勝てると思っていた。本当に負けているとわかったのは、山から下りてから長い間経ってからじゃなかったかな。

悲鳴を聞きながら、みんな黙々と畑を漁る

――どうやって山から下りたんですか？

僕らは七月二、三日に下りた。まだ八月一五日こないよ。山の中にいたのは約四カ月近くかな。最初はアメリカは殺しはしないとはわからないから、下りる人はいなかった。でも、実際に捕まった人が行って帰って来て「殺さないから行こう」ということになって、初めてみんなで相談した。ある人は「私の息子は戦争で戦っているのに敵に降参して行くのか」と反対する人もいるし、これは集団でやらないといけないからみんなで協議して、とにかく殺さないというなら命が助かった方がいいと判断して、集団で、一緒に行こうと言って。自分勝手にはやってな

いよ。

でも戦争の話は惨めな話。私は子供たちにこんな話一度もしたことがない。

――どうしてですか？

自分が非常に惨めになる。これは大変だよ。子供たちに一言二言、「こういったことがあったよ」と断片的には言ったことがあるが、ストーリーで話したことは一度もないよ。公の場で頼まれて話したことは三、四回あるけど、子供たちには話したくない。

――どんなに時が経っても話したくないことなんですね。

話したくないと思うよ。軍隊の行く所、どこでもそうだと思うけど、僕らが里に下りて来た時、目の前でレイプがあったんだよ。目の前でよ。大変だよ。里に下りて来てカンダバー（芋の葉）取りに行ってる時にね、そこにはたくさん人がいるんだよ、米軍がジープで乗り込んできて、銃構えて……。もうどうすることもできなかった。あっちは銃があるんだから。そんなことがたくさんあった。悲鳴を聞きながら、それ、今なら撃たれないで芋が探せるとみんな黙々と畑を漁るんだよ。こんな惨めなことがたくさんあるんだよ。

――たくさんの住民が見ている所で？

みんな食糧取りに出ているから、そこでなんだよ。これは軍隊がいる所にはつきものだよ。狂ってる。軍隊の行く所みんなこれがある。日本軍もたくさんやってる。この自慢話してるんだよ。

集団自決からの生存者はその事実をタブーにする

──避難先の北部も悲惨ですが、読谷に残った中では、チビチリガマのように集団自決もあった。

あれも、自分たちで「死のうな」と相談して死ぬでしょう。そこで死なないで生き残っている人がいても、それは全然タブーにするでしょう。あんなものは話せないわけ、絶対に。四〇年くらい経ってから、話した方がいいよということになって、みんなで許してあげようということになって、ようやく話したと思うんだけど、死んだ人たちに対して申し訳ないでしょう。

今の日本も、この小さい島にできるだけ軍事基地を置いておいて、ヤマト（本土）に置かないようにしようという考えがあるわけでしょう。お金を少しあげれば喜んで受ける人もいるからいいんじゃないかと。結局は軍事基地がある所は最初に標的にされるのはあたりまえであるわけ。何かことが起きれば。よくよく考えないと、大変なことになるよ。

◆『読谷村史』に記録された「虐殺未遂」

玉城秀昭さんの証言に登場するスパイ嫌疑をかけられた男性は読谷村の山城民次さんで、玉城さんは戦後、一九七一年にご本人にお会いして当時の真相を聞き、『読谷村史』に事の経過を掲載している。それによると山城さんは四月中旬、辺土名の山すそで馬のエサとなる草を刈っていたところ、米兵に捕らえられて田井等収容所に入れられた。そこにはすでに大勢の避難民が来ていて自分だけが捕まったのではないことに安心した。そして圧倒的な米軍の物資物量、飛行場建設の様子を目の当たりにして日本の完敗を思い知った。

「日本はもう完全に負けだと思った。収容所では両手一杯の握り飯があり、腹一杯食べられたので、山中でひもじい思いをしている家族や知人を収容所に連れて来て安心させようと思い、五月の下旬辺土名の山中へ舞い戻り、その話をしたのがスパイ嫌疑の原因になったと思われる」

(『読谷村史 第五巻 資料編4 戦時記録』下巻)

しかし与那覇岳の山中では「山城民次さんはスパイになって私たちを捕虜にするそうだ」と

いう噂が避難民の間で瞬く間に広がり、恐怖でパニック状態になった。米軍に捕らえられれば男性は目をくりぬかれて鼻や耳を切り落とされる、女性は暴行される、みんながアメリカ軍の奴隷になると信じ込んでいた避難民にとって、収容所ではみんなご飯をもらって無事に過ごしているという話は「敵の作り話」「それを言う人間はスパイ」という思考回路でしか捉えられなかっただろう。『読谷村史』には「スパイと聞いた日本の兵隊四人が、山城さん一家を小屋の前に引きずり出し、手榴弾で皆殺しにしようとした」とあるが、山城さんが「長男が南部で戦っている中でスパイになるはずがない」と訴え、辺土名の巡査部長に身柄は預けられた。その後山城さんの素性を訊いて回った巡査は、評判の良い人とわかり釈放したということだが、ここで注意が必要なのは、最初に山城さんをスパイだと言ったのは、同じ山にいた日本の兵隊たちというより、避難民だったということだ。「国頭屋(くんじやんやー)(山城さんの屋号)がスパイになってる」という噂が人々を恐怖に陥れたという表現があり、国頭の山にいた日本軍が読谷村からの避難民の名前や屋号を把握していたとは思えない。スパイがやって来るという噂が民衆にとってどれほど怖かったかがよくわかる。この一件を、ご本人にまで取材して村史に執筆している玉城さんでさえ、今でも当時の恐怖を語る時に顔がゆがむ。

「僕もこれは殺してくれと思った」という当時の一五歳の少年の心境に偽りはない。この極限状況に置かれた集団が疑心暗鬼に陥った時に現れる、恐怖を起爆剤に出現する人間の残虐性については、集団心理の最も深い闇としてよく理解しておく必要があろう。山城さんはたまたま命拾いをしたがために、この話が聞けるのであって、実際にスパイ容疑で自分の属する集団が内部の誰かの命を奪ってしまったケースでは、戦争証言集に掲載するような話が聞けるはずがない。だからこそ最悪の事態は免れたものの、追い詰められた集団がたどる末路というものを具体的に伝えてくれる玉城さんの語りはとても貴重である。

◆住民虐殺は「殺人」である

軍隊や住民が、敵ではない同じ国民をスパイと疑い殺害する「虐殺事件」は戦争中に起きた悲劇の一つであるが、「戦死」とは明確に区別するべきである。スパイ虐殺の犠牲者を「戦死」と捉えたり、「戦争が殺した」と罪を霧散させる言い換えをすることは、事実を見誤る行為だと考える。「戦時下の特殊な集団心理」が、敵ではないはずの身内へ「殺意」となって向けられていくその心理や構造は、同じ状況に置かれた経験のない私たちにとっては、容易に想像できる世界ではない。であるからこそ、そこに加わった軍組織、敗残兵、巡査、住民などそれぞれが「殺人行為」に向けて果たした役割を冷静に分析し、恐怖が狂気に変わるシステムを解明する必要があるだろう。それは決して過去の誰かの罪を問うためではなく、その構図を理解し、人間集団の弱点を熟知し、未来永劫、絶対に同じ罠にはまることがないよう肝に銘じるためにも。

＊1　「沖縄戦記録フィルム一フィート運動の会」。一フィート運動とは、アメリカの国立公文書館などにある沖縄戦の記録フィルムを一人一〇〇円を寄付して一フィートずつ買い取り、沖縄戦を後世に伝えようという県民運動。

＊2　第一護郷隊の村上治夫隊長は昭和二一（一九四六）年一月まで山に潜伏を続けるが、その間、屋我地島や愛楽園を何度か訪ねている。その時に村上隊長を案内していたのがこの真喜志さんだったと、金城重行さんが証言している。屋我地島は米軍の管理も緩やかで食糧事情もいい方だった。

＊3　マブイ＝魂のこと。沖縄では驚いたり不吉なものに遭遇した時に魂を落としてしまうと考えて、その魂を拾って本人に戻す儀式「マブイグミ」をする風習がある。マブイを落としたまま放置すると病気になるなど生命力が下がると考えられていた。これはおまじないに近い形で現在でも行われている。

第五章　虐殺者たちの肖像

「沖縄の民間人が軍の機密を漏らすのではないか」。日本軍がとらわれたその恐怖と疑心暗鬼は、米軍が上陸し、武器弾薬も尽きて彼らが山中に隠れる敗残兵になっていった頃にピークに達した。戦意も食糧もなく身を潜めているだけの兵士が北部だけで優に数千人はいた。山中は中南部から避難してきた住民も入り交じってごった返し、敗残兵らの動向は住民に筒抜けだった。もし住民が米軍の呼びかけに応じて山を下りて何か喋れば敗残兵らの命はない。つまり、米軍の宣撫工作に乗って食糧をもらい情報を漏らす者がいたら、それはスパイ同然というのが日本軍の論理である。軍事機密を漏洩する者は死刑という軍機保護法の精神が、「スパイは処置せよ」という現場判断を可能にした。その結果、「スパイ容疑」の名のもとに、日本軍による身勝手な「住民処刑」が頻発した。敵に殺されるのではなく、自分たちを守ってくれると信じていた「友軍」に殺害される。沖縄戦の最も深い闇がここにある。

いわゆる「スパイ虐殺」の事例は離島を含む各地にあり、その犠牲者の数は数百人、沖縄国際平和研究所の推計ではおよそ一〇〇〇人という数字もあるが、密告者や関係した人間は兵隊に限らない。戦後も、加害者と被害者が県内の同じ地域に生活しているようなケースも少なくないため、全貌は今もって明らかではない。特に、命を奪われた側、スパイ視された被害者側の証言は比較的残されていくが、加害者側の顔ぶれや論理、加害に至る経緯、その人物像についてはほとんど語られてこなかった。中でも虐殺事例が多かった沖縄本島北部で、虐殺の首謀者としてよく名前が挙がる人物を三人、私は実名で映画に登場させているのだが、彼らについて情報を集めるうち、知らなかった背景、当初の予想を裏切る人物像が次第にわかってきた。当然ながら、敵ではなく、住民に牙をむく加害者になるつもりで島にやって来た軍人など一人もいない。また同じ沖縄県民の虐殺に手を貸すような展開になることを予想できた住民も、いるはずがない。しかし住民虐殺は大量に起きてしまった。映画ではとても描けなかった「彼らサイドの事情」こそ、同じような状況を作って同じように鬼を生み出さないためには最も検証しておく必要があるのではないか。その観点から、虐殺者らが残した戦争の足跡を追跡してみた。

1　第五六飛行場大隊　紫雲隊　井澤曹長について

「沖縄スパイ戦史」の後半では、北部の集落で繰り返し起きていた日本軍によるスパイ虐殺の証言が続く。その中で、主に国頭村と大宜味村で、わかっているだけでも七人の沖縄県民の殺害にかかわっていたとされる、[*1]「紫雲隊の井澤」という陸軍曹長の名前が登場する（映画公開当時は沖縄の新聞や地域誌などの記述に沿って伊沢と表記したが、国立公文書館保管の留守名簿で本名表記は井澤清志であることを確認）。この紫雲隊は大宜味村喜如嘉の山の上に潜伏していた時、喜如嘉集落にジープに乗ってやって来た米軍の将校ら三人を斬り殺しており、映画ではその首謀者だった井澤曹長がヒーローになったエピソードも紹介した。

喜如嘉米軍将校狙撃殺害事件とは

六月二四日、アメリカ海兵隊第五六八対空警報通信連隊の小隊が国頭村で日本軍の奇襲攻撃を受けた。死んだのはトムソン大尉以下三人、と米軍の記録にある（保坂廣志『沖縄戦捕虜の証言』下巻）。以下『村と戦争』（福地曠昭著）によれば、チャン少尉の運転するジープが喜如嘉集落に入り幸地川にさしかかった時に、突如銃声がして助手席の大尉が転がり落ちた。大尉はよろよろ起き上がって七滝の方に歩き出したが、後ろから追いかけてきた日本兵に繰り返し斬りつけられて絶命。狙撃グループは井澤曹長と部下二人、橋のたもとに潜んでいて大尉に小銃弾を命中させたのも、日本刀でとどめを刺したのも、井澤本人であった。チャン少尉が辺土名の駐屯地に逃げ帰り報告をしたため、直ちに米軍の報復が始まる。集落中に銃が乱射され、掃討作戦というよりめちゃくちゃな報復攻撃の様相だった。それ以降、喜如嘉は米軍に敵視された。その時不運にも集落にいた三人の無関係な男性が米軍に捕らわれ、執拗なリンチの末に一人が虐殺されている。この一件は、米軍の捕虜処刑事件として軍事裁判に発展した。その顚末は『沖縄戦捕虜の証言』下巻に詳しい。

紫雲隊の井澤曹長のイメージ（絵・西口友人　映画「沖縄スパイ戦史」より）

喜如嘉の少年が見た「紫雲隊の井澤」

前章の証言者である喜如嘉在住の平良俊政さんは当時一五歳で、この山にいる紫雲隊に使われる形で見張り当番などをしていて、井澤曹長らの斬り込みを山上から見守っていた。同様に、山に身を隠しながら事の次第を固唾を呑んで注視していた敗残兵や避難民らからは、斬り込みが成功した途端に万歳の声が上がったと証言している。平良さんは幸地川のそばで井澤がどうやって銃を構え、またどこで袈裟懸けに米軍将校を斬ったか、時代劇のエピソードでも語るかのように生き生きと身振り手振りを交えて再現してくださった。そしてこう言った。

「僕は敗残兵という言葉には抵抗があるんです。あれは六月でしょ。まだ日本は負けていませんからね。まだ戦ってますからね」

　私は、当時持ち場を離れて山に逃げ込んでいた日本軍は、ゲリラ戦を正式な任務とする護郷隊以外は「敗残兵」だという認識だったので、平良さんが、喜如嘉の山にいた彼らは「敗残兵ではない」と言ったことに少し驚いた。武器も戦意も喪失し統制も取れなくなって山中を逃げ回る兵隊を「敗残兵」と呼び、沖縄戦では大量の敗残兵が山間の住民の避難地域を侵し、食糧を奪うなど恐怖の対象になっていくのだが、確かに喜如嘉の山中に潜伏していた紫雲隊は、帰郷していた護郷隊の少年たちなども配下に入れて、また住民に多大な影響力を持ちつつ軍隊の機能を維持していたのであれば、命令通りに遊撃戦を展開していたゲリラ部隊といえるのかもしれない。

　平良さんは、あと一年早く生まれていれば護郷隊に入れた、と語るほどの軍国少年で、進んで日本軍に協力し、本人曰く「兵隊気取り」で監視を買って出て、軍隊と避難民の間を行き来していた。その彼から見れば米軍将校らを三人も斬り殺した井澤曹長はヒーローであり、紫雲隊はこの段階ではまだ敗残兵ではないのだろう。兵士も含め、まだ山に隠れていた人々は「今に戦艦大和と共に連合艦隊が沖縄に来て一気に日本軍が形勢逆転する」と信じて飢えや恐怖に耐え忍んでいた時期のことである。しかし、六月、七月の北部の山中には機能的な戦闘能力を維持している日本兵の集団はほぼいなかったことを考えると、喜如嘉の紫雲隊のケースは稀(まれ)であると言わざるを得ない。この紫雲隊とはどのような部隊で、どこから来たのだろうか。

紫雲隊とは

紫雲隊とは、読谷村(よみたんそん)の飛行場建設に携わっていた第五六飛行場大隊の補給中隊にいた紫雲直道中隊長と部下の兵士たちを指す(喜如嘉では途中で合流した海軍兵も含まれていた)。米軍の上陸地点になった読谷村に取り残された形のこの飛行場大隊およそ三七〇人は、ほぼ全滅したといわれている。もともと、主たる任務は飛行部隊への燃料補給や事故処理、対空監視や飛行場設営など、いわゆるメンテナンスであり、陸兵としての戦闘訓練も不十分で、米軍を迎え撃つ武器など何も持たぬままに「ぎりぎりまで北飛行場(読谷飛行場)を敵に使わせないよう努めよ」という無茶な命令のもと、海を埋め尽くす米戦艦からの集中砲火を浴びて死んでいった悲劇の部隊である。

しかしそんな中で奇跡的に読谷山に向けて脱出した紫雲大尉以下三〇～四〇名が、恩納岳、多野岳で展開されているゲリラ戦に転進した。同様に中飛行場（嘉手納飛行場）に取り残されていた第四四飛行場大隊とこの五六飛行場大隊は、米軍上陸直前の三月二三日に、一緒にいた工兵隊部隊などと共に急遽「特設第一連隊」に編成され「努めて長く敵の飛行場使用を阻止する」とともに「生き延びて北部の遊撃戦に加わる」という命令も受けていた。そのため、第二護郷隊員の証言にもある通り、一部は岩波隊長指揮下に入り、第二護郷隊と共に恩納岳、三角山の激戦の主力になっている。この特設第一連隊は総勢三〇〇〇人弱のうち、生き残って遊撃戦に参加した人数はせいぜい五〇〇人である。そんな過酷な状況の中を生き延びてきたのが井澤曹長のいた紫雲隊だ。福地曠昭さんの『村と戦争』には以下の記述がある。

喜如嘉の当山には紫雲隊と称する十数名の敗残兵グループがたてこもっていた。隊長格の紫雲直道大尉の名からそう呼ばれたのである。紫雲隊はそもそも第五六飛行場大隊に属し、紫雲大尉は補給中隊長であった。四月一日の米軍上陸、そして同日中に北、中の飛行場は占領され、飛行場大隊は沖縄戦の緒戦が壊滅し、大隊長以下ほとんどの将校が戦死し、部隊は四散してしまった。かろうじて生きのこった紫雲大尉は三、四十名の部下を率いて北部の山に敗走した。四月二十二日タニュー岳［多野岳］に到着、宇土大佐の率いる国頭支隊（宇土部隊）の隷下に入り、二十四日には宇土部隊と共に伊湯岳に転進した。国頭支隊は四月末に分散命令が出て小グループに分れて遊撃戦（ゲリラ戦）の名目で四散した。紫雲大尉の率いるグループは山づたいに喜如嘉の山にたどりついてそこに定着したというわけである。

さらに福地さんはこう書いている。

> 後に問題になる伊沢（ママ）曹長もその一人である。鼻ひげを立てたこの伊沢（ママ）曹長が喜如嘉周辺での残虐行為の中心人物であった。
> 　彼らは初めから住民を敵視していたらしく、スパイ容疑者の名簿をつくり、住民から情報を集めたりして〝処刑〟の手はずをととのえていた。そして、よく知られているA氏の虐殺事件が起っている。

紫雲隊がかかわった住民虐殺

このA氏とは、第四章でも触れた、喜如嘉に住んでいた知名（ちな）定一巡査のことであり、福地さんによれば、井澤は知名巡査殺害の中心的な存在だったということだ。知名巡査の処刑直後に井澤は村のリーダーたちの会合にやって来て「挙動不審につき知名巡査を只今(ただいま)処刑してきた」とわざわざ報告したという。それは明らかに軍を裏切る者は処刑するという見せしめであったと福地さんは見ている。そしてもう一つの虐殺事例が、七月四日、収容所から解放されて家に戻る途中の、国頭村の辺土名と宜名真(ぎなま)の住民の一団が伊地(いじ)にさしかかったところ、後ろから追いかけてきた井澤ら敗残兵に襲われ男性四人が殺された。死体はそのままになっていたという。井澤らが言うには、収容所に入ったものはみなスパイということだった、と『村と戦争』に書かれている。沖縄戦の組織的戦闘が終わっておよそ一〇日後のことであるが、六月二三日に司令官が南部で自決していることなど北部の避難民が知る術(すべ)もなく、まだまだ人々は戦争の恐怖の只中に置かれていた。また、ほかにもいくつかの家族や個人がスパイ嫌疑をかけられた事例がある。医者の平良真順さんがスパイリストの四一番目に載せられていて、しつこくつけ狙われたという顛末も書かれている。このままでは集落みんな餓死するからと、集落の幹部が紫雲隊の方にお願いに行って下山許可をもらった、というほど、紫雲隊は集落全体を掌握していたと福地さんは語っている。

この後、隊長格の紫雲直道大尉は大宜味村に残り、井澤は北上し国頭村の浜集落近くの山にいたことがわかっている。紫雲は大宜味村田嘉里(たかざと)で民間人に偽装して宮城せいこうと名乗り、最後は単身で幼稚園の先生をしていた。戦後紫雲から直接聞き取り調査をした伊藤常男聴取研究資料によれば、中学の先生を一カ月やったと書かれている。紫雲大尉は背の高いインテリで剣道五段、住民から親しまれていたようで、地域ぐるみでかくまってもらったのかもしれない。福地さんは、このグループの実権を握っていたのは隊長の紫雲ではなく、ヒゲの井澤曹長だったと記述している。

国頭村の虐殺事例

国頭村の浜という集落に住んでいた上原一夫さん（四四六〜四五七頁）の証言によると、井澤曹長は山から下りて来ては、よく上原さんのお父さんの所に食糧をもらいに来ていたという。そしてある日、「今スパイを二人斬ってきた」と報告しに来た。日にちは不明だが、浜集落の空き家に身を寄せていた読谷村出身の二人の避難民を、井澤は「スパイだ」と言って処刑し、その遺体を自分で河原に埋めていた。これは浜集落で複数の証言がある。しかし一方浜では、井澤と懇意にして食事などを提供している家もあった。必ずしも住民みんなが恐れている人物ではなかったようだ。上原さんは言う。

「山にいて暴れまわっている井澤のことは有名で、米軍も知っていた。父は彼に、お尋ね者になっているからその軍服姿では危ない。息子の着物をやるから着替えた方がいい、とアドバイスをしたけど、井澤は、たとえ捕まっても最後まで帝国軍人でいたい、と聞かなかった。やがて米軍にしょっ引いて行かれたけど、あの暴れん坊だから、捕虜になっても抵抗して殺されたんじゃないか。彼は父に、もしも生きて本土に帰ったら、必ず上原さんにお礼を言いに来ますと言った。来ないところを見ると、ああ、やはり生きては帰らなかったんだろうと見ている」

あの四月一日、読谷への米軍上陸と同時にほぼ壊滅した飛行場大隊にいて、米軍の馬乗り攻撃された壕の中から躍り上がって読谷山に到達し、石川岳、恩納岳とゲリラ戦に加わりながら山づたいに最北の国頭村までたどり着いたという、並外れた熱量で戦場を駆け抜けた井澤という人物。彼が各地に残した強烈な足跡には圧倒されるばかりだ。私が彼に興味を持つ理由は、単に住民虐殺に手を染めたある日本兵の闇を知りたいということだけではなく、絶望的な逆境の中で最後まで戦意を喪失することなくギラギラとエネルギーをみなぎらせて沖縄戦を全力疾走したそのパーソナリティに惹(ひ)かれるものがあるからかもしれない。出身地は。生年月日は。もう少し情報が欲しい。万が一、生きて帰っているとしたら、手記もあるかもしれない。その思いが膨らんで、映画の公開後にさらに調べてみることにした。四四、五六、この二つの飛行場大隊は生存者が少ないので資料も乏しいのだが、映画の公開も一通り山を越えた平成三〇(二〇一八)年暮れ、ようやく五六大隊の留守名簿にたどり着くことができた。

復員していた井澤

東京・国立公文書館。竹橋の駅を上がると皇居のお堀があり、代官町通りを進んでいくと間もなく、東京国立近代美術館を越えた所に公文書館がある。留守名簿は筑波の分館に保管されていることも多く、取り寄せてもらうよう事前に手続きをしてあった。第五六飛行場大隊だけでなく、恩納岳で戦った第四四飛行場大隊や特設警備工兵隊など、北飛行場と中飛行場に取り残された部隊の名簿にも当たってみる。ボロボロの頁をそっとめくると、赤の二重ラインがほぼすべての名前の上に引かれている。ああ、本当に戦死者だらけの部隊だったんだと息を呑んだ。「あいうえお順」なので井澤を見つけるまでに数分とかからなかった。瞬間、私は目を疑った。青い線だ。井澤は生きて戻っていた！「21．1．10復員」、と最上部に書かれていた。沖縄戦翌年の一月早々に故郷の中部地方の実家に戻っていたのだ。

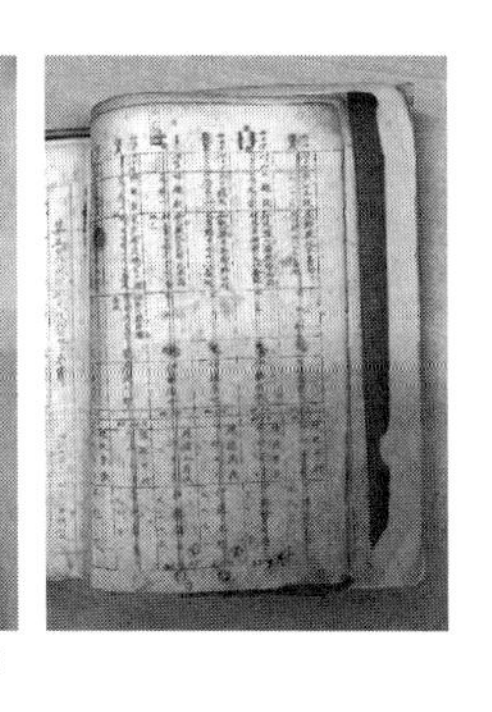

第五六飛行場大隊　留守名簿

大正六（一九一七）年一〇月生まれ。沖縄戦の時は二七歳、二〇歳の時に召集されて中国戦線も経験していて、実戦経験豊富な古参兵というところだろうか。生きていたら一〇〇歳を超えるのでご存命である可能性は低いが、米軍に殺されることなく故郷の土を踏むことができたのか、ということを知ってどこか安堵している自分がいた。とすれば、戦後多くの元日本兵が沖縄を訪れているのに、なぜ彼は上原さんのお父さんとの約束を果たさなかったのだろう？　私は東京の宿に戻ってからも、あれこれ考えた。時間が経ち、沖縄での自分の行動を振り返った時に、とてもお礼の挨拶や慰霊などという名目で再訪することはできないと考えたのだろうか。どんな戦後を送ったのだろうか。沖縄のニュースには目を背けて生きたのだろうか。それとも、読谷村で懇意にしていた住民らのことなど、時には懐かしく思い、米軍統治や基地の重圧に苦しむ人々にそっと思いを寄せることもあったのだろうか。

　私はすぐに、記載されていた入隊時の住所を訪ねてみたい気持ちにかられたが、地図で検索しても、地名が少し変わったのだろう、大枠しかわからなかった。電話帳も試してみたが「井澤清志」では出て来なかった。そうなると、そのあたりの知人や教育委員会や、人づてにたどっていくしかない。しかし、と躊躇する。普通に考えて、私のような沖縄のことをあれこれ調べている人間の訪問をご家族が歓迎してくれるとは考えにくい。ここは、慎重に考えなくてはならない。私だって大事な祖父の亡き後に、彼の名誉を傷つけるような事実をもって他人が玄関に立つのは勘弁して欲しいと思う。

　余談であるが、私の祖父は父方も母方も二人とも中国戦線で戦って復員している。父方の祖父は満鉄（南満州鉄道株式会社）勤務から現地で召集され、シベリア抑留からの生還だ。私がしつこく訊いても、孫娘に言えるような話はない、と拒まれた。文字通り、言えないことをたくさん経験してきたのだろう。ありていに言えば、加害者になったことも一度ならずあったはずだ。しかしそれを戦後七〇年経って他人から突き付けられるとしたら穏やかじゃない。ただ私はこんな仕事をしているから、その取材者が本気で向き合う覚悟を持った人なら、何度も真意を確かめたうえで取材に応じるかもしれない。でも普通はこんな取材は迷惑でしかない。飛んでいくことは止めて、もう少し資料や人に当たってみて井澤の人物像を浮き彫りにしてみようと思った。

読谷村民と井澤曹長

平成三〇（二〇一八）年七月の「沖縄スパイ戦史」の那覇上映初日、元護郷隊のおじいたちなど多くの出演者が劇場に駆け付けてくださった。その中に、一五歳で北部の山中に避難していて、スパイの恐怖を証言してくれた読谷村の玉城秀昭さん（五五四〜五六二頁）がいた。上映後開口一番に、「井澤さんが、住民に手をかけていたなんて、僕は初めて知ったよ。まさか、と思ってね。僕らは良くしてもらったんだよ。渡慶次の人たちには目をかけてくれて」。玉城さんは読谷村渡慶次の人で、父親が区長さんだったことから戦争中の地域事情に詳しく、字誌の編纂にもかかわっている方だった。「井澤さんのこと、ご存知だったんですね!?」と食いつく私に「まあ今度ゆっくり話聞きにいらっしゃい、近いんだから」とおっしゃった。

私の家から車で五分とかからない所に玉城さんは住んでいる。八八歳、耳は少し遠くなっているが、今も自分でハンドルを握って畑まで行き野菜を作っているそうだ。畳の間には公民館での活動や地域のために貢献したことを称える賞状がびっしり飾られていて、区長さんだったお父さん同様、秀昭さんも渡慶次集落の中心人物であることが窺える。

「いや、映画を見てびっくりしたんだよ。あの井澤さんが北部で、そんなことになっていたなんて、にわかに信じられなくてね」

玉城さんはこう切り出した。当時渡慶次集落には馬車を持っている人が多かったため、みんな日本軍の飛行場建設に駆り出されていた。毎日のように飛行場に土砂などの物資を運んだ。当時の農家は現金収入とは縁遠かったのに、日本軍が来てからは日々、運送料が入るようになったからみんなこぞって協力していたという。その元締めのような役が、第五六飛行場大隊設営隊の井澤曹長だったそうで、例えば、その日は二往復しかしていないのに切符を三枚くれたり、融通を利かせてくれたという。渡慶次の人たちもまた、井澤曹長を招待して山羊汁をごちそうしたり、懇意にしていた。渡慶次の人たちが北部まで避難していく時には井澤が特別に軍のトラックを手配してくれたこともあったそうだ。

井澤曹長の武勇伝

この五六飛行場大隊の事務所「陸軍戦闘指揮所」の事務員として働いていた国吉トミさんは、ある日着陸に失敗した友軍機が滑走路からそれて炎上した事故の際に、この井澤が迅速に対応した様子を証言している。

一九四四年（昭和十九）十二月二十七日の昼食時間、（中略）みなでお茶などを飲んで、たわいのない話をしていたその時、外から、何かが激しくぶつかるような物すごい音がしました。「これ、事故だー！」と兵隊さんたちが飛び出していったので、私たち女子事務員も後を追いました。外へ出てみると、飛行場の滑走路のすぐそばに駐車してあった始動機車に飛行機が突っ込んでいるのが見えました。三〇メートルほど先に飛行場の滑走路があり、そこから滑ってきた飛行機が突っ込んだようで、飛行機のプロペラが始動機車の助手席をかすったのか乗っていた人の首から鮮血が吹き出していました。やがて機に火がまわり、炎上しました。

徴用人夫を取り仕切っていた井澤曹長が、そばにいた知花三八が持っていた鎌をパッととると、燃えさかる火の中に飛び込みました。航空兵のシートベルトを鎌で断ち切り、操縦席で気を失っている航空兵を救出しました。その姿は戦場の武士を思わせるたのもしさと迅速さでした。救出された航空兵はすぐに医務室に運ばれました。

（『読谷村史 第五巻 資料編4 戦時記録』下巻）

上原一夫さんの記憶によれば、井澤は小柄で、体格がいいというタイプではなかったが、動きが俊敏で目つきが鋭かったという。とっさに近くにいた人の鎌を奪って火の中に飛び込んでいく瞬発力、ハプニングにも動じない判断力、そして大胆な行動を可能にする身体能力が、この後、悲運の全滅部隊の中で奇跡的に生き延びていく井澤の強運の背景にあったのかもしれない。

ほかにも当時の井澤を知る人物、読谷村渡慶次に住む安田慶義さんの証言を紹介する。

当時一八歳で沖縄県立農林学校三年生だった安田慶義さんは、不可抗力で鉄血勤皇隊の結成式に行くことが叶わず、家族と共に国頭村桃原の山に避難することになった。しばらくすると、「読谷村ではもう戦に勝って、畑仕事をしている人もいる」という噂が山中に広がったため、各家から体力のある男性を出し一〇人ほどで故郷読谷まで偵察に行くことになった。米軍の目を盗んで山づたいに南下する際、安田さんは一番若くて元気だからと先頭を歩かされた。すると大宜味村の山で、日本刀を背中に斜めに背負ってこちらに銃を向けている兵士に会った。一瞬緊張が走るが、それが旧知の井澤曹長と知って読谷の人たちは安堵したという。

「あんな風に日本刀をしょってる兵隊は初めて見たからね、強烈に印象に残ってるさ。銃をこうして向けていたけど、読谷の人だとわかって銃を下ろして、どこに行くのか、と。事情を話すと、バカなことを言うな、読谷は敵の手の中にある。行くのは不可能だと言われたんだ。彼は北に向かう途中だったようだ。様相は……。無精ヒゲを生やしてね、年の頃は三〇は行ってたと思う。確かもう一人いて、二人で行動していたよ。仲間の中にはまだ、読谷は大丈夫だという噂を信じたい人がいて、すぐには引き返さず少し南に進んだら、そこに草むす屍(かばね)があった。将校の遺体でね、知り合いかもしれないいからケイギ、ちょっと顔を上げて見てみろと言われてね。恐ろしいし、やりたくないけど一番目下だからね、乗っけてあった鉄帽を横に置いて髪をつかんで引っ張り上げた。無残だったね。それでみんな怖気(おじけ)づいて、その夜は近くで焚き火(たび)をしてやり過ごし、翌日、国頭に引き返したんだ」

そして国頭村桃原で避難生活を続ける中で、再び安田さんは井澤と会うことになる。

「ある日、井澤曹長が来た！とみんなが集められたことがあったんだ。読谷の人はみんな喜ん

で、懐かしがってね。食べる物もないのに、みんなで米を持ち寄って井澤さんに渡そうという
ことになった」

国頭の山に到達した時の井澤曹長は紫雲大尉とは別行動で、喜如嘉を本拠地にしてスパイ虐殺をしていた時期より後になる。つまり、すでに何人か沖縄県民を手にかけていた井澤に、読谷からの避難民は精いっぱいの心づけをしていたことになる。しかもその後に国頭村浜で虐殺した住民も読谷村出身だったという証言もあり、何とも複雑な思いだ。しかしこの読谷村民の行動から、避難民が示した友軍に対する信頼や服従は、追い詰められた北部の山中でも案外長く続いていたことがわかる。山中では敗残兵に食糧を奪われたり脅されたり被害を受けた沖縄県民も多いが、玉城さんや安田さんのいた場所ではそれはなかったという。

つまり井澤曹長の周りには、沖縄戦末期になっても依然として勝利を信じて友軍を応援する住民らの存在があった。そうした、劣勢をはねのけて米軍をやっつけて欲しいという住民の強い願いはさらに井澤を奮い立たせ、期待に応えて最後まで暴れまわることが彼の存在意義になっていったのかもしれない。だからこそ彼には、日本軍の勝利を信じることなく窮乏に耐えかねて山を下り、米軍の世話になって情報まで流しかねない住民の存在が許せなかったのだろう。そして見せしめの住民虐殺をすることでしか、自分たち軍人に対する畏敬の念を獲得し、戦う

環境を維持する術がなかった。住民がみんな山を下りて捕虜になってしまえば、協力者を失った敗残兵は食うことも隠れ続けることもできない。もちろん、当時の日本軍の防諜(ぼうちょう)の基礎には「敵に軍の機密を漏らしたものは死刑」という軍機保護法があり、その精神に則(のっと)って乱暴に考えれば「スパイは処刑して良い」という論理が成立し得た。しかしそればかりではなく、住民が日本軍を尊敬し、支えるという秩序を維持し続けられるかどうかが敗残兵にとっては死活問題だった。逆境にあっても誰よりも皇軍の勝利に身を捧(ささ)げる崇高な精神と腕力を内外に示してきた井澤にとって、今更抵抗を止めることは自己否定になる。戦い続けている限りにおいては「防諜のためのスパイ粛清」は彼の中では任務であって、「住民虐殺」ではない。逆にいえば、敗北を認めれば単なる虐殺者になってしまうという究極の自己矛盾が、悲劇を繰り返す行動に繋(つな)がったのかもしれない。そうしなければすべてが瓦解するという極限まで自分を追い込み、沖縄戦の奈落に迷い込んだ一人の日本兵の肖像に照準を合わせると、「残虐な日本軍」という定型句からは見えてこない人間の姿が浮かび上がる。同時に、彼を大いなる加害者に追い込んでいく力の正体は何か。それを考える手がかりになるのではないかと思う。

追記・戦後の「井澤清志さん」の足跡を訪ねて

井澤さんの消息については、留守名簿にあった地域の電話帳などを調べても手がかりはなかった。さらに知人などにも協力をお願いしていたところ、後日連絡が入った。井澤さんは戦後B家の婿養子になり姓が変わっていたのだ。生家からは車で三〇分も離れていない所に移住し、七〇代前半で死去するまで暮らしていたらしいということまではわかった。電話番号も、その姓で古い電話帳には記載があった。この番号をつっけば、たぶん井澤さんの家族に繋がるだろう。偶然に近県で「沖縄スパイ戦史」の上映会が予定されており、そこから二時間もあれば目的の家に行けた。私はすぐに帰りの便を一日ずらした。取材日を確保したものの、そこから一週間ほどどうするかを考えた。電話では、沖縄の戦争の話をしただけで警戒されるかもしれない。私の真意は伝わりにくいだろう。直接訪ねてみるか？

護郷隊のおじいちゃんたちの取材では、電話での取材交渉は成功率が低かった。実際に訪ねて行ってから顔を見て話す方が早かった。しかしいきなり玄関に立たれるのも圧迫感があるかもしれない。おそるおそる、すでに携帯に登録してあるその番号にかけてみた。緊張が走る。留守電。一瞬ほっとして、沖縄にいて戦争のことを勉強している者ですけれども……と自己紹介をしつつ、また連絡します、と言って切った。この家には息子さんが住んでいらっしゃるはずだ。息子さんといってもおそらく七〇代、留守電なんてマメに聞いてくださるだろうか。そして二日後、またかけるが留守電。上映会の日が一週間後に迫るまで、三回電話して、毎回少しずつ事情を継ぎ足しながら留守電に入れた。そして四回目の電話を切った後、知らない携帯電話の番号から着信が入った。応答してみると、少し興奮したような女性の声で「ちょっと、迷惑です！」といきなり怒られてしまった。

女性「何度も何度もしつこく、困ります！　義父はもうとっくに亡くなっているしお話しするようなことは何もないのに、こんな電話は迷惑です。それに勘違いされてるんじゃないですか？　うちの義父は戦争はしてません。確かに戦地には行ってたようですが、兵隊じゃないんです。戦争のことは関係がないです」

まず、人違いかどうかを知りたいので、と留守名簿にあった生年月日を言うと、それは確かに本人だという。でも武器を持って戦う経験はしていないと繰り返した。その声の主は、井澤さんの息子さんの妻だった。彼女が言うには、義父は技術者だったので兵隊ではない、と。

——そうですよね、井澤さんは飛行場を造る部隊で、沖縄の読谷村にいらっしゃったんです。だから技術者、エンジニア系だったと思います。あの、読谷のお年寄りの方々に戦争の話を聞いているとよく井澤さんの話が出てきて、懐かしいなあ、生きて帰ったのかなあと関心があるので、どんな風に戦後過ごしてらっしゃったのか、何か書き残したり……。

女性「何にもないです。一切ないです。遺品も写真も。お見せするものはございません」

——写真も……ですか。遺影は……。

女性「義父が亡くなってすぐに義母も亡くなって、義母が全部整理して捨てていましたから何もないです。その部隊のことならほかの戦友の人を調べて行ったらいいじゃないですか」

——戦友の方でご存命の方がいるなら逆に教えていただきたいです。戦友会などに出かけてましたか？ 五六飛行場大隊は全滅に近い部隊なので戦友会の存在も聞いたことがなくて……。

女性「なんか定期的に夫婦で出かけてましたよ。その人たちと旅行したりしてたんじゃないですか。でもそれも、何もわかりません」

——沖縄に、戦後いらしたことはないでしょうか？ 戦後も、そういう技術系のお仕事をされてたんですか？

女性は何か訊こうとする私を遮るように何も知らない、夫も迷惑がっているからもう電話はしないで欲しいと返された。しつこいと思いつつ、せめて息子さんにこの話が伝われば と思い、私はこんなことを言った。

——あの、井澤さんはすごく身体能力が高くて、練習機が滑走路上で事故を起こして炎上した時に、そばにいた人の鎌をひったくって炎の中に飛び込んで、気を失っているパイロットのシートベルトを切断して救出したんですよ。『読谷村史』に女性の証言が載っています。戦場のサムライだったと。井澤さんの資料も、私が集めた範囲ですけど、良ければお持ちします。

女性「そんな自慢話をするような人ではなかったですから……」

この話をした時に、ほんの少し空気が和らいだ気がした。しかしすぐに彼女は続けた。

女性「でもそれだって、当然の任務を果たしたということじゃないですか？　何も自慢にすることでもないでしょうし。とにかくもう、これっきりにしてください」

わかりました。ありがとうございました、と言って電話を切った。私が井澤さんを追いかける意味も情熱も何一つ伝わらず、ただ単に無関係なご家族にいやな思いをさせてしまったことだけは事実なのだから申し訳ないと思った。このB家にはこれ以上迷惑をかけられない。これで井澤さんの足跡をたどる作業は行き止まりなのか。そう思うと何か力が抜けた。もう三〇年も前に亡くなっている一人の日本兵の戦後を知ってどうするつもりなのか？　自分の落胆の正体もよくわからなかった。もう終わり。自分のこだわりが強いだけで、こんな調査は誰も望んでない、意味がないってことだよ、と自嘲気味に自分に言い聞かせた。

電話を受けてから数日後、中部近県の都市で「沖縄スパイ戦史」の上映会があった。沖縄では見られない壮大な山々と新緑が眩しい、清々しい土地だった。会場は駅の目の前。休日の真昼間に四二三人も来てくださり、上映後はみなさん盛んに自身の戦争体験や平和への想いを語っていた。この地方からもたくさんの兵隊が沖縄戦に参加した。そしてまた戦争に突き進む今の日本の最前線である沖縄の島々と、この場所は、一見遠いようだが、実際は有機的に繋がっている。

私はまだ迷っていた。翌日はA県に行ってみようと一日予定を空けたままだった。B家を訪ねるつもりはなく、行ってみるとしたら井澤さんの生家の方。中部地方の深い山々に囲まれたその場所に立ってみて、井澤さんが生まれ育った山河にせめて身を置いて考えてみようかという想いがあった。しかしそこは電車を乗り継いで二時間強、その小さな駅からも徒歩二〇分はかかるという小さな集落で、民俗調査で慣らした私でもスーツケースを転がしてたどり着けるのかもわからなかった。というのは住所の表記が変わっているので、旧住所の番地から見当をつけて、あとは現地で聞き込むしかなかったからだ。しかし前夜、主催者の一人が、車を出しましょうか? つきあいますよ、と声をかけてくださった。彼は山のガイドをしている方で、その地方の山々にも詳しかった。そんな方となら、目的が果たせなくても、美しい山並みが撮影できるかもと勇気が湧いてきて、翌日A県に向けて出発することになった。

出発地は県境にあるため、ほどなく車はA県に入った。まだ雪が残る雄々しい山々の姿を左手に見ながら高速を飛ばす。A県の空は高い。こんもりした山しかない沖縄では山にかかる雲も厚ぼったくて低い。こんなに天を刺すような険しい山々が生活圏にある場所で育ったら、沖縄の山なんて子供が遊ぶ丘にしか見えないだろう。長く森の中に籠城してもへこたれずに戦意を燃やし続けた井澤さんの精神力は、この山国で鍛えられたやんちゃ坊主なればこそだったのか、などと考えながら、二時間もしないうちに目指す集落に着いた。

山のすそ野にたたずむその集落には、青々とした水田と手入れの行き届いた畑があった。どの家も古いようで、土壁の家にも新しい家の敷地にも土蔵があった。坂道の多い集落を歩くと、表札は「井澤」だらけ。集落の上手にある墓地も井澤姓が多く、表札も「本家」とか下の名前が大きく書かれているなど、親戚縁者に囲まれた生活のようだ。一番古そうな家の前にいると、玄関先で初老の女性が作業をしていたので私は尋ねた。

「あの、もうずっと前に婿養子で○○に転出されたと思うんですが、井澤清志さんの生まれた家はこちらではないですか？」

ああ、それだったらこの隣ですよ、と女性は答えた。その声が届くくらいの隣の玄関先に、井澤さんの甥（おい）にあたるＣさんがたまたま庭木の剪定（せんてい）作業をしていらした。私は勇気を出して、沖縄から来たこと、戦争のことを調べていて井澤さんにとても興味を持ったことなどをお話しした。Ｃさんは少し怪訝（けげん）な顔をしてこう言った。

「この前もその清志おじさんのことで教育委員会の人が来たけど、それがあんたのことだったかね。でもずいぶん前にこの家を出ているから、僕らには何もわからないですよ」

七〇代前半くらいのＣさんは小柄で、農作業をしてらっしゃるのか日焼けした顔が印象的だった。いつも沖縄でほりの深い顔に囲まれている私の目には、凹凸の少ない、よく言う弥生系の顔立ちに見えた。私はなにか手がかりがないかと必死に話をしながらも、井澤さんもあるいはこのCさんのような風貌だったのかしらと思っていた。どこかに親戚で撮影した写真の一枚でも残ってはいないかという私に、Cさんは玄関に入って家人に何か呼びかけていた。奥からは色の白い穏やかな笑顔の女性が現れた。Cさんの奥さんかと思ったらそうではなく妹だという。つまり、井澤清志さんの甥御さんと姪御さんが、今も彼の生家で暮らしているということだった。私は玄関の中に場所を移して手に持ったカメラを回すこともできないまま、姪のDさんにまた事情を説明した。Dさんは興味深そうに話を聞いてくださり、あまり交流もなくて何もわからないけどと言いつつ、ぽつぽつと清志おじさんの話をしてくださった。それは以下のようなことだった。

井澤清志さんは三男か四男で、戦後、遠縁にあたるB家に婿養子に入ったこと。向こうでは製材所を立ち上げて経営し、商売は軌道に乗っていたこと。いつもニコニコして朗らかで、どちらかというと太っていて、子煩悩で孫の面倒をよく見ていたこと。沖縄に行った話など聞いたこともなく、肝臓癌で七〇歳あまりで亡くなったこと。そして今、彼の家にいる息子さんは清志さんが亡くなる頃に都会から戻った形なので、同居期間は少なく、事情に詳しくはないだろうということだった。

冗談が好きで朗らかで太っていた。私が集めた沖縄戦当時のイメージとはかけ離れた井澤像だった。私が知っているのは、小柄で鼻ヒゲを生やした古参兵で刀を背中にしょって銃を持ち、すばしっこくて眼力が鋭い男。Dさんはしばらく写真を探してくださったのだが、すぐには出ないわあ、と言いながら、奥の仏壇から祖母の写真、つまり井澤清志さんのお母様の写真を持ってきてくださった。

和服を着たお母様の姿は細面で目が大きい、上品な美人。沖縄戦の修羅場をかいくぐってふるさとに帰り着いた息子が抱えていた重い記憶など、聞くこともなかったのだろうと想像した。もう一つ、意外なお話を聞いた。井澤さんの製材所の木材で、戦後この地域にもたくさんの家が建ったそうだが、中には代金が払えない家があり、井澤さんは取り立てができないでいたという。見るに見かねてこのお母様が、息子の会社にちゃんとお金を払って欲しいとかわりに取りに行ったという。金に困った家からは代金の取り立てもできないような気の優しいおじさん。それがDさんの見た井澤像だった。
突然の訪問だから当然なのに、Dさんは写真も手がかりも何もなくて申し訳ない、と言いながら、近くの神社のような所を案内してくださっ

た。そのあたりはここの子供たちの遊び場だったという。今でもＤさんはキノコを採りに山に入るという。裏手はもう、すぐに傾斜のきつい山になっていて、薪拾いやキノコ狩りは子供たちの仕事だったそうだ。長時間山を歩ける足腰も、山で食べるものや水を探すコツも、ゲリラ戦の基礎体力はこの郷土の山河のすそ野で培われたものなのか、と納得した。

私は清志さんの武勇伝や目撃証言の知っていることは全部話した。しかし、住民虐殺のエピソードだけは初対面で話せるはずもなかった。特に姪御さんであるＤさんは私の話を面白がって聞いてくださり、「全然知らなかった。何かわかったら知らせましょうね」と私の電話番号を受け取ってくださった。私がおそるおそる、また来てもいいですか？と言うと、もちろん、いつでも、またぜひ寄ってくださいね、と終始笑顔で、遠ざかる車を最後まで見送ってくださった。

近くには、このあたりの信仰を集める霊山があった。その山の勇姿を水田から望む。早稲の緑が初夏の光を受けて輝いていた。まだ足も生えないオタマジャクシが澄んだ水を揺らし、みずすましがその上を通過した。沖縄戦が終わって初秋まで山に籠もっていた井澤曹長が故郷の土を踏んだのは翌年の一月。ふるさとはまだ雪に覆われていた。この山河を、彼はどんな気持ちで見上げたのだろうか。国破れて山河在り。彼があの亜熱帯の森で彷徨った地獄は、凍てつく白銀の故郷まで追いかけては来なかったのかもしれない。彼は家族に沖縄の話をしたこともなく、戦後一度も訪ねたこともなかった。井澤さんはここで仕事をし、家族を養い、いいおじいちゃんとして生涯を閉じた。しかし彼の心に去来したものを、誰も知ることはない。彼に限らず、日本の軍人が戦争中、敵ではないはずの部下や一般人を殺める行為は無数にあった。それ自体理不尽で残酷で許しがたいことではあるが、戦後、全く価値観が変わった世の中で生きることになった元軍人は、その責をどこまで負うべきなのか。どこまで追及されるべきなのか。無残に殺された人々のうめき声が今もこだまするような沖縄島に住んでいると、しゃあしゃあと生き延びた虐殺者たちに追っ手をかけたくもなる。韓国は、中国は、日本軍の暴力にさらされた国々の思いはいかほどかとも思う。しかしその一方で、この数年取材を重ねてて思うのは、彼らは「しゃあしゃあと生きる」ことは、実はできなかっただろう、ということだ。第二護郷隊の岩波隊長も、同じ本州中部地方で戦後の生活を再出発させながら、護郷隊幹部の遺児らを招いて就職の世話をするなど、ずっと沖縄とかかわりを持ち続けた。生き残った部下たちの歓迎を受けて沖縄を繰り返し訪問したように見えるが、恩納岳の悪夢が頭をよぎらない訪問はなかっただろう。それでも沖縄への巡礼の旅を繰り返し、元少年兵に白髪が生える時期まで共に戦後の時間を分け合うことができた岩波の方が、結果的には救いがあったかもしれない。「沖縄」という記憶に蓋をして一度も再訪することなく生涯を終えた日本兵は、井澤曹長のほかにも数えきれないほどいただろう。

先の東京オリンピックの年に生まれたような、戦争と相当距離のある私には、彼らの罪の重さを測る資格もなければ、犠牲になった沖縄の人々にかわってそれを糾弾する権利も全くない。そんな意図は毛頭ないのであるが、戦争の罪、国家の罪というが、しかし操られ踊らされた個人は無罪なのか？　日本人が日本人を殺して無罪というのはいったいどういう理屈なのか？　同じ日本人によって殺された命の意味を誰が掬（すく）い上げるのか？　加害者を生み出したシステム、その加害者が負ってしまう苦しみも含めて、戦争の闇を切り開いて病巣を露（あらわ）にして提示しなければ、被害者も加害者も救われないのではないか？　私を突き動かしているのは、現場を歩いていて繰り返し湧き上がってくるそんな思いだった。その象徴的な存在であった井澤清志という人が戦前と戦後を過ごすことができたこの地は、その答えを探していた私が最後にたどり着いた場所だった。私は彼の故郷にそびえる霊山を見上げ、戦後この山に正対した時の彼の視線をなぞる。そこに井澤さんの影を求め、心の中で語りかけて、ほんの少しだけ、彼の息づかいを感じた気がした。戦後、穏やかな日々をここで過ごすことができたのであれば、それは私にとっても一つの救いであった。それを胸に、もう一度彼の爪痕が残るあの島で、軍隊と住民、その共犯と加害と被害の問題について考えてみようと思った。

2　運天港　海軍特殊潜航艇隊将校　渡辺大尉について

渡辺大尉に関する証言

今帰仁村運天港には海軍部隊の第二蛟龍隊（特殊潜航艇隊・鶴田伝大尉指揮）、および第二七魚雷艇隊（白石信治大尉指揮）が沖縄戦の前年から配置されていたが、米軍上陸前にことごとく船舶・基地もろとも破壊され、いずれも四月初旬には八重岳を管轄する宇土部隊の配下に入り、陸戦に移行した。問題の渡辺大尉が所属する第二蛟龍隊（総勢約一五〇人）は、昭和一九（一九四四）年八月下旬から沖縄に入り運天港に秘密基地を構築していたが、最後に残った二艇の甲標的（小型特殊潜航艇）と基地を自ら破壊して陸に上がり、四月六日の夜に遊撃戦に移った。さりとて陸戦の経験もなく、米軍に応戦するだけの装備もない。こうして海軍兵は早くから目的を失い、欠乏と恐怖の中

海軍・渡辺大尉のイメージ（絵・西口友人　映画「沖縄スパイ戦史」より）

で生存本能だけに支配され、住民を脅し略奪を繰り返す輩（やから）も増えてきた。そのため、『沖縄県史』をはじめとする文献に記録された北部の住民の証言の中には「海軍は怖い」というものが散見される。特に、白石大尉[*2]、渡辺大尉は「スパイリスト」を手に集落に度々現れたという証言が複数残っている。

そして第一章の第一護郷隊員・宮城康二さんのところで触れたように、彼はこの渡辺大尉としばらく行動を共にしていたため、住民証言にある虐殺の事実を裏付ける証言をしている。

このように、北部で罪もない住民を多数殺害した「残虐な日本兵」については、住民の証言は多数あるものの軍隊側の資料はほぼない。証言以外に何か記録が残っていないか。アメリカの公文書館には、米軍が作成した膨大な量の沖縄戦リポートが保管されている。捕虜尋問書については、沖縄戦研究者の保坂廣志さんが徹底して調査した著書がある。その本、『沖縄戦捕虜の証言』をあらためて紐解（ひもと）いてみると、なんと「海軍の渡辺少佐」に関する、米軍のレポートの訳文があった。

> ゲリラ活動
> 6月17日から18日にかけて班長とその家族2人が、本部（もとぶ）半島玉城の自宅から連れ去られて、刺し殺された。日本海軍将校の渡辺少佐と彼のゲリラ仲間たちは、最近この地域で行

動を活発にしており、この虐殺に関係があると思われる。（Freimuth Paper G-2 Counter Intelligence Summary No.2 From 30 June to 7 July, p1, 0000025211）

大尉と少佐の違いはあるが、今帰仁村玉城の男性が家族と共に海軍の敗残兵に殺された話は同じ内容の証言が複数あることから、渡辺大尉の件と見て間違いない。米軍は毎週その地域で捕虜などから集めた情報をもとに週報を発行しており、敗残兵らの動向を知ることは重要な任務だった。ここに書かれている殺された三人は、今帰仁村玉城の与那嶺静行さんとその家族と思われる。『鉄の暴風』（沖縄タイムス社編著）に以下の記述がある。

その頃、運天港にいた海軍特殊潜航艇隊の渡辺大尉は、数人の部下と共に、夜になると米軍の目を逃れて、部落へやってきた。山中に匿れている兵隊は、大抵、住民の着物をつけ、藁の帯をしめていた。渡辺は陸戦隊の黒い庇帽を被り、日本刀を吊っていた。彼は村民に、喰物をせびって歩いた。（中略）

終戦も間近い七月十六日、同村玉城区出身与那嶺静行と彼の妻と、弟静正が呼び出されて斬殺された。つづいて長田盛徳、玉城長盛の二人が、依然として彼の殺気を帯びた日本刀につけ狙われたが、間もなく米軍の手によって、村民が羽地、久志に収容されたために、二人はやっと難を逃れることができた。渡辺の殺害リストには、五月二日、米軍の命令で開かれた区長会議に連なった人々の名前が並んでいた。

虐殺があった日付にひと月のずれがあるが、そこは米軍の週報の日付の方が信憑性は高い。[*3] 四月後半にはおおむね米軍の支配下に入った本部半島では、米軍の主導で生産の再開など村の新たな秩序が構築されていく。その中で与那嶺さんが班長の職に就いた。そのため「敵に通じた住民の代表」として日本軍のターゲットになり、見せしめに家族ともども殺されたようだ。

また同じ『鉄の暴風』によれば、五月一二日の夜、渡辺の部下が、警防団長だった謝花喜睦さんを家の庭先から呼びつけた。翌朝畑の中で死体となって転がっているのが発見され、日本刀で斬られた跡があった。[*4] 続いて通訳の平良幸吉さんも惨殺された。これも渡辺の部下がやったという証言が複数ある。渡辺本人も村民の殺害リストを作って持っていて「米軍に通じる奴は、国賊だ。生かしてはおけぬ」と部落に下りては脅し文句を吐いて山に引き上げていったと書かれていて、住民にとっては米軍以上の恐怖の対象になっていった様子が窺える。

少年兵が見た「渡辺大尉」

渡辺大尉が一〇～三〇人のグループで嘉津宇岳の山麓に潜んでいたことは、前出の護郷隊員だった宮城康二さんも証言している。宮城さんは護郷隊の任務を終えたものの、今帰仁村諸志の自宅には米軍の憲兵が出入りするようになっていたため戻ることができず、同じように帰宅できなかった護郷隊員の友人と共に山に引き返して、渡辺隊に拾われた。二〜三カ月も行動を共にする中で、謝花喜睦さんほかの殺害に遭遇している。ある夜、渡辺の指示で部下が謝花さんを誘い出して斬殺、宮城さんはその直後に呼ばれ、返り血を浴びた部下本人から虐殺の状況をじかに聞いたという。この謝花喜睦さんの事件に関する証言はほかにも複数活字になっている。宮城さんは私にも「渡辺は今帰仁の人を何人も殺しているよ。娘には、内地（本土）の人とは結婚するなと言った」と話した。そばにいた娘さん曰く、宮城さんは「特に渡辺という名前の男とは絶対に結婚するな」と折に触れて言っていたという。

渡辺大尉の暴力は身内にも及んでいた。宮城さんによると、沖縄の在郷軍人だったA兵長が、山羊が原因で渡辺大尉に殺されかけた事件があった。A兵長は七年も中国で兵役についていた三〇歳前後のベテランの古兵で、宮城さんの地域の先輩でもあった。ある日、山羊を勝手に食べたことで飼い主とトラブルになり、渡辺大尉はA兵長に腹を立てて抜刀し、小屋の裏に連れて行って斬りかかろうとしたという。あわてた山羊の飼い主が「山羊はもういいから、命だけは」と土下座して兵長の命乞いをしたので、寸前で斬殺は免れた。渡辺大尉の暴力の対象は民間人・軍人を問わなかった。しかし宮城さんはこの証言の中で「僕は、（A兵長は）殺されてもいいと思ったんだよ」と言った。私はぎょっとした。

――なぜですか？　A兵長は同じうちなー（沖縄）の先輩ですよね？

「いやこの兵長は、散々僕らに辛く当たったんだ。威張りくさって。いつもこの野郎、と思っていた。渡辺さんが殺すのだろうと思って見ていたのに。みんなそう思ったはずよ、あの時はね。山羊を殺すより、人間を殺す方が簡単。人間なんて、山羊ほどの価値もない。簡単に斬られよったよ」

一七歳の少年が敵を殺し、殺され、また自国の軍隊に住民も殺され、上官が部下を殺そうとするのを目の当たりにする。もうめちゃくちゃである。沖縄戦末期を這いずり回っていた少年の心は、完全に麻痺していたのだろう。確かにA兵長は、逆らえない地元の少年兵をいびり倒した在郷軍人だったかもしれないが、敗残兵の将校に同じ地域の先輩が殺されるのだから、今の感覚なら見るに忍びない修羅場である。しかし多分傍らにいたほかの少年兵も含めて、たくさんの人間を殺めてきたこの大尉ならやるだろう、やってしまえと心の中で思って、止めることはしなかった。このエピソードは、護郷隊が解散した後に、少年たちがすぐに普通の少年に戻ることなどできなかった、厳しい状況を教えてくれる。地域に帰りたいのに、集落を闊歩するようになった米軍に見つかって元兵士だとわかれば、家族にも危害が及ぶ。そんなさまざまな事情で単独で潜伏を続けたり、隠れている兵士に誘われていいように使われたりしていた少年兵たちが少なからずいたことを示すものであり、また彼らの気持ちがどうすさんでいたのかを物語る大事な証言だと思う。日本軍に迫害された住民の証言を聞く中で、残酷な敗残兵の集団の中に、護郷隊の少年がいたらしい、という衝撃的な話がいくつか私の耳にも入っていた。まさか、なぜ、とずっと疑問に思っていたが、渡辺隊に拾われて二～三カ月も共に過ごしていた少年兵の体験談は非常に参考になった。周辺の地理に明るく、地元の少年に扮して自在に米軍の収容所内も行き来できる彼らは便利な存在だった。しかも、訓練されていて度胸もあり、命令に従ってくれる使い勝手のいい少年兵たちを敗残兵らは手放したくはなかっただろう。

「手放すはずがないさ。酒も、煙草も、隊長が言う通り米軍から調達してくるのに」

宮城さんはにやりと笑った。そうやって恐怖と飢餓から残虐になっていく日本兵と共に、少年兵も加害者の一角に身を置きかねない距離にいた。護郷隊は、解散したらすぐに故郷の父母のもとに帰って普通の少年として人生をリセットできたわけではなかった。これは私が直接聞いた少年兵の話の中でも最も心の荒廃を実感した証言の一つだ。

米軍に見破られた海軍大尉

さて、この渡辺大尉はどうやって山を下りたのだろうか。同じく運天港に本拠地を置き、山に潜伏してからは住民のスパイリストを手に残虐行為をしていたとされる第二七魚雷艇隊は、九月三日、白石信治大尉以下一八〇人あまりが投降、名護町の我部祖河(がぶそか)において日本刀を米軍に引き渡して降伏式に臨んでいる。その様子は米軍が動画や写真で残している。しかし、その中に渡辺の姿はなかった。実はもっと早くにひっそりと、民間人に扮して下山していたのだ。その顛末はスタンフォード大学に所蔵されている米軍の資料集「ワトキンス・ペーパー」第八二巻一一五頁の「沖縄人と日本兵」の項目に書かれていた。

(1945年)7月22日　対敵諜報隊(CIC＝Counter Intelligence Corps)からの報告によれば、日本海軍将校のワタナベ大尉(Lt.)という者が、大浦崎キャンプ[辺野古(へのこ)]において匿われていたということである。地元住民から構成される政治組織の一部の者達も、ワタナベ大尉の存在を認識しており(黙っていようと)合意していたということである。

(翻訳・保坂廣志)

彼は軍人として捕まることを恐れ、民間人を装って辺野古大浦崎の難民キャンプにいたのだ。しかも、命令を聞く住民のグループに、くれぐれも日本軍将校であることを伏せるよう口裏合わせをし、地元民の格好をしてかくまってもらっていた。宮城さんの証言に、渡辺は口は達者だが、いざ戦闘の現場では毎回腹痛を起こして部下に担がれて帰って来たという無様なエピソードもあったが、渡辺大尉という人物はたいそう気が小さかったようだ。そんな性格も、過度の疑心暗鬼に襲われ住民虐殺に走った要因なのかもしれない。

渡辺大尉　謎の消息

ところが、その渡辺大尉が生きて本土に帰ったのかどうか、その消息は藪(やぶ)の中である。渡辺大尉の下の名前については住民証言には出て来ないが、彼の同期生で隣の魚雷艇隊にいた住田充男主計長の手記によると渡辺義幸（海軍機関学校五二期）と思われる。民間人に成りすまして収容所にいたところを米軍に見つかったのであれば、そこから本土に送還される間に病死でもしない限り、ほぼ間違いなく故郷に戻ったと見るべきだろう。しかしこの運天港にいた海軍仲間の手記などを見ると、この渡辺に関しては不思議なことに「戦死」と「行方不明」の二通りの記述があり、いずれにせよ復員していないことになっている。今帰仁でも戦後、慰霊祭などで沖縄を訪れたという噂は全く聞かないそうで、宮城さんは多分生きて帰っていないだろうという認識だった。例えば、関係者がすべて戦死したと認識している軍人が、実は誰にも知られずに故郷でひっそり生きていた、というケースはあるのだろうか？

蛟龍隊の別の生存者の手記を見てみる。昭和二〇（一九四五）年一月に広島県の軍都・呉(くれ)の沖にある倉橋島の大浦崎から出撃し、沖縄まで「蛟龍」で自力航行してきた和田孝之さんの手記には、渡辺大尉の戦闘状況が窺える記述がある。運天港には、米軍上陸直前の三月中旬に甲標的は七艇あり、すでに空襲で四艇が失われていた。さらに敵の艦載機による重爆撃で三月二三日、渡辺大尉の艇が桟橋に横付けして充電中に撃沈された。いくら偽装しても魚雷艇も甲標的も空襲には極めて弱く、水兵らは制空権のない戦いを呪ったようだ。しかし出番がないわけではなかった。米軍上陸が迫った三月二六日の天号作戦の発動で、第二蛟龍隊にも全力攻撃が指令される。その結果戦艦一隻、巡洋艦一隻を撃沈したとされるが、思うような成果は上げられず、四月一日には生き残った魚雷艇の白石隊と共に二五ミリ、一三ミリ機銃や物資爆薬を八重岳に上げて陸戦に移行する準備に入った。そして四月六日には自ら基地施設を破壊した。陸戦経験のない海軍部隊ではあるが、八重岳の宇土部隊配下に入り、機銃を持っているため東斜面の道路に近い所、つまり真っ先に敵に遭遇する場所に配置された。和田さんによれば七日には上陸した敵との激しい銃撃戦になり、潜水艦の搭乗服のまま戦う海軍部隊は、多野岳に転進する前に大半が本部半島で戦死したという。そんな場面で渡辺も登場する。

敵と近くいるためか爆撃が少ない。斬込みに行った川島巌大尉（丙60艇長）が戸板で運ばれてきた。腹部が抉（えぐ）り取られ、心臓が見えてまだ動いていた。渡辺大尉が悲痛に「川島、川島」と呼び続けていた。雨が降って砲声が小止みになる。川島大尉はこと切れて埋葬されたらしい。

特殊潜航艇隊の隊員らによる戦友会組織である特潜会発行の『嗚呼特殊潜航艇（写真集）』には、第二蛟龍隊の主な戦死者の顔写真が並んでおり、少し困ったような顔で笑う渡辺大尉の写真も掲載されていた。そこには「渡辺義幸少佐　昭和20年6月13日　陸戦により戦死」となっている。しかし同じ頁には、運天基地の主計長だった住田充男大尉が山中で記録した直筆の名簿が写真で載っていて、そこでは「渡辺義幸　熊本　行方不明」と書いてあるのだ。特潜会の編集した本の同じ頁に戦死と行方不明、二つの記述が並列されているのも奇妙だ。同じ手書きの手帳の中で、渡辺同様に「行方不明」とされた佐藤隆秋という人物は、実は生き残っている。だから渡辺が実は行方不明や戦死ではない可能性も大いにあるわけだが、その佐藤氏本人の手記が「特潜会報」第一号（一九七二年四月）にあった。この間の動きがかなり詳しく書かれている。その手記「あゝ沖縄蛟竜隊」（徳永道男氏との共著）の陸上戦闘の項目から抜粋する。

しかし圧倒的優勢な火力を誇る敵はすでに八重岳に迫っており、これと対峙した蛟竜隊は7、8日における山麓三叉路の戦闘で早くも池田少尉以下12名の戦死者を出し、戦闘継続と共にみるみる兵力を消耗していった。10日頃からは砲撃に敵機の対地掃射も加わり、

13日、軍刀片手に陣地を飛び出して斬り込みに向った川島大尉も忽ち壮烈な最期を遂げ、17日までの戦闘で河本少尉、阿部少尉、松井兵曹長等も次々に戦死した。

かくて戦闘は次第にゲリラ化し渡辺大尉や佐藤兵曹長等は、斬込隊を編成して夜陰にまぎれて敵陣に近づき、敵宿舎の床下にしのび込んで爆薬をしかけ、大爆発と共に飛び出してくる敵兵に機銃掃射の雨をふらせ、擲弾筒を撃ちこみ数百名を殺傷する戦果をあげたりしたが、勿論戦局の大勢は変るべくもなかった。

この文章からわかることは、渡辺が四月後半の敵宿舎の斬り込みに加わっていることだ。その後同手記では、四月一九日には第二陣地としていた乙羽岳も撤退、四月二一日までに第三陣地である久志岳に集結した蛟龍隊は隊長鶴田大尉以下六五名だったとある。二三日に後から追いかけてきた二六名が加わってさらに戦闘を継続するも、そこでまた二一人が戦死、となっている。文中、曹長以上の戦死者は逐一名前が登場するが、その中にも渡辺はいない。そして食糧弾薬が尽きた頃、鶴田大尉は「気の合ったもの同士のグループを作って食糧を探し、成し得れば敵の兵器弾薬を奪って斬り込み隊、ゲリラ戦を続行する」という方針を示して分散、それが沖縄蛟龍隊の最期になったと書かれている。その後彼らがたどった道はバラバラで、いくつかのグループは海軍らしく海に活路を求め、それぞれに小舟などで脱出、漂着したり、敵の潜水艦に救助されるなどの海の男の武勇伝もいくつか書かれている。しかしその中にも渡辺義幸の名前はない。

この記録からでは、渡辺大尉は第三陣地の久志岳まで来たかどうかがわからない。本部半島を脱出できずにそのまま山に籠もったのか？　しばらくその可能性を考えていたのだが、後日、元海軍大尉がまとめた特殊潜航艇隊の記録の中に、以下の記述を見つけた。

四月二十一日までに久志岳に集結した蛟竜隊は隊長鶴田大尉、渡辺大尉、三好軍医大尉、酒井中尉、中島少尉、佐藤兵曹長等六人の士官および下士官五十九名に過ぎなかったが、翌々二十三日に至り、後からたどりついた飛沢上曹以下二十六名がこれに加わった。

（佐野大和『特殊潜航艇』）

渡辺は久志岳までは来ていた。とすれば、鶴田隊解散（五月初旬か？）以降は少人数で北部の山中に潜伏したと見るのが妥当だと思うが、ここでさらに疑問が残る。七月に収容所で発見されるまで、彼が同僚らと共に山に潜伏していたのであれば、彼の戦死説は間違いだと戦後、訂正する者が出るはずだ。その仲間もたまたま全員戦死して彼の消息を知る人間が皆無になったということか？

それにしても少し不自然である。「運天にいた海軍の渡辺大尉」という敗残兵の存在は、住民虐殺のエピソードと共に沖縄県民側の証言には頻繁に登場するのに、海軍側の記録が戦死になったまま放置されているというのはどういういきさつなのか。蛟龍隊の戦友会は戦後活発に活動しているのだが、渡辺はあえて顔も出さず、慰霊祭に出向くこともなく、名簿にも戦死のまま、仲間たちと一切音信不通を貫いたということなのだろうか？

防衛研究所の係の方にも協力をお願いして、蛟龍隊や運天港にかかわる海軍資料を片っ端から検索していただき一日かけて渡辺義幸の足取りを追ったが、この係官も首をひねっていた。「こういう、生きて戻ったけれども戦友と一切交流せずに『死んだこと』にしているようなケースってありますか？」と訊いてみると、「それは、ままあります。いろんな事情が個別にあるんでしょうが、消息を絶って、また年金の申請もせず、存在を消しているような方もいらっしゃいます」ということだった。もしも渡辺が生きて帰ったのにそうしていたとしたら、それはどういう理由からなのだろうか。あの山中で、海軍将校なのに部下にも知られずに単独行動をし、住民虐殺に手を染める頃に一緒にいたのはほかの部隊の者たちだった、ということなのか？

その経緯を窺い知る証言を、『沖縄県史』にある護郷隊員の記録の中に発見した。当時一七歳で宮城康二さんと行動を共にしていた第一護郷隊の少年兵・金城林昌さんは、多野岳で食糧が底をつき自然解散[*5]になった直後、少人数で源河山に移動した時の顛末をこう語っている。

アメリカーがあがってきて、だんだん追いこまれて、食糧がなくなったし、ずっと東の源河の山まで、グループつくってです。源河の山にハジウスイ、昔の恥をおおうという名前の部落があるんです。家は十軒ぐらいあるんですが、向うにいって、食べ物はないし山羊がいたもんだから、その山羊を売ってくれといって、あるだけの金を集めて、みんなでもっているだけの集めて、山羊買って、藁も買ってですね、藁もくれないですからね。この山で山羊焼いてですよ。ちょうど自分らがやっているのを運天港から引き揚げて来た特攻隊の方だったんですが、あれらも一緒にしてくれというもんだから、一緒になって食べたんだが、一緒に行動してもいいですよといったら喜んでですね、今帰仁にくるまで一緒だったんです。（中略）

そのとき下りて来たのが七、八名［護郷隊を含む自分たちのグループ］くらいですね。旧の二十二、三日［前後の文章から旧暦三月のことか。とすれば西暦で五月三日、四日、鶴田隊解散後間もなくということになる］に帰ってきた。渡辺大尉が地図を持っていたものですからね。あの山の中から地図みて、稜線をおりて来たんです。

特攻隊の人たちは渡辺という大尉だったんですがね、こっちおりて、もう一ぺん、ひとわたり運天港の自分の基地を見たいからということもあって、今帰仁まで一緒です。別れたのは湧川の最初の部落です。我部井ですか。一応着いてですね。一晩寝て、向うで解散したんですが。自分らと一緒に来たのは渡辺隊長一人だったと思います。そのとき、あれらの日本刀も自分らが持ったりして、山羊の生肉をあまり食べすぎたもんだから、下痢したもんだから。渡辺大尉はそのあとで渡喜仁の謝花喜睦さんなんかを斬り殺しています。
みんなと別れてから、諸志の康二さん、あれは一番豪傑ですね、意地があったですよ。帰って来てから、米軍の駐屯している兼次校あたり全部斬り込みしてよ。そのために、自分らこっちにいてもアメリカ軍が全部荒らしてですよ。捜索されて。

（『沖縄県史 第10巻 各論編9 沖縄戦記録2』）

この証言からわかることは、護郷隊の解散後、今帰仁チームが源河山で山羊を焼いて食べようとしていた時に運天港にいた海軍の渡辺大尉に出会い、山羊肉を分けてあげたこと、一行は彼の地図を頼りに運天港を見ながら今帰仁に戻って行ったこと、渡辺大尉は下痢が激しかったために日本刀などの荷物は少年兵が持ってやっていたこと、今帰仁に移動する時には彼を支える部下はもう周りには存在せず、一人だったこと。そしてその彼がこの後ほかの敗残兵と合流し、今帰仁の山に籠もって謝花喜睦さんらの殺害[*6]をすること。渡辺の消息について同じ海軍の証言が全く残っていないのは、五月頭の時点で一度は完全に単独行動になっていたためだったのだ。

同じ『沖縄県史』の中で、護郷隊の宮城康二さんはこの時期のことをこう証言している。

タニウ岳［多野岳］で解散してから、みんなで国頭へいこうと今帰仁村出身の友達八名と源河山へいった。中村喜久（運天）、小那覇安敬（渡喜仁）、荻堂盛福（呉我山）、上間政信（平敷）、仲里茂直（平敷）、与那嶺ミツオ、金城林昌（崎山）。源河山へいったら、つるが隊［鶴田隊、特殊潜航艇隊］という海軍の渡辺大尉というのがきた。

運天の海軍部隊の将校で中村喜久が知り合いなので一緒になった。（中略）しかし渡辺大尉は海軍で自分らとは関係ない人です。

自分ら八名は川の水のそばで休もうといっているとき、彼らが来たわけ、そのとき喜久が知っているというもんだから一緒に行動やろうということで、（後略）（同前）

仲間の中村喜久君が、同じ運天にいたよしみで渡辺大尉と繋がったものの、康二さんはこの後一緒にいるのが次第に面倒になったと述べている。源河山から今帰仁まで引き上げる時は、後に亡くなった小那覇安敬君と康二さんの二人が常に斥候のように先に行き、大丈夫だったら渡辺大尉を含む残りを呼びに行くということを繰り返すが、米軍が多い仲尾次（なかおし）、呉我と進んでいく中で、危険な斥候を誰も交代してくれないので、康二さんは自分の隊長でもないのに難儀してバカバカしいから小那覇君と二人で逃げようか、と話していたという。そして一度は実家に戻った康二さんだが、第一章の証言にもある通り、家族に危険が及ぶから山に隠れていろと父に言われ、その頃、喜久君が呼びに来たこともあって、嘉津宇岳にいた渡辺たちの所に戻っていく。その時、渡辺の周りにいたのは二〇人ほどで、少年兵も含む雑多な構成だったようだ。海軍兵も一緒にいたようだが、彼らが生還したとしてのちに渡辺の消息を語っていないことを考えると、特殊潜航艇隊ではなく、魚雷艇部隊または別の海軍部隊だった可能性もある。

中村喜久が呼びに来たのでまた山へいったのです。渡辺大尉とは伊豆味（いずみ）の、嘉津宇岳のすぐ下の部落で出会いました。（中略）

渡辺大尉たちがいる部落には運天の海軍部隊の兵隊たちがいました。運天からは、トキねえさんとカズねえさんとマサ子という人と三人ついて来ていて、あの方たちがいたから自分もながくいることができたんです。あの姉さんたちは、兵隊たちとは運天からずっと知り合いで友だちみたいになっていて、民間であれされるよりは友達と一緒に殺されてもいいというぐらいに。年も若いし気持があの当時の女子青年だから、自分らよりか年上ではあるが、自分を子供か弟のように着物のつくろいをしてくれたり、兵隊と起居を共にして（中略）御飯もトキねえさんたちが炊いてくれるという生活が続きました。（同前）

こうして宮城康二さんら護郷隊出身の少年は、再び渡辺大尉ら敗残兵のグループにいいように使われる存在になる。彼の証言を追っていくと、関係ない他部隊の敗残兵に上官面されるのは不愉快だが、集落に戻っても厄介な立場だし、まだ米軍に一矢報いたいという意地から時に斬り込みを敢行したりしつつも、目的を失っていき、戦争は終わっているのに、居場所を求めて山に潜み続ける以外なかった状況が窺える。

海軍部隊は自分がいなければ困るわけ。糧秣運んでいくし、言葉も年寄りとは通じないでしょう。それで煙草でキゲンとったりなんかして、自分は何のためにいたか判らなかったが――。

このころのある晩――といっても夜明けがた、海軍の山田兵曹（上等下士官だったと思う）が部下四、五名つれて、軍服に血いっぱいつけて帰ったことがあります。返り血というんですか。渡喜仁の警防団長を斬った話をしていました。引っぱり出すところから斬り方まで、動作をつけて説明していました。小那覇安敬の親戚（オジサン）になっている人だから、キミはこんなことすると大変だから、帰りなさいといって帰したんだが、渡辺大尉はワンマンで、自分ではやらないが、今帰仁のえらい方を三名殺させているのです。

　自分が二、三日いなかったといって、ひどく怒られたことがあった。うちに帰ったら戦闘やる気持がなくなったのかといって、自分ら同じ分隊でも何でもないから、そんな海軍のいうことなんか聞かなくてもいいという気持でいたし、ほかの青年たちはいかないのに、自分はいったら怒られて、シャクにさわっていた。本当いえば自分がこの連中つれて来てやったのに、上官や部下たちに紹介するのにはオレが連れてきたとか一緒に行動しているとか、子分みたいに。面白くないから、もう飯盒（はんごう）一つあればどこでも食えるんだからということで日本刀一つもって逃げようとするときに、また同じ兵隊に会ったわけ。どこにいくかと——逃げるというわけにもいかんしどうせ逃げても一緒だし、会ったからまた仕方なく一緒にいて、（後略）　（同前）

　康二さんは、小那覇安敬君のおじにあたる謝花喜睦さんを殺害したグループに安敬君がいたらまずいだろうと、潜伏しているこの山から離れるように言った。そして彼自身も同じ今帰仁の大人を殺害する敗残兵たちの支配から抜け出したいという気持ちが芽生えていたことが窺える。しかし日本刀を一つ盗んで出ようとしたら同じグループの兵隊に見つかってしまったという顚末が語られている。ほかの青年たちは協力しなくても許されるのに、どうして自分は酷く叱責を受けたりしなければならないのか。人一倍腕白で修羅場を切り抜けてきた康二さんだが、どんな気持ちで渡辺大尉らと過ごしていたのか、沖縄戦はとうに終わっている時期になっても支配されていた少年たちの実態を知ると胸が痛む。この後もタキンチヂという山の下のアーグという場所に、ふた月ほどいたと書いている。康二さんは敗戦を知った八月末に家族のいる大浦崎収容所に行くが、渡辺のその後のことは把握していないという。しかしその大浦崎収容所に渡辺大尉が民間人に成りすまして入り込んでいたことが七月後半に発覚しているのだから、康二さんより先に、自分をかくまってくれるそのほかの今帰仁の人たちと共に収容所に移動していたということなのだろう。

元海軍兵たちが恐れていたこと

ここまで調べてきて、渡辺大尉が仲間から離れて米軍に発見されるまでの足取りはほぼつかめた。戦死、行方不明という記述は不正確で、後半は運天の女子青年団や元護郷隊の宮城さんを含むグループで山に潜伏し、生き延びたことも間違いないだろう。しかし、一五〇人もいた特殊潜航艇隊が戦後、慰霊祭や会報作りなどで顔を合わせる時に、「大尉」クラスである渡辺義幸の消息について、戦死の有無が取り沙汰されないのはやはり腑に落ちない。戦友会関係の資料を読み直していると、昭和六一（一九八六）年の「特潜会報」第一六号の中に気になる記述があった。それは当時の沖縄慰霊団長を務めた石野自彊さんの記述だ。慰霊祭が無事終わったことを報告する文章の後半、一部を引用する。

当時烹炊所等に動員されていた御婦人方が手に手に自家で丹精して栽培した沢山の白菊を持って、集まって来られ、参列していただいたことは、誠に有難く感謝のほかなかった。

その夜、当時基地に関係のあった仲間さんほかの御婦人方が、宿舎まで来られて、沖縄隊員と往時を偲ぶ懇談の場が持たれたが、鶴田隊は「よい部隊で、住民ともトラブルは特になかった」という御婦人方のお話しを聞き、さもありなんと合点するとともに、抱き続けていた一抹の不安が雲散霧消したのは、私一人ではなかったのではなかろうか。

今帰仁村で起きた住民虐殺について、戦後、渡辺大尉の名前と共に初めて記述が公になったのは、おそらく沖縄タイムス社編著、朝日新聞社出版の『鉄の暴風』（一九五〇年、のち沖縄タイムス社より再版）。そして虐殺証言がかなりまとまって世に出たのは『沖縄県史　第10巻　各論編9　沖縄戦記録2』（一九七四年）。当然ながら、石野さんのように一九八〇年代に沖縄に通って来る元兵士らにはこれらの証言集の内容はとうに耳に入っていたであろう。虐殺者として名前が挙がっているのは、運天港にいた海軍としては白石大尉と渡辺大尉の二人。白石は魚雷艇隊の隊長であるからその名前は伏せようもないが、渡辺についての記述は所属が「魚雷艇隊」とか「つるが隊」となっていたり、表記も間違っていることも多く、下の名前も出てこない。特殊潜航艇隊の一員だと確信するまでに私も苦労したくらいだ。このような特殊潜航艇隊の歴史に汚点を残す事例について、生き残った隊員としては「さわらぬ神」とする以外なかったのかもしれない。つまり私の想像に過ぎないが、渡辺の消息を知る者がいたとしても、一度戦死または行方不明とされたのを幸いに、運天港の海軍関係者は誰もが渡辺の存在には触れない、触れられたくない話になっていったのではないだろうか。

「渡辺」を封印したのは誰なのか

確かに、海軍の構成員が、海軍に協力を惜しまなかった地元のリーダー的な存在を次々に惨殺したという事実を戦後に伝え聞いた時、生還した隊員たちは衝撃を受けただろう。あるいは当事者に近い立場にいた隊員にとっては、ついに住民から責められる時が来たかと震え上がったに違いない。ところが、覚悟して現地を再訪してみれば、今帰仁の人たちは笑顔で迎えてくれてほっとしたという元兵士も多かったのかもしれない。しかし、息子の消息を訪ねて戦後今帰仁までやって来る遺族や、戦火の中でも個別に深い交流のあった兵士らが地域を訪れた時に、村の人々が気持ち良く彼らを受け入れるのも当然の作法だった。沖縄県民は戦後、ある特定の事例を除き、日本軍の残虐性については歴史に残しても、戦時中の日本兵個人の罪を問うようなことはあまりしてこなかった。

時代は移り、住民虐殺から本書執筆時点で七五年という月日が経過している。元兵士が、地元が、どうやってこの悲劇を時の流れに乗せて遠くに追いやったり忘れたりすることができたのか、またできていないのか。ほとんどの元兵士が他界し、元少年兵しか生存していない令和の時代に入って、両者の気持ちの経過を知るのは容易ではない。ただ一つわかったことは、消息不明の渡辺大尉の件については、元軍人も、住民も、これ以上追及してもお互い古傷を閉じていたかさぶたをめくるような領域に入り込んでしまうという暗黙の線引きが存在しているのではないかということだ。その枠外にいる私のような人間だからこそ、このようなしつこい検証を試みることができるのであって、当事者にとっては今後も半永久的に触れる必要はないと封印した事柄なのだ、という一つの壁に突き当たり、ため息をつく。しかし、私は検証を続ける。そこにはまだ、つかみ取らなければならない何かがあると思うからだ。

行動を共にした運天の女子青年団員について

ここでもう一つ気になるのは、海軍の渡辺らの世話をしながら最後まで一緒にいた可能性のある三人の女子青年団の存在についてだ。運天港にいた海軍は、特殊潜航艇隊にせよ魚雷艇隊にせよ、秘密基地の扱いだったこともあり、徴用されていた地域の人を含めて証言がほとんど残っていない。スパイリストに載った中本米子さんは、第四章での証言にもある通り、何度も取材協力を頼まれたけれども、誰も当時の話をしていないからと口を噤んできたという。しかし、この後に記述する武下少尉や海軍白石隊の戦没者を祀った今帰仁村湧川の慰霊碑に、つい最近まで運天出身の老女たちが定期的にひっそりと手を合わせに来ていたという話を聞いた。

それは、忠誠心を持って最後まで海軍と一緒にいたであろうその三人の女性なのではないかと思い、何度か消息を尋ねようとするのだが、その話になると地域の人々の口は重い。この老女たちのことはそっとしておいて欲しい、という空気が立ちふさがって前に進めなくなるのだ。もちろん、康二さんと同じ世界を見たのだから、一部の海軍兵らの残虐行為と自分たちが彼らに仕えたあの時代の気持ちとの整合性を、他人が理解してくれるとは思えないだろうし、当時のことを話してくださいというのも酷だろう。しかし、それでも、渡辺大尉の最期はどうだったのか。戦後も彼女らを通して沖縄とひそかに繋がっていた事実はなかったのか。許しを請うような言動はなかったのか。故郷（九州）に戻っても、沖縄戦の住民虐殺の話が出る度に身をすくめて生きてきたというような戦後の苦しみの有無も、できれば知りたいと願う。私たち後世の人間は、すでに他界した人の罪を問うためではなく、苦い体験こそ心に刻みつけて二度と同じ狂気の時代を迎えないための糧にするべく、掘り起こさなければいけないはずだ。また慰霊の日に、海軍の慰霊碑に行ってみようと思っているのは、何かの偶然でもいいから彼女たちにお会いして一言でも当時の話を聞き、記録を残すことができたら。どこかにそんな期待を持っているからである。

追記・渡辺大尉らを支えた三人の女性について

この三人の女性たちのうち、最後の生存者だったマサ子さんが平成二九（二〇一七）年に九四歳で亡くなっていたことが令和元（二〇一九）年六月の慰霊の日を前にようやくわかった。従兄弟（いとこ）にあたる方を紹介していただきお話を伺いに行ったのでここに記す。

今帰仁村運天に生まれた徳山盛春さんは一五歳の少年時代、海軍白石隊の宿舎に水を運ぶ仕事をしていた。天底（あめそこ）から一度に二つ三つのドラム缶を水でいっぱいにして、一日四、五回運んで一二円。馬車を持つ人が一〇円取って、盛春さんが二円をもらっていたそうだ。運天地区の女子青年団は防空壕（ぼうくうごう）を掘ったり海軍の陣地構築を手伝ったり熱心に活動していたという。中でもトキさん、カズさん、マサ子さんの三人は最後まで海軍に協力をしていたということは地域によく知られていた。

盛春さんの言葉によると「あれたちは海軍と遊んで遅く帰って来て、父親に怒られよったよ」ということだった。その意味は濁されてしまったのだが、こういうことなのだと思う。早々に米軍に制圧された今帰仁の人たちはいったん羽地の収容所に入ったが、集落に早めに戻れた人が多かったようだ。一部、大浦崎収容所に行った人たちは戻るのが七月以降になっている。渡辺は民間人のふりをして、かばってくれる住民に紛れて大浦崎にいたということであれば、おそらくこの三人の女性は渡辺大尉らと一緒に大浦崎まで行ったのではないかと思われる。だから父親からすると、もう日本軍は負けているのだからそこまで海軍の世話をする必要もない、早く戻ればいいと心配をしていたので、「怒られた」という表現になるのだろう。しかし、米軍に占領されて冷静になった大人たちの日には「敗残兵」であっても、運天に来た時から必勝を願って海軍兵士らを支え、純粋に軍国主義に染まった女性たちにとっては、最後まで見捨てることはできない大事な人たちだったのだろう。「海軍と遊んで」という表現が言いたいところはよくわかるが、彼女たちがそんな存在ではなかったということははっきりさせたい、とばかりに、宮城康二さんはその点に力を入れて私に説明してくれたことがあった。

「彼女たちと兵隊の間に僕たちが寝ていた。だから彼女たちは安心していられると話していた」

そのあたりは非常に微妙な話だが、大事なところなので地域の人たちのニュアンスを私が解釈するに、一部の人たちの中には、女子青年団は恋愛や男女関係などの、職務以上の協力をした者がいたのではないかという邪推がある。さらには、近くにいたのであるから住民虐殺に至る事情を知りえたのではないかという点も重い。性的な話と虐殺や密告に関する噂や偏見が、戦後もこの女性たちについて回った可能性があると、盛春さんの言葉から感じ取れた。だから宮城康二さんもあえて私に言ったのだと思う。彼女たちの忠誠心は強かった。感謝しているし、そこは一線を引いていたのだ、と力説し彼女たちをかばったのだと思う。三人が老女になっても多くの人が来る慰霊祭の日を外して、別の日や早朝に慰霊碑に来ていたというのは、不名誉な誤解の残滓(ざんし)がムラ社会に沈殿していることから逃れたかったためではないだろうか。

男性社会が生み出す沖縄戦証言のゆがみについて

こういう証言に接する度に思うことは、沖縄戦の証言を聞き取り、行間を読む仕事にもっと女性の視点が必要だということだ。男性社会の常ではあるが、戦前は「日本軍に尻を振った」という言い方で女性を下に見て、戦後は「米兵に媚(こび)を売った」と揶揄(やゆ)する空気がある。男たちこそ、戦前は日本軍に媚びへつらって、戦後は手のひらを返して米軍に唯々諾々と従うしかなかった情けない行動を棚に上げて、ある女性たちを尻軽な、軽率で節操のない存在のように言いたがる傾向がある。もちろん、これだけの日米両方の軍隊と同じ島で生きる中で、恋愛も、合意の上での性的関係も、暴力でしかない性行為もそれぞれにあっただろう。しかし二つの軍隊と戦争に翻弄された庶民の鬱屈した気持ちが、そういう女性たちを興味本位の噂で虚飾し、蔑み、溜飲を下げてきたような部分がなかったか。自分たちの惨めさを彼女たちにべったり擦り付けていく社会の弱さを冷静に見抜き、きちんと配慮して事実を記録する努力が必要だろうと思う。そんな偏見が事実をぼやかしたり、証言を取りにくくする弊害に繋がっていることは、戦争証言に接して記録する側の私たちの配慮の足りなさ、意識の低さにも起因していると言える。

沖縄戦で惨敗した理由を当時の日本軍が「沖縄人がスパイをしたからだ」と全国に盛んに喧伝したように、沖縄戦の中では、女スパイの話がよく登場するし、「敵に協力した女がいた」という言い方はよく聞く。名護市辺野古で聞き取りをしていた時も、ある女性が米兵に密告して敗残兵が殺されたという話があった。その「米兵に媚を売っていた女」を軽蔑する言説が複数あるのだが、それが誰なのかは出てこない。「好ましくない相手と通じている女」という虚像があちこちで同じように繰り返し立ち現れる現象を、私たちは事実としてではなく集団が求める物語として分析する必要がある。そこには厳然たる女性差別と、そして、本当の敵を見定める力のない民衆が「ああ、そういうことか」と身近に敵を作って溜飲を下げるという愚かな行為があるのみで、事実ではない可能性がある。そのような視点から、渡辺大尉らに殺害されたとされる謝花喜睦さんの、当時一六歳だった息子さんの証言をあらためて読むと、当時の地域社会がこの理不尽な出来事をどう受容していたかが窺える。その証言を引用する。続いて米軍の資料で、二人の少女が敗残兵に食糧を運んでいることを問題視していたリポートを掲載してこの項を閉じることにする。

友軍に虐殺された父

今帰仁村湧川　謝花恒義

あの当時は、日本軍の連中とベッタリの女の人もいたようですがね。もしかしたら、その女の人からの密告もあったんだろうということを後で聞かされたわけですがね。この人も実際に今、中部の石川辺にいるということですよ。肝心なことになるとこの人も、わたしに言わないんですよ。この人の話を聞いたという人々もたくさんいるらしいんだがね。そこのところもわたしには、どの程度事実であるかはっきりしないんですよ。うちのおやじの場合は、第一にあの頃の村の有志になりますし、農業関係とかそういったものも手広くやっていたし、悪くいうなら、ここら辺一帯ではどちらかというとボス的な存在であったかも知れませんな。そういった面で、うらみだったかどうかはこれわかりませんがね。

わたし、この兵隊を大分探し廻りましたよ。あれからですね、日本の軍隊に非常に嫌悪感があるのは。ちょうど十六、十七ですから、手榴弾一コ、二コ必ずわたし持って歩いたんですがね、しばらくは。それらしき者がおったらということで探したんですがね。とう、とう、そういったものは、時が解決してくれたんでしょうかね。

自分が一番考えるに、あの頃の精神状態といいますかね、どっちかというと正常じゃなかったのですから。だれもかれも、どうせ米軍と相対したって勝目はないんだし、ひとつのうっぷんばらしみたいな格好になっていたんじゃないかなあ。

(『沖縄県史 第10巻 各論編9 沖縄戦記録2』)

沖縄人と日本兵 (1945年) 7月22日
二人の少女が、山中にいる彼女らの男友達の日本兵へ食糧を届けようとした罪で、銀原で逮捕された。これらは重大な告発であった。敵軍に援助を与えており、事件は軍事裁判所での裁判となった。審理は長引き、8月末になっても依然として裁判は続いているということだ。私の知る限り、判決結果はまだ公表されていない。
ラモット 武官書記官 (MS) 1945年7月16日~31日、85頁
(D-4戦中日誌に基づき9月に記載)

（「ワトキンス・ペーパー」第八二巻一一五頁、翻訳・保坂廣志）

次に紹介するのは、その運天の女性たちが長年供養していたという慰霊碑の中心に祀られている「武下観音」の由来である、海軍白石隊の武下一少尉についてである。武下少尉も渡辺大尉同様、虐殺にかかわったとされるが、この二人の物語はだいぶ様相を異にしている。

3　運天港　海軍魚雷艇隊　武下一少尉[*7]について

軍用手帳に、スパイを殺害したという記述

平成一七（二〇〇五）年一二月、地元紙の「沖縄タイムス」に新しい沖縄戦の事実を掘り起こした記事が載り、私は衝撃を受けた。当時の私は北部の戦争についてはまだまだ不勉強だったが、〝運天港にいた海軍は敗残兵となってかなり住民を苦しめた〟というイメージだけは持っていたので、やはり住民虐殺の動かぬ証拠が出てきたか、と何度も読み返した記憶がある。その中の登場人物に、後にこれほどこだわることになるとは当時は夢にも思わなかった。その一部を引用する。

日本兵「スパイ殺害」記述／琉大保坂教授、米公文書館で発見／沖縄戦　住民虐殺裏付け
〈軍用手帳に初の文書記録〉
沖縄戦で戦死した日本兵の軍用手帳に、スパイを殺害したという記述があったことが分

かった。手帳は本部半島の今帰仁村運天一帯に駐屯していた海軍中尉の所有。米国立公文書館に翻訳され保管されており、琉球(りゅうきゅう)大学・保坂廣志教授が発見した。沖縄戦で、日本軍が住民にスパイ嫌疑をかけ、殺害した数々の事件は住民証言で明らかになっているが、日本軍による記録は見つかっていない。研究者は、日本軍の住民殺害を裏付ける証拠となるとみている。

手帳は、一九四五年六月十八日、今帰仁村呉我山で米軍との交戦で死亡した海軍の竹下(ママ)ハジメ(漢字名不詳)中尉の所持品から回収された。米情報部は、軍用手帳や日記に作戦や虐殺、虐待の記録があると重視。中尉の手帳も、三月二十三日から六月十六日までの全文が翻訳されている。

スパイ殺害記述があるのは四月十七日。日本軍は当日、八重岳から多野岳移動を予定し、午後六時に六百人が集合。移動命令後に、「スパイを殺害。オダさん?」との記述がある。

(二〇〇五年一二月二八日)

その後、私の中でこの記事は長い間記憶に埋もれていた。そして平成二九(二〇一七)年、「沖縄スパイ戦史」の証言を集める中で屋我地島(やがじしま)に生まれ育って海軍の陣地構築を手伝った中本米子さん(第四章)と出会う。

運天港の海軍に関する証言に接するのは初めてだったのだが、その中でも度々登場する「ヨネちゃんとスミちゃんを殺す人は僕が殺す」という日本軍将校のセリフは強烈な印象があった。当時一八歳の少女にスパイ嫌疑がかかったことにまず驚愕（きょうがく）したが、それと同時に、二人の島の女性を守ろうとした、その言葉を放った青年将校の存在に興味を持っていった。「タケシタ、少尉、中尉でしたか、確か……」という米子さんに「少尉っておいくつくらいだったんですか?」とか、「カッコよかったんですか?」など下世話な話も入れ込みながら、緊張している米子さんの話しやすい環境を作ろうとした。「確か、独身でしたよ」と言うので、すかさず「そこはさすがチェックしてますね!」と冷やかすと、「背が高かったわね」と、顔が心なしかほころんだ。「今でいうと誰かしら、キムタクみたいなハンサム?」とたたみかけると「まあ、そんなスッとした顔立ちでね」と否定しなかった。やはり、一八歳だった米子さんには二二、二三歳の海軍将校は眩しく映っただろう。興味津々で聞き書きをしつつも、すぐにはあの軍用手帳の記事とは繋がらなかった。

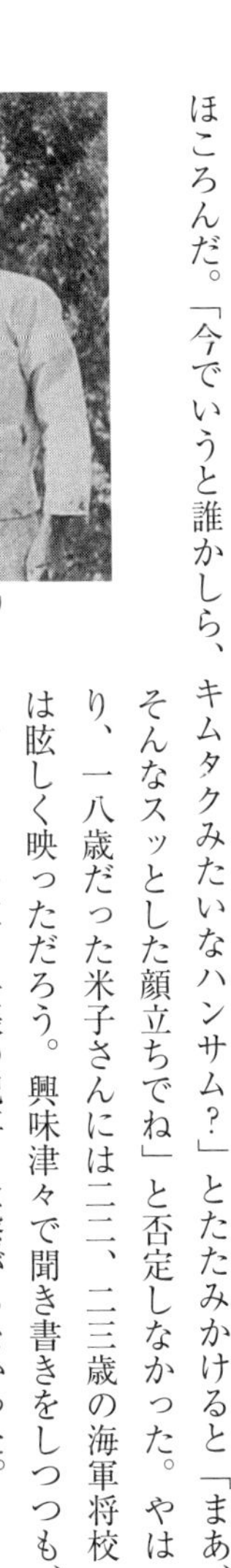

『武下一回顧録』より

　それからだいぶ経って、住民虐殺の資料ファイルをめくっている中で、タケシタの記事と再会、血の気が引いた。同一人物?　米子さんを救ったというタケシタ少尉は、「オダ」さんを殺していたこのタケシタのことなのか……。残虐行為に走った軍人は数えきれないほどいる中で、よりによってそれを自ら手帳に記述し、日本軍による住民虐殺があったことを後世に伝える貴重な文書を残した人物。しかも沖縄戦終了間際に米軍に射殺された悲運の将校本人が、米子さんを大事に思ってくれた人だったとは。何か心の中に疼く痛みのようなものを感じた。

太田守徳さんの虐殺

その後第二七魚雷艇隊の名簿に当たり、タケシタとは大分県出身の武下一、昭和一九（一九四四）年沖縄着任時二二歳の少尉、年末に中尉に昇格、死後大尉になった人物であることはすぐに判明した。また、「オダさん」については、殺害日時からも伊豆味で行商人をしていた太田守徳さんとみて間違いないだろう。武下少尉の手帳は、実物は紛失していて、その英語訳の報告書がアメリカの公文書館に保管されている。つまり英語表記しかないわけで、漢字が読める二世が現場で翻訳に手を貸したのであろうが、苗字（みょうじ）や地名など固有名詞の音読み表記には誤記が多く、「ODA SAN」がオータさんである確率は高い。その太田守徳さんの虐殺とはどんなものだったのか。元警察官で、のちに琉球政府立法院議長も務めた山川泰邦さんの著書から引用する。

四月末ごろのある夜のことであった。どしゃ降りの雨の中を、本部町伊豆味の山間の、とある一軒家に忍び寄る五つの黒い影があった。一軒家には、太田守徳氏（当時五十歳）の家族が避難していた。黒い影がトン、トンと、雨戸をたたいて、「太田さん、太田さん！」と呼んだ。太田夫妻は、この雨の夜の訪問者に不安を感じ、だまっていた。「太田さん。○○に行く道を教えてください」——守徳氏は不安を抱きながらも、仕方なく雨戸をあけた。姿を現したのは友軍の兵隊だった。兵隊たちは平静を装っていたが、なんとなく顔がこわばっていた。

守徳氏の妻は、ただならぬ気配を感じ、おどおどしながらもお茶と黒砂糖を出して彼らをもてなした。世話好きの守徳氏は、くばガサとミノを着ると、待ち構えている運命も知らずに、兵隊たちに連れられて家を出た。（中略）

しばらくすると、恐ろしい知らせが集落の人からもたらされた。彼女は気も転倒せんばかりに驚いた。守徳氏は伊豆味の内原の路傍で、死体になって横たわっていた。死体は背後から銃剣か日本刀で刺され、うつ伏せになり、朱に染まって倒れていた。

これを知って村の人たちは、悲憤の涙をのんだ。そしてこんなことをささやき合った。

「守徳さんはねらわれていたらしい。何しろ守徳さんは、肉や豆腐を部隊に納めるために陣地（壕）に出入りして部隊の地形に通じていたから、生かしておけぬと、殺してしまったのだ。友軍の陣地に出入りした者は、守徳さんのようにやられるぞ！」
村人たちは、暗い顔でこんなことをひそひそ話し合い、恐れおののいた。
（『秘録 沖縄戦記』）

この記述は息子の太田守喜さんの話を聞いて書かれたものだということで状況は詳しいのだが、ご本人が子供だったためか、日付はおおよそしかわからない。佐木隆三さんの『証言記録 沖縄住民虐殺』には、「本部町伊豆味の行商人虐殺」としてほぼ同じ内容が書かれているが、日付は「国頭支隊が退却はじめた四月十六日より後」とし、殺害理由は「地元では、道に詳しすぎたので、米軍に捕えられて道案内をさせられてはまずいとの判断で虐殺したのではないかと見ている」とある。

武下少尉の日記には、多野岳に向かって移動を始めた四月一七日の欄に「ＯＤＡさん」をスパイ容疑で殺害したと記述されている。となると夜間の殺害なので一六日から一七日にかけて太田さんは殺された可能性が高い。肉や豆腐など、日常的に日本軍陣地に出入りして行商をしていたために、太田さんは軍の拠点や移動などの作戦行動を詳細に把握する立場にあった。日本軍の撤退後すぐに米軍影響下に入るであろうこの地域にそのような人物を残しておくことは、日本軍にとっては情報をさらけ出していくようなもの、と考えたのだろうか、まるで撤退の際の後始末のようなタイミングで住民殺害に及んでいる。もちろん、太田守徳さんを誘い出した中に武下本人がいたかどうかは定かではないが、当時中尉になっていた武下の掌握のもとで部下の複数の兵士が住民殺害を行ったのであるから、下手人が誰であるかはさして問題ではない。戦後、「住民を守ることは作戦に入っていなかった。住民は大事だが作戦にとっては足かせになる」とインタビューに答えていた三二軍の参謀、神直道氏の言葉を思い出す（「琉球新報」一九九二年七月二二日）。軍機保持、作戦優先で、軍の情報を守るための住民の始末については、罪悪感すら抱いていなかった可能性もある。

本部国民学校の校長先生だった照屋忠英さんが日本軍に殺された事件は四月一七、一八日あたりで同じ頃だ。この校長惨殺は目撃者も多いのだが、照屋校長を虐殺したのが陸軍なのか海軍なのかは証言も二通りある。

住民のスパイ防止、寝返り防止の任務

魚雷を搭載して敵の軍艦に接近・発射する魚雷艇の艇長であった武下少尉だが、彼に関する資料や証言を集めてみると、海上特攻作戦以外の陸上での彼の仕事は、米子さんら住民の奉仕隊である「勤労報国隊」の担当、住民掌握、糧秣確保だったと推測される。白石隊は三月末に

残波岬沖の米軍艦隊に夜間攻撃を仕掛けて一定の戦果を挙げるも、すべての艇が空爆で使用不能になり陸戦に転じた。前項の特殊潜航艇隊とほぼ同じ時期に陸に上がっている。そして四月一七日以降、宇土部隊を追うように本部半島を脱出して多野岳で護郷隊の村上隊と合流、[*8]白石隊は第一護郷隊と共に名護攻撃に加わっている。また白石隊長は恩納岳まで移動し、岩波隊長のもとで遊撃戦に加わった時期もある。[*9]その後久志岳にしばらくいて、最終的に六月には運天港のある今帰仁の山々に戻って潜伏し（武下らは五月末に戻っている）、九月三日の降伏式に臨む。この時投降した海軍関係者はおよそ一八〇人。米軍上陸時、運天港に配備された魚雷艇隊や特殊潜航艇隊は五〇〇人規模だったことを考えると、この間におよそ三〇〇人が戦死、あるいは行方不明になったということだろう。敗残兵となってから五カ月も山で生活をした海軍兵士らの苦労も想像を絶する。武下少尉は少なくとも一八〇人分の食糧調達に常に頭を痛めることになった。その一方で、彼にはやはり住民のスパイ防止、寝返り防止の任務があったことを窺わせる証言を、屋我地島のハンセン病療養所「愛楽園」の職員だった儀部朝一さんが『沖縄県史』に残している。

今帰仁に白石部隊がおって、竹下（ママ）中尉という人がいた。わたしはものずきでいろんないものを持っておったのです。兵隊はなんかとりたいために、いろいろなスパイ容疑をかけて、それで屋我地から出るときには必らず屋我地の駐在所の許可を得て出るようにしなさいと、白石部隊から駐在に連絡してから、駐在所からわたしに伝達があったのです。わたしはどうしても合点がゆかないで、また駐在所の人も、この人もとっても懇意にしておるのですね、わたしが責任を持つから自由にしなさいということで、なんともなかったんです。そのころ米軍は上陸はしておるんだが、白石部隊から竹下中尉（ママ）つかって、わたしを殺してきなさいということになったのですよ。（中略）今帰仁あたりでは通訳とか校長とか警防団長の謝花喜睦さんなんか、みなやられたのですよ、三名か四名。それで［宮里］政安さんが、園長と泉正重さん（庶務課長）とわたしと三名が白石部隊から呼ばれているから非常に用心しなさいと伝言がきたんです。もうわたしはシャクにさわって、（後略）

（『沖縄県史 第10巻 各論編9 沖縄戦記録2』）

屋我地島は離島のため、米軍の出入りが比較的少なく、また戦火に荒らされていなかった。だから敗残兵らが山から下りて食糧を調達したり、民家にかくまってもらったりする場所になっていた。この証言からわかることは、儀部さんは白石部隊に目をつけられていて、島の警察官が「儀部を許可なく島外に出すな」などの軍の指示を受けたと聞き、自分が狙われていることを知った。しかも、白石隊長が直接ではなく、武下少尉を使って自分を殺しに来るという話を聞いたということである。この後、儀部さんは覚悟を決めて、愛楽園の園長らと共に膳をあつらえて武下少尉を迎えることになる。その夜、屋我地島に特攻機が墜落するという事故が起きているので、同じ記述がある武下日記から割り出すと、儀部さんの次の証言は五月二五日のことと思われる。

会いたいというのでそれじゃいいだろうといって、家内に竹下（ママ）中尉が来るから二、三名分のごちそうをつくりなさい、高膳にしていろんなごちそうたくさんつくって待たして。夜の十時ごろ来たんですよ。戸をたたいて。わたしはでませんよ、こわくて。話し合いしてからでるなら別だが、戸を閉めて掃除して、そうするまでに人間考えるわけですからね。それから竹下（ママ）さんはちょっと明るいところに立って合図しよったから、ああ大丈夫と思って、部屋に入って、それからいろいろ協力の話、それで食糧の話がはじまって食糧を補給してくれと。そのときはわたしは、くれる（あげる）と言わないんですよ。ただいいでしょうと。園長と庶務課長はくれなさいと、わたしはできないと断ったんですよ。これをすぐくれたということで他にバレた場合には大変だからと、竹下（ママ）さんをそばに呼んで、彼に、わたし責任をもってやるからといって。そこに四、五名他の人もおりましたからね。それは日本俵の二十五袋ですね。あの百斤、これを半分にみな荷づくりして、馬車四台に夜つめて二、三日にわたって輸送して、アメリカの軍艦がおるんですがね、そのそばをボートでみな、アメリカなんとも言わんです。第一回目のときはこわかったんですよ。電気はコウコウと照っているし、そのものは運んで。そこでまた竹下(ママ)さんも二、三回行って、わたしに涙流して話する位でしたね。（同前）

「我々は敵と通じる者に対してはなんの容赦もしない」

四月後半には米軍に制圧されていた本部半島一帯の住民は、山岳地帯に潜伏を続ける敗残兵らに協力を依頼されるものの、彼らをかくまう手伝いでもしようものなら今度は米軍に睨(にら)まれるという二重支配に怯(おび)えて暮らしていた。そんな中で屋我地島では多くの住民が日本軍に協力をして、危険を顧みず、愛楽園にある米を対岸の今帰仁村の山の上にある海軍のアジトまで運び上げている。住民たちは脅されて致し方なく協力したのか、それとも餓死寸前まで困窮した兵士らを見捨てられなかったのか、その心情はさておくとして、敗残兵としても、生き延びるためには土下座しようが刀を抜こうが、住民らの食糧を融通してもらう以外に道はなかった。

やがて住民たちを困らせる敗残兵の代表格とみなされたのであろう、武下少尉は六月一八日に狙い撃ちのような形でアジトに踏み込まれて米軍に射殺されている。彼の軍用手帳に書き込まれた日記の最後の方を読むと、そこには食糧の心配ばかりで追い詰められていった状況が窺える。最後の一〇日間の日記の一部を私なりに翻訳してみる。

六月七日
宮内兵曹と共に屋我地島に渡る。夜一〇時到着。運天原の玻名城さんの家に宿泊。

六月八日
朝、愛楽園を訪ね早川園長［早田の誤記］と泉さん［庶務課長］と会う。三石の米をお願いし、さらに七月末までに二五石調達して欲しいと要望する。（中略）園は、敵からの配給を受けてだんだん復興してきている。園長はcosmopolitan N.Y［英語で書いている］だ。泉さんも国に対する忠誠心が強いと確信した。しかし屋我地島を我々の部隊の食料供給基地として維持するためには、部下を配置しなければならないだろう。羽地の捕虜や避難民の問題について話し合った。米軍警察の監視所に偵察をつけた。伝え聞くところによると、この屋我地地域も久志地域のようになっていってしまいそうだ。住民から上がってくる報告は残念なものばかりだ。我々は敵と通じる者に対してはなんの容赦もしない。そのような裏切り者と、我々の味方とは厳密に区別しなければならない。我々の聖地である屋我地島は危機的な状況に直面している。運天原の上地スミの家に泊まる。

六月九日
饒平名に移動。宮内兵曹は昨晩ここに泊まったようだ。昨晩、農業学校の喜屋武校長と愛楽園で会う。とても温かい歓待を受けた。あまりに穏やかなひと時に、一瞬戦時であることを忘れる。かたじけない。しばらく浜を散歩し頭を冷やす。

六月一五日
夜遅く、屋我地島から米が運天に届く。それを分配して、明け方に戻った。

六月一六日
大城チョウゴロウの家に行って米を分配、呉我山経由で帰る。

（この手帳の持ち主は六月一八日に我々の警戒隊に殺された　記・海兵隊）

武下少尉らは最後、地元で真利山と呼ばれる地域の小さな川の上流にアジトを作っていた。拳銃以外に何の武器も携行せず部下二人と共に眠っていたところを、ピンポイントで探し当てた海兵隊第三師団のパトロール隊によって射殺されていることから、当時から密告説が囁かれていたようだ。これについては後述する。この日記の最後の一〇日間で彼は必死になって米を集めていると同時に、最後の頼みの綱である屋我地島が「久志地域のように」なることを恐れた。久志・辺野古地域は日本軍の陣地がないため抵抗がなく、早くから米軍が駐留し収容所が作られ、学校が再開したり、スポーツ大会も開かれていた。しばらく久志岳にいた武下少尉がそこで見たものは、次々と米軍に投降し新秩序に馴染んでいく住民の姿だったのだろう。それはまだ南部では盛んに交戦している五月頃。日本の勝利を信じている軍人にとっては「寝返った人々」「日本軍の指示を聞かなくなった住民」という由々しき体たらくと映ったであろうし、そのような状況が屋我地島にも迫っているということは自分たちの死と直結する問題だった。だからこそ、米の移動に協力してくれた儀部さんに涙を見せるほど、愛楽園と、運搬を引き受けてくれた人たちの協力が身に染みてありがたかったのだろう。もてなしを受けて一瞬でも戦時下にあることを忘れ、飢えた部下たちをよそに束の間の平和を味わった自分を恥じたのか、浜で頭を冷やしたと書いているのも彼の苦悩が伝わってくる。武器も食糧もなく、敵に囲まれて手も足も出ない状態の敗残兵が、どんな魔法を使えば今後も住民の協力体制を維持できるだろうか。皇軍の威厳も威信も崩れ行く中で、住民に大きなリスクを負わせてでも、米軍の目を盗んで協力してもらうことでしか部下の餓死を回避することはできないのだ。将校とはいえ、

二二、二三歳の青年の知恵でこの難局が打開できるような状況ではもはやない。

「武下さんは愛楽園に米の横流しをさせたことで、米軍に狙われてしまったようですね」。私が米子さんに質（ただ）すと、彼女はうつむいた。「部下思いだったからね……」と彼をかばうようなことを言った。多分、米子さんは米の移動作戦を知っていたであろうし、協力もしたかもしれない。ほかの証言の中にも「屋我地島の女性たちが米の運搬に協力してくれた」とある。部隊全体のためにやったことなのに、武下少尉と二人の部下だけが米軍に殺されてしまったことは気の毒だったと米子さんは思っているようだった。敵の銃弾に倒れるより、誇り高き海軍将校として闇に乗じて敵艦隊に突っ込んで、水漬（みづ）く屍となった方が幾分ましだったかもしれない、と。

『武下一回顧録』より（前列中央が武下）

　しかし武下少尉がどんなに不運な状況に追い込まれたといっても、身勝手な解釈で罪もない沖縄県民を手にかけた首謀者であるという事実が消えるわけではない。だからこそ、島の女性二人だけは守りたかった、というその一青年の人間らしい気持ちが冷徹な軍隊の論理に回収されなかったことに、かすかな希望や、切なさを感じて胸が痛む。そして米子さん自身も、自分が殺害対象になるという理不尽な恐怖に対しての救いを「ヨネちゃんとスミちゃんは殺すな」という青年将校の一言にずっと見出し続け、日本軍を怨むことを回避して生きてきた。そんな一八歳の少女と二二、二三歳の青年が抱え込まされたとてつもない闇を思うと、なんともやりきれない。

武下少尉が観音様になっている

と、ここまでが、私たちが映画制作までにわかっていたことだった。ところが、映画完成後も運天港近辺の関係者を訪ねまわったり資料を調べたりするうち、意外な事実がわかった。「武下少尉が観音様になっている」「湧川で手厚く供養されている」というのだ。にわかには信じがたかった。スパイ容疑で住民を殺害した日本軍将校を、今帰仁の住民らが祀って手を合わせる？　たとえ海軍が勝手に慰霊塔を立てて拝むようなことがあったとしても、よりによって武下個人が祀られる、しかも今帰仁の人々に大事にされるというのはいったいどういうことなのか。早速その観音像を探した。それは「南海の塔」という名前で、今帰仁村湧川の集落の東の端、墓地が集中している一帯の丘に建てられていた。こぢんまりとした空間だが、きちんと掃除もされている。向かって左側には台座を含めて高さ三m近くある、穏やかな表情の聖観音像。右手には地蔵菩薩像、その後ろには不動明王像。真ん中には納骨堂と書かれた石碑があり、その下の文字は消えかかっているが、「武下一」を筆頭に一二人の名前が刻まれていた。ここに御遺骨もまだ一部納められているという。噂は本当だった。これはいったいどういう経緯で作られたのだろうか。

早速、今帰仁村湧川公民館に連絡を取って、当時のことに詳しい方を紹介していただいた。元区長の嘉陽宗敬さん。公民館で、取材を申し込んだ私たちを待っていてくださった。嘉陽さんご本人も長く区長の職にあったが、父親の宗平さんが戦後間もなく区長を務めた方で、当時地域の人々と遺骨収集に取り組んだ話はよく聞いているので詳しいとのことだ。武下少尉の遺骨を拾ったのは昭和二三（一九四八）年。武下少尉のアジトのあった嵐山の小さな川は名護市との境目にあたるが、その一帯は湧川の人々が薪を取る山だった。散乱している日本軍の遺骨を放置はできないとして、青年団の号令で、数年かけて一二体の遺骨を収集。深さ六〇㎝、長さ二mの穴を掘って丁重に埋葬したそうだ。

そこに、武下少尉の父親である大分県日田市の材木商・武下秀吉さんが、はるばる息子の消息を求めて昭和三五（一九六〇）年に来訪。秀吉さんが今帰仁村の役場に問い合わせたところ、湧川で手厚く葬られていると聞いて感激し、湧川の人々と出会い、交流が始まった。やがて一人息子のために観音像を建立したいと持ち掛け、地域の氏名不詳の遺骨やほかの海軍兵士の遺骨なども含めて合祀（ごうし）する方向で、秀吉さんが慰霊碑一式の費用を負担する形で進められた。そして昭和五〇（一九七五）年、武下観音ならぬ「南海の塔」ができ上がった。武下少尉のご両親はアメリカ軍統治下にあって渡航も不自由だった頃から足しげく湧川に通い、日本語の本に不自由していた湧川小学校に二〇〇冊の児童図書を寄贈した。それは「武下文庫」として今に至るまで利用されている。地区のセンターの建て替えや体育館の建設など、事あるごとに大分から寄付を送り続けた。湧川の人々も、悲嘆にくれるご両親の姿に心を寄せ、また日本復帰前の沖縄の寒村に手を差し伸べてくれる武下家に感謝し、交流を深めていったという。ここまで一気に説明してくださった嘉陽さんは、柔らかい表情でこう言った。

「今も毎年、区として慰霊祭はやっておりますのでね。湧川の住民であれば、だいたい四〇歳以上の方はみんな武下一さんのことはわかるんじゃないでしょうか。まあ、戦争中にご本人に会った人はいるのかわかりませんが、戦後、お父さんである武下秀吉さんや妹さんたちとの繋がりは密接だったので。湧川区のために大変尽力されましたのでね」

嘉陽さんは戦後の生まれではあるが、子供の時は土日になったら嵐山に薪を取りに行かされたという。山にはまだまだ日本軍の所持品が散乱していて、銃弾が入った前盒（ぜんごう）なども拾うことがあり、中学生の時はそれを飛ばすという危険な遊びも流行（はや）った。今と違って山の中は生活圏であり、そこで戦死した将兵らの骨を拾うのはある意味当然の心理だと嘉陽さんは言う。

武下少尉のご両親は、毎年六月一八日の命日には欠かさず大分からこの慰霊碑を訪ねた。父の秀吉さんが亡くなった時、なんと湧川区から七人も大分に飛んでお葬式に出席したという。その交流は現在も武下少尉の妹さんやその子供たちによって続けられている。

亡き息子の影を求めて

父の秀吉さんは八〇歳の時に、息子の回顧録を上梓した。息子の戦死から実に三〇年を経て、自ら一さんを知る人物に呼びかけて編集した私家版『武下一回顧録』。沖縄の県立図書館で閲覧できることがわかってすぐに見に行った。冒頭には、秀吉さんが跡取り息子として溺愛し、慈しんできた一さんの、利発そうな幼い頃の写真や、真っ白い海軍の制服に身を包んだ体躯も立派な若き将校の笑顔があった。この回顧録には一さん直筆の見事な書、文芸雑誌に投稿したような文学青年風の文章なども含まれ、学業も並外れて優秀だったことが窺える。海軍関係者だけでなく、妹一人も文章を寄せていて、亡き息子、還らぬ兄を思い続けた家族の悲しみと慈愛にあふれた一冊である。

秀吉さんの序文によると、一度は長男一さんの戦死公報が自宅に舞い込み、家族は地獄の底に突き落とされた。やがて遺骨と称した箱が届き肉親そろって蓋を開けてみるも、木片が納められているばかりでさらに落胆を深めていたところ「戦死は誤報」との通達が海軍省から届いた。慰弔金そのほか返納せよ、とのお達しで、秀吉さんは取るものもとりあえず舞い上がって上京する。ところが海軍省に着いてみればそれもまた手違いであることが知れて、放心した秀吉さんは海軍に支給された金一封をそのまま街頭の救済運動の寄付金に投じて、朗報を待つ大分の家族のもとに重い足を引きずって帰ったという顛末があったようだ。その後、数回にわたって遺骨の空箱が送られてきた。秀吉さんの、愛息と、骨の一片でもいいから再会したいという思いはますます募り、渡航許可もままならなかった沖縄の地に渡るチャンスをようやくつかんで来訪した。その部分を引用する。

漸く、願望成り、私達両親、親戚縁者、沖縄で戦死者の遺族三十名位が同行し、島へ初めての一歩を踏み込むことが出来ました。

一と先づ、名護市（当時は町制）ホテル厚養館に落着き、経営主岸本金光氏とお逢いでき、事の由を告げると、岸本氏は初対面とは思えない親しみを寄せて下さったのみか、図らずも、御夫人が、また、戦死直前の息子達の行動を知っていられるなど、主客共に偶然の驚きを喫した次第でした。

ここで読者に思い出していただきたいのは、渡辺大尉の項の最初の註（＊2）に示した岸本金光さんの証言である。旅館厚養館の経営者の岸本さんは、白石隊隊長本人から住民虐殺の生々しい話を聞いた人物と、同じ人であるということを頭に入れて、この先も読み進めてもらいたい。

この地から程なき地点、嵐山に籠城していた彼等は、夜ごとに食糧を求めに、煙草を請いに、出かけて来る都度、ご夫妻は、これに応じて戴き、満足して、再び山蔭の陣地へ引き返えす兵士の後ろ姿を、幾度か見送った生々しい話など、耳新しく聞くことが出来たのです。

厚養館ご夫妻の取り計らいで、当夜、名護市、今帰仁から、戦友、知己十数名が集って戴き、戦時の思い出の話を詳細聞き遂に夜明けに及んでしまいました。

そして翌日、打合せ計画に従って、今帰仁村を挙げての行事といった形ちとなり、村長、村会議員、学校関係者、村の青年、壮年の方々の顔が揃い、それぞれジープに分乗の上、嵐山附近の激戦地帯に案内を戴き、そこに佇み、慰霊の一刻を過し得た事は、私の永く抱き続けていた、最大の念願であったのです。

戦友達と枕を並べて眠る息子の霊と、こゝに漸く触れ合う機が与えられたのです。

私は、まさしく、若い勇士達の、鮮血を流し、命を絶ったであろうと思える地点に、浄めの酒を振り蒔いたのですが、あとからこみあげてくる自分の涙も、地に滲み込んでゆくのでした。

軍隊による自国民の虐殺はなぜ封印されたか

沖縄戦という「捨て石作戦」の中で、軽視されたのは沖縄県民の命ばかりではない。武器の補充も食糧の補給もない、現地自活という名の捨てられた軍隊。空からの援護も全くない海軍がどんなに惨めだったことか。もてはやされ、前線に送り出された皇軍がどんな時間をここで過ごしたのか。九州の地で戻らぬ息子を思って過ごした狂おしいばかりの両親の日々の中から、その実像は抜け落ちている。秀吉さんが酒を捧げたその場所は激戦地ではなく、身を隠していた場所に過ぎず、それも住民から糧秣を巻き上げる敗残兵として米軍に成敗された場所である。しかし、そこで勇敢に戦って死んだのではないという事実を、ご両親に告げた者はきっといなかっただろう。結局戦闘らしい戦闘もできず、沖縄戦の地獄を這いまわって死んでいった兵士の姿は、とてもじゃないがご家族に見せられたものじゃなかった、と話す体験者は多い。生き残った兵士らの手による、ご遺族が見ることを前提とした戦友会の戦記には書けないことばかりだ、という話もよく聞いた。ようやく息子の骨がある大地に立ったご両親の想像する世界と、現地沖縄の人々の脳裏に残る映像は全く別の映画といっていいくらい乖離（かいり）しているだろう。

しかしそんなお二人に対し、わざわざ日本軍の残酷な物語を聞かせる必要もない。厚養館の主も、悲嘆にくれる両親の姿を見て、沖縄県民が日本の軍隊から受けた被害をあえて突き付けようなどと思うはずがない。のちにこの旅館は、海軍関係者が慰霊の旅で訪れる度に宿泊する常宿になっていった。岸本さんはますます口を噤んだだろう。六月になると、沖縄には毎年「慰霊の旅」と称して元兵士や遺族らが大挙して訪れていたが、その姿も戦後七〇年を超えほぼ途絶えた。だが、彼らやそのご家族たちが繰り返しこの地を踏んだとしても、沖縄戦はその本当の姿を彼らに開示して見せてきたかという問題は、ここに横たわったままだ。平成三〇（二〇一八）年、上映会や講演で全国を回る中で、私も会場にいたご老人からこんな質問を受けた。

「沖縄戦では集団自決とか、ひめゆりの娘さんとか、酷い話がいっぱいあった。それはよく理解してるつもりです。が、どうしても信じられないことがあります。日本の軍隊が沖縄の人たちを殺すとか、そういった話は、これは何かの間違いだろうと。そんなことは絶対にあるはずがないと私は信じています」

自国の軍隊による自国民の虐殺という究極に醜く残酷な出来事について、これは厳然として我が国がこの国土で経験した歴史的体験であるにもかかわらず、私たちの国はまともにその戦史に向き合ってこなかったことがまさにこの質問に露呈している。軍民入り交じった地上戦をその目で見た沖縄の人々が知ることになる戦争の実態と、被害といえば空襲など敵の攻撃や出征した家族の戦死という他府県の人々の捉える戦争の姿は大きく乖離している。「軍隊は住民を守らなかった」という教訓を事あるごとに訴えてきた沖縄ではあるけれども、具体的に兵士個々が住民にふるった刃について、戦後鋭く追及してきたかというと、そうでもない。死者に鞭打つわけにはいかない。遺族の心の傷に塩を塗りたくはない。そういう遠慮も当然ある。

しかし決してそれだけではない。これが現地沖縄が抱えている大きな闇なのだが、住民虐殺を巡っては加害者、密告者に連なる者、消極的関与者、隠蔽者など、この話を戦後蒸し返すことを恐れた人々が地域社会にいる。ともすれば加害者と被害者が同じ場所に住み続けているという事情があるからこそ、研究者も報道機関も寄せ付けなかったという構図がある。だからと言ってひたすら口を噤むことが生き延びた者の務めだろうか。「日本の軍隊はそのような残虐な行為をするはずがない」と事実を捻じ曲げてでも歴史の汚点を漂白したい人々の言説に乗って、誰も傷つけずにことを丸く収めればそれで良いだろうか。軍隊の本質、戦争の本質を学ぶ貴重な事例が、どれほどの語る勇気や痛みを経て私たちの前に提示されたのか、戦後を生きる私たちがそれを正確につかみ取る努力を惜しんではならない。この悲劇から何も学ばないのであれば犠牲者は二度殺されることになるし、今度はあなたも私もそれに加担することになる。

「戦果、戦艦又は巡洋艦2乃至3隻撃沈、我が方損害なく全艇帰投」

回顧録には戦友たちが寄稿した文章もいくつも掲載されている。彼らは武下少尉の生きた地獄を目の当たりにしているわけだが、遺族のためにも自分たちのためにも、追悼文集の企図する枠に収まる範囲の思い出話しか書けないのは当然である。それでも当時の状況がリアルに感じられる箇所がいくつもある。同僚から見た武下像をもう少し見ていこう。

　成績優秀だった武下一は九州帝国大学に進むが、海軍を志願して繰り上げ卒業、兵科予備学生として呉から旅順に渡って基礎教育を受ける。そして横須賀の水雷学校を経て、長崎県の川棚で第一期魚雷艇学生となった。そのあたりは同じルートを歩んだ仲間が多いので思い出話がいくつも語られている。川棚での教官が白石信治隊長であった。学生は特殊潜航艇へ、回天へ、震洋へ、魚雷艇隊へと次々に配置されていくが、そこでも模範生だった武下は翌年教官として川棚に残り、二期生の指導に当たっていた。やがて二七魚雷艇隊の司令になった白石に引っ張られて武下も沖縄に行くわけだが、つまり、沖縄の魚雷艇隊は隊長をはじめ同期の青年将校らもみな同窓で、ごく親しい面子(メンツ)で構成されていた結束力の強い部隊だった。武下の古い友人の寄稿文を読むと、武下という人はまじめで正義感の強い人であっただけでなく、歌や踊りが大好きで、大声でよく笑う明るい性格だったようだ。沖縄に来てすぐに沖縄民謡を覚え、見よう見まねで踊り、それも茶化すのではなく「おれはこの踊りが好きでのう」と、その魅力に目を輝かせていた様子が書かれている。また米軍の上陸を控えて食料を自給するために、魚雷艇隊は独自で鶏や豚を飼い、畑を耕して野菜も育てた。武下少尉も時間を見つけては鍬をふるい、またよく鶏にエサをやる場面を見たという証言もある。

魚雷艇がどんな乗り物だったのか、それはお互いよく知っている仲間同士のこの本には出てこないので、ここで第三二軍司令部参謀部作戦課にいた大津賀伝蔵氏が運天港を視察した時の様子を書いた文章を引用する。その中に武下艇長の名前があった。運天の秘密基地から水路を抜けて羽地内海を颯爽と走る武下艇の様子が描かれている。

> なにはともあれ、愈々我々は魚雷艇に乗艇することになった。艇長は第二艇隊第一小隊長の武下一少尉である。八名の乗員中、機関士、通信手、信号手を除く他の魚雷爆雷手、機関銃手等の四人が下船して、かわりに我々一行五人が勇躍して乗りこんだ。（中略）灼熱の太陽にあぶられて、さきほどから聊かうんざりしていた私達は、艇の動きにつれて快い潮風に頬を撫でられ、ほっと生き返ったような心地である。進路は右に、そして左へと大きく曲りくねり、水路の前方は一瞬行き詰りかと思ったことも度々だった。（中略）暫く慎重な操舵が続いていたが、急に視界が開けた。いつしか水道を脱出して広々とした羽地内海に出たのである。
>
> 魚雷艇は一気にスピードをあげて、湖水のような内海の中央目指し、水面を真二つに分

け、白い航跡をあとにのこして直進する。（中略）
兎に角全速運転が始まってからは舷側や船底の震動が気になって最早や左右に展開する風景をゆっくり観賞する心の余裕を失いつつあった。

（「日本の民芸」一九八五年二月号・三月号）

運天の住民で「魚雷艇は空を飛ぶ飛行機くらい速かったよ」と証言してくれた方がいたが、乗った人はみな振動でベニヤ板がバラバラになるのではないかという恐怖に襲われたようで、大津賀氏も最後は目を回して「所詮我々は地上で戦う陸軍であることを痛感させられた」と文章のオチをつけているくらいだ。

この運天港に魚雷艇が配置されて間もなく、一〇・一〇空襲の洗礼を受ける。偽装係留していたはずの一九艇のうち一六艇を失うという壊滅的な打撃を受けたため、以後は水路に沿った崖を掘割式に掘り込んですべての魚雷艇を格納・偽装することを徹底、連日の突貫工事には女性を含む地域住民が総動員された。米軍の艦隊が近海に姿を現すようになった昭和二〇（一九四五）年二月には、魚雷艇の数は一八艇まで回復していたが、ギリギリまで秘匿陣地を明かさない作戦に徹して鳴りを潜め、三月二七日、秘匿作戦もこれまでと出撃準備に入った。二七日夜一〇時半、水盃を交わして出陣。一〇艇の魚雷艇隊は船底排気の消音モードで走行しながら一〇〇m間隔で備瀬崎を回り名護湾を湾岸沿いに密行して南下、残波岬に到達、そこからは陸を背にして黒山のような敵艦隊まで一五〇〇mまで接近、船外排気に切り替えて全速で突撃、異常に気づいた米軍は沖合に退避を開始するが、一〇艇は一斉に追跡して魚雷戦を展開した。

敵は唯(ただ)逃げるのみで漸く低空へ向け対空砲火を浴せる程の狼狽(ろうばい)ぶりで特攻機の奇襲と勘違ひした模様で我が方にとっては全く予期せざる奇襲成功であった。東の空が漸く白みはじめる頃までに勇ましい爆音をとどろかせ1隻又1隻と10隻全艇が無事基地に帰還した。（中略）「戦果、戦艦又は巡洋艦2乃至3隻撃沈、我が方損害なく全艇帰投」と打電す。

（中原正雄「第27魚雷艇隊出撃せり」、『武下一回顧録』）

武下少尉殺害の陰にある「密告」の真相

しかし華々しい戦果はこの第一回出撃までだった。翌日、翌々日と第二回・第三回出撃を試みるが、戦果は少なく、米軍の猛爆撃で全艇を失い、または追尾を受け、基地露見を防ぐために本部半島のリーフに乗り上げて自沈、艇長以下泳いで帰還するなど海上戦闘能力はここに潰えた。そしてかねてからの作戦通り基地を破壊、艇に搭載していた二五ミリ、一三ミリの機銃を唯一の武器として携行し、陸軍国頭支隊の指揮下に入った。四月一七日、八重岳で交戦しアメリカ海兵隊第六師団を撃退した場面もあったようだが、その後は前述のように宇土部隊と共に多野岳に敗走。このあたりの苦しい潜伏生活については非常に記述も少ない。だが、武下少尉の同期生の小渓宣正さんは、恩納岳にいた時のことに少し触れている。第二護郷隊と共に遊撃戦に加わるも、食糧もなく万策尽きた時に、生き残っていた予備学生出身の同期五名が武下を中心に対策を練ることにしたという。結論は、今帰仁に戻り、屋我地島の愛楽園から食糧を調達する案に決まり、早速恩納岳を後にした。五月下旬に愛楽園と交渉した時の記述が以下だ。

> 愛楽園には米軍の食糧や医療品が、潤沢に配給されている情報をつかんでいた。そこで園長にことの次第を話し物資特に米の横流しを依頼したものだ。もし我々の要求を受け入れない場合は、最後の手段も考えての決死の申し入れである。（中略）其（そ）の夜の内に米五俵（カリフォルニヤ米）をもらい受け、屋我知（ママ）の若い娘子達に丸木舟で運んでもらった。武下君は一人一人の兵士に公平に配給し、数拾日間米粒をみなかった兵士も下士官も、これで生きる希望を得たかのように、小躍りして喜んでくれた。それから後一度だけ愛楽園からの横流しを受けたが、愛楽園内からの密告で米軍が探知することになりそれも不可能になった。
>
> （『武下一回顧録』）

同僚らの手記を読んでいると、武下少尉が中心となって愛楽園から運び込んだ米で、どれほど救われたかということ、そのことへの感謝と、また米略奪の首謀者として米軍に殺されたこと、そこに「住民の密告」があったというニュアンスが複数書かれている。この武下少尉ら三人の殺害については「住民の密告」説がついて回る。日記を発見した保坂廣志さんは、入院患者の米を半分も持って行く白石部隊に手を焼いた愛楽園側の密告ではないかと分析している。

上記の小渓さんもそのように書いていて、私も当初はそれが妥当なラインではないかと思っていた。ところが、その後愛楽園の幹部は「糧秣を敗残兵らに横流ししていた」として米軍から罪に問われ窮地に陥っていたことがわかり、愛楽園内部からの密告説にも疑問符がつく。もっとも真夜中の米移送作戦は島中の人に協力させているのであるから、誰が米軍に告げ口してもおかしくない状況ではある。まさにこの「住民の裏切り」を恐れた白石部隊が、四月の早い時期からスパイリストを手に裏切りそうな住民を見せしめに殺害する行為に手を染めていたわけだが、最後はそんな暴力をふるった日本軍に怨みを抱く住民からの密告によって住民虐殺の首謀者が命を落とすことになったとしたらなんという因果だろう。いずれにしても、今のところ密告した人間がいたかどうか確かめる術はない。その後愛楽園を巡って何があったのかを見ていくが、その前に武下殺害に女性スパイがかかわったという言説があるので先に紹介しておく。

女性スパイ説

この証言は武下少尉ら三人の骨を拾った、湧川の嶺井政明さん（沖縄戦当時一七歳）が私に語ってくれたものだ。この嶺井さんは湧川に伝わる路次楽（るじがく）の伝統楽器「ガク」（オーボエのようなリード楽器）の奏者として以前取材し大変お世話になった方である。白石隊のことについて、嶺井さんご夫妻にあらためてお話を伺った。

嶺井「武下さんが戦死した場所は、小さい川が流れていてね、ちょっとした小屋がある場所だった。山仕事で歩いていたら人の骨みたいのがあったからね。武下さんは小屋の中に倒れていた。彼は二二歳で、非常にかっこいい人だったんです」

妻「白石さんもね、隊長、背も高くて颯爽としていて、とても体格のいい人だったですよ」

嶺井「天底の学校に時々来ていたが背が高くてね。あそこ（彼らのアジト）はなかなか探せない場所であるから、やっぱりスパイみたいなね、女の人がいたという話。美味（おい）しいものを持って来るから、明日もここで待っておきなさいね、と言って呼び出したとか」

妻「羽地の人だったんじゃないかな、その人」

——どこの誰と、わかるんですか？　その女性がスパイだったということ？

嶺井「そうですよ。それで居場所がわかったんですよ。まあ本当か嘘かわからないけどね、僕らも部落に戻って来てから聞いた話なんだから。いいものを持って来るからここに寝ておきなさいね、と言ってたと」

妻「友軍がいるよ、とアメリカに教える女の人がいたみたい。そういう話だった」

渡辺大尉の項にも書いたように、またも女性スパイの話である。占領後、すでに米軍の秩序に従って生きるしかなかった住民にとって、敗残兵はもはや厄介な存在でしかなかった。彼らの暴力を終わらせるためにも、誰かが米軍にアジトに通じる山道を教えたのかもしれない。しかしその犯人探しが始まるのも恐ろしいし、軍隊としても面目の潰れる話である。事実を追及するよりは、それが妖艶な女性スパイだったという話の方が双方にとって好都合だったのではないだろうか。しかし今となっては、武下少尉の潜伏場所に繋がる情報を米軍に渡した人物がいるかどうかはもはや「藪の中」だ。もう一度、愛楽園で起きた出来事の顚末に話を戻す。

愛楽園の儀部朝一さんの証言では、武下少尉らを迎えた夜に決めた通り、日本俵で二五袋分を四台の馬車に載せて、二、三日に分けて武下らのいる運天に輸送した。武下少尉は涙を流していたというところまでは前述の通りだが、ところがその後、儀部さんや愛楽園の庶務課長は米軍に捕らえられてしまう。米軍が療養施設に提供した米を日本軍に横流ししたことが発覚し、米軍の怒りをかって、愛楽園幹部が米軍の裁判にかけられてしまったのだ。それは、武下少尉が米軍に殺されたことで彼の手帳が没収され、そこに愛楽園の協力のもとに敗残兵らが飢えを凌いでいるという実態がありありと書かれていたから発覚したのだ。『沖縄県史』所収の儀部さんの証言の後半を引用する。

それがどうしてバレよったかというとですね、竹下中尉が戦死したんですよ、呉我山で。その戦死した手帳には、わたしらがやった行動もみな書いてある。それからわたしが呼ばれて、また引っぱられてね、田井等〔収容所〕に四日間ぐらい留置されました。園長にわたし、泉正重の三名、留置されてね。

『武下一回顧録』の中で、湧川在住の郷土史家でもあった糸数昌徳さんはこう書いている。

武下大尉は魚雷艇隊の主計中尉で白石部隊に属していた。私が避難している運天原部落の島の娘が高等女学校を卒業して、武下主計中尉の書記としてハンセン氏患者療養所（愛楽園）に預けてある海軍の食糧の配分事務を担当していたと云う娘がいた。

武下大尉の多くの戦友は、魚雷艇と共に水つく屍で海で戦死されたが大尉は嵐山で草むす屍で山で戦死をされた。大尉の遺留品の手帖と娘の写真が米軍の取得するところとなり、友軍に食糧を与えたと云う廉(かど)で娘は米軍に逮捕された。

一八歳の屋我地島の女性の写真

武下少尉の手帳と共に、ある女性の写真が回収されていた。その娘は武下少尉の「書記」として愛楽園の「食糧の配分事務」をしていたというが、それは後で取ってつけたような職名のようでもある。要は米子さんのように勤報隊として白石隊で働いていた女性を、武下少尉の日記にあるように、自分たちの食糧調達に便宜を図るために愛楽園に置いたということなのだろう。そして武下少尉が手帳と共に後生大事に持っていたのが、その一八歳の屋我地島の女性の写真であった。米軍は、米略奪の主犯格である海軍将校と懇意にして、米を横流しする手引きをした島の女性を摘発したというわけだ。その娘が米軍に逮捕された時には「死刑になるのではないか」と集落中の人が涙したとあるが、その後園長らの機転で、「白石部隊に渡した米はもともと日本海軍から預かっていた米である、預かっていた米を返して何が悪い」と訴えたため、間もなく娘は無事軍司令部から解放されたという。

この武下少尉を支えた屋我地島の女性というのは米子さんではないか。私はとっさにそう思い、またリハビリ施設に入所している九二歳になった米子さんを訪ねた（二〇一九年）。武下さんの手帳と一緒に女性の写真が出て来たこと、その女性は愛楽園で事務のような仕事をしていたことを伝え、回顧録の中ではあえて名前が伏せてあるけれども、これはどなたかわかりますか？と訊いてみた。「それだったら、私ではないです。スミちゃんのことだ」。

運天原に住んでいた上地スミさん。中本米子さんの同級生で「ヨネちゃんとスミちゃんを殺す人は僕が殺す」と武下が守ろうとした二人のうちの一人だ。武下少尉が死ぬ時に彼女の写真を持っていたという話については、米子さんも初耳だったようで、とても驚いていた。彼の日記の六月八日の項には、愛楽園を訪れた夜に運天原の彼女の家で一晩過ごしたと書かれている。米子さんの証言でもあったように、武下少尉はしばらくスミちゃんのお宅にかくまわれていたこともあるという。お世話になっていた家の娘さんである一八歳のスミちゃんは、おそらく武下少尉に言われて愛楽園に入り、山で飢えている部下たちのために米を回してもらう手伝いをしていたのだろう。武下少尉も手帳と共に肌身離さずその写真を持っていたわけだから、特別に大切に思っている女性だったのかもしれない。しかし単なる恋愛感情でこの米輸送事件を語るのは早計というもので、輸送作戦には屋我地の女性たち複数が協力しているのだから、敗色が濃くなってもなお海軍の兵士らを支えたいという屋我地島の人たちの思いが背景にあったことも事実だろう。

海軍の残虐行為を知る人々の気持ちの変化

この時期には沖縄県民の間にも大きく二つの感情がひしめき合っていたと思われる。一つは、必勝を信じて軍隊に協力してきた戦時下の国民としての、まだ醒めぬ忠誠心と、もう一つはすでに勝敗は決し、米国の物資で生き永らえ、価値観が崩壊する中で、日本軍やそれに盲従してきた自分を否定したい気持ち。混乱の中で、住民の立ち位置は簡単に定まらなかっただろう。日本軍を肯定し協力した時代は去り、やがて日本軍に幻滅してその暴力を憎み、かわって統治者になったアメリカの軍隊と折り合いをつけていく住民たち。さらに戦後数十年が経過する中で、沖縄の人々の視座、立ち位置はどのように揺れ動いてきたのだろうか。それは、日本軍に近かった人々ほど、振れ幅は大きかったのかもしれない。

一度は武下少尉に命を狙われていると知って激怒していた愛楽園の儀部さんは、戦後三〇年あまりを経て編集された『武下一回顧録』の中に文章を寄せているのだが、戦後間もなくの彼の証言とはだいぶ趣を異にしている。妻にごちそうを作らせて愛楽園の幹部と共に武下少尉を迎えた日のことを「思い出深い宴(うたげ)」のように書いている。

> 武下中尉は、極めて温厚誠実な方で、兵士への愛情溢れる青年将校という初印象を私は受けた。また、何よりも頼もしく感じられたことは、あの激しい戦いと耐乏の長い山中生活にもかかわらず日本軍将校としての威厳が服装や軍刀にハッキリ読みとられたことであった。（中略）
>
> 妻は、早速米軍の配給食糧で、あれこれ沖縄風の料理を作って差し上げ、早田園長もお招きして、いま元気で生きていることをお互いに喜び合い、感謝したものである。早田園長は、最果の島での奇遇を大変喜ばれて、伝家の宝刀だという小刀一振りを「ふくさ包」のまま武下中尉に贈られたのである。（中略）武下中尉は（中略）朧月夜の松林の中で私達に厳粛な別れの挙手の礼をされたあと兵と共に、芋畑を小走りに横切り運天原へ抜ける山道を登り始めて一寸振り返り、白い手をかすかに振られたようであったが、武下中尉と兵の姿は暗の中に融けてしまっていた。

同様に、厚養館の岸本金光さんも、武下少尉を悼む詩文を寄せている。海軍の残虐行為をよく知る人々の、このような気持ちの変化をどう見るべきなのだろうか。もちろん、「追悼本」という趣旨の中で、遺族に喜んでもらえる書き方をしたのは間違いない。全く本心ではないという見方も可能だろう。だが、私にはそれだけではない、あの戦争をそれぞれの立場から見つめて過ごしてきた歳月が、加害や被害という輪郭をあいまいにしながら共に違う価値観を生み出しつつあるような、あまり形容されてこなかった感覚がそこにはあるように思えるのだ。スパイ虐殺もさまざまな事例があるが、この話の舞台になった今帰仁村に限って言えば、自国の軍隊によって、スパイという濡れ衣（ぬれぎぬ）を着せられて殺されていった今帰仁村の人々は明らかに被害者であった。自己保身に走り、身勝手な価値観で作ったスパイリストを手に住民を抹殺していった海軍部隊は当然、加害者である。武下が持っていたリストには三〇〇人の名前があったという話も残っている。[*10] そしてスパイリストは北部のあちこちに存在していたのだから、「スパイ虐殺」は海軍だけではない、日本軍の組織的な犯罪と見るべきだろう。

一方で、元兵士が再び沖縄の地を踏み、また遺族が慰霊に訪れるようになるのは、武下秀吉さんのような熱心な遺族を別にすれば沖縄の日本復帰後、つまり戦後三〇年近い歳月が流れてからのことである。復帰後は、あらゆるレベルで「沖縄には申し訳ないことをした」「観光気分で再訪してはならない」という懺悔（ざんげ）の気持ちを表明する言説やインタビューなども多数メディアに載るようになり、沖縄戦での日本軍の残虐行為や県民の被害についてはおおむね社会に共有された。そしてそこには反省があるという、ざっくりとした大枠の共通認識は持てたであろうし、沖縄の住民たちが表立って怒りを表すようなふるまいはそれほど見られなかった。かといって、沖縄の怒りや悲しみが癒えることはなく、軍隊の過ちをうやむやにする動きがあれば、教科書記述問題の時のように一〇万人を超す沖縄県民が拳を上げたように、怒りの総量は何も変わってはいないともいえる。作家の富村順一さんのように、天皇と日本の軍隊の罪を生涯かけて追及し続けた沖縄県民もいる。

このような玉砕ありきの無謀な島嶼戦を継続した国家の罪は一ミリも目減りすることはないのだが、個々の兵士が犯した罪については、同様に不動で、腫瘍が小さくなるような変化も一切ないものなのかと言われると、そこは少し様相が違う点があるように思う。例えば、戦後生きて帰ったと思われるのに行方不明で通し、二度と沖縄を訪れることもなかったであろう渡辺大尉と、戦後ご両親が足しげく通って来た武下少尉のケースは、同じ今帰仁の中でも見え方がかなり違っていることは明らかだ。たくさんの少年の命を犠牲にして戦った護郷隊の隊長らが、針の筵を覚悟で沖縄に通い続けたことも、そして村上隊長の娘さんや息子さんが今も熱心に沖縄を訪ねていることも考え合わせると、加害者、その親、その子孫や関係者が過去の出来事にどう向き合い続けるかという点が、戦時中の出来事を巡って渦巻く感情を緩め、何らかの変化をもたらすのではないだろうかというところに、私は興味を持った。

加害者の子、という括りでいえば、現在の日本人は多かれ少なかれ太平洋戦争で身勝手な理屈のもとにアジアの人々を苦しめた加害者の子孫である。戦争で被害を受けようとも、戦争を止められずに加担していった一人ひとりの国民は、等しく罪を有していると私は思っている。

それなのに、被害者であることを訴える者は多い一方で、加害者の子であることを受け止め、向き合っているといえる日本人が自分を含めてどれだけいるのだろうか。そう考えた時、沖縄に向き合い続けた個人の存在は重いし、家族や子孫の行動が渦巻く負のエネルギーを変える力を持つことが、少なくともある一定程度はあるのだろうと思える。

令和元（二〇一九）年、宮森小学校のジェット機墜落事件（一九五九年）を巡る沖縄テレビのドキュメンタリーで、墜落機のパイロットの息子さんがインタビューに応じていた。沖縄で大惨事を起こした本人であることを父は一切話さなかったそうだが、息子さんは逃げも隠れもせず、その荷物を背負って沖縄に向き合っていきたいという意思を示していて私はハッとなった。事故の責任は米軍にあり、パイロット個人の罪に帰するべきではないのは当然のことだが、事故後すぐに本国に帰り、謝罪や反省を含め一切語らずに鬼籍に入ったそのパイロットに沖縄側が怨みの感情を抱かないといえば嘘になる。しかし加害者の子であることを自覚し見つめようとする息子さんの姿は、何十年という年月を経てもあの事故に心を痛め続けている人々の何かを、ほんの少し変える力を持っているということ。単純に赦（ゆる）しに繋がるものではないのだが、それは、なぜ今帰仁村の人々が武下観音を大事にし続けているのかという今の私の問いに繋がるものを感じさせた。

武下少尉の遺骨を集めた経緯を伺い、武下文庫も見せていただいて、そして「南海の塔」まで案内してくださった元区長の嘉陽宗敬さんに、最後に一番重い質問を投げかけてみた。

「あの、新聞にも載りましたけど、この武下さんは住民虐殺に、かかわっていたんですよね？」

すると嘉陽さんは一瞬顔をこわばらせて、ああ、そのことをご存知なんですね、と苦笑して、でも、じゃあそんな人であればもう慰霊祭を止めようじゃないか、という意見は誰からも出てこなかったんですよ、と言った。お父さんの秀吉さんは手帳の内容をご存知だったのか、と尋ねると、新聞記事は、幸い秀吉さんの亡くなった後でしたからね、ということだった。

「妹さんたちはご存知だと思いますよ。それで、一時期疎遠になったかな、という時期もあったかもしれません。地域のお年寄りも、『沖縄タイムス』を取っている方はご存知とは思います。でもそういった反感的なものは出てこなかったのではないでしょうか。とにかく戦後、この湧川のためにお父さんお母さんなんかが一生懸命支援をしていただいたという事実が先に来ますね。湧川としては、あの記事の内容が大袈裟なことになったことはなかったんじゃないかと思いますね」

この地域の人々の海軍に対しての印象は悪いのでは？という問いにはこう答えた。

「僕たちの年代では特に悪いイメージということもないですね。それより遺族の方々が戦後復興に手を差し伸べてくれたことがありますし、たとえ新聞にそんな話が載ったとしても、これは戦争の時の事件としてみんなは考えていたんじゃないでしょうかね」

井澤曹長、渡辺大尉、武下少尉。たまたま私の映画でスパイ虐殺の加害者として実名で紹介することになった三人。しかし個人史や、沖縄でどんな任務に就いていたのかさえ知らずに一面だけを取り上げるのは我ながら不当だと気にかかっていて、映画完成後も一年以上かけて彼らのことを追いかけてしまった。潜水艦、魚雷艇、飛行場支援などプライドを持って臨んでいた彼らの任務、それぞれの正義感や、友情や、抱え込んだ矛盾、それらを含めて一人の人間として見えてくるまで近づきたいと思った。そして許されざる行為とその当事者を、沖縄の社会はどう受容し、または嫌悪し、それはどう変容していったのかというテーマまで膨らんでいった。そこには「赦し」「解放」「克服」というプラスのキーワードも見えてくると同時に、「加害の子」「逃避」「責任転嫁」「大衆の弱さ」という、今の社会が抱えている問題点も強烈に浮かび上がってきた。なぜ今「スパイ虐殺」の当事者を追いかけるのか。その解を一瞬つかみかけたように思えたが、それはまだ道の先に浮かんでいる。だから当分、私の旅は終わらない。

＊1　大宜味村喜如嘉の知名定一巡査、国頭村宜名真と辺土名の四人、浜の二人（読谷村からの避難民と見られる）の殺害に関与したとされる。

＊2　白石隊長とスパイリストについては、『語りつぐ戦争　第1集』に岸本金光さん（沖縄戦当時四四歳、兵事主任、旅館厚養館経営者）の次のような証言がある。

「私は、昭和二十年五月家族と一緒に喜知留川の避難小屋にいた時、突然運天港に駐屯待機している海軍特攻魚雷隊長・白石大尉以下将校五、六名が、喜知留川で洗濯している私の従姉・岸本カナに、厚養館と岸本旅館の避難小屋に案内してくれと来た。ご飯もとっていないので、何でも良いから食わしてくれといったので、準備してあった夕食を、すっかり彼等にくれた。おまけに泡盛も飲ませると、皆よろこんで満足そうであった。

丁度そこに遊びに来ていた名護校の宮里国本先生と私等家族がいる前で、白石大尉が話すには、昨日照屋忠英校長を八重岳に行く道路で殺したという。国本先生、私の妻と三人で、あんな立派な校長先生で、国頭郡教職員会長の要職にあり、住民から尊敬されており、しかもご子息長男・二男は現在出征中である。どんなことがあって殺したのかと尋ねたら、スパイの疑いで、充分な証拠も得ているといった。次は、今帰仁の長田盛徳郵便局長と名護町屋部国民学校長・上原盛栄を殺す番になっていると話していた。

日本の兵隊たちは、沖縄人にスパイの汚名をかぶせ、無垢（むく）な住民が数多く虐殺されている」

＊3　沖縄の戦争証言の中で注意すべき点として、住民が旧暦で日時を記憶している例が多いことと、年齢

はまず「数え年」で認識しているため一年差し引かなければならないケースがある。

＊4
謝花喜睦さんの殺害については、次の二つの本にも記述がある。
・佐木隆三『証言記録 沖縄住民虐殺』
「〈今帰仁村渡喜仁での村議虐殺〉
五月十二日朝、村会議員の謝花喜保さん（当時四十二歳）と村会議員であり警防団長だった謝花喜睦さん（当時四十六歳）が渡喜仁海岸の草むらで死んでいた。上半身を前後からメッタ突きにされており、銃剣でやられたらしい。二人はイトコ同士で、喜睦さんは村議になる前は在郷軍人会長でもあった。喜睦さんは家族全員を本土疎開させて一人暮らし、喜保さんは妻のカマドさん（当時四十歳）といっしょだった。戦況は落ちつきかけて、村人は昼は山中へ避難し、夜は自宅へ帰っていた。助かったカマドさんによると、前夜日本兵が数人『真部山（まぶやま）に集合するからこい』と喜保さんを連れ出したといい、喜睦さんも同様に連行されたものとみられる。渡喜仁にはかつて四十人ほどの日本兵が分宿していたが、このとき襲った部隊については不明。ただし地元では、海軍の魚雷艇隊のワタナベ隊が実行したといっている。ワタナベ隊は村の有力者の殺害リストを携行していたという」
[ここでは魚雷艇隊となっているが、渡辺大尉は特殊潜航艇隊。先にも述べたが、海軍のこの二つの隊は宿舎も同じだったことから、周辺住民の認識の中での区別はあいまいである]
・山川泰邦『秘録 沖縄戦記』
「今帰仁村の警防団長をしていた謝花喜睦は、家族と共に米軍に収容されていたところ、［昭和］二十年五月中旬の夜、海軍部隊の兵隊に呼び出され、連れて行かれたが、その翌日、畑の中に死体となって発見された。

運天港に配置されていた日本の海軍部隊は、米軍上陸後は山奥に潜伏していたが、住民が米軍に収容されたあとは、毎晩住民の集落に潜入して食糧を奪っていた。

特殊潜航艇隊の渡辺大尉は、部下と共に集落に潜入しては食糧を略奪して回りながら『米軍と通じる者は殺してやる』とおどしていたので、謝花喜睦を斬ったのは、渡辺大尉の部下ではないかと思うと、住民は話している」

＊5 第一護郷隊が解散したのは七月七日頃だが、小隊、分隊によっては作戦の後、本部に戻れず自然解散になったグループや、食糧を取りに出身の集落に戻ったきり帰らなかった者など脱落者もかなり出ていたようで、七月初頭の時点では戦死者も含めて少年兵の数は当初の半分から三分の一に減っていた。この今帰仁村の一団は真喜屋(まきや)の攻撃の後、五月初頭には流れ解散状態になったようだ。

＊6 謝花喜睦さんの殺害日時は五月一一日説・一二日説・一三日説がある。

＊7 武下一さんは「少尉」で沖縄に着任し、昭和一九（一九四四）年末に「中尉」に昇進し、戦死後「大尉」となっているため、証言の中で呼称にばらつきがあるが、中本米子さんのお話から始まった調査なので、本書では便宜上、彼女が使用している「武下少尉」の表記に統一する（引用は原文ママ）。

＊8 白石大尉と村上大尉、岩波大尉は陸軍士官学校と海軍兵学校の違いはあるが同期生である。しかし村上は、面識はなかったようだ。折から村上は護郷隊の遊撃戦秘匿陣地に次々と敗走してくる宇土部

隊の敗残兵らの対応には手を焼いていた。その配下に入った海軍部隊にしても同様だったようだ。『護郷隊』所収の「第三遊撃隊の戦斗」の項と、村上の陣中日誌に次のように書かれている。

「国頭支隊の指揮下に入り戦斗中であった海軍の鶴田隊（蛟龍隊）が十九日、白石隊（第二十七魚雷艇隊）が一十日タニヨ岳に到着した。白石隊は十九日道に迷い東海岸の大浦付近に出て、二見付近で米軍と交戦してタニヨ岳に到着したが士気は旺盛であった」「海軍の鶴田部隊も来ている。鶴田部隊とは、海軍の特殊潜航艇隊で白石部隊と同じく運天港に基地を有する部隊である。然して隊長は同期の出身であるらしい。そういえば昨日、連絡に来たのは鶴田だったのか……はっきり顔は覚えていないが、白石部隊や鶴田部隊は海軍の特攻隊であるだけに随分精鋭らしい。然し河童や家鴨のようなもので陸上の戦斗技術は下手らしい」（傍点筆者）

＊9　岩波の証言による（伊藤常男の聴取「沖台―沖縄―157　沖縄国頭支隊関係聴取資料」）。

＊10　前出の山川泰邦『秘録 沖縄戦記』には、次のように記されている。
「また羽地の嵐山で、米兵に射殺されたJ中尉［武下のこと］の手帳に、驚いたことには三百人の名前が、スパイ容疑者としてリストにあげられていたという。前にしるした太田守徳、照屋忠英氏らの名もリストにしるされていた」

第六章　戦争マニュアルから浮かび上がる秘密戦の狂気

國民抗戰必携

昭和二十年四月二十五日
大本營陸軍部

（增刷許可ス、但シ此ノ場合ハ〇〇複寫ト記スルヲ要ス）

1　沖縄本島北部の山中で見つかった「秘密戦に関する書類」

「国士隊」結成式

アメリカ軍の上陸も迫った昭和二〇（一九四五）年三月一二日。沖縄本島北部の西側、本部（もとぶ）半島の真ん中に位置する伊豆味（いずみ）の国民学校は異様な緊張に包まれていた。その日は軍の幹部がそろって列席する重大な式典があるとのことで、開始は午後三時だというのに地域では朝から準備に追われていた。北部一帯の最大の戦力である国頭（くにがみ）支隊（独立混成第四四旅団第二歩兵隊）の宇土（うど）武彦大佐以下、めったに見ることもない幹部たち一〇人が勢ぞろいするという。昨秋から八重岳に陣取っている国頭支隊の隊長を一目見たいと村人が集まってきそうなものだが、この式典には厳しい箝口令（かんこうれい）が敷かれていた。会場に姿を現したのは、村長、医師、校長、議員など、地域の実力者たち二八人。そうそうたるメンバーが着席したのち、宇土大佐が恭しく登場、一同敬礼を捧（ささ）げた。この式典は、国頭支隊が秘密戦を実施するにあたって地方民に組織させる極秘の特務機関「国士隊」の結成式だった。

「緊迫する情勢にかんがみ、地方民の側にも特務機関を設置していただき、一般民衆に対する宣伝・防諜の指導、および民情の把握並びに最悪時に於ける諜報戦の活動を強化すること。これが国士隊結成の目的である」。熊田正行副官は説明した。

「この民衆側の特務機関は国頭郡翼賛壮年団の機構内部に組織する。その旨、快諾をいただいており、今日無事結成式の挙行となった」

国士隊の母体は国頭郡翼賛壮年団で、本部は名護に置かれた。支部は国頭郡の北から本部半島、南は恩納・久志・金武に設置され、さらなる協力者、諜報分子の獲得が指示された。こうして日本軍は北部全体を網羅する民間人を使った防諜網の構築を目指した。

北部に作られた秘密組織「国士隊」。この組織の構成員であることは家族にも秘密だったこともあり、国士隊の存在を知る人は少ない。元隊員のほとんどが戦後も何も語らぬまま他界している。そんな謎の多い国士隊の結成の様子をここまで具体的に書くことができるのは、アメリカ軍が八重岳の宇土部隊のアジトから押収した書類の中に、焼却を免れた「秘密戦に関する書類」の一群が含まれていたからである。軍が民間人を秘密裏に組織して、地域内の防諜や諜報戦に協力させた事例はおそらく全国および占領地にあったと推定されるが、日本軍は重要書

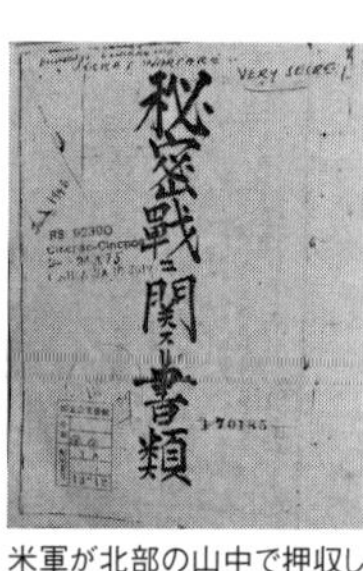

米軍が北部の山中で押収した「秘密戦に関する書類」

類をことごとく焼却しているため、国士隊のようにその構成員の名前から結成式の次第まで、文書で残っている事例は非常に貴重である。

上記はそのうちの一つ、「国頭支隊秘密戦機関『国士隊』結成ノ件報告」にある式次第などをもとに結成式の様子を再現したものであるが、このような報告書のほか、国士隊の編成表や運用要綱、国頭支隊秘密戦大綱、報道宣伝防諜に関する県民指導要綱など、秘密戦に関する重要書類が多く含まれていた。またいくつかの書簡は前出の国頭支隊の防諜謀略主任、熊田正行中尉と三二軍司令部情報主任の薬丸兼教少佐、第三遊撃隊の遊撃秘密戦主任、村上治夫大尉との間で交わされていて、村上治夫はじめ中野学校出身者の秘密戦のノウハウがここでも実践されていたことがわかる。

目的は内部スパイの摘発

国士隊の活動目的は宣伝・防諜の指導、および民情の把握であるが、沖縄県民に対する軍の信頼はもともと低く[*1]、以下の記述を見ても、国士隊を作った目的は軍事機密の漏洩防止よりもむしろ「積極防諜」、つまり積極的なスパイの摘発に当初から重点が置かれていたことが読み取れる。例えば、「国頭支隊秘密戦大綱」の「防諜勤務方針」の項に、次のように記されている。

> 防諜ハ本来敵ノ諜報宣伝謀略ノ防止破摧ニアルモ本島ノ如ク民度低ク且ツ島嶼ナルニ於テハ寧ロ消極的即チ軍事初メ国内諸策ノ漏洩防止ニ重点ヲ指向シ戦局ノ推移ニ呼応シ積極防諜ニ転換スルヲ要ス

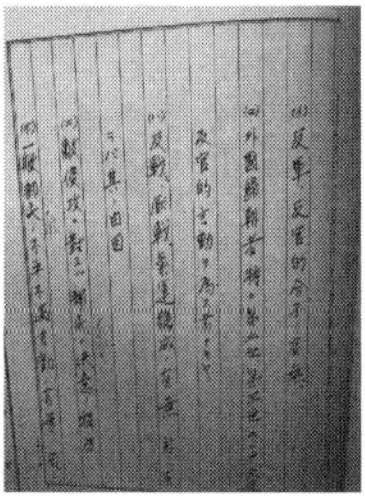

国士隊の隊員の仕事も「細部指示事項」に細かく列記されている。それは、各担当区域内における「（イ）容疑人物ノ発見、（ロ）容疑者ノ行動監視、（ハ）容疑物件ノ発見・探索」。そして民心の動向をどう把握するかについては、「（イ）反軍、反官的分子ノ有無、（ロ）外国帰朝者特ニ第二世、第三世ニシテ反軍反官的言動ヲ為ス者ナキヤ、（ハ）反戦、厭戦気運醸成ノ有無、若シ有ラバ其ノ由因」……と続き、それを隠密裏に報告すること、とある。同じ地域で暮らす人々の中で誰が怪しいか、誰が移民帰りで外国語が堪能か、また戦争や軍の批判などを口にしていないか。そんな不穏分子を自分たちで見つけて国頭支隊に密告しろとはっきり指示されている。

スパイリスト

この「秘密戦に関する書類」に詳しい沖縄戦研究者の大城将保さんは、彼らの密告が、北部の山中にいた複数の日本軍部隊が持っていたとされるスパイリストの作成に繋(つな)がった可能性を指摘している。しかし、国士隊の構成員たちに罪の意識はなく、逆に地域の秩序を維持し、日本軍の作戦を助け、勝利に繋げるために良かれとすら思って行動していたのではないかと、大城さんは映画撮影時のインタビューで語っている。

「秘密部隊を作った一番の名目は、地域住民が敵の捕虜にならないように監視するということなんです。でもこれは建前です。元村長とか区長さんとか校長先生なんかも、最初はそういうつもりで集まった。国士隊の存在は秘密だよと。自分たちが隊員だとばれたら、任務はできなくなるでしょう。それで彼らはある意味では進んで、ある意味で喜んで、地域住民が敵に寝返りをしないように監視していくと。本人たちとしては悪いことしているという意識はないんですよ。住民らが敵の宣伝に惑わされて、味方の友軍の秘密をばらしたり、あるいは反戦的なことを広げたりしては、自分たちも命取りだし、困るわけですよ」

民間指導者層の加害性

米軍上陸目前の三月三〇日付の「民心、動向調査並宣伝要領ノ件」という書類では、国頭支隊から国士隊本部長宛てに、住民が周章狼狽し戦意を失うようなことのないよう、指導を促している。内容は「敵の上陸は必至だが、それは我が軍は織り込み済みであり、何ら憂慮すべき事態ではない。一部の県民は空襲や艦砲射撃に動揺し、敵の逆宣伝に乗って厭戦に誘導されかねず作戦に影響するので、民衆の世論指導に万全を期して欲しい」と激励し、住民に伝達する文例として「戦列ヲ乱サズ敵ノ上陸ニ備ヘマセウ」と題してこんな呼びかけをしている。

> 敵ガ沖縄本島ニ上陸スルノハ必至デアリマスガ然シ之ハ我軍ノ思フ壺デ敵ノ兵力ヲ此ノ沖縄ニ結集、殲滅スル所謂軍ノ作戦デアツテ敵ノ来襲ハ作戦上決シテ憂慮スルコトデハアリマセン

このように国士隊や翼賛壮年団ら、軍に寄り添うリーダーたちは、軍に言われるまま、それこそ日本軍に都合のいい、事実と異なる情報を繰り返し住民にアナウンスする役割も果たしていた。大城将保さんは『十五年戦争極秘資料集 第三集 沖縄秘密戦に関する資料』の解説の中で、問題の所在を明確に指摘している。

当時の沖縄には、強制的に軍隊の末端に序列化された〝にわか兵隊たち〟よりも、より積極的に軍の方針に加担した人びともあったのである。在郷軍人、県町村官公吏、教職員、議員、役員といった民間指導層である。彼らは「軍命」をふりかざして〝スパイ狩り〟に協力し、「戦陣訓」を唱えて地域住民を死地に追いやった。各地で多発した集団自決事件や住民虐殺事件には、ほとんど例外なく現地の指導者や在郷軍人たちが関与していた実態が、最近市町村史などで進めている戦災調査で徐々に明るみに出されつつある。

要するに、沖縄県民は自らの内部に「被害者」の面だけでなく「加害者」の側面をもかかえこんでいるのであり、加害者を告発することは、ひいては自分たちの共同体の内部にはね返ってくる危険をはらんでいる。人びとが沈黙する理由の一つがここにある。（中略）しかし、この厳たる史実を隠蔽したまま沖縄戦の住民犠牲を語ることはあまりに片手落ちになるし、沖縄戦の全体像を記述するうえでも、また真の意味で戦争責任を追及し反省する意味でもゆゆしき空白を残してしまうことになるだろう。（中略）この一冊の資料集は、戦地における軍隊と住民の関係、陰惨な住民犠牲をひきおこした背後のメカニズム等を解明する決定的なカギになるはずである。

大城さんは「加害者である日本軍」と「被害者である沖縄県民」という大枠に二分したのでは見えてこない、その境界にいる人たちに早くから注目した研究者であり、「マージナルマン」（『沖縄戦を考える』一九八三年）、つまり境界線上の人々という言葉を使い、軍と民の狭間にいた人々が果たした役割に目を向ける重要性を指摘した。沖縄戦の場合、米軍が上陸する半年以上前から日本の軍隊が駐留を開始するわけだが、日本軍という権力も財力もある集団が地域に入ってきた時に、地元の中からは当然それに寄り添い、支えていく人々がさまざまな形で登場してくる。軍と民の境界線上にいた人々が、戦争が終わってみれば軍に利用され地域社会の中でどんな役割を演じてしまったのか、語ることが困難なほど地域を傷つけた事例が多数ある。大城さんだけでなく、一九八〇年代には安仁屋政昭さん、石原昌家さんら沖縄戦研究者が、沖縄県民の側の加害性についても、証言を得ることは容易ではないながらも丁寧に見ていく必要があることに言及している。

しかし、この分野の記録・検証・報道は思うように進まなかった。旧日本軍の加害と沖縄の住民被害の輪郭を徹底して明らかにする作業がまだ不十分なうちに沖縄県民の加害に踏み込むことは、下手をすると本質を見誤るような解釈を生み、日本軍の残虐性をなかったことにしたい勢力に悪用され、積み上げてきた沖縄戦の歴史認識に質の悪い横やりを入れられかねない危惧もあった。何より、同じ県民の加害性に触れるような戦争証言を記録に取ることで誰かが地域の中で生きづらくなる状況を、研究者や取材者が作り出して良いのかという大きな問題が横たわっていて、この分野の追及を難しくした。証言をしてくださる人々に、針の筵に座る覚悟をさせてまで、それを公にしていいのか。七〇年以上年経った今でも、私も映画制作の中で何度も逡巡した。しかし、軍の論理に無意識に支配されながら、地域や国のために良かれと思ってやったことが最も守りたい人たちを軍隊の暴力にさらすような結果になっていったという苦い経験からしか、この構図は学べない。この陰惨な出来事が、二度と同じからくりに騙されないための教訓となって初めて、犠牲者も、軍に協力した人々が戦後抱えてきた重荷も、昇華されるのではないだろうか。

国士隊のおよそ三〇人は当時の地域の実力者であり、また戦後も村長、議員、医師などとして米軍統治下の苦しい時代に沖縄の復興を牽引してきた人々だ。それこそ人物名鑑に名前が載るような功労者ばかりである。しかし誰一人、国士隊の実態について証言を残したり、調査に応じた人はいない。自伝にも触れられていない。軍が民を支配しようとする時にどんなシステムが作られるのか、また地縁血縁や地域の情報がどのように手繰り寄せられて利用されるのか、さらに、リーダーたちの正義感や責任感はどのように搦めとられてあらぬ方向に機能してしまうのか。こうした点の解明のためにも、戦後の活躍で揺るぎない信頼と尊敬を集めた人たちで

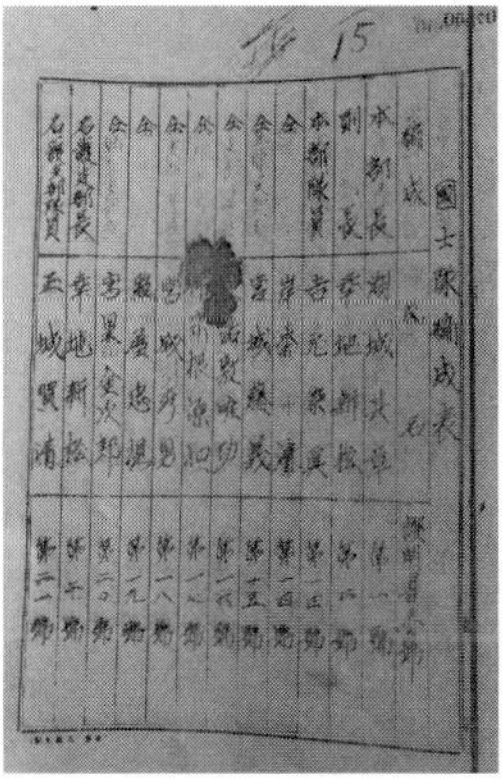

あればこそ、常に軍事的要衝として今後も利用されていく沖縄という地域に生きる子孫のために、そのうちの数人でも国士隊員になって沖縄戦を迎えた、前後数カ月の出来事について、封印を解いて語り、記録を残して欲しかったと思う。

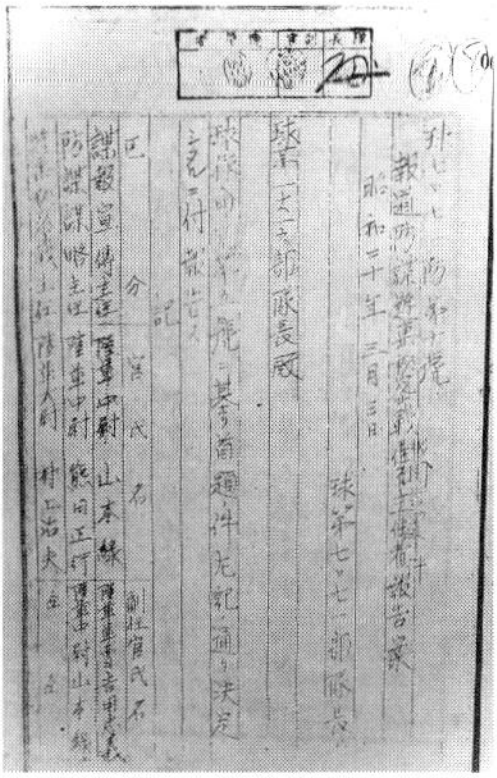

特務機関に協力するということに違和感を持たず、さらには民間で極秘の特務機関を構成せよ、と言われて「悉（ことごと）く感激し一死報国の念に燃ゆる決意」を持ったと記録されるような心境になっていく過程は、「戦争は良くないよ」という言葉をいくら聞いてもそこから想像して学び取れるものではない。困難が伴ったとしても、具体的な体験を記録に残してこそ、同じように権力者や軍隊に利用されないための良薬を次の世代に渡すことができるのではないだろうか。

2 暴走する戦争マニュアル「戦闘教令」の変遷

当然のことながら、戦場における軍隊の作戦行為は各部隊の状況に応じた現場判断だけで遂行することはできず、軍の中枢部からの作戦命令が絶対であり、そのベースには共通の軍隊の教科書「教範」や過去の戦闘のノウハウを蓄積したマニュアル「教令」の類が存在する。とすれば、これまで見てきたような住民に多大な犠牲を強いた数々の沖縄戦の悲劇も、パニックになった一部の日本軍部隊がたまたま行った残虐行為と単純に片付けることはできない。

戦場にいる住民を軍隊がどう利用し、戦闘にも活用し、またどう秘密漏洩を防ぎながら老若男女を「始末のつく」状態に管理するかまで含めて、軍の上層部はこれを繰り返し検討し、指示する教令を作っていた。太平洋戦争初期においては、そのような民衆活用のマニュアルは中国大陸や南洋の島々といった遠い外地を想定して書かれたが、戦局が進みサイパン、沖縄、本土と場所が移っていくにつれて内容は何度も見直され、最終的には「本土決戦」に向けて各戦地で蓄積した知恵が結集されていくのである。沖縄戦で頻発した日本軍の残虐行為の背景に、マニュアルに明文化された考え方や指示が色濃く影響していたのであれば、その罪は単に一兵士や、そこに加担した住民に帰するべきではなく、日本軍の作戦の矛盾と軍上層部のミスリードに原因を求めるべきであって、「有害なマニュアルが招いた悲劇」として捉えなおす必要があるだろう。軍と民の間に起きた平時では想像もつかないような悲劇の数々を理解するためには、沖縄戦に至るまでの戦争マニュアルを私たちは注意深く読まなければならない。戦地での失敗例や成功体験を含みながら、「本土決戦」に向けて膨れ上がっていくマニュアルの変遷に現れてくる軍隊の本性のようなものを、残された資料から読み解いていきたい。ここでは主に、戦闘地域にいる一般住民をどう利活用し、また処遇していくのかに関する項目を拾い上げて、いくつかの代表的なマニュアルを紐解く(ひもとく)ことにする(巻末の「教令一覧」もご参照いただきたい)。

軍隊の中ではさまざまな教科書が用いられる。「歩兵操典」や「作戦要務令」などの基礎的な教範のほかに、実戦の中から獲得されたノウハウをまとめたのが「戦訓」であり、それを蓄積し命令書に格上げしたものが「戦闘教令」で、それは生きたマニュアルとして実戦に直結した。太平洋戦争に入って最初に作られた教令が「島嶼守備部隊戦闘教令(案)」である。

最初の教令（ア）「島嶼守備部隊戦闘教令（案）」（一九四三年一一月）

この教令は南洋の島々における戦闘を想定して書かれたもので、つまり住民も、一部移民のいる島を除けば日本国民ではなく、天皇や軍隊に対する忠誠心とは無縁の人々であり、どうやって喜んで皇軍に奉仕し協力させるかに工夫が必要であった。住民に関する項目を見てみよう。

第二十二　島嶼に於ける住民の利用如何は戦闘の遂行に影響すること大なり故に守備隊長は之が指導に周到なる考慮を払ふと共に関係機関との連絡を密にして其の状況を明かにし皇軍の威武に悦服して各種の労役に服し或は警戒、監視に任じ或は現地自活に邁進し終には直接戦闘に従事し得るに至らしむるを要す而して不逞の分子等に対しては機を失せず断乎たる処置を講じ禍根を未然に芟除する等之が対策を誤らざるを要す

（白丸は原文ママ）

当然だが、島が戦場になれば空と海が閉ざされるため、弾薬食糧はじめ人員補給も途絶える。だから島嶼における戦闘は、住民をどう利用するかに勝負がかかっている、というわけだ。そのために守備隊長はあらかじめ周到に住民を指導し「皇軍の威武」のために「悦服して各種の

労役に服す」、つまり輝く天皇の軍隊に恐れや憧れを持たせ、無償でも歓喜して労働に服するよう誘導せよと指示している。さらに住民に内外の監視・警戒に当たらせ、自活に邁進させ、最後は直接戦わせよと書いている。実際に沖縄の第三、第四遊撃隊（第一、第二護郷隊）の前例であるフィリピンやニューギニアの第一、第二遊撃隊は、山岳戦に強い台湾の原住民や現地の警察官を遊撃隊員に組み入れてゲリラ戦を展開し、現地住民の宣撫工作に力を入れ、敵情視察や内部スパイの摘発などに積極的に利活用している。自国民でもない島民に皇軍に協力する愛国心を植え付け、無償で無茶な役割を強要していく発想は、太平洋戦争初期から日本軍の中にあった。そして不逞の分子、つまり反軍的な人間やスパイの疑いがある者は躊躇なく処分し禍根を残すなと、断固たる対応を求めているが、住民の掌握と裏切り者の処置も、陸軍中野学校出身者の指導のもと、南洋の戦地で早くから実践されてきた。沖縄戦のスパイ虐殺の萌芽をここに見ることができる。

　続いて、以下は各項目からの抜粋であるが、住民を諜報活動に使わない手はない、情報機関を配置して敵に接触させスパイ行為をさせよ、島の海岸と空の監視は可能ならば住民に担当させよとある。軍の一員として作戦に協力すれば、それは住民ではなく戦闘員になり、敵の攻撃対象になってしまう。島民の命の危険を考慮しない、島民軽視の作戦を、日本軍は一貫して遂行してきたことがわかる。

第二十六　住民に依る諜報亦軽視すべからず

第二十八　予め秘匿せる情報機関を設置し或は警戒の為配置せる機関をして敵に触接して捜索せしめ或は住民を活用する等の著意を必要とす

第三十一　海岸及対空の警戒は為し得れば附近の住民をして所要の警戒を担任せしめ以て全島（守備地域）の監視を容易ならしむること必要なり

この教令のもとに実施された戦闘の経験値を、さらに加味して翌年に出されたのが、次の「島嶼守備要領」である。

水際作戦を放棄した（イ）「島嶼守備要領」（一九四四年八月）

サイパン戦など南洋の島々では米軍の上陸にあたり、凄まじい砲爆撃を受け、海岸線で多大な犠牲を出した。日本軍はこれを避けるため、ここで水際防御作戦を転換した。内陸部に向けて重層的に陣地を構築することで初期の消耗を減らし、逆に上陸後の敵の出血を促す持久力を重視した戦い方に転じた。もし守備軍が敵の水際撃滅作戦に失敗した場合、その地点で降伏してくれたら、島内の住民は戦闘に巻き込まれる前に捕虜となり命を落とさずに済む可能性が高い。一方、敵の上陸を許し内陸部に誘い込む作戦は、長期戦になり、夥しい住民被害が伴うが、日本軍にとっては少ない兵員でも持久戦を維持できるメリットがある。沖縄本島西海岸に無血上陸をさせた作戦の原型は、この（イ）「島嶼守備要領」の中に見ることができる。

長期持久戦に移行する（ウ）「上陸防禦教令（案）」（一九四四年一〇月）

（イ）「島嶼守備要領」から二カ月後、（ア）「島嶼守備部隊戦闘教令（案）」が全面改訂されて（ウ）「上陸防禦教令（案）」が出された。この教令はフィリピンのような大きな島や日本本土ほどの規模を持つ陸地でも適用させることを視野に入れて作られていて、（イ）「島嶼守備要領」の水際作戦の放棄も引き継ぎ、激しい砲爆撃にさらされても持久戦を維持できる強固な陣地づくりを求めている。そのための製材・木材収集の方法や、それに伴うより組織的な現地住民の労働力の確保、住民の供出能力の把握など、長期戦への備えにより重点が置かれている。沖縄戦でも、南部の陣地構築のため山林地帯である北部に大量の朝鮮人労働者を投入して木材の切り出しと運搬に当たらせている。南部は鍾乳洞や自然壕が発達しているが、相当量の爆撃でも持ちこたえられるように、日本軍の陣地は天然の洞窟を利用しながらも木材の枠組みで補強を万全にしている。勝つためというよりも長期戦を維持するために、準備により多くの労力が必要という判断が先にあって、沖縄では小学生から女性、年配者まで、県民を強引に、繰り返し陣地構築に動員している。

また、長期戦になると防諜に関しては問題が増える。敵と住民が接触する機会が多くなるにしたがって、敵が住民を経由して情報を取ろうとしたり、逆に日本側の陣地の破壊を目的に逆スパイとして住民が送り込まれる危険性も高くなる。こちら側も住民を利用するが、向こうも住民を利用してくる。日本に忠誠心を持つよう、住民を引き締めるにも限度がある。そこで住民を取り締まるだけでは「始末に負えない」ため、「住民移転」という考えが重視されるようになる。（ア）「島嶼守備部隊戦闘教令（案）」にも「要すれば移住を行わしむる」という記述があるが、この（ウ）「上陸防禦教令（案）」では、防諜の項目の冒頭に住民移転が置かれている。石垣島や波照間島（はてるまじま）で多くの犠牲者を出した「避難」という名前の「強制移住」も、このように住民を敵に利用されると「始末が悪い」という発想が軍隊内に蓄積され、優先度の高いノウハウとして機能し、沖縄県民を苦しめる結果に繋がった。

第１０５　守備隊長は防諜に関し住民の取締を厳にし要すれば移転せしむるを可とすることあり

敵の諜報若くは謀略機関は潜水艦若くは落下傘等を利用して守備地域に潜入し或は住民の利用等に依り執拗に我軍の状況を諜知し或は重要施設を奇襲し破壊、毒化する等謀略行動を行うこと少からず故に各級指揮官は之が捜査に遺憾なきを期するを要す

自国民であっても、住民というものは日本軍の重要施設を襲う謀略行動に使われやすいこと。住民が厄介な存在になりかねないという認識は、沖縄戦の半年前には軍隊内で広く共有されていたことに留意する必要がある。

住民を使った遊撃戦の原点（エ）「遊撃隊戦闘教令（案）」（一九四四年一月）

以上三つの教令の流れと並行して、「遊撃戦」に特化した教令も作られていく。昭和一七（一九四二）年六月のミッドウェイ海戦の敗北、翌年のガダルカナル撤退後、日本軍は敗退を重ね守勢に転ずることになり、圧倒的に物量に勝るアメリカ軍と正面戦争するだけの正規軍の増派は不可能になった。そこで正規部隊の戦闘を側面から支援し、戦線の外にあって敵の後方を攪乱したり、情報戦を重視してスパイ・テロ・ゲリラ戦法を駆使し少人数で敵内部に打撃を与える遊撃戦に重点を移していった。そして特務機関であった陸軍中野学校のカリキュラムも、

遊撃戦要員の育成に力を入れ、それに特化した二俣分校を静岡県に開設している。この（エ）「遊撃隊戦闘教令（案）」も実際に南方の島々で活躍する中野学校出身者から資料を収集して教官らが起案したものである。[*2] 遊撃戦において、現地住民の活用はさらに必須条件になっていく。

第四　遊撃戦遂行の為特に住民の懐柔利用は重要なる一手段にして我が手足の如く之を活用するの道に長ぜざるべからず

第七十六　（前略）敵の司令部に対しては主として司令官其の他重要人物（幕僚）の殺傷及重要書類の窃取、消滅並に此等の所在する建物及通信施設の破壊を実施するを可とす敵司令部内の状況偵知は通常困難なるを以て住民等に欺騙し或は住民を獲得利用し要すれば司令部勤務員を捕獲する等各種の手段を尽くして之が偵諜に勉む（後略）

敵の司令部に潜り込んでの殺傷や破壊、重要書類の獲得は、確かに武器弾薬と人命を消耗する戦闘行為より効率がいい。劣勢になった日本軍が活路を見出すにはこの分野に長けていくしかない。しかしその地域の住民に成りすまして、または住民を使ってそれを実行するということとは、敵からすれば住民と軍人の区別がつかず、住民全体が攻撃対象になり、文字通り軍が住民に潜り込んで住民集団を盾にする形になる。勝つためには住民を盾にすることも厭わないというこの発想は、当初、人権意識に乏しい当時の軍部が占領した国外の島の住民を想定して教令化したものであった。そこから始まってきた「住民の遊撃戦への活用」という作戦がそのままスライドし、最後は日本の国民をも活用の対象にしていくわけだが、残念ながら、軍隊は非戦闘員を守るものだという考え方はこの教令の蓄積の中からはほとんど読み取ることはできない。しかし遊撃戦のプロとして沖縄戦に投入された四二人の陸軍中野学校出身者たちは、いずれも間違いなくこの教令を学んでいることは押さえておかなければならない。

国土上陸を想定した遊撃戦マニュアル（オ）「国内遊撃戦の参考」（一九四五年一月）

第二章でも少し紹介したが、（オ）「国内遊撃戦の参考」は（エ）「遊撃隊戦闘教令（案）」の国内版を作成して欲しいという参謀本部の命により陸軍中野学校の編纂委員が昭和一九（一九四四）年一二月、神奈川県の鶴巻温泉に二週間合宿して草案を書き、翌年一月一五日、参謀次長秦彦三郎の名において印刷配布された。[*3] 遊撃戦を国内で実践するための、初のテキストである。まさに護郷隊が一〇月に編成されて訓練と遊撃戦本拠地の構築に余念がない時期に作成されているので、沖縄の経験値がどれだけここに反映されているのか、また完成した（オ）「国内遊撃戦の参考」の実物を村上らが手にしたかどうか、今となっては確かめようがないが、（エ）「遊撃隊戦闘教令（案）」作成にあたっては遠くラバウルやビルマ（ミャンマー）からも航空便でリアルタイムに報告書を送り続けた諜報員たちの機動力を見ると、電話でも無線でもやり取りができた沖縄からの情報はこのマニュアルの血肉になっていると見るのが妥当だろう。国土で遊撃戦を実行する上での具体的方策が三九四項目にわたって詳細に示されている。遊撃戦マニュアルの総決算として、かなり露骨なえげつない内容であるのに不釣り合いな格調高い文章で綴られていて、中野学校の頭脳にある意味圧倒されるものがある。

第十三　遊撃部隊は朝に耕作し夕に戦ふ部隊にして或は住民の中に融合存在し或は嶮峻の裡に潜在潜行し或は行人となり団体となり敵をして窺窬端倪探知捕捉を許さゞるものとす

第十八　遊撃部隊は郷土出身者を主体として編成せらるべきものにして隊員は当該地方の状況に通暁し特に民衆と不離不可分の関係に在るを通常とす故に編成に方りては此の間の消息を審かにし以て編入を剴切ならしむると共に隊員の指導に際しては常に大義親を滅すの気魄を涵養せしむることに留意を要す

第五十五　民衆に対し鹵獲（ろかく）［敵から奪う］せる食糧、物資を交付し敵に逮捕せられし民衆を奪還解放し民衆の面前に於て敵兵を殺戮（さつりく）する等は民衆を激励する為有力なる一手段なり

第五十八　遊撃部隊は絶えず民心の動向を審かにし民衆の内情を明かにし変節の徴候に留意し脱落の有無を詳知しあるを要す
若し不幸にして変節者あるを知りたる時或は隠密に或は公然と断乎たる処置を採り其の影響を局限すること緊要なり此の際断乎たる処置を躊躇せんが為に民衆を失ふに止らず自らの破滅を招くことあるに注意せざるべからず

第十三では、国内の遊撃部隊は普段は農耕など生産に励み、住民の中に紛れてそれとわからぬように過ごし、必要な時に戦うものだと規定している。それは、岐阜県の野原正孝さんの証言（第三章）と一致している。平時は普通の兵のように兵舎で軍隊の飯を食って過ごすのではなく一村人として潜伏するという形である。この形態は自宅で過ごすため兵隊の生活施設も糧秣（りょうまつ）の心配もなく、正規兵のように給与や恩給という負担も考えなくて済み、とにかく金がか

からず軍には都合のいい方法である。

第十八は、第二章の村上隊長の項でも触れたが、地域の事情に詳しい郷土出身者で遊撃部隊を結成し、地域と一体化した存在にして地元民の協力を担保するその一方で、大義のためには親兄弟も裏切る気構えを要求している。まさにこれを体現したのが第三、第四遊撃隊、秘匿名護郷隊だったわけだ。

第五十五では、敵から獲得した戦利品を民衆に分けてやって勝利感を味わわせたり、敵に捕まった味方を解放してみせることで高揚感や一体感を醸成したり、あるいはみんなの前で敵を殺してみせるのも戦意高揚に効果的であると提案している。伊是名島(いぜなじま)では、島民の目前で米軍の捕虜が日本兵によって殺害されているが[*4]、この件には中野学校出身の離島残置諜者が深くかかわっていた。

また、第五十八では、遊撃部隊は常に住民を監視し、裏切り者が出た場合には躊躇なく断固たる処置をしなければ自ら破滅する、とあり、これは本土決戦用で、相手が自国民であっても厳しく対処するように指示していることがわかる。沖縄だけでなく、もしも本土でも遊撃戦が本格化していたら、同じようにスパイ容疑の住民虐殺が起きていたであろうことはこの項目からも十分予想できる。しかし逆にいえば、住民の住む地域で展開される遊撃戦というものは、住民に裏切られたらそこでゲームオーバーになる、とても脆(もろ)い基盤の上に構築される作戦であった。遊撃戦のプロというと、音もなく潜伏しゲリラ戦法に長けている兵をイメージしがちだが、遊撃戦の成否は、まずは住民を懐柔し、掌握し、協力させ、裏切り者を出さないことにかかっているといっても過言ではない。村上・岩波両隊長はその意味では、住民との協力関係の構築に力を注いだ点でマニュアルの実践の優等生だったといえるだろう。一方で先生として波照間島に入った山下虎雄（本名・酒井清）が、後半は軍人の姿を露（あらわ）にして日本刀を振り回し、恐怖で住民を締め上げて強制移住させ、大勢をマラリアで死なせる結果になったことは、たった一人でおよそ一五〇〇人[*5]の島民を掌握するという任務を達成しようとした諜報員の、残酷ではあるがマニュアルに忠実な行動だったという見方も可能だろう。劣勢にある日本軍が住民の離反を恐れ、沖縄戦で異常なまでに住民をスパイ視していく背景には、住民の全面協力がなければ瓦解するという遊撃戦の弱点が多大な影響を及ぼしている。

島民の直接戦闘能力を強化する（力）「南西諸島守備要領」（一九四五年一月）

これは沖縄にいた第三二軍がまとめたもので、米軍上陸の三カ月前、（オ）「国内遊撃戦の参考」が完成した時期と同じ頃に通達された。戦闘に向いている住民はことごとく戦力化し、足手まといになる老人や子供は移住させることというあからさまに住民を二分するマニュアルになっている。しかし住民を厄介払いするにしても、移住先は必ず軍隊のいる所に限るとした。

その理由は、軍隊の監視下に置かないと、敵と接触し、敵に利用されてしまう危険性があるからだ。波照間の島民がマラリア有病地帯と知りつつ西表島に移住させられたのも、波照間に軍隊はおらず、西表にはゲリラ部隊である護郷隊を含む日本軍が駐留していたというのが大きな理由の一つだと思われる。なおこの文書は原本が現存せず、米軍が押収して英訳したものを、また日本語に訳したものであるため、ほかのマニュアルのような文語調にはなっていない。[*6]

直接戦闘に適する島民を、国土防衛隊および護郷隊の組織に、能う限り徴用すること。

この組織が、島民の直接戦闘能力強化の母体となること。

「直接戦闘に適する者」とは、一七から四五歳までの壮健で、戦闘志気の高い者をいう。

（中略）

各部隊は、大攻勢に備えての任務と行動については、事前に指揮官から命令を受け、必要な訓練を受けること。我方は、敵軍の予備攻勢に抵抗するため、今後、漸次設立される守備部隊に頼るだけでなく、現存する武器や組織を駆使し、敵軍を叩かねばならない。

（中略）

戦闘に参加できない老人、学童、その他は事前に疎開させること。軍の作戦行動を円滑に進めるため、また、混乱を避け、被害を少なくするために、島民を適当な場所に疎開、あるいは、隣島に疎開させること。だが、軍隊の配備のない孤島に、島民を事前に疎開させることはしないこと。

老人、学童とは、六〇歳以上の者および、国民学校六年生以下の者をいう。戦闘に参加できない者とは、女性の大半および、直接戦闘に参加できない者をいう。（中略）

軍、県庁、県民はこれらの執行について賛同協力すること。

日本国民の戦力化（キ）「国土決戦教令」と（ク）「国民抗戦必携」（共に一九四五年四月）

いよいよ沖縄で国内戦闘が始まり、本土上陸戦に移行するのは時間の問題となった四月、大本営陸軍部はこの（キ）「国土決戦教令」を全軍に配布した。

第十四　敵は住民、婦女、老幼を先頭に立てて前進し我が戦意の消磨を計ることあるべし斯かる場合我が同胞は己が生命の長きを希はんよりは皇国の戦捷を祈念しあるを信じ敵兵撃滅に躊躇すべからず

第十五　敵は住民を殺戮し、住民地、山野に放火し或は悪宣伝を行ふ等惨虐の行為を到る処に行ふべし将兵は常に敵愾心を昂揚し烈々たる闘魂を発揮し断じて撃たずば止

むべからず

敵が上陸し、仮に老幼婦女子を先頭に弾除け（たまよけ）に使いながら、住民を盾に前進して来たとしても、躊躇せずに撃滅せよ。その理由は、「同じ日本国民なら自分の命を長らえるよりも皇国の勝利を願っているに違いないから、住民も撃たれてもいいと思っている」と、なんとも独りよがりな理屈である。しかし本土決戦になれば沖縄戦以上に軍と民が入り乱れ、敵はどちらから来るのか、どこにスパイがいるのか、安全地帯も確保できず混乱の極致に陥るだろう。そういった中でも敵愾心を昂揚させて攻撃の手を止めるなという凄まじいマニュアルである。

また、住民に関する項目ではないが、負傷兵については、看護や野戦病院に運ぶ後送が禁じられていた。

第十一　決戦間傷病者は後送せざるを本旨とす
負傷者に対する最大の戦友道は速かに敵を撃滅するに在るを銘肝し敵撃滅の一途に邁進するを要す戦友の看護、附添は之を認めず（後略）

こちらも、死にゆく戦友も自分の看護より敵を一人でも殺すことを望んでいるのであるから、という勝手な解釈の下、看病するより敵を一人でも殺せ、それが最大の戦友道だと断じている。この精神は三二軍の牛島司令官もほぼ同様の内容を、この教令が出される二週間前に訓示している。*7 このように軍司令官が戦友の看病を認めない中で、沖縄戦では何万という傷病兵の戦場での放置・処分が発生した。少年兵が恩納岳の陣地に幼馴染み（おさななじ）の戦友を置き去りにする証言などに接し、具体的な状況が想像できるようになってからこの項目を読むと、後送するシステムも作らず、看護さえ認めずという指示を平然と下した日本軍の中枢部に対して、あらためて怒りが湧き上がってくる。

（キ）「国土決戦教令」と時を同じくして大本営陸軍部がわかりやすい図解の冊子を国民に配布した。この（ク）「国民抗戦必携」は、誰でもこれを実践すればゲリラ要員として活躍できるという万人向けのマニュアルになっていて、国民すべてが戦闘員であるという精神を植え付けるものだった。巻頭の要旨には、

「国民抗戦必携」表紙（米国国立公文書館所蔵）

一．敵若し本土に上陸し来つたならば、一億総特攻に依り之を撃滅し、郷土を守り皇国を絶対に護持せ

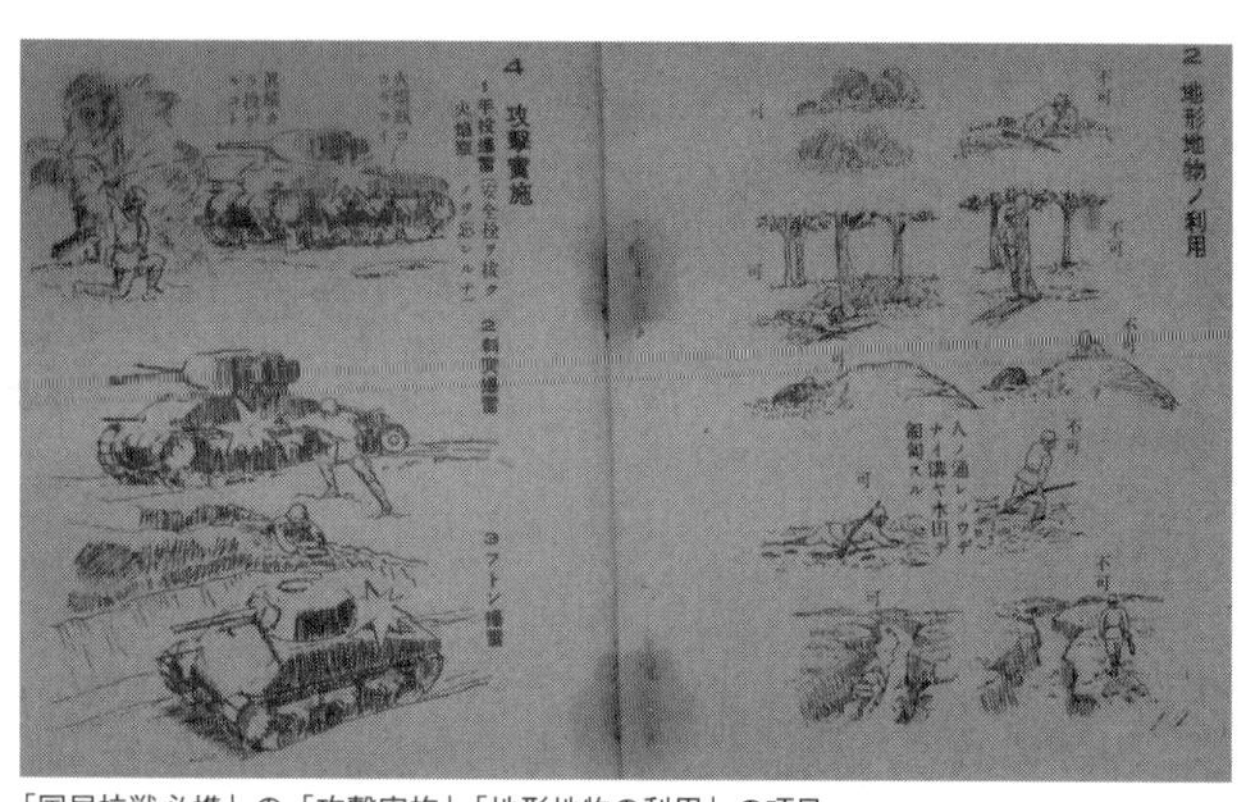

「国民抗戦必携」の「攻撃実施」「地形地物の利用」の項目

ねばならぬ

二、国民義勇隊は戦闘の訓練を実施し、築城を造り、各人各々その郷土を守り、挺身斬込に依つて敵を殺傷し、軍の作戦に協力せねばならぬ

三、決戦に必要なる訓練は次のとおりである

1、指揮官の指揮法

2、狙撃、手榴弾投げ方、斬込、対戦車肉薄攻撃

とあり、国民は避難するのではなく、狙撃や斬り込みの訓練を受けて、一人ひとりが兵士というより兵器となって敵を殺傷する主体になることを要求している。これは全国新聞にも絵入りで紙面を割いて掲載され、国民すべての共通認識となるべく急速に広げられていった。

ここであらためて押さえておかなければならないの

は、外地を想定していたそれまでのマニュアルと国土決戦用のものと、住民軽視においてなんら差はないということだ。故郷の山河で戦闘するにあたっても国民の命を守る配慮が加わるどころか、さらに踏み込んで住民の戦力化を指示している。住民は守る対象ではなく、消耗可能な戦力とみなす発想は、何も外国や沖縄への差別に由来するものではなかったという点は冷静に捉える必要があろう。

「国民義勇隊」から教令の末路（ケ）「国民義勇戦闘隊教令」（一九四五年六月二四日）へ

昭和二〇（一九四五）年三月二三日、本土防衛態勢を固めるべく、政府は国民全体を動員する発想で「義勇奉公隊（のち「国民義勇隊」に改称）の結成」を閣議決定した。国民学校初等科修了以上（今の小学校六年修了以上）、六五歳以下の男性、四五歳以下の女性のうち、病弱者と兵役者を除く全員を職場・地域・学校ごとに組織するというものだった。翌月四月一三日には「状勢急迫せる場合に応ずる国民戦闘組織」が閣議決定され、「国民義勇隊」は、決戦時には軍管区司令官などの命令下で戦闘そのものにも参加することが決まる。そして六月二二日、「義勇兵役法」が制定、翌日公布された。これによって、「国民義勇隊員」は、戦闘に際しては「国民義勇戦闘隊員」となることが正式に決定した。この、三月末から六月末という、まさに沖縄で住民も子供も入り乱れて戦う地上戦の地獄が展開されている期間に、あれよあれよという間に兵役対象ではなかった国民すべて、女性も子供も動ける者全員を対象に、彼らを組織し、戦闘要員にする法的整備が完了した。それができたのが六月二二日であるから、振り返って沖縄戦では一四、一五歳の少年を戦場に動員する法的根拠はなかったということだ。しかしこの「国民義勇戦闘隊」では一七〜四〇歳の婦女子も戦闘員に含まれている点においては、本土防衛態勢は沖縄戦より一層罪深いといえる。

では、この「国民義勇戦闘隊員」の任務はどのようなものだったのか、六月二四日に定められた（ケ）「国民義勇戦闘隊教令」を見ていこう。綱領には次のように書いてある。

綱領五　国民義勇戦闘隊の主なる任務は皇土決戦に際し戦闘に参加すると共に作戦軍の後方業務を担任し併せて運輸、通信、生産等の総力戦任務を完遂するに在り

運輸・通信・生産に従事することは沖縄戦で住民が担った役割と同じであろうが、やはり「戦闘に参加すると共に」という部分が歴然とした違いである（以下、原文にはない濁点を適宜加えた）。

第四条　戦闘隊は敵の上陸又は空挺部隊の降下に際し一般軍隊に協力し或は独力を以て郷土、職域を護り又遊撃戦を行ひて一般軍隊の作戦を容易ならしむ而して戦闘隊直接戦闘を行ふ場合は攻撃精神を発揮し縦ひ肉弾を以てするも敵を撃滅するの概なかるべからず

「軍隊に協力」のみならず「独力」で郷土を守る。遊撃戦で正規軍の作戦を助けるだけでなく、直接戦闘までやる。直接戦う時には肉弾をもって、とあるが、岐阜の野原正孝さんの証言でも、ほとんど武器らしい武器は支給されず、素手でも戦えと教育するように指示されたということだった。野原さんが郷土で少年たちも含む遊撃部隊を指導した際に、名前は国土防衛隊とつけられたが、法律上は「義勇戦闘隊」ではなかったですか、という質問に対しては「そのような名前は聞かなかったし、その教令も見た記憶はない」とおっしゃっていた。しかし法的な背景は義勇兵役法以外にないので、役割が正規軍の補助ではなく直接戦闘であることや、肉弾をもって郷土を守るという趣旨においても、国土防衛隊は義勇戦闘隊の一つだったと思われる。

第五条　戦闘隊は敵の謀略、不逞の徒の騒乱等に備へて一般軍隊と協力し或は独力を以て重要なる施設、資源を掩護し又憲兵等の業務を援助して治安を確保すると共

に警備を要する事態の発生に際しては機を失せず適切なる処置を執らざるべからず

第十七条　（前略）万一敵手に陥りたる場合に於ては皇軍の一員として生きて虜囚の辱（はずかしめ）を受けず死して罪禍の汚名を残すことなき態度を持すべし

第二十四条　戦闘隊員には老幼婦女を含み又特技を有する者少からざるを以て夫々（それぞれ）其の特長を遺憾なく発揮せしめ特に青少年の力を活用し又婦女子の活動を助長するを要す

見逃してはならないのは、第五条にあるように防諜や怪しい人間の摘発といった、本来は憲兵が持つ権限を民間人戦闘組織に付与してしまっていることだ。「不逞の徒」に対する「適切なる処置」が意味するところは、本書をここまで読んでくれれば一目瞭然であろうが、スパイの処置とは命を奪うことを含んでいる。憲兵に差し出すこと、ではなくて「機を失せず処置を執れ」と住民に求めているのだ。すでに作り上げてきた国民全体の相互監視社会を基盤として、その構成員に武器を持たせ、処罰処刑の判断もゆだね、処分を実行する権利も与えるという、これはとてつもなく恐ろしい事態に発展しかねない条文である。この最後の教令から二カ月足らずで終戦になったことに、私は胸を撫でおろす思いがする。もし半年でも終戦が遅れてこの教令のもとに「本土決戦」が始まっていたら、敵の攻撃による被害とは別に地域社会の中に不逞分子の処置が横行し、しかも軍人すら介入しない処刑も起きうる状況にあった。沖縄戦以上の悲劇が各地で起きていたことは明らかである。住民を戦闘員にして武器を持たせたら何が起こるか、その禁足地に踏み込んだ軍事体制の成れの果てが、（ケ）「国民義勇戦闘隊教令」なのだ。

正義や国防を謳いながら、まさにここまでの「狂気のマニュアル」にたどり着いてしまった私たちの国の救い難い過去について、私たちは歴史教育のイロハのイとして学んでおく必要があるのではないだろうか。

3　秘密戦が民衆にもたらすもの

本書ではここまで、軍隊の駐留と同時に必ず、地域を巻き込みながら始まっていく秘密戦の諸相を証言や資料から明らかにしてきた。その秘密戦の役割や原理を知れば、沖縄で頻発したスパイ虐殺は起きるべくして起きていたことも十分理解できると思う。さらに防衛省に現存する資料にあたり、太平洋戦争初期から本土決戦に至る戦争マニュアルの変遷を見てきた結果、あらためてわかったのは次のことであった。

・正規軍の戦闘の裏には必ず秘密戦が設定され、実際行われてきたこと
・秘密戦は地域住民の全面的な協力がなければ成立しないこと
・協力した結果、軍事機密に通じてしまった住民は同時に監視の対象になること
・長期持久戦になると敵・味方共に住民利用を画策するため防諜が困難になり、疑心暗鬼が増大すること

・国内、内地が戦場になった際には、日本国民であっても保護する対象にはならず、戦力化されること
・スパイ防止のため住民同士の密告や摘発を奨励し、速やかな処置のためには、最終的にはその処分の権限まで住民に与えたこと

ここまで書いてきて暗澹たる気持ちになるが、最後にたどり着くのは、紛れもない住民同士の殺し合いである。沖縄戦で起きた住民虐殺の事例では、少なくとも基本的に手を下すのはプロの軍人という〝線〟が存在していた。もちろんその中に沖縄県出身者がいたとしても、命令や軍機保護という軍隊の論理を表向きにはかざして蛮行が行われた。

しかし本土決戦を覚悟して作られた最後のマニュアルはそのタガも外してしまった。女性を含む一般人をみんな戦闘員にして武器を持たせ、防諜取り締まりをさせるのであれば、恐怖と暴力に支配された民衆の中で何が起こるのかは、この本を読んできた読者にはもはや説明はいらないだろう。それをどこまで政府が予測できていたのか否か、疑問であるが、敵の本土上陸を目前にして軍事政権の中枢部は、すでに絶望的になった勝利の可能性にすがり続け、住民の保護など考える余地は毛頭なく暴走を続けた。自ら始めた戦争の幕引きもできずに、狂った法律やマニュアルを乱発していく七五年前のこの国家の姿を、私たちは目に焼き付け、心に刻み

込んでおかなければならない。少なくとも狂気のマニュアル、最後の「国民義勇戦闘隊教令」は義務教育の中で子供たちが全員学習しておくべき重要な歴史資料だと思う。何かを守るための戦争なのだ、という大義名分が、仮に戦争初期に掲げられたとしても、末期には軍の中枢が子供たちを含む国民に義務づけた役割が、一体何であったのか。正義の戦争だと信じ込まされた国民が、最後には武器と同等の消耗品にされ、守られる対象ではなかったことを、小学生でもわかる史実として包み隠さず教える必要がある。国家、戦争、軍隊というものを理解するためには、その暴走した姿を正視し、事実を受け止めた上で未来に繋げる議論を立ち上げていかなくてはならない。そして国内で唯一、住民のいる所で国土戦を実践し、少年ゲリラ兵が銃を持って郷土の山を駆け巡り、弾薬庫の掘削を手伝った少女がスパイリストに載って命を狙われ、住民も住民虐殺に加担していくという悲劇が実際に展開されてしまった沖縄戦の実相を必ず同時に学んで欲しい。

沖縄戦を、敵が上陸したからたくさん人が死んでしまった出来事だと表面だけ捉えたり、防波堤にした、すまなかったという感情論に流れたりすることはもう止めて、軍隊にはつきものの秘密戦の中で、ごく普通の住民の運命がどこまで無残にも変えられていくのか、敵に殺されるのではない、友軍の作戦の中で自家中毒の形で命を落としていくという戦争の裏側こそ、学校でも教えて欲しい。もちろん教育関係者に限らず、この国の大人もこのことをわかろうとしないことで、命の犠牲と引き換えに得た沖縄戦の教訓を無力化する片棒を担がないで欲しい。軍人でもない者同士が、お互いが殺人者になりかねない状況に引きずり込まれ、七十数年経っても癒えることのない禍根を残し、心も身体も引きちぎられていくのが戦争であるということを、もう一度捉えなおして欲しい。「強い軍隊がいれば守ってもらえるという旗」を掲げた泥舟に、二度と再び、乗り込まないために。

＊1　「石兵団会報綴（六十二師団）」（昭和一九年度）には「所謂『デマ』多キ土地柄」「防諜上極メテ警戒ヲ要スル地域」などと、沖縄の人々を疑うような記述がある。ほかにも、沖縄県人は他府県人に比べて恩知らずで打算的な傾向が強い、一部地域の女性は貞操観念が弱い、その誘惑に乗せられてはならない、などと書かれている（『沖縄県史 資料編23 沖縄戦日本軍史料 沖縄戦6』所収）。

＊2　中野校友会編『陸軍中野学校』には、「遊撃隊戦闘教令」の起案に至る経緯について次のように書かれている。

「昭和十八年中頃になると、わが陸軍は守勢作戦における武力戦の補助として、占領地域に遊撃戦を展開する必要に迫られ、遊撃隊を編成訓練するため、参謀本部は遊撃隊戦闘教令の起案および遊撃隊幹部要員の教育を陸軍中野学校に命じた。

陸軍中野学校長（川俣雄人少将）は昭和十八年九月、参謀本部の命令にもとづいて以下のような所要の処置をとった。

一、遊撃隊戦闘教令の起案

遊撃隊戦闘教令作成のため、南方諸地域における諜報、宣伝、謀略、防諜、住民工作に関する資料収集の目的をもって、研究部主事伊藤貞利中佐（実験隊付岩男正澄中尉が之に同行）は、参謀総長より訓令を受け、昭和十八年九月六日より同年十二月十四日にいたる間、「ラバウル」より「ビルマ」に至る南方全域を空路巡廻して、主として現地で活躍中の中野学校出身者より資料を収集し、行く先々からその都度逐次、航空便にて資料を学校宛送付した。

これと併行して学校においては、教官　八木東中佐指導のもとに教官　鶴田国衛少佐が主任となって、遊撃隊戦闘教令の起案を急ぎ、昭和十八年十二月完了してこれを参謀本部第二部に提出し、参謀本部はこれを教令（案）として、参謀次長の名において印刷し、昭和十九年一月配布した」

「国内遊撃戦の参考」の起案について、前掲『陸軍中野学校』に次のように書かれている。

＊3

「国内遊撃戦の参考の起案

参謀本部第二部は、国土決戦が起りうべき場合を想定して、陸軍中野学校に対し国内遊撃戦参考の起案を内示した。

昭和十九年一月配布した遊撃隊戦闘教令（案）は外地における遊撃戦を対象としているが、これから起案する国内遊撃戦の参考は国内における遊撃戦を対象とするものであって、この両者は本質的に差異がある。

学校においては、当初は教育部で『国内遊撃戦の参考』を起草していたが、同年八月下旬開かれた編さん会議の結果、遊撃戦術として『国内遊撃戦の参考』を、また遊撃戦技として『潜行法の参考』、『候察法の参考』、『連絡法の参考』、『偽騙法の参考』および『破壊法の参考』を別冊として起案することになり、これらの起案を実験隊（隊長　手島治雄中佐）に担当させることとなった。

実験隊では、隊付の松村辰雄中佐が編さん委員長となり、『国内遊撃戦の参考』の起案は松村中佐が直接担当し、別冊の参考は次の通り分担した。すなわち、『潜行法の参考』および『候察法の参考』は小山大尉、『連絡法の参考』は小林少佐、『偽騙法の参考』は越村大尉、『破壊法の参考』は上野少佐（後に入沢大尉）、がそれぞれ編さん主任となって分担し、隊附将校、下士官がこれを補佐した。

秘密戦の戦技としては、以上の五法のほかに『表現法』、『獲得法』があるが、遊撃部隊の活動舞台は国内であるのでこれを省略することにした」

＊4　石原昌家『虐殺の島』によれば、昭和二〇（一九四五）年五月末、伊是名島沖に墜落した米軍機に乗っていた大尉が島の人々の前で虐殺される事件があった。射殺は、西村良雄と宮城太郎と名乗る二人の中野学校卒業生が主導した。

＊5　昭和二二（一九四七）年の八重山民政府のデータによれば、波照間島の人口は一五九〇人、『日本軍と戦争マラリア』（宮良作、二〇〇四年）のデータでは、再調査した結果一六七一人となっている。

＊6　ここで紹介する文書は、沖縄戦研究者の保坂廣志さんが米国国立公文書館の英訳資料を日本語訳したものである。

＊7　昭和二〇（一九四五）年四月七日「軍司令官訓示」に、次のような一節がある。

「戦友ノ死傷ヲ省ミルノ暇アラハ寧ロ十殺ノコトニ努メヨ　僚友斃（たお）レ一人トナルモ敢為奮進シテ醜敵ヲ滅殺スヘシ」（第三二軍司令官　牛島満）

補稿　住民はいつから「玉砕」対象になったのか

　昭和一九（一九四四）年六月から始まったサイパン戦では、初めて大量の在留邦人たちが軍隊と共に玉砕を強いられた。その数はおよそ一万人で、在留邦人のおよそ半分が死んだことになる。そのうちの六割は沖縄出身者といわれ、軍と民が運命を共にするサイパンの「玉砕」のイメージは沖縄戦に大きな影響を与えた。「軍民共生共死」、生きるのも死ぬのも軍隊と一緒というスローガンを、サイパン戦を前例として、当然のこととする価値観を植えつけられた国民は、非戦闘員は避難したり捕虜になったりするのではなくて共に戦って共に死ぬものなのだと考えるようになった。ところで日本の軍部はいったいいつから住民も共に死ぬべきだという立場をとるようになったのだろうか。もちろん、邦人が生活する場所が戦場になって初めてその取り扱いに窮し、この考え方が出てくるのだが、ここに、一つの手がかりになる陸軍大佐のメモが残されている。七月九日のサイパン戦終結の一週間前、東京の陸軍参謀本部と陸軍省では、戦場となった地域の民間人を軍人と同じように死なせて良いのかどうか、議論が続いていたという。陸軍省医事課長だった大塚文郎大佐の『備忘録』には、逡巡しつつも「住民には自発的に死んでもらった方が助かる」という軍隊の本音が赤裸々に綴られている。沖縄県民の運命はこんなところで決定づけられていたということを思い知る重要な文書だ（以下、保坂廣志さんと、沖縄工業高等専門学校の下郡剛准教授が、手書きの『備忘録』の難読な文字を解読したものをベースに、原文の旧仮名遣いをあらため、片仮名を平仮名に適宜変更し、濁点・句読点を補っている）。

七月二日　臨時会報

軍務局長　大臣より次の事を徹底せしめよ

サイパンの居留民の仕末（中略）

陸軍内部にも意見あり。特に参本［参謀本部］では、女小供玉砕してもらい度しとの考えが良いとの意見があり。之を全部玉砕せしむる如く指導するに就ては、将来離島は勿論、戦禍が本土に及ぶ場合の前例ともなるので、大和民族の指導上重要で、事務的の処理でなく、政府連絡会議より、お決めを願度して上奏し、大御心に如何にして副うかを考え度しとの、連絡会議で意見も出すが、自分は今迄の研究の結果は、女小供自発的意志に於て皇軍と共に戦い生死苦楽を共にするになれば、誠に大和民族の気魄は世界及歴史に示される事が願わしいが、之を政府特に命令に於て死ねと云うのは如何なものか。死ねと云ても心身疲労し、此大人数が出来るか。皇軍の手にかけねばならぬ。（中略）之は果して大義か。大御心に副い奉るか。と云て敵軍に渡すか。之も不可。一兵の存する限り背後にある大和民族は最後迄守る。一兵迄尽きた。玉砕した。即戦斗力が零となった。非戦斗員は自害してくれればよいが、已むを得ず敵手に落つる事あるも、已むを得ないではないかと、自分は幹事として考えり。此主旨で、御決定を願た。翌日大臣は上奏、非常に御心配になられた。（中略）此事に関しては、直接の課員に迄とす。（中略）政府と大本営との連絡会議で右の如く決定した以上、個人又は陸軍の意見の如く流布するは不可。

文意はこうである。

「サイパンの始末については、女子供には玉砕してもらいたいという意見があるものの、そう指導すると、今後戦禍が本土にも及ぶ際の前例となってしまうので簡単ではない。女子供も自発的に軍と共に戦ったという形なら大和民族の気魂は歴史に残るだろうが、命令で死ねというのはまずい。死ねと言ってもこの人数では自分たちで死ねず皇軍の手でやることになってしまう。かといって敵には渡せない。最後の一兵まで大和民族を守るべく戦うが、最後の一兵が尽きた時は非戦闘員は自害してくれれば良いが……」

多くの集団死の悲劇を抱え込んだ沖縄から見れば、この軍指導者たちの残酷な本音には震えるような怒りを禁じえない。しかしこのように東京の一室でサイパンや沖縄に暮らす非戦闘員の命が運命づけられていったことを忘れてはならない。大臣に「居留民の始末を考えろ」と言われて、死んでくれればいいが命令はできない、とあられもない話し合いをしていたというこの軍人たちの発想を胸に刻んでおかなくてはならない。第六章のマニュアルとこのメモが教えてくれるのは、戦争になれば、兵隊と兵器をどう動かして勝つのかが優先であって、住民も労働力や兵器にしか見えてこないのが軍人だということ。玉砕する場所で住民を救うという発想は出てこないこと。戦争に勝つという大義の中で、個々の戦場に残された住民などは始末の対象でしかないこと。つまり、軍中枢部がその方針なのに、現場で「私たちを守ってくれないのですか?」と問われても現地部隊に何もできなかったのも道理だ。「国を守る」ことと「そこに住む人を守る」ことは決して同義語ではないということを私たちが肝に銘じておかなくてはならない。この軍隊の発想を私たちの側が理解しない限り、軍隊は私たちを守ってくれるという都合のいい解釈で軍事費増大を許し、軍事政権に力を吹き込んで、自らの手で悲劇を引き寄せていく愚かな民に逆戻りしてしまうからだ。

おわりにかえて——始末の悪い国民から始末のつく国民へ

　私の人生を変えたのは、小学六年生の時のたった二泊三日の沖縄旅行だった。もともと戦争に対する恐怖と興味が強く、広島・長崎の原爆の本を読み漁り、原子力発電を憎むような一風変わった小学生だったのだが、沖縄で生々しい戦争の傷あとに接して打ちのめされた一二歳の私は「なんでこんな大事なことが知られていないんだ。私はこっちをやらないといけない」と心に誓った記憶がある。その後私の興味は戦争だけでなく、沖縄の音楽や民俗学やダイビングや報道の世界までどんどん広がっていくのだが、沖縄戦は常に私の思考の土台にあった。年配者にお会いすると、初対面でも必ず年齢を確認し、「沖縄戦の時○○歳ですね、どこにいたんですか」と訊いてしまう癖があることは、一緒に取材した人ならみな知るところだ。

　その沖縄戦を学ぶ中でも私が長く疑問に思っていたこと。それが、県民の四人に一人が亡くなった中で、敵の弾に当たって死んだのではない死者の数がなぜここまで多いのかという問題だった。つまり集団死に追い込まれた人々、戦争マラリア、日本の軍隊による住民虐殺、いずれも敵とは関係なく日本軍の論理の中で命を奪われた人々であり、その数は餓死・病死を除いても数千人にのぼる。これはいったいどういうことなのか。特に、住民虐殺の理由のほとんどが口実も含めて「スパイ嫌疑」だが、沖縄の人々がなぜそこまでスパイに見えたのか、そのあたりがなかなか腑に落ちなかった。その答えを導き出す長い旅が、この本を生んだといえる。

沖縄のスパイ虐殺といえば「沖縄方言を使った」ためという、文化の違いや差別に原因を求める解説が必ずついて回るが、この視点だけを提示するのは、全体の理解を妨げる危険もあると思っている。差別の問題だけで括ろうとすると、秘密戦の構造も、今後も監視社会の成れの果てとして私たちを襲う可能性のある恐ろしい前例だという点も、逆に見えにくくなる。「国内遊撃戦の参考」五十八条に見る通り、「変節者があれば断固たる処置を取りその影響を局限する」という軍の方針は他府県の住民に対しても沖縄戦同様に徹底されていたのだ。

もちろん、沖縄に対する歴史的な差別は根深く沖縄戦に影を落とし、それが悲劇を増大させたことも見過ごしてはならない。しかし沖縄県民が差別され、その命が軽く見られていたから起きた悲劇だとだけ解釈されると、一番大事な教訓を見誤ってしまうだろう。つまりそれは、「沖縄はいざ知らず、本土に住む私たちはそう簡単に自国の軍隊に殺されたりはしない」という誤解を生むことになる。それはさらにこういう勘違いに繋がる。「もしも今後、隣の国と何か物騒な展開になったとしても、沖縄にいる米軍や自衛隊が何とかするだろう。少なくとも本土に影響が出る前に収めるはず。本土にいる国民のことは、いくらなんでも守るでしょう」と。今、南西諸島に続々と攻撃能力を持った自衛隊の新基地が作られていき、また戦場にされたらたまらないと島々から必死のSOSが発せられている。それなのに、日本中で平和や人権について活発な市民活動を展開しているような意識の高い人々も含め、無関心を装い黙殺している人が圧倒的に多いことからも、この「自分たちは大丈夫（沖縄に何かあったとしても）」という深刻な勘違いはかなり浸透していると私は疑っている。

このところ、沖縄の基地問題を訴える県民に対する全国からのバッシングが増大している。「隣の国が怖い。強い米軍に守って欲しい。なのに沖縄の人って米軍に反対してるんでしょ？私たちの安全を脅かさないで！」「いっぺん中国軍に占領されないとわからないんじゃない？」「米軍だけでなく自衛隊にまで反対しているなんてわがまますぎる！」。こんな心ない言葉が飛び交っている。そういう思考をする人々からはよく「軍隊がいなければ戦争にならないなんて、頭の中がお花畑（能天気）ね」という言葉が投げつけられるのだが、果たしてそうだろうか。米軍が自分を守ってくれると、なぜ思えるのか。旧日本軍は住民を守らなかったけれど、自衛隊、または未来の国防軍が、古い体質を完全に脱ぎ捨てて、過去の反省のもとに有事には徹底的に私たち国民を守る集団に生まれ変わったという情報は、どこかにあるのか。それがあるならぜひ提示していただき、安心させてもらいたい。しかし、私が知る限り、自衛隊と旧日本軍の連続性は、どう見ても非連続性を凌駕している。

例えば現在の自衛隊法百三条。物資の収容や業務従事命令について定めている。つまり徴兵制とは別に、有事の際に私たち国民一人ひとりが軍隊に力を貸さなければならないことに、すでになっている。有事でも国民は逃がしてもらえるわけではない。業務従事命令が待っている。そして必需品である燃料、医薬品、食糧の「保管」と「収用」も私たちに命じることができる。つまり「保管命令」とは、軍隊が優先して使うから住民は使うなということであり、「収用命令」は取り上げるということだ。これは砲弾の降る中も陣地構築・弾薬運搬を住民に強制し、餓死者が続出しても住民から食糧を奪い続けた日本軍の姿を彷彿させる。そして陸上自衛隊の最高規範である「野外令」（小西誠編著『自衛隊の島嶼戦争』ほか参照）には、例えば遊撃行動においては「住民の協力を確保すること」とあり、遊撃戦に住民を使う方針は変わっていない。住民の移動について「部隊の行動に対する地域住民による制約を事前に防止又は排除する」、つまり作戦の足手まといだから移動させる、という発想も同じである。「橋梁・トンネル・隘路等の破壊」などの言葉からは、護郷隊が橋を爆破した場面がよみがえる。住民の移動手段より作戦が優先された結果何が起きたのか、沖縄の地上戦の反省は全く活かされていないことが読み取れ、愕然とする。
沖縄戦を体験したこの島々に、平成二七（二〇一五）年から次々に新たな自衛隊基地が作られ、ミサイル部隊が入ってくるという時局を迎えて、彼らの持っている新しいマニュアルと過去のそれがどう訣別し、どう連続しているのか、これは沖縄県民にとっては大問題だ。少なくともそこを十二分に確認してから島に軍事組織を入れるかどうかを判断するのでなければ、今後何が起きるか、沖縄戦を知るほどに震え上がる思いがする。米軍ではない、日本政府による島の再軍事化という我が身に迫る問題に一沖縄県民としていやおうなく直面し、歴史を掘り起こし、防衛省の資料をひっくり返して映画や本で必死に警鐘を鳴らす私たちと、「強い軍隊に守ってもらいたい」と指先一つでネットに基地反対運動へのバッシングを書き込む人々の、いったいどちらがお花畑なのか。

自衛隊は、戦後早い時期に沖縄戦の調査と総括に着手している。それは当然だ。専守防衛である以上、海外での戦闘を想定しない自衛隊にとって、国内戦の経験値は非常に貴重なデータだ。その中で、軍隊が住民を守らなかったことと、住民の命を直接奪う惨劇が頻発してしまったことに関してはいち早く問題視されている。しかし残念ながら、それらの資料から「反省」を読み取るのは難しい。

例えば、防衛研修所戦史室（当時）の「沖縄作戦の観察（主務者第2次案）」（一九六〇年）の第4「国民の協力、戦斗参加及び避難行動」から抜粋する。

（2）住民を包含する要塞戦

（中略）

32Aとしても出血強要の陣地配備であつて住民包含の要塞戦の計画はなされていない。軍の戦勝により結果的に住民を保護する考えであり、軍の戦力発揮が第1義で住民保護は第2義的なものとなつている。このことは任務上からすれば当然のことといえる。

要塞戦を実施せんとするならば当初これが準備を周到（陣地の構築、武器資材の蓄積、食糧の確保等）にしなければならない。（中略）

独ソ戦におけるスターリングラード、レニングラードの防衛は軍民一体となり、強大な独軍の攻撃を阻止している。沖縄軍民の抗戦意識及び努力はソ連に勝るとも劣らないが、地域、地勢、後方連絡の持続、人口数、建造物等の差異が成功の因をなしたのではないかと観察される。

つまり三二軍は、自らが勝つことによって結果的に住民を保護すると考えたのであって、第一は軍が作戦効果を発揮することであり住民は二の次になったのは当然だ、とし、独ソ戦では住民と軍が一体になってドイツ軍を阻止した成功例もあるではないか、沖縄県民に抗戦意識がなかったとはいわないが条件が整わなかったのだと分析、悪びれる様子もない。

また戦後、沖縄の現地調査をもとに作成された「沖縄作戦における沖縄島民の行動に関する史実資料」がある。その中に元大本営参謀で引揚援護局の厚生事務官馬淵新治が作成した「住民処理の状況」がある。この資料は陸上自衛隊幹部学校の重要資料として使用されていくが、馬淵は住民のスパイ嫌疑による虐殺について、こう分析している。

第6節　住民の通敵行為の有無について

敵上陸以後、所謂（いわゆる）「スパイ」嫌疑で処刑された住民についての例は十指に余る事例を聞いているが、目下調査したところによると、在来から沖縄に居住していた住民で軍の活動範囲内で敵に通じたものは皆無と断じて差支えないと思う。（中略）通敵事例は、軍が余りにも前記々事例等より神経過敏となり、思慮の足りない端末の部隊内で行われたもので、事実通敵行為として処刑したことは寧（むし）ろ軍の行き過ぎ行為であり、現在においてもこのことに対しては一般の非難を聞くものである。

馬淵は、住民で敵に通じたものは皆無と断じ、行き過ぎた住民処刑があったことを認めてはいるが、それは「神経過敏」になった「思慮の足りない末端の部隊」がやったことだと兵隊個人の問題に矮小化してしまっている。そして原因として、米軍が上陸前にサイパンで捕えた沖縄県系人を使って盛んにスパイ活動をさせたことに言及し、そういうことが神経過敏を誘発した裏事情としてあったという説明を加えている。「沖縄はスパイの多い土地柄」だと沖縄に駐留する当初から言い続けてきた日本軍の偏見は、戦後まで敗戦の「言い訳」として使われていく。沖縄戦末期から終戦後にかけて「多くの沖縄人がスパイを働いたために沖縄は負けた」という噂が主に軍によって本土にまで流布されて、沖縄の人々が二重三重に傷ついたという出来事があった。それは看過できないと、沖縄選出の議員が国会にまで県民の潔白を訴えたという事実[*1]も含めて「沖縄県民スパイ説」にはそろそろ冷静な分析がなされるべき時期の報告書でありながら、「スパイをする人が多かったから軍も疑ってしまった。仕方なかった」とあたかも原因が沖縄県民側にもあるかのような報告になっている。住民を巻き込んだ秘密戦を展開していけば、どう転んでも最後は住民をスパイ視してしまうという、出口のない秘密戦の構造に全く迫れていない、最も反省すべき自己矛盾を分析できていないリポートである。

また同報告では、いかに部隊が住民の防諜に努めても、住民が軍隊と共にいる限り不利であるとして、今後は「敵上陸後直に敵の自由となる地域に、諜報に活用出来る住民を放置することは極力避くべきであり、寧ろ軍の庇護下に非武装地域を設定して集結せしめることが望ましい」とも書いている。敵が住民をスパイとして活用する可能性がある限り、敵の上陸後に自由になる所に住民を置いてはならない、つまり有事になればまず住民の自由は制限され、最後まで軍の監視下に囲い込んでおかないといけない、と書いている。これが「沖縄戦の反省」から自衛隊が導き出した結論なのである。あくまで捕虜になることを許さず、軍隊のいる島へ移動させよという「南西諸島守備要領」と基本的に何も変わっていないのだ。

「そんなことを言っても沖縄戦みたいな地上戦はもうないのでは?」「次の戦争ってのは、核兵器や原発攻撃でピカッと光って終わりだよ」と思考停止している人が周りにも実に多い。しかし、考えてみて欲しい。ヒロシマ・ナガサキから七五年、ピカッと光って終わった戦争は世界に一つもない。核兵器を保有していても、地球上の戦争は今も相変わらず正規軍の攻撃プラス、テロ、ゲリラ、スパイ戦だ。今後予想しうる自衛隊の戦略について、歴史学者で沖縄の秘密戦にも詳しい纐纈厚さんは『沖縄戦と天皇制』(藤原彰編著、一九八七年)の中でこう指摘している。

「専守防衛戦略」とは純軍事作戦原理からすれば国土戦を不可避とし、その結果対上陸作戦において縦深防禦（ぼうぎょ）［内陸部に誘い込む戦い方］が採用される可能性がある。そこにおける最大の条件は国民の積極的・自発的協力であり、国土戦において遊撃戦が展開されることになれば、持久戦と同様にそのための戦闘地域は敵占領地をも含めることが充分予想される。まさに沖縄戦で見たような戦闘様相が再度出現するのである。

つまり、専守防衛の自衛隊はそもそも国土戦を想定せざるを得ず、その場合敵を内陸に引き込んで戦うわけだから国民の自発的な協力は不可欠であると捉えていて、沖縄戦の時のような状況が再び実現すると纐纈さんは言っているのだ。自衛隊が国土戦に備えるなら、当然過去に国内で実践された遊撃戦とその時の住民の動向が最大の参考事例になる。ということであれば、なおさら私たちはこの本でつぶさに見てきたような沖縄戦の中のゲリラ戦と、その時に住民の置かれた状況をよく理解しておく必要がある。自衛隊が国民に自発的に協力してもらうためには、平時から構造的にも思想的にも国民を統制しやすい体制を作っておくことが肝要である。そして軍事作戦に協力をさせる一方で、軍事機密を漏らされては困るので軍の機密を守る法整備を完了させておく必要がある。これは、まさに今、日本で進行中のことではないか。国民を「始末のつく」状態にしておくことこそ、戦争に勝てる国の必須条件だという考えが戦前から一貫して変わっていないことは、歴史的証拠を積み上げて論理的に理解しておくべきだろう。なんとなく戦前のような空気になってきた、という言葉をよく聞くようになったが、国の管理が進み、表現が不自由になり、軍機保護法の再来である特定秘密保護法が報道や市民活動を規制し、共謀罪（テロ等準備罪）が監視社会を作る。私たちは始末の悪い国民から、今まさに始末のつく状態に変えられつつある。もはや戦争をする国まであと一歩なのだ。

さて、思い返せば護郷隊という少年兵部隊の取材を始めて一〇年が経過した。当初は一五歳前後の少年が白兵戦を戦ったという驚きや、故郷の山で戦って帰らぬ息子を思い続ける母の苦しみや、陸軍中野学校の謎めいた任務などに興味を持った。しかし護郷隊を知ることによって、私は初めて素直に戦う兵隊側の気持ちになってみることができた。住民目線一辺倒だった私が、沖縄戦の兵士の立場を考えることが可能になった。さらに、中野学校の卒業生が課せられた秘密戦の全貌が理解できるようになってくると、正規軍の武力衝突と並行して行われる裏の戦争の輪郭がようやく見えてきた。なぜ軍隊は住民を守るどころか利用し、かつ見捨てるような結果になったのかも、秘密戦の構造を知れば謎が解けた。遊撃戦のマニュアルを見れば、戦争マラリアも強制集団死も住民虐殺も、全部起こるべくして起きたことだとわかった。そして、それが今に繋がる恐怖を孕んでいることも。

そこまで明らかにすることが当初の本書の目的であるが、他方で私は、その狂ったシステムの中で加害者側になっていった人々、軍人であれ、民間人であれ、その人たちの置かれた状況や当時の心の動きもとことん知りたいと思うようになった。映画完成までの膨大なインタビューをまとめるだけでも大変な量になるのだから、本書の執筆のための追加取材は最低限にしようと思いつつ、彼ら一人ひとりに追っ手をかけるような取材が暴走をはじめ、終わってみれば机の上に立つ厚さの新書になってしまった。

特に、三人の虐殺者たち。今帰仁村の人々を何人も殺め、戦死扱いになったままひっそりと戦後を過ごしたであろう海軍の渡辺大尉や、米軍将校を血祭りにあげ大暴れし、投降する住民が許せず刃にかけた井澤曹長、住民虐殺に手を染めながらも、ヨネちゃんとスミちゃんだけは殺すなと言った武下少尉。いずれも罪もない沖縄県民を殺害しているのだから好感を持って調べはじめたわけでは到底ないが、しかし一人ひとりの個人史がわかってくると、やはり見え方は変わってくる。特に、観音像が今帰仁村で祀られていると知って最初は耳を疑った武下少尉については、ご両親と湧川集落の人々が重ねてきた慰霊の時間、そこに元海軍の人たちの思いも加わって、同じ今帰仁村を舞台に戦争の悲しみを共有する者同士が積み上げてきた、目には見えなくても質量を持って存在する大事な時の流れがあることがわかった。

そして米公文書館の武下日記の発見によって虐殺当事者であったことがわかっても、湧川の人々は態度を変えなかった。それはなぜか。湧川の人たちの目に映っていたのは、毎年九州から通って、息子を埋葬してくれたことに感謝をし背中を丸めて手を合わせ続ける老いた両親や妹さんたちの姿であり、青春を戦争に捧げ、白髪になっても運天港に通い続ける元水兵たちであり、そうやって戦後も戦場だった沖縄に向き合い続けた人々の存在というものが、実際に起きた残酷な出来事の見え方を変えていく、受け止め方を緩めていく作用があることを私は知った。例えば村上隊長がいかに部下から絶大な支持を集めていようとも、戦死した少年兵の遺族からすれば当然怨みもあろう。しかし死ぬまで一貫して慰霊祭に通い続け、桜や果樹を送り続けた姿を沖縄の人々は見ている。息子さんも娘さんも数えきれないほど島を訪れ、令和元(二〇一九)年には孫娘に当たる方が五・一五平和行進に参加されたと伺って少なからず驚いた。振り返って私は、両祖父ともに中国で戦っているが、その重荷を引き受けて行動するに至っていない。

たとえどんな残酷な出来事を起こして、その罪の重さは変わらないとしても、加害の側の人々の苦しみや後悔など人間的葛藤を知ったり、また家族や関係者が向き合い続ける状況に接した時に、人は、あらためてその出来事を捉えなおそうとするものである。赦しはしなくても、悪の権化というレッテルをはがしてその人間を見たり、前後の状況を知ろうとしたり、自分だったら、と考えてみる余地も生まれてくる。そうなって初めて、この不幸な事象が意味を持ってくる。私はここにかすかな希望のようなものを感じている。戦後七五年も経ち「鬼のような日本軍が沖縄の住民を苦しめた」という大枠の中からいくつもの事象が個別に紐解かれ、なぜ加害が発生したのか、その構図も明らかにされていく。ほかの兵隊を救うために津嘉山の壕に入ったのに、スパイだと銃殺されてしまった北海道の将校のケースでも、そのことをずっと抱え苦しんできた元少年兵の宮平盛彦さんがいたために、北海道のご遺族はすべてを知ることができ、宮平さんには何の怨みも抱かなかった。そしてどのように疑心暗鬼が人々を支配し虐殺が起きるのか、貴重な事例から学ぶチャンスを残してくれた。

ある不幸な事象が、怒りや怨みやレッテル貼りから少し距離をおくことができるようになった時に初めて、そこに未来を救う大事な種が落ちていることに気づくのかもしれない。そしてその呪縛を解くカギは、結局は関係者がどう向き合ったか、悲しみや痛みを抱えてどう生きたかという人間の心が作り出す小さな波紋に過ぎないのかもしれない。でも私はこの本を書き進めながら、その人間の心が発する小さな波動をいくつも受け取ることができた。沖縄戦の裏側にある陰惨な事実を掘り起こしながらも、なぜか執筆期間を通して全く心が荒むことがなかったのは、大変な時代を生きた人たちの心の波動も、それを引き受けて今を生きようとする人たちの心の震えも、本当の光を見ようとしているように感じられ、その方向に私の心まで整えてくれたからだ。言い方を変えれば、負の歴史こそが、本物の、騙されない強い未来を引き寄せてくる力に繋がるということを、この人たちが私に信じさせてくれたのだ。

私は今日も自宅の窓から、恩納岳や八重岳を眺めながら、亜熱帯の森の一部になった彼らの声を聞く。

「戦争を知ってください。そこからちゃんと、強い未来をつかみ取ってください。まだまだですよ、たくさんの教訓がまだここに眠っていますよ」

最後に、貴重な証言を後世に残し、私たちに託してくださった戦争体験者のみなさまに心から御礼申し上げます。しっかり引き受けて歩んでいきます。そして本書は、靖国裁判、特定秘密保護法の成立の報道など、何かにつけてこの二〇年ご教示いただいてきた石原昌家先生はじめ、大城将保さん、林博史さん、宮城晴美さん、故人となられた福地曠昭さんなど沖縄戦研究者の方々や、川満彰さん、瀬戸隆博さん、豊田純志さんら地域史編纂に尽力されている方々のお力をお借りしながら最後までまとめることができました。ありがとうございました。特に保坂廣志先生には写真や資料のみならず映画から本の完成まで多大な支援をいただきました。心から感謝いたします。今帰仁村運天区の高田智子区長、湧川区の嘉陽宗敬元区長にも大変お世話になりました。そして最後になりましたが村上仁美さん、岩波寿亮さんはじめ護郷隊の両隊長のご家族のみなさまのお力添えに深く感謝いたします。ありがとうございました。

人は過ちを犯す存在だからこそ、過ちの記録こそが次の過ちを未然に防ぐ地図になります。本書の中には書かれたくなかった事柄も含まれていると思いますが、負の記録こそ、未来の私たちを救う財産になると信じて幾度となく筆を止めては、また書き進めました。最終的には多くの方々のご理解と共感を得られるものになるよう祈りつつ、この本を少年兵の桜がほころぶ大宜味村の山で、瑞慶山良光さんに一番に捧げたいと思います。

三上智恵

二〇二〇年　寒緋桜の咲く頃に

＊1　「第八十九回帝国議会貴族院 衆議院議員選挙法中改正法律案特別委員会議事速記録 第二号（昭和二十年十二月十三日）」によると、沖縄の伊江朝助議員は、奄美群島の徳之島に脱出した盛脇中尉という人物が、今回の沖縄戦線の失敗は琉球人のスパイ行為によると放送し、それが九州地区に流布されたことを議会に報告。疎開民が受け入れ地で脅迫された事例もあり憤慨している、と訴えている。

教令一覧

名称	住民に関する条項	防諜、その他
（ア） 島嶼守備部隊戦闘教令（案） 1943年11月	第二十二　島嶼に於ける住民の利用如何は戦闘の遂行に影響すること大なり故に守備隊長は之が指導に周到なる考慮を払ふと共に関係機関との連絡を密にして其の状況を明かにし皇軍の威武に悦服して各種の労役に服し或は警戒、監視に任じ或は現地自活に邁進し終には直接戦闘に従事し得るに至らしむるを要す而して不逞の分子等に対しては機を失せず断乎たる処置を講じ禍根を未然に芟除する等之が対策を誤らざるを要す	第三十二　敵の諜報若くは謀略機関は潜水艦若くは落下傘等を利用して島内に潜入し或は住民の利用等に依り執拗に我が軍の状況を諜知し或は重要施設を奇襲し破壊、放火、毒化する等謀略行動を行ふこと少からず故に各級指揮官は之が捜査に勉むると共に警戒を厳にし住民の取締に注意し要すれば移住を行はしむる等の手段を講ずること緊要なり
（エ） 遊撃隊戦闘教令 （案） 1944年1月	第四　遊撃戦遂行の為特に住民の懐柔利用は重要なる一手段にして我が手足の如く之を活用するの道に長ぜざるべからず 第七十六　（前略）敵の司令部に対しては主として司令官其の他重要人物（幕僚）の殺傷及重要書類の窃取、消滅並に此等の所在する建物及通信施設の破壊を実施するを可とす敵司令部内の状況偵知は通常困難なるを以て住民等に欺騙し或は住民を獲得利用し要すれば司令部勤務員を捕獲する等各種の手段を尽くして之が偵諜に勉む（後略）	第三十八　潜伏の為の宿営は通常露営とし敵に対し顧慮ある住民地は勉めて之を避くるを要す止むを得ざる場合に於ても住民の家屋は之を利用せざるを可とす潜伏地を住民地又は其の近傍に選定する場合に於ては極力住民を獲得利用すると共に住民の行動特に住民地内外の出入を監視し要すれば交通を禁止する等防諜に関し遺憾なきを要す
（イ） 島嶼守備要領 1944年8月		第二　島嶼守備に任ずる部隊は熾烈なる敵の砲爆撃に抗堪しつつ長期持久に適する如く陣地を編成、設備し敵の攻撃を破摧するを要す（後略） 第三　（前略）敵の砲爆撃に依る損害の減少を図る等の為海岸より適宜後退して選定するを可とす

		第六（前略）最後の一兵迄抵抗を持続する為複郭陣地を準備す複郭陣地は地形上堅固にして自活に便なると共に勉めて飛行場港湾等を制扼し得る地点に選定す
（ウ） 上陸防禦教令 （案） 1944年10月	第189　住民の利用如何は戦斗遂行に影響すること大なり故に守備隊長は之が指導に周到なる考慮を払うと共に関係機関との連絡を密にして其の状況を明らかにし各種の労役に服し或は警戒監視に或は現地自活に任じ終には直接戦斗に従事し得るに至らしむるを要す而して不逞の分子等に対しては機を失せず断乎たる処置を講じ禍根を未然に芟除する等之が対策を誤らざるを要す外地に在りては先ず皇軍の威武に悦服せしむることに著意するを要す	第14　守備隊は早期に後続兵団来着する等特に其の必要なき場合の外通常複廓陣地を準備し状況真に止むを得ざる場合に於ても長期持久を策し最後迄組織的抵抗を持続し以て全軍の作戦を容易ならしむるものとす（後略） 第105　守備隊長は防諜に関し住民の取締を厳にし要すれば移転せしむるを可とすることあり 敵の諜報若くは謀略機関は潜水艦若くは落下傘等を利用して守備地域に潜入し或は住民の利用等に依り執拗に我軍の状況を諜知し或は重要施設を奇襲し破壊、毒化する等謀略行動を行うこと少からず故に各級指揮官は之が捜査に遺憾なきを期するを要す
（カ） 南西諸島 守備要領 1945年1月	**【島民の直接戦闘能力強化】**　直接戦闘に適する島民を、国土防衛隊および護郷隊の組織に、能う限り徴用すること。この組織が、島民の直接戦闘能力強化の母体となること。 「直接戦闘に適する者」とは、一七から四五歳までの壮健で、戦闘志気の高い者をいう。（中略） 各部隊は、大攻勢に備えての任務と行動については、事前に指揮官から命令を受け、必要な訓練を受けること。我方は、敵軍の予備攻勢に抵抗するため、今後、漸次設立される守備部隊に頼るだけでなく、現存する武器や組織を駆使し、敵軍を叩かねばならない。	戦闘に参加できない老人、学童、その他は事前に疎開させること。 軍の作戦行動を円滑に進めるため、また、混乱を避け、被害を少なくするために、島民を適当な場所に疎開、あるいは、隣島に疎開させること。だが、軍隊の配備のない孤島に、島民を事前に疎開させることはしないこと。 老人、学童とは、六〇歳以上の者および、国民学校六年生以下の者をいう。戦闘に参加できない者とは、女性の大半および、直接戦闘に参加できない者をいう。 この疎開の時期と場所は沖縄群島球部隊司令官が決定する。各部隊の指揮官は、その守備範囲、島の状況に応じて、それぞれ決定する。軍、県庁、県民は、これらの執行について賛同協力すること。

（キ） 国土決戦教令 1945年4月	第十四　敵は住民、婦女、老幼を先頭に立てて前進し我が戦意の消磨を計ることあるべし斯かる場合我が同胞は已が生命の長きを希はんよりは皇国の戦捷を祈念しあるを信じ敵兵撃滅に躊躇すべからず 第十五　敵は住民を殺戮し、住民地、山野に放火し或は悪宣伝を行ふ等惨虐の行為を到る処に行ふべし将兵は常に敵愾心を昂揚し烈々たる闘魂を発揮し断じて撃たずば止むべからず	第十一　決戦間傷病者は後送せざるを本旨とす負傷者に対する最大の戦友道は速かに敵を撃滅するに在るを銘肝し敵撃滅の一途に邁進するを要す戦友の看護、附添は之を認めず 戦闘間衛生部員は第一線に進出して治療に任ずべし
（ケ） 国民義勇戦闘隊教令 1945年6月	第四条　戦闘隊は敵の上陸又は空挺部隊の降下に際し一般軍隊に協力し或は独力を以て郷土、職域を護り又遊撃戦を行ひて一般軍隊の作戦を容易ならしむ而して戦闘隊直接戦闘を行ふ場合は攻撃精神を発揮し縦ひ肉弾を以てするも敵を撃滅するの概なかるへからす 第二十四条　戦闘隊員には老幼婦女を含み又特技を有する者少からさるを以て夫々其の特長を遺憾なく発揮せしめ特に青少年の力を活用し又婦女子の活動を助長するを要す	第五条　戦闘隊は敵の謀略、不逞の徒の騒乱等に備へて一般軍隊と協力し或は独力を以て重要なる施設、資源を掩護し又憲兵等の業務を援助して治安を確保すると共に警備を要する事態の発生に際しては機を失せす適切なる処置を執らさるへからす 第十六条　戦闘隊員は秘密を厳守し流言に惑わす又敵の宣伝謀略に乗せられさる如く厳に戒むへし 第十七条　（前略）万一敵手に陥りたる場合に於ては皇軍の一員として生きて虜囚の辱を受けす死して罪禍の汚名を残すことなき態度を持すへし
（オ） 国内遊撃戦の参考 1945年1月	第十三　遊撃部隊は朝に耕作し夕に戦ふ部隊にして或は住民の中に融合存在し或は嶮峻の裡に潜在潜行し或は行人となり団体となり敵をして窺窬端倪探知捕捉を許さゞるものとす 第十八　遊撃部隊は郷土出身者を主体として編成せらるべきものにして隊員は当該地方の状況に通暁し特に民衆と不離不可分の関係に在るを通常とす故に編成に方りては此の間の消息を審かにし以て編入を剴切ならしむると共に隊員の指導に際しては常に大義親を滅すの気魄を涵養せしむることに留意を要す	第五十　敵の警戒厳にして遊撃部隊の活動意の如くならざる時に於ても民衆は敵情を偵諜報告し遊撃隊員を庇掩し兵器弾薬を隠匿し糧食を補給し時として敵を誘致する等の行動を為し得るものとす 第五十二　民衆の行動は何れの場合に於ても敵に対し遊撃部隊の動静諜知の端緒を与へ易きを以て民衆の利導に方りては特に企図の秘匿に万全を期し防諜に関し遺憾なからしむるを要す 第五十三　民衆の行動を積極的ならしむる為絶えず民衆の士気を鼓舞し敵愾心を昂揚し民衆をして必勝の信念

第四十六　遊撃戦の成否は民心の動向に懸ること大にして民衆の克く組織せられて防衛の為総動員の実を挙げ得るに至れば遊撃戦遂行上極めて有利なり之が為遊撃部隊は有ゆる手段を尽くして所在民衆を指導援助し以て民衆戦線の結成を促進せしむることに努力せざるべからず

第四十八　遊撃部隊は常に民衆をして遊撃部隊と一心同体同生共死の境地に立ち自主積極的に協力して活動する如く誘導すること特に緊要なり

遊撃部隊は如何なる場合に於ても民衆に対し其の立場を考慮し要求を適切ならしむるを要す

第五十一　敵の警戒疎なるに従ひ民衆は防衛隊組織を再建し又之を強化し敵後方施設を破壊し敵軍事資源を煙滅し個人的「テロ」行為を敢行し要すれば清野工作等を実施し得るものとす

右の如き状況に於ては遊撃部隊は民衆の防衛行動を極力支援すると共に必要に応じ民衆をして兵器弾薬を収集運搬せしめ被服糧秣を補給せしむるを可とす

第五十五　民衆に対し鹵獲せる食糧、物資を交付し敵に逮捕せられし民衆を奪還解放し民衆の面前に於て敵兵を殺戮する等は民衆を激励する為有力なる一手段なり

第五十八　遊撃部隊は絶えず民心の動向を審かにし民衆の内情を明かにし変節の徴候に留意し脱落の有無を詳知しあるを要す

若し不幸にして変節者あるを知りたる時或は隠密に或は公然と断乎たる処置を採り其の影響を局限すること緊要なり此の際断乎たる処置を躊躇せんが為に民衆を失ふに止らず自らの破滅を招くことあるに注意せざるべからず

を堅持せしむること緊要なり之が為遊撃部隊は関係機関と協力し常に我が聖戦の真義特に正義に即する我信念及行動を開明すると共に敵の非人道的行為を摘発して之が膺懲の必要を明かならしめ必死必殺の精神を昂揚するを要す

第五十四　民衆に対する激励の要領は状況に応じその方法を異にするも通常主として口伝に依り且之に「ビラ」を併用し隠密に潜入工作員をして実施せしむるを有利とす此の際傍受に依り当局の報道を迅速に伝達し又現地の実情に通暁せる工作員を潜入せしむる等の著意あるを要す

（表作成：瀬戸隆博・二上智恵）

与那覇岳

湯岳

高江

本書関連地図

＊(　)内数字は関連頁

①幸喜徳助さんが最初に配属された海軍基地(540)

②幸喜徳助さんが兄を救えなかった壕

③宮平盛彦さんがスパイ虐殺に遭遇した壕(513)

④井澤曹長がいた第五六飛行場大隊の本拠地(570)

⑤第四四飛行場大隊の本拠地

⑥瑞慶山良光さんは米軍上陸前夜に座喜味城にいた(150)

⑦瑞慶山良光さんが米軍上陸を見ていた読谷山(ゆんたんざ)

⑧瑞慶山良光さんが一人で黒人兵に遭遇した場所

⑨平良邦雄さんがネズミに助けられた石川岳は
第二護郷隊最初の激戦地(308)

⑩米軍の大きな陣地があり瑞慶山良光さんが大けがをした

⑪恩納岳は第二護郷隊の陣地。
三角山、眼鏡山は激戦地で多くの死者を出した

⑫瑞慶山良光さん、仲泊栄吉さん、平良邦雄さんが万座毛の
米軍戦車攻撃に参加、未遂に終わる

⑬第一護郷隊最初の大規模な戦闘があった山

⑭第一護郷隊の本拠地

⑮極秘の通信部隊「剣隊」が三年分の食糧と共に潜伏していた山

⑯第二護郷隊が解散した場所

⑰前原信栄さんの小隊が戦った山(27)

⑱運天港は渡辺大尉の特殊潜航艇隊と武下少尉の魚雷艇隊の
本拠地で、中本米子さんが働いていた (482)

⑲中本米子さんが住んでいた屋我地島は、海軍の敗残兵にとって
食糧を調達できる場所だった

⑳武下観音を祀る「南海の塔」がある集落 (631)

㉑武下少尉のアジト

㉒大宜味村上原に戻るために瑞慶山良光さんが泳いで渡った所

㉓瑞慶山良光さんの故郷

㉔知名巡査が殺害された集落。
井澤曹長ら紫雲隊が米軍将校らに斬り込み、成功した

㉕井澤曹長が住民を殺害し、埋めた集落

㉖読谷村の避難民が虐殺された場所(446)

伊江島
古宇利島
ザークビー㉖
浜㉕
屋我地島⑲
302高地⑰
運天⑱
喜如嘉㉔
上原㉓
乙羽岳
真部山
塩屋湾㉒
大保
湧川⑳
真喜屋
八重岳
源河
平良
嘉津宇岳
真利山㉑
多野岳⑭
平良湾
有銘⑯
名護
一ツ岳⑮
名護湾
名護岳⑬
許田
辺野古岳
大浦湾
安富祖
久志岳
辺野古
万座毛⑫
三角山
眼鏡山
恩納岳⑪
石川岳⑨
伊芸
金武⑩
前兼久⑧
仲泊
屋嘉
座喜味城⑥
読谷山⑦
米軍上陸
北飛行場 ④
中飛行場 ⑤
沖縄市
前田高地
那覇
首里城
32軍司令部
小禄飛行場 ①
津嘉山③
摩文仁
喜屋武岬②

参考文献

＊編著者五十音順／版元名がないものは私家版（雑誌・新聞を除く）

飯田邦光『沖縄戦記―中・北部戦線 生き残り兵士の記録』三一書房 一九八二年
飯田邦光『わが部隊かく戦えり―沖縄戦・真実と美化の激突』閣文社 一九九二年
池原貞雄編『さともり』郷護の会 一九八六年
池間一武『沖縄の戦世―県民は如何にしてスパイになりしか』琉球プロジェクト 二〇一七年
石垣正二『みのかさ部隊戦記―郷土防衛隊・白保飛行場』ひるぎ社 一九七七年
石原昌家『虐殺の島―皇軍と臣民の末路』晩聲社 一九七八年
伊藤貞利『中野学校の秘密戦―中野は語らず、されど語らねばならぬ』中央書林 一九八四年
今村好信『日本魚雷艇物語―日本海軍高速艇の技術と戦歴』光人社NF文庫 二〇一一年
岩波壽『御縁に生かされて』一九九九年
臼井総理編『「島の守りかた」島嶼守備部隊戦闘教令（案）の説明 完全版』版元ひとり 二〇一五年
浦崎康華『沖縄戦とその前後―対馬丸遭難事件の周辺・泊出身の戦没者一四九〇余人』一九七七年
大島幸夫『沖縄の日本軍―久米島虐殺の記録』新泉社 一九七五年
大城将保『沖縄戦の真実と歪曲』高文研 二〇〇七年
大城将保編『十五年戦争極秘資料集 第三集 沖縄秘密戦に関する資料』不二出版 一九八七年
大塚文郎『備忘録』 ※保坂廣志氏所有の文書を参照
沖縄県教育委員会編『沖縄県史 第10巻 各論編9 沖縄戦記録2』沖縄県教育委員会 一九七四年
沖縄県教育庁文化財課史料編集班編『沖縄県史 資料編23 沖縄戦日本軍史料 沖縄戦6』沖縄県教育委員会 二〇一二年
沖縄県文化振興会公文書管理部史料編集室編『沖縄戦研究Ⅱ』沖縄県教育委員会 一九九九年

沖縄タイムス社編著『鉄の暴風―沖縄戦記』沖縄タイムス社　一九七〇年
川満彰『陸軍中野学校と沖縄戦―知られざる少年兵「護郷隊」』吉川弘文館　二〇一八年
北井利治『遺された者の暦―魚雷艇学生たちの生と死』元就出版社　二〇〇二年
纐纈厚『侵略戦争―歴史事実と歴史認識』ちくま新書　一九九九年
護郷隊編纂委員会編『護郷隊』一九六八年
小西誠編著『自衛隊の島嶼戦争―資料集・陸自「教範」で読むその作戦』社会批評社　二〇一七年
小西誠『日米安保再編と沖縄―最新沖縄・安保・自衛隊情報』社会批評社　二〇一〇年
斎藤充功『諜報員たちの戦後―陸軍中野学校の真実』角川書店　二〇〇五年
相良伍編『武下一回顧録』一九七七年
佐木隆三『証言記録 沖縄住民虐殺―日兵逆殺と米軍犯罪』新人物往来社　一九七六年
佐野大和『特殊潜航艇』図書出版社　一九七五年
渋谷敦『沖縄脱出』日本文華社　一九七一年
嶋津与志『沖縄戦を考える』ひるぎ社　一九八三年
第三十二軍残務整理部『沖縄作戦に於ける独立混成第四十四旅団 史実資料（二）』防衛研修所戦史室　一九四七年
玉木真哲『沖縄戦史研究序説―国家総力戦・住民戦力化・防諜』榕樹書林　二〇一一年
富村順一『わんがうまりあ沖縄―富村順一獄中手記』柘植書房　一九七二年
富村順一ほか『隠された沖縄戦記』JCA出版　一九七九年
中野校友会編『陸軍中野学校』中野校友会　一九七八年
名護市教育委員会文化課市史編さん係編『語りつぐ戦争 第3集』名護市教育委員会　二〇一二年
名護市史編さん委員会・名護市史『戦争』編専門部会編『名護市史本編3 名護・やんばるの沖縄戦』名護市役所　二〇一六年

名護市戦争記録の会・名護市史編さん委員会（戦争部会）・名護市史編さん室編『語りつぐ戦争 第1集』名護市役所 一九八五年
林博史『沖縄戦が問うもの』大月書店 二〇一〇年
林博史『沖縄戦と民衆』大月書店 二〇〇一年
比嘉善雄『わたしの戦後秘話』琉球文教図書 一九七八年
福地曠昭『少年護郷隊―スパイ遊撃隊による山中ゲリラ戦』沖縄時事出版 一九八七年
福地曠昭『防衛隊―秘録 沖縄決戦 左手に竹槍 右手に鍬』沖縄時事出版 一九八五年
福地曠昭『村と戦争―喜如嘉の昭和史』「村と戦争」刊行会 一九七五年
藤田昌雄『日本本土決戦―知られざる国民義勇戦闘隊の全貌』潮書房光人社 二〇一五年
藤原彰編著『沖縄戦―国土が戦場になったとき』青木書店 一九八七年
藤原彰編著『沖縄戦と天皇制』立風書房 一九八七年
防衛庁防衛研修所戦史部『戦史叢書 沖縄方面海軍作戦』朝雲新聞社 一九六八年
防衛庁防衛研修所戦史部『戦史叢書 沖縄方面陸軍作戦』朝雲新聞社 一九六八年
保坂廣志『沖縄戦下の日米インテリジェンス』紫峰出版 二〇一三年
保坂廣志『沖縄戦将兵のこころ―生身の捕虜調査』紫峰出版 二〇一六年
保坂廣志『沖縄戦の集合的記憶―戦争日記と霊界口伝』紫峰出版 二〇一七年
保坂廣志『沖縄戦捕虜の証言―針穴から戦場を穿つ』上下巻 紫峰出版 二〇一五年
俣一戦史刊行会編『俣一戦史―陸軍中野学校二俣分校第一期生の記録』俣一会 一九八一年
宮城能彦編『奥むらの戦世の記録―やんばるの沖縄戦』榕樹書林 二〇一八年
宮里松正『三中学徒隊―沖縄戦で散った学友に捧ぐ鎮魂の詞』三中学徒之会 一九八二年
宮良作『沖縄戦の記録 日本軍と戦争マラリア』新日本出版社 二〇〇四年

村上治夫『沖縄遊撃戦 うるまのハブ』
村上治夫『武家の商法』二〇〇七年
森杉多『空白の沖縄戦記―幻の沖縄奪還クリ舟挺身隊』昭和出版　一九七五年
森杉多『戦争と教育―ノモンハン・沖縄敗残兵の戦後』近代文藝社　一九九四年
森口豁『最後の学徒兵―BC級死刑囚・田口泰正の悲劇』講談社文庫　一九九六年
山川泰邦『秘録 沖縄戦記』復刻版　新星出版　二〇〇六年
吉田光正『つれづれに』一九九五年
読谷村史編集委員会編『読谷村史 第五巻 資料編4 戦時記録』上下巻　読谷村役場　二〇〇二年・二〇〇四年
『嗚呼特殊潜航艇（写真集）』特潜会　一九八四年
「沖縄作戦における沖縄島民の行動に関する史実資料」陸上自衛隊幹部学校　一九六〇年
「沖縄作戦の観察（主務者第2次案）」防衛研修所戦史室　一九六〇年
『国民抗戦必携』大本営陸軍部　一九四五年
『日本海軍潜水艦史』日本海軍潜水艦史刊行会　一九七九年
「野外令」陸上幕僚監部　二〇〇〇年
「月刊新信州」一九六九年一一月号
「東郷」一九七〇年四月号
「日本の民芸」一九八五年二月号、三月号
「丸」別冊　第一三号　一九八九年
「屋良の友」第一一号　一九七九年
「ワトキンス・ペーパー」第八二巻
「特潜会報」第一号、第一六号　一九七二年・一九八六年

JASRAC 出 2000311-406

三上智恵（みかみ ちえ）

ジャーナリスト、映画監督。毎日放送、琉球朝日放送でキャスターを務める傍らドキュメンタリーを制作。初監督映画「標的の村」（二〇一三年）でキネマ旬報文化映画部門一位他一九の賞を受賞。フリーに転身後、映画「戦場ぬ止み」（二〇一五年）、「標的の島　風かたか」（二〇一七年）を発表。続く映画「沖縄スパイ戦史」（大矢英代との共同監督作品、二〇一八年）は、文化庁映画賞他八つの賞を受賞した。著書に『戦場ぬ止み　辺野古・高江からの祈り』『風かたか「標的の島」撮影記』（ともに大月書店）等。

証言（しょうげん） 沖縄（おきなわ）スパイ戦史（せんし）

集英社新書一〇一一D

二〇二〇年二月二二日　第一刷発行
二〇二四年六月　八　日　第六刷発行

著者……三上智恵（みかみちえ）
発行者……樋口尚也
発行所……株式会社集英社
東京都千代田区一ツ橋二-五-一〇　郵便番号一〇一-八〇五〇
電話　〇三-三二三〇-六三九一（編集部）
〇三-三二三〇-六〇八〇（読者係）
〇三-三二三〇-六三九三（販売部）書店専用

装幀……原　研哉　組版……MOTHER
印刷所……TOPPAN株式会社
製本所……加藤製本株式会社
定価はカバーに表示してあります。

© Mikami Chie 2020

ISBN 978-4-08-721111-5 C0221
Printed in Japan

造本には十分注意しておりますが、乱丁・落丁（本のページ順序の間違いや抜け落ち）の場合はお取り替え致します。購入された書店名を明記して小社読者係宛にお送り下さい。送料は小社負担でお取り替え致します。但し、古書店で購入したものについてはお取り替え出来ません。なお、本書の一部あるいは全部を無断で複写・複製することは、法律で認められた場合を除き、著作権の侵害となります。また、業者など、読者本人以外による本書のデジタル化は、いかなる場合でも一切認められませんのでご注意下さい。

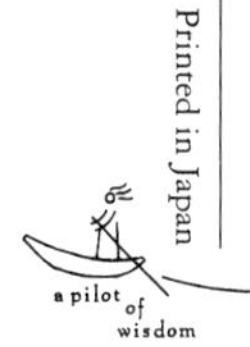

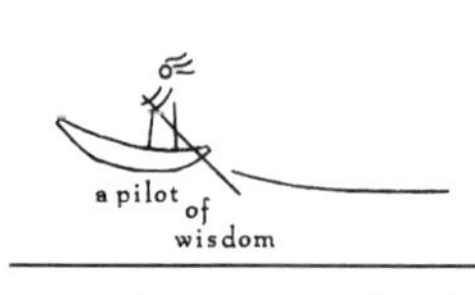

ジョコビッチはなぜサーブに時間をかけるのか
鈴木貴男　0999-H
現役プロテニス選手で名解説者でもある著者が、選手の「頭の中」まで理解できる観戦術を伝授する。

悪の脳科学
中野信子　1000-I
『笑ゥせぇるすまん』の喪黒福造を脳科学の視点で分析し、「人間の心のスキマ」を解き明かす！

「言葉」が暴走する時代の処世術
太田 光／山極寿一　1001-B
「伝える」ことより、そっと寄り添うことの方が大事！コミュニケーションが苦手なすべての人に贈る処方箋。

癒されぬアメリカ 先住民社会を生きる
鎌田 遵　1002-N〈ノンフィクション〉
トランプ政権下で苦境に立たされるアメリカ先住民。交流から見えた、アメリカ社会の実相と悲哀とは。

レオナルド・ダ・ヴィンチ ミラノ宮廷のエンターテイナー
斎藤泰弘　1003-F
軍事技術者、宮廷劇の演出家、そして画家として活躍したミラノ時代の二〇年間の光と影を描く。

性風俗シングルマザー 地方都市における女性と子どもの貧困
坂爪真吾　1004-B
性風俗店での無料法律相談所を実施する著者による、ルポルタージュと問題解決のための提言。

羽生結弦を生んだ男 都築章一郎の道程
宇都宮直子　1005-N〈ノンフィクション〉
フィギュア界の名伯楽。私財をなげうち、世界を奔走した生き様、知られざる日露文化交流史を描く！

大学はもう死んでいる？ トップユニバーシティーからの問題提起
苅谷剛彦／吉見俊哉　1006-E
幾度となく試みられた大学改革がほとんど成果を上げていないのは何故なのか？ 問題の根幹を議論する。

女は筋肉 男は脂肪
樋口 満　1007-I
筋肉を増やす運動、内臓脂肪を減らす運動……。科学的な根拠をもとに男女別の運動法や食事術が明らかに。

美意識の値段
山口 桂　1008-B
クリスティーズ日本法人社長が、美意識の磨き方と、ビジネスや人生にアートを活かす視点を示す！

既刊情報の詳細は集英社新書のホームページへ
http://shinsho.shueisha.co.jp/